I0875979

Kohlhammer

Monika E. Fuchs
Marco Hofheinz (Hrsg.)

Theologie im Konzert der Wissenschaften

Verlag W. Kohlhammer

HANNS-LILJE-
STIFTUNG

Die Veröffentlichung dieses Bandes wurde gefördert
durch die Hanns-Lilje-Stiftung.

1. Auflage 2018

Gesamtherstellung: W. Kohlhammer GmbH, Stuttgart

Print:
ISBN 978-3-17-032489-3

E-Book-Format:
pdf: ISBN 978-3-17-032490-9

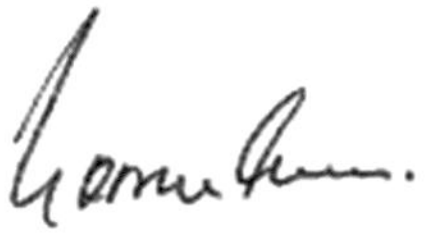

Inhalt

Teil 2
Personal-interdisziplinäre Konstellation: Beiträge der Ringvorlesung

Einleitung: Theologie im Konzert der Wissenschaften

Marco Hofheinz und Monika E. Fuchs

1. Theologie als Wissenschaft? Eine kurze Hinführung zu einer Infragestellung

Ist Theologie eine Wissenschaft? Immer wieder wird die Wissenschaftlichkeit von Theologie in Frage gestellt, und zwar zugleich endogen wie exogen: Die Anfrage kommt einerseits aus dem Inneren, dem Binnenbereich der Theologie selbst (und wird dort gewöhnlich im Rahmen der Fundamentaltheologie verhandelt), sie kommt andererseits von außen, wo sie aus dem Bereich der nichttheologischen Wissenschaften an die Theologie herangetragen wird. Dass Theologie ihre Stellung an der Universität nicht mehr ungefragt voraussetzen kann, ist ein sich verstärkender Eindruck.[1] Es lässt sich als Schicksal der Theologie ein „Weg von der aus der *scientia beatorum* [Thomas von Aquin, STh I q. 1 art. 2 resp.] abgeleiteten Spitzenwissenschaft zu einer leidlich gelittenen Orientierungswissenschaft unter anderen“[2] nachzeichnen.[3]

Das mittelalterliche Lehrwesen, wonach die sieben freien Künste (*septem artes liberales* oder auch *studia liberalia)*, unterteilt in Trivium (Grammatik, Rhetorik, Dialektik/Logik) und Quadrivium (Arithmetik, Geometrie, Musik, Astronomie), als selbstverständliche Vorbereitung auf die großen Fakultäten bzw. Disziplinen Theologie, Jurisprudenz und Medizin dienten, gehört längst der Vergangenheit an; ebenso jene Zeiten, in denen die theologische Fakultät im „Streit der Fakultäten“ – wie Immanuel Kant berichtet – den „stolzen

---

1 Wichtige „Materialien zum Selbstverständnis der evangelischen Theologie als universitärer Disziplin“ liefert der gleichnamige Band von Hailer, Martin, Bayreuther Beiträge zur Religionsforschung Heft 10, Bayreuth 2005.

2 Hailer, Materialien, 5.

3 Was das vorläufige Ende des Weges betrifft, so bemerkt Hailer (Materialien, 5): „So etwas wie ein Bleiberecht an der Universität erhielt die Theologie im deutschsprachigen Raum durch die Humboldt'sche Reform der Universität, die nach Gründung der Berliner Universität im Jahr 1810 zu einem wissenschaftspolitischen Exportschlager erster Güte wurde. Die Humboldt'sche Universität ist einem umfassenden Humanitäts- und Bildungsideal verpflichtet, das die heute unschön so genannten soft skills als Teil des Bildungsprozesses versteht. Auch wenn es sie in Berlin (noch?) nicht gibt: Dieser Universitätstypus läutet die Geburtsstunde kulturwissenschaftlicher Fakultäten ein, an denen die Theologie Platz findet.“

Anspruch [erhob], daß die philosophische ihre Magd sei".[4] Dazu bemerkte bereits Kant nicht ohne Selbstbewusstsein und subtile Ironie: „[W]obei doch noch immer die Frage bleibt: ob diese ihrer gnädigen Frau die *Fackel vorträgt* oder die *Schleppe nachträgt*."[5] Längst scheint der „Knoten der Geschichte", in der Weise aufgegangen zu sein, wie Schleiermacher es befürchtet hatte: „Soll der Knoten der Geschichte so auseinander gehen; das Christentum mit der Barbarei, und die Wissenschaft mit dem Unglauben?"[6]

Seit dem 19. Jahrhundert, genauer gesagt seit dem Aufkommen des Positivismus, der in Verbindung mit dem Empirismus[7] und den Anfängen der analytischen Philosophie[8] genannt werden muss, wird ein Gegensatz von Wissenschaft und Theologie, aber auch spekulativer Philosophie behauptet. Verkürzt wiedergegeben: Letztere würden auf Spekulationen und Fiktionen beruhen, die Wissenschaften sich hingegen auf tatsächlich und objektiv Gegebenes beziehen.

Bekanntermaßen hat Auguste Comte (1798–1857) als Vertreter des Positivismus in seinem Werk „Cours de philosophie positive" entwicklungsgeschichtlich drei Stadien der Geschichte unterschieden: ein theologisches (bis 6. Jahrhundert v. Chr.), ein metaphysisches (bis zum Mittelalter) und ein positives Stadium (seitdem in Geltung stehend). Nach der Linearität bzw. Disposition dieser sich ablösenden Stadien sei gegenwärtig „wissenschaftlich" nur noch die Konzentration auf die Naturerscheinungen und ein Verzicht auf „letzte" Erklärung angezeigt, zumal die beiden ersten Stadien und mit ihnen die Theologie als überwunden zu gelten hätten. In breiten Teilen der Gesellschaft hat der Positivismus Deutungshoheit gewonnen und nicht

---

4 Kant, Immanuel, Der Streit der Fakultäten, in: Weischedel, Wilhelm (Hg.), Immanuel Kant. Werke in zehn Bde. (Bd. 9: Schriften zur Anthropologie, Geschichtsphilosophie, Politik und Pädagogik), Darmstadt ^{5}1983, 261–393, 290f. (A 26). Vgl. dazu: Lienemann, Wolfgang, Philosophische und theologische Ethik im Streit der Fakultäten, in: Nüssel, Friederike (Hg.), Theologische Ethik in der Gegenwart. Ein Überblick über zentrale Ansätze und Themen, Tübingen 2009, 13–47.

5 Kant, Der Streit der Fakultäten, A 26 (Weischedel IX, 291).

6 Schleiermacher, Friedrich, Zweites Sendschreiben „Über seine Glaubenslehre, an Herrn Dr. Lücke" (aus dem Jahrgang 1829 der Theologischen Studien und Kritiken), in: Bolli, Heinz (Hg.), Schleiermacher-Auswahl. Mit einem Nachwort von Karl Barth, Siebenstern-Taschenbuch 113/114, München / Hamburg 1968, 140–175, 146. Siehe dazu: Krötke, Wolf, „Das Christentum mit der Barbarei und die Wissenschaft mit dem Unglauben"? Zum Verhältnis von Theologie und Kultur bei Friedrich Schleiermacher und Karl Barth, in: Ders., Barmen – Barth – Bonhoeffer. Beiträge zu einer zeitgemäßen christozentrischen Theologie, Unio und Confessio 26, Bielefeld 2009, 131–154.

7 Vgl. Zimmerli, Walther C., Art. Empirismus, in: ^{3}EKL 1 (1986), 1025–1029.

8 Vgl. etwa Wittgenstein, Ludwig, Tractatus logico-philosophicus. Logisch-philosophische Abhandlung, Frankfurt a. M. 1963, Satz 4.003: „Die meisten Sätze und Fragen, welche über philosophische Dinge geschrieben worden sind, sind nicht falsch, sondern unsinnig." Dazu: Hailer, Martin, Glauben und Wissen. Arbeitsbuch Theologie und Philosophie, Göttingen 2006, 211–214.

zuletzt einen festen Platz auch in der Alltagswahrnehmung behauptet. Das letzte Stadium ist nach Comte das Stadium der Wissenschaft, die dadurch charakterisiert sei, dass sie Voraussagen machen könne, nach denen sich Handlungen rational orientieren können.[9] Theologie, aber auch Religion überhaupt, hat nach dieser Auffassung keinen Platz mehr im Hause der Wissenschaft(en) und muss aus deren Disziplinenkanon gestrichen werden.[10]

2. Zwischen Anspruch und Realität. Zur Wahrnehmung von Wissenschaftlichkeit innerhalb der Theologie

Die Theologie hat in ihren recht divergenten Strömungen keineswegs einheitlich reagiert, um den „Fehdehandschuh" aufzunehmen. Die meisten Antwortversuche der Theologie eint gleichwohl das Bemühen, die Wissenschaftlichkeit der Theologie zu unterstreichen und zu betonen, dass sie „auf dem Boden des biblischen Zeugnisses und im Horizont der (kirchen)geschichtlichen Tradition als Funktion der Kirche den auf Offenbarung beruhenden christlichen Glauben nach seinen zentralen Inhalten (Dogmatik) und nach seinen praktischen Handlungsorientierungen (Ethik) auf wissenschaftliche Weise denkend entfaltet, d.h. methodisch, begründet und kritisch, und systematisch, also als klares und gegliedertes Ganzes".[11]

---

9 Vgl. Wallner, Friedrich, Art. Positivismus, ³EKL 3 (1992), 1273.

10 Der späte Jürgen Habermas (Vorpolitische Grundlagen des demokratischen Rechtsstaates?, in: Ders. / Ratzinger, Joseph [Hg.], Dialektik der Säkularisierung. Über Vernunft und Religion, Bonn 2005, 15–37, 28, 30) kann hingegen geltend machen: „Durch den Zug zur Radikalisierung der Vernunftkritik hat sich die Philosophie auch zu einer Selbstreflexion auf ihre eigenen religiös-metaphysischen Ursprünge bewegen und gelegentlich in Gespräche mit einer Theologie verwickeln lassen, die ihrerseits Anschluss an philosophische Versuche einer nachhegelschen Selbstreflexion der Vernunft geführt hat. […] Die Philosophie hat Gründe, sich gegenüber religiösen Überlieferungen lernbereit zu verhalten."

11 Fischer, Hermann, Protestantische Theologie im 20. Jahrhundert, Stuttgart 2002, 305. So unterschiedliche theologische Denker wie Friedrich Schleiermacher, Karl Barth und Paul Tillich betonen gemeinsam, dass Theologie eine Funktion der Kirche sei. Paul Tillich (Systematische Theologie I, Stuttgart 1956, 9) und Karl Barth (Kirchliche Dogmatik [KD] I/1, München 1932, 1) beginnen ihre dogmatischen Hauptwerke mit der Feststellung: „Theologie ist […] eine Funktion der Kirche". Friedrich Schleiermacher (Kurze Darstellung des theologischen Studiums zum Behuf einleitender Vorlesungen, hg. v. Heinrich Scholz, Darmstadt 1993 [= ND der 3. Ausgabe Leipzig 1910, 2 [§ 5]) bemerkt: „Die christliche Theologie ist […] der Inbegriff derjenigen wissenschaftlichen Kenntnisse und Kunstregeln, ohne deren Besitz und Gebrauch eine zusammenstimmende Leitung der christlichen Kirche, d.h. ein christliches Kirchenregiment, nicht möglich ist." Schleiermacher konzipiert sie im Hori-

Diese Bestimmungen unterstreichen den Anspruch der Theologie auf Wissenschaftlichkeit, indem sie als deren Kriterium benennen, dass sich die Aussagen der Theologie auf einen einheitlichen Gegenstandsbereich[12] erstrecken und untereinander in einem nachvollziehbaren Zusammenhang stehen. Ob und inwiefern eine Kontrollierbarkeit theologischer Aussagen unabhängig vom Glauben gegeben ist, bleibt vor allem auch innertheologisch strittig.[13] Unterschiedliche Auffassungen zur Wissenschaftlichkeit der Theologie erzeugen diesbezüglich divergierende Antworten, etwa bei Wilfried Joest[14] (Ablehnung einer solchen Kontrolle) und Wolfhart Pannenberg[15] (Zulassung eben dieser). Eilert Herms[16] hat indes die Abhängigkeit *aller*

---

zont des neuzeitlichen Bewusstseins dezidiert als praktische bzw. „positive Wissenschaft“. Vgl. Schleiermacher, Darstellung des theologischen Studiums, 1 (§ 1): „Die *Theologie in dem Sinne, in welchem das Wort hier immer genommen wird,* ist eine positive Wissenschaft, deren Theile zu einem Ganzen nur verbunden sind durch ihre gemeinsame Beziehung auf eine bestimmte Glaubenswiese, d. h. eine bestimmte Gestaltung des Gottesbewußtseins; die der christlichen also durch die Beziehung auf das Christentum. Eine positive Wissenschaft überhaupt ist nämlich ein solcher Inbegriff wissenschaftlicher Elemente, welche ihre Zusammengehörigkeit nicht haben, als ob sie einen vermöge der Idee der Wissenschaft notwendigen Bestandteil der wissenschaftlichen Organisation bildeten, sondern nur, sofern sie zur Lösung einer praktischen Aufgabe erforderlich sind.“ Zu Schleiermacher als Wissenschaftssystematiker vgl. Hailer, Materialien, 8–13; zu Barth als vermeintlichem „Verächter der wissenschaftlichen Theologie“ und insbes. zu Barths Gespräch mit dem Philosophen Heinrich Scholz vgl. Hailer, Materialien, 13–18.

12 Als diesen macht Hailer (Materialien, 31) im Anschluss an Gerhard Sauter, Joachim Track, Dietrich Ritschl, George Lindbeck und Christian Link „nicht Gott, sondern das Reden und Handeln der Gläubigen“ geltend.

13 Zur Wahrheitsfähigkeit theologischer Aussagen vgl. Link, Christian, In welchem Sinne sind theologische Aussagen wahr? Zum Streit zwischen Glaube und Wissen. Theologische Studien II, Neukirchen-Vluyn 2003, bes. 25–66. Fernerhin: Bausenhart, Guido, Einführung in die Theologie. Genese und Geltung theologischer Aussagen, Freiburg im Breisgau 2010, bes. 364–366.

14 Joest, Wilfried, Fundamentaltheologie. Theologische Grundlagen- und Methodenprobleme, Theologische Wissenschaft 11, Stuttgart u. a. ³1988, 252–254.

15 Wolfhart Pannenberg, Systematische Theologie I, Göttingen 1988, 66–68. W. Pannenberg (Wissenschaftstheorie und Theologie, Frankfurt a. M. 1973, 302) hat nachdrücklich postuliert, dass die Theologie ihre Aussagen „an der erfahrenen Wirklichkeit von Mensch und Welt zu bewähren“ hat. Dazu: Wenz, Gunther, Wolfhart Pannenbergs Systematische Theologie. Ein einführender Bericht, Göttingen 2003, 19–37. Eberhard Jüngel (Das Dilemma der natürlichen Theologie und die Wahrheit ihres Problems, in: Ders., Entsprechungen: Gott – Wahrheit – Mensch, Tübingen ³2002, 158–177, 175) hält demgegenüber fest: „Es ist ein Unterschied, ob man meint, aufgrund der Welt- und Selbsterfahrungen die Erfahrbarkeit Gottes erweisen zu können, oder aber umgekehrt, aufgrund der Offenbarung Gottes die menschlichen Welt- und Selbsterfahrungen in einem *neuen* Licht verstehbar werden zu lassen.“

16 Vgl. Herms, Eilert, Das Selbstverständnis der Wissenschaften heute und die Theologie (1993), in: Ders., Kirche für die Welt. Lage und Aufgabe der evangelischen Kirche im vereinigten Deutschland, Tübingen 1995, 359–361. Vgl. auch Härle, Wilfried, Dogmatik, Berlin/Boston ⁴2012, 14–28, sowie den auf dem Theologieverständnis

Wissenschaft (und in diesem Zusammenhang eben auch der Theologie) von vorwissenschaftlichen Gewissheiten betont und damit auf das Problem der Letztbegründung aufmerksam gemacht, das interessanterweise auch die Nachfolger/innen des Positivismus klar gesehen und zum Gegenstand eines „Kritischen Rationalismus" gemacht haben. Mit Karl Popper betont er etwa, dass Sätze letztlich nie verifizierbar, sondern allenfalls falsifizierbar sind (sog. Fallibilismus). Die durch den kritischen Rationalismus verstärkte Frage nach einer kontrollierbaren Theologizität der Theologie führte jedenfalls auch in der Theologie (vor allem zu Beginn der 1970er Jahre) zu diversen wissenschaftstheoretischen Auseinandersetzungen (z.B. zur „Sauter-Pannenberg-Debatte"[17]).

Diverse Diskursgänge[18] zum Verhältnis von Theologie und Wissenschaftlichkeit haben gezeigt, dass die Frage nach Wissenschaftlichkeit längst in der Theologie angekommen ist.[19] Dazu gehört – zumal angesichts der Grauen des 20. Jahrhunderts – freilich auch die kritische Infragestellung des Wissenschaftsglaubens, des Szientismus,[20] und nicht zuletzt einer „Wissenschaft, die, mit der ihr innewohnenden Gewalt der Entstellung des Menschen, zum kalten funktionalen und prozessualen Monstrum wird, als eine der vielen Versionen im Spektrum der entsetzlichen Formen, die menschlichen Augen für Gott, darum für die Liebe, darum für das Maß des Menschlichen blind zu machen".[21]

Es zeigt sich freilich in dieser Gemengelage noch ein anderes Phänomen, an das anzuknüpfen ist: nämlich der Umstand, dass Theolog/innen selbst berufsbiographisch oftmals eine doppelte Provenienz wie Profession aufweisen und zugleich etwa Theologin und Philosophin oder auch Theologe und

---

von Herms basierenden Entwurf einer theologischen Enzyklopädie von Stock, Konrad, Die Theorie der christlichen Gewißheit. Eine enzyklopädische Orientierung, Tübingen 2005.

17 Vgl. Rieger, Hans-Martin, Theologie als Funktion der Kirche. Eine systematisch-theologische Untersuchung zum Verhältnis von Theologie und Kirche in der Moderne (TBT 139), Berlin / New York 2007, 163–180.

18 Vgl. Moustakas, Ulrich, Theologie im Kontext von Wissenschaftstheorie und Hermeneutik (Theos 134), Hamburg 2017.

19 Einen Überblick über die gegenwärtige Debatte über das Selbstverständnis der Theologie als universitäre Disziplin gibt Hailer, Materialien, 19–30. In Anlehnung an Hailer lassen sich etwa typologisch unterscheiden ein Selbstverständnis der Theologie als a) Wissenschaft von Gottes universalgeschichtlicher Transzendenz (Wolfhart Pannenberg), b) historischer Theologie (Friedrich Wilhelm Graf), c) Sachverwaltung religiöser Deutungskultur (Wilhelm Gräb) und d) Grammatik der Rede von Gott (George Lindbeck).

20 Michael Trowitzsch (Karl Barth heute, Göttingen 2007, 231) bemerkt mit Verweis auf die *Gifford Lectures* von Carl Friedrich von Weizsäcker, Die Tragweite der Wissenschaft Bd. 1: Schöpfung und Weltentstehung. Die Geschichte zweier Begriffe, Stuttgart [5]1976, 3–19 u. ö.: „Wissenschaftsglaube, Szientismus, heißt die weltweite, ökumenische Religion der Zeit."

21 Trowitzsch, Karl Barth heute, 230.

Soziologe sind. So sehr dies im Blick auf die Wissenschaftlerin bzw. den Wissenschaftler als Individuum einerseits mit biographischen Kontingenzen zusammenhängen mag, so wird man diesen Umstand andererseits möglicherweise auch als einen besonderen Ausweis der Interdisziplinarität[22] von Theologie beurteilen können. Vielleicht gehört diese doppelte Verortung in zwei oder ggf. mehrere Disziplinen im Fall der Theologie inzwischen sogar zu den Konstituenten von „Wissenschaft als Beruf" (Max Weber)? Zur Spezialisierung, durch die eine wissenschaftliche Leistung nach Weber zu erreichen ist,[23] scheint dieser Umstand jedenfalls keineswegs im Widerspruch zu stehen. Vielmehr könnte es sich um ein Erfordernis derselben Leistung handeln, zumal sich die „Gegenstände" der Theologie, wie auch immer diese gegeben sein mögen, grundsätzlich auch aus anderer Perspektive als der des Glaubens betrachten lassen. Um diese andere Perspektive zu wissen, ja sie zu kennen, wäre, wenn nicht unverzichtbar, so doch sicherlich argumentationsstrategisch vorteilhaft. Auch deshalb ist es sinnvoll, den Dialog mit den – von der Theologie ausgehend betrachteten – Bezugswissenschaften zu suchen.

3. Zum vorliegenden Band und Anlass der Festschrift

Auf dem Hintergrund dieser Überzeugung wird dieser Band von Mitgliedern des an der Leibniz Universität Hannover angesiedelten Forschungsforums „Religion im kulturellen Kontext" vorgelegt. Es dürfte kein Zufall sein, dass sich unter den Angehörigen des Forschungsforums viele Wissenschaftler/innen finden, die jene doppelte Profession aufweisen, die wiederum vielfach im Zuge eines „Zweitstudiums" erworben wurde. Auch auf dieses zweite, „andere" Fach hin zu reflektieren und gezielt nach beider Zusammenhang im Rahmen der übergeordneten Frage nach der Wissenschaftlichkeit von Theologie zu fragen, markiert das Erkenntnis- und Untersuchungsinteresse. Die erkenntnisleitende Fragestellung gilt mithin dem Dialog von Theologie und ihren Bezugswissenschaften – und zwar unter dem Umstand der fragli-

---

22 Zur Interdisziplinarität, leider ohne Berücksichtigung der Theologie vgl. Jungert, Michael / Romfeld, Elsa / Sukopp, Thomas / Voigt, Uwe u.a. (Hg.), Interdisziplinarität. Theorie, Praxis, Problem, Darmstadt 2010. Fernerhin die an der Leibniz Universität Hannover angesiedelten Beispiele: Hulek, Klaus / Hofheinz, Marco / Hoyningen-Huene, Paul / Pohlhausen, Robert, Wissensformen – Vier Versuche, hg. von Wenchao Li, Hefte der Leibniz-Stiftungsprofessur Bd. 4, Hannover 2017.

23 Weber, Max, Wissenschaft als Beruf (1917/1919) – Politik als Beruf (1919). Studienausgabe der Max Weber-Gesamtausgabe I/17, hg. v. Mommsen, Wolfgang J. / Schluchter, Wolfgang, Tübingen 1994, 5: „Nur durch strenge Spezialisierung kann der wissenschaftliche Arbeiter tatsächlich das Vollgefühl, einmal und vielleicht nie wieder im Leben, sich zu eigen machen: hier habe ich etwas geleistet, was *dauern* wird."

chen Wissenschaftlichkeit von Theologie im Besonderen und der Wissenschaftlichkeit von Wissenschaft im Allgemeinen. Das Verhältnis von Theologie zu nichttheologischen Wissenschaften bedarf weiterer Klärung.

Ungeachtet einer interdisziplinären Dialogkonstellation („Symposium", s.u.) einerseits und personal-interdisziplinären Konstellation („Ringvorlesung", s. u.) andererseits spitzt sich angesichts eines je person- bzw. persönlichkeitsvermittelten Zugangs die erkenntnisleitende Fragestellung nochmals dahingehend zu, dass im Letzten zu prüfen ist, ob, und wenn ja, wie sich beides vereinbaren lässt – sei es im direkten Gespräch oder innerhalb ein und derselben, Wissenschaft treibenden Person. Jene Vereinbarkeit gilt es gleichwohl zu finden, ohne dabei einer „wissenschaftlichen Schizophrenie" anheim zu fallen.

Die zum Zwecke weiterer Klärung vorgelegte Publikation geht auf zwei Veranstaltungen zurück, die gerade in ihrem Zusammenspiel jene doppelte Zugangsweise abbilden: zum einen ein Symposium am 21./22.04.2017 und zum anderen eine Ringvorlesung im Sommersemester 2017. Im Rahmen des Symposiums war jeweils eine *interdisziplinäre Dialogkonstellation* gegeben: zwei Wissenschaftler/innen bildeten ein – aus einem Theologen/einer Theologin und einem (Bezugs-)Wissenschaftler/einer (Bezugs-)Wissenschaftlerin bestehendes – Tandem. Diese Tandembeiträge bilden Teil 1 der Festschrift. Im Gespräch zwischen *Theologie und Literaturwissenschaft* gehen Friedrich Johannsen und Annette Antoine domänenspezifischen Hiobrezeptionen nach. Kai-Ole Eberhardt und Michael Rothmann thematisieren den Zusammenhang von Wissen und Wundern aus der Perspektive von *Theologie und Geschichtswissenschaft.* Im Blick auf Bild(ungs)interessen im Spiegel neuer Ambivalenzen bringen Monika E. Fuchs und Steffi Robak *Theologie und Bildungswissenschaft* miteinander ins Gespräch. Schließlich widmet sich Marco Hofheinz, theologisch durch die sportwissenschaftliche Perspektive Alfred O. Effenbergs inspiriert, am Beispiel von Cristiano Ronaldo einem profanen Gleichnis.

In Teil 2, den Beiträgen der Ringvorlesung, variiert die „Versuchsanordnung" insofern, als ein persönlicher, beide Disziplinen in ein und derselben Person vereinender und abbildender Zugang gewählt wird. Im Rahmen dieser *personal-interdisziplinären Konstellationen* bringt Axel Siegemund am Beispiel von Praktiken der Umwelttechnik *Theologie und Umwelt- bzw. Biotechnologie* ins Gespräch. Anhand der Kenntnis von Religion im Plural vermittelt Peter Antes *Theologie und Religionswissenschaft.* Der Beitrag von Carsten Jochum-Bortfeld eröffnet im Dialog von Systematischer Theologie und Exegese *intradisziplinäre Perspektiven.* Für *Theologie und Ökonomie* fragt Alexander Dietz nach den moralischen Grenzen des Marktes, und Jürgen Manemann widmet sich der Bedeutung der *praktischen Philosophie* für die *Theologie.* Den Diskurs zwischen *Soziologie und Theologie* untersucht

Ralf Hoburg anhand des Prinzips Wahrnehmung, und schließlich beschreitet Thorsten Paprotny Denkwege zwischen *Theologie und Religionsphilosophie*.

Den unmittelbaren Anlass für das Symposium „Theologie im Konzert der Wissenschaften" und die gleichnamige Ringvorlesung bildete die Emeritierung des Kollegen und langjährigen Dekans der Philosophischen Fakultät der Leibniz Universität Hannover, Herrn Prof. Dr. Dr. Harry Noormann. Dieser Anlass erwies sich als in besonderer Weise geeignet – zum einen, weil der Jubilar als studierter Theologe und Soziologe selbst diese doppelte Profession aufweist und dem transdisziplinären Begegnungslernen[24] in seiner akademischen Vita besondere Aufmerksamkeit widmete und zum anderen, weil das Gespräch zwischen den Disziplinen zum tagespolitischen Geschäft als Dekan gehörte. Darüber hinaus fungierte Harry Noormann als wichtiger Mitinitiator des Forschungsforums „Religion im kulturellen Kontext".

Im „Konzert der Wissenschaften" wirkte Harry Noormann viele Jahre mit – sei es als Dirigent in seiner Dekansfunktion, sei es als begnadeter Instrumentalist, dem die Rolle eines Solisten freilich stets zuwider war. Das Konzert hat er nie als „Wettkampf" im Sinne des lat. *concertare* („wetteifern"), sondern vielmehr im Sinne des orchestrierten „Zusammenfügens" (von lat. *conserere*) der verschiedenen Stimmen und Instrumente verstanden.[25] Vielleicht ist gerade dies das Geheimnis des so geschätzten und erfolgreichen Wirkens von Harry Noormann.

Die vorliegende Festschrift trägt seinem Konzert- und Selbstverständnis Rechnung, und wir freuen uns, die Beiträge des Symposiums und der Ringvorlesung integriert in Gestalt dieser Festschrift zu Harry Noormanns 70. Geburtstag am 14. Januar 2018 vorlegen zu können. Möge sie ihm und der Leserschaft neue Impulse für das interdisziplinäre Gespräch geben!

Am Zustandekommen und Gelingen der beiden Veranstaltungen und der Festschrift waren unterschiedlichste Personen beteiligt, denen an dieser Stelle Dank gebührt: Zu nennen sind die wissenschaftlichen Mitarbeiterinnen und Mitarbeiter der Abteilung Evangelische Theologie sowie insbesondere unsere Sekretärin Silvia Hermerding. Um das Korrekturlesen haben sich die studentischen Hilfskräfte Liliane S. Herms, Pia Jüttner, Jan-Philip Tegtmeier und Merle Ziegner verdient gemacht. Für die großzügige Finanzierung des Symposiums und der Ringvorlesung danken wir der Hanns-Lilje-Stiftung, namentlich ihrem Generalsekretär, Herrn Prof. Dr. Christoph Dahling-

---

24 Vgl. dazu die von Ulrich Becker erstellte Bibliografie Harry Noormanns in: Becker, Ulrich / Bolscho, Dietmar / Lehmann, Christine (Hg.), Religion und Bildung im kulturellen Kontext. Analysen und Perspektiven für transdisziplinäres Begegnungslernen. FS Harry Noormann zum 60. Geburtstag, Stuttgart 2008, 199–205.

25 Vgl. Noormann, Harry, Die Angst überwinden, Grenzen zu verletzen, die Sehnsucht nähren, sie zu überschreiten, in: Rupp, Horst (Hg.), Lebensweg, religiöse Erziehung und Bildung. Religionspädagogik als Autobiographie, Bd. 5, Würzburg 2014, 195–210.

Sander. Dr. Sebastian Weigert vom Kohlhammer Verlag danken wir für die unkomplizierte und professionelle Betreuung. Ein ganz besonderer Dank gilt schließlich Familie Noormann, die dieses Unternehmen vielfältig unterstützt hat.

Allen Genannten sowie den Vortragenden und den Autorinnen und Autoren danken wir sehr herzlich!

Hannover, im August 2017
Marco Hofheinz und Monika E. Fuchs

Hiob im Dialog mit Faust und Franz Biberkopf. Ein theologisch-literaturwissenschaftliches Gespräch

Annette Antoine und Friedrich Johannsen

1. Hinführung

Johannsen: Das Thema umfasst – mit Fontane gesprochen – ein weites Feld. Daher ist eine Begrenzung auf ausgewählte Aspekte geboten.

Meine erste intensivere Auseinandersetzung mit der Beziehung der beiden Wissenschaften geschah in einem gemeinsam mit der Germanistin Elisabeth Paefgen durchgeführten Seminar zum Thema „Thomas Mann: ‚Joseph und seine Brüder' aus literaturwissenschaftlicher und theologischer Sicht" im Sommersemester 2002. Wir haben den Bibeltext mit Hilfe exegetisch-theologischer Methoden untersucht und angeschaut wie Thomas Mann den biblischen Stoff literarisch gestaltet hat. Ich habe diese Zusammenarbeit von Literaturwissenschaft und Theologie an einem konkreten Beispiel als höchst anregend empfunden und das Aufbrechen der theologischen Perspektive durch die literaturwissenschaftliche als bedeutende methodische und inhaltliche Erweiterung und Vertiefung erlebt. Der Roman „Joseph und seine Brüder" ist ein herausragendes Beispiel für die romanhafte Gestaltung biblischer Texte in moderner Literatur. Thomas Mann hat sich bei der Gestaltung theologischen Rat geholt, der sich besonders im ersten Teil niederschlägt. Wichtiger ist aber die Feststellung Manns, dass er diesen Roman auf der Basis der alttestamentlichen Überlieferung bewusst in einer Zeit geschrieben hat, in der das „Jüdische" diskreditiert wurde. „Einen Roman des jüdischen Geistes zu schreiben war zeitgemäß, weil es unzeitgemäß erschien."[1] Mann selbst hat in einem Vortrag hervorgehoben, dass sich die Erzählung wie ein rabbinischer Midrasch liest. In der Tradition der jüdischen Schriftauslegung ist darunter die zeitbezogene Auslegung eines biblischen Textes zu verstehen. Der Zeitbezug ist von höchster Relevanz: Die ersten beiden Bände erschienen im NS-Deutschland 1933/1934, die anderen im Exil. Die biblische Erzählung wird in vier Bänden in Romangestalt so entfaltet, dass die Konflikte und

---

[1] Th. Mann Joseph und seine Brüder. Ein Vortrag. Zit. nach Drave, Elisabeth, Strukturen jüdischer Bibelauslegung in Thomas Manns Roman „Joseph und seine Brüder", Das Beispiel Abraham, in: Ebach, Jürgen / Faber, Richard (Hg.), Bibel und Literatur, München 1995, 195–213, 195.

Gestalten mit einer Vielzahl von Facetten, Beweggründen, verborgenen Absichten und Gedanken zugleich episch und analytisch zur Sprache kommen. Elisabeth Drave macht darauf aufmerksam, dass es Mann um eine „analytisch-ironische Gestaltung bzw. Umfunktionierung des Mythos" gehe und gegen das irrationale Verständnis des Mythos in der NS-Ideologie.[2]

Die romanhafte Gestaltung des biblischen Stoffes wurde so zu einer Art künstlerischen Widerstands gegen den inhumanen Zeitgeist.

Wie Thomas Mann wurden davor u. a. Johann Wolfgang von Goethe, Heinrich Heine und Berthold Brecht durch biblische Stoffe inspiriert, um nur drei Exponenten zu nennen. In diesem Zusammenhang ist es wichtig daran zu erinnern, dass fast alle früheren Literaten so mit biblischen Erzählungen aufgewachsen sind, dass ihre Vorstellungen, Bilder und Ideen dadurch geprägt waren. Ein anschauliches Beispiel gibt der 1985 von Hans Jürgen Schultz herausgegebene Sammelband: „Sie werden lachen – die Bibel", worin u. a. Heine und Brecht die Relevanz der Bibel für ihre literarische Arbeit betonen.

Durch biblische Stoffe inspirierte literarische Gestaltungen sind somit *ein* wichtiger Aspekt des Dialogs zwischen Literaturwissenschaft und Theologie. Neben der Untersuchung der durch biblische Stoffe und Themen angeregten Literatur ist aus theologischer Perspektive bedeutsam, dass in der neueren Exegese zunehmend das Verständnis von und die Auslegung der Bibel als Literatur zugrunde gelegt werden.

Bevor diesen beiden Aspekten weiter nachgegangen wird, seien ein paar allgemeine Bemerkungen zum Verhältnis von Literaturwissenschaft und Theologie vorangeschickt.

2. Zum Verhältnis der Disziplinen

Grundlegend für eine heutige Verhältnisbestimmung ist die vollzogene Emanzipation der Literatur von Theologie und Kirche, die – in Analogie zur Kunstgeschichte – im Interesse erfolgte, künstlerische Autonomie zu gewinnen.[3]

Entsprechend führt der katholische Religionspädagoge und Germanist Georg Langenhorst (geb. 1962), der die Beziehung zwischen Literatur und Theologie zu seinem Thema gemacht hat, aus, dass sich in unserem Kulturkreis Literatur und Kunst seit dem 17. Jahrhundert in fortschreitenden Entwicklungsschüben aus dem Bann des Christentums lösten und sich zu Be-

2 Vgl. Drave, Strukturen jüdischer Bibelauslegung, 196.

3 Vgl. Schröer, Henning, Art. „Literatur und Religion VI, Praktisch-theologisch", in: TRE 21 (1991), 294–306, 295.

ginn des 19. Jahrhunderts endgültig ein „autonomes" Kunst- und Literaturverständnis durchsetzt.[4]

Die Emanzipation von Literatur und Dichtung von der Religion unter dem Aspekt künstlerischer Autonomie, die u. a. von Lessing betont wurde, führte in der Folge dazu, dass Literatur nun selbst den Anspruch entwickelte, eigenständiges Medium der Wahrheitsfindung zu sein.[5]

Aus einer weiteren spezifischen Entwicklung künstlerischer Autonomie resultierte ein Verständnis von Literatur als Ersatzreligion bzw. romantische Kunstreligion, die um 1800 ihre erste Ausprägung findet.[6] Dass diese Entwicklung gescheitert ist, hat nach Auerochs seinen Grund darin, dass Literatur zwar Weltdeutung leisten kann, die andere relevante Funktion von Religion, Orientierung zur Lebensführung zu geben, jedoch nicht erfüllen kann.[7]

> „Autonomie", so Langenhorst, „bedeutet freilich keineswegs Beziehungslosigkeit. Im Gegenteil, erst seitdem die Einheit von Volksreligion und literarischem Schaffen zerbrochen ist, werden eigenständige, produktive und herausfordernde Auseinandersetzungen mit der christlichen Tradition im Bereich von Literatur möglich. Ging es zuvor vor allem um Ausschmückung, Bebilderung und Bestätigung der religiösen Vorgaben, so besteht nun ein Spannungsverhältnis, das für beide Seiten fruchtbar ist: für die Theologie als wissenschaftliche Reflexion von Religion, weil sie sich immer wieder überprüfen und weiterentwickeln kann durch die Spiegelungen und Provokationen der Literatur; für die Literatur, weil sie Auseinandersetzungen mit den traditionellen Religionen, mit religiösen Erfahrungen und theologischen Reflexionen immer wieder künstlerisch fruchtbar machen kann."[8]

Antoine: Um bei Langenhorst anzusetzen: Für ihn stellt sich das Verhältnis zwischen Theologie und Literaturwissenschaft als ein asymmetrisches dar. Zwar spiele die Literaturwissenschaft in der Theologie schon lange eine gewisse Rolle, wir haben gerade ja auch schon von verschiedenen Verfahren gehört, Beschreibungs- und Analyseparameter wie Metapher, Narration oder auch das Greimas'sche Handlungsmodell werden ebenfalls hinzugezogen. Aber Langenhorst wehrt den Begriff des Dialogs, das Gespräch zwischen zwei Partnern auf Augenhöhe, als unzutreffend ab – die Literaturwissenschaft suche nicht danach, und ihm ist in dem von ihm herausgegebenen Kongressband „Schreiben ist Totenerweckung" von 2005[9] auch eine gewisse Erleichterung darüber anzumerken, von dem lange eingeforderten Dialog-Paradigma wieder abrücken zu können. Allein die Zuordnungen der Beiträger sprechen für sich – unter den 15 Referierenden waren ganze zwei Lite-

---

4 Vgl. Langenhorst, Georg, Art. Literatur und Theologie, in: Eicher, Peter (Hg.), Neues Handbuch Theologischer Grundbegriffe, Bd. 2, München 2005, 506–523.

5 Vgl. Auerochs, Bernd, Art. Literatur und Religion, in: RGG[4] 5 (2002), 391–403, 396.

6 Vgl. Auerochs, Literatur und Religion, 397.

7 Auerochs, Literatur und Religion, 398.

8 Langenhorst, Literatur und Theologie, 506.

9 Garhammer, Erich / Langenhorst, Georg, Schreiben ist Totenerweckung. Theologie und Literatur, Würzburg 2005.

raturwissenschaftler (die ähnliches konstatierten). Die Blickrichtung könne sich damit, laut Langenhorst, verlagern auf das Verhältnis zwischen Theologie und Literatur, oder direkt, um den Titel des jüngst erschienenen Handbuchs von Daniel Weidner zu zitieren, Religion und Literatur.[10] Denn an religiösen Themen als Sujets ist die Literaturwissenschaft selbstredend seit langem interessiert.

Johannsen: Das ist m. E. durchaus zutreffend. Genau auf dieser geklärten Basis sieht Langenhorst dann auch die Chance der Anerkennung der grundsätzlichen Autonomie und Eigengesetzlichkeit von Theologie und Literatur. Es geht darum, „Fäden zwischen beiden zu knüpfen", um einen korrelativen Prozess gegenseitigen Befragens und Beantwortens, Übereinstimmens und Widersprechens zu ermöglichen.[11] Das insgesamt (wesentlich) größere Interesse an einer Korrelation auf der Seite der Theologie als auf der Seite der Literaturwissenschaft lässt sich auch daran ablesen, dass die Beziehung von Bibel und Literatur zwar in einer Reihe von Untersuchungen thematisiert wurde, diese stammen jedoch überwiegend von Theologen. Dabei geht es vor allem um die Frage, wie biblische Stoffe, Themen und Sprache in moderner Literatur aufgegriffen und bearbeitet werden. Besonders erwähnenswert ist neben Einzeluntersuchungen das 1999 erschienene zweibändige Werk von Heinrich Schmidingers „Die Bibel in der deutschsprachigen Literatur des 20. Jahrhunderts".

Ein weiterer relevanter Titel ist das Werk von Ursula Baltz-Otto: „Theologie und Poesie. Annäherungen an einen komplexen Problemzusammenhang zwischen Theologie und Literaturwissenschaft" (Europäische Hochschulschriften Peter Lang), Frankfurt a.M. u. a. 1983. Besondere Resonanz fanden die Werke von Karl-Josef Kuschel. Den Auftakt bildet 1991 der bemerkenswerte Titel: „Vielleicht hält Gott sich einige Dichter… Literarisch-theologische Porträts". Es folgen: „Im Spiegel der Dichter. Mensch, Gott und Jesus in der Literatur des 20. Jahrhunderts", Düsseldorf 1997 und „Jesus im Spiegel der Weltliteratur", Düsseldorf 1999.

Autoren unterschiedlicher Disziplinen beteiligten sich an dem von Jürgen Ebach und Richard Faber herausgegebenen Band: „Bibel und Literatur", München 1994. 2005 erschien der bereits erwähnte Tagungsband von Erich Garhammer und Georg Langenhorst (Hrsg.): „Schreiben ist Totenerweckung. Theologie und Literatur", Würzburg. Darin findet sich ein Beitrag von Wolfgang Braungart mit dem Titel: „Literaturwissenschaft und Theologie. Ver-

---

10 Weidner, Daniel (Hg.), Handbuch Literatur und Religion, Stuttgart 2016.

11 Vgl. Langenhorst, Georg, Hiob unser Zeitgenosse. Die literarische Hiob-Rezeption im 20. Jahrhundert als theologische Herausforderung, Mainz ^{2}1995, 24. Ein weiterer Titel von Langenhorst zum Thema ist: Langenhorst, Georg (Hg.), Hiobs Schrei in der Gegenwart. Ein literarisches Lesebuch zur Frage nach Gott im Leid, Mainz 1995.

such zu einem schwierigen Verhältnis, ausgehend von Kafkas Erzählung ‚Ein Hungerkünstler'."[12]

2008 veröffentlichte der Freiburger Germanist Gerhard Kaiser in Tübingen sein Werk „Spätlese. Beiträge zur Theologie, Literaturwissenschaft und Geistesgeschichte". Im Klappentext heißt es u. a. „Leitfragen sind: Literarische Strukturen in der Bibel und ihre theologische Aussage; die Umformung biblischer und theologischer Elemente in säkularer Literatur und deren Rückwirkung auf den dichterischen Text".

2016 erschien im Herder-Verlag, herausgegeben von Jan-Heiner Tück und Andreas Bieringer: „Verwandeln allein durch Erzählen. Peter Handke im Spannungsfeld von Theologie und Literaturwissenschaft" sowie das ebenfalls bereits erwähnte Metzler-Handbuch „Literatur und Religion", herausgegeben von Daniel Weidner.

Die neuere protestantische Theologie diskutiert das Verhältnis von Literatur und Theologie kontrovers. Im Prinzip geht es bei der Verhältnisbestimmung um die Frage nach Analogie und Differenz zwischen religiöser und ästhetischer Erfahrung. Eine mögliche Anknüpfungsmöglichkeit bietet die Differenz zwischen dem Schönen und dem Erhabenen.

Während Sören Kierkegaard (1813–1855) von einer notwendigen Diastase zwischen dem Bereich der Ästhetik und des Glaubens spricht (ähnlich Karl Barth im 20. Jahrhundert), hat Paul Tillich zu Beginn des 20. Jh. besonders in seinem 1919 erschienenen Werk „Religion der Kultur" die These entfaltet, dass Kultur ein Medium der Religion und Religion die Tiefendimension der Kultur sei: In Kunst und Literatur kann uns das begegnen, was uns unbedingt angeht.[13]

Dorothee Sölle (1929–2003) knüpft in ihrer Habilitationsschrift (1973) u. a. an Paul Tillichs Öffnung hin zur Theologie der Kultur an. Aufgabe der Theologie ist es nach Sölle, in der Literatur das uns unbedingt Angehende zu entdecken, das darin verborgen ist: Die Suche nach der weltlichen Realisierung dessen, was überlieferte religiöse Sprache verschlüsselt aussprach. Eine weitere Basis ist für Sölle die Entdeckung der poetischen Dimension der religiösen Sprache. In Literatur und Kunst lassen sich nicht-religiöse Interpretationen religiöser Erfahrungen wahrnehmen.

1969 erschien von Sölle ein Aufsatz: „Zum Dialog zwischen Theologie und Literaturwissenschaft". Ihre Habilitationsschrift von 1973 trägt den bezeichnenden Titel „Realisation. Studien zum Verhältnis von Theologie und Dichtung nach der Aufklärung".

Ein für das Grundverhältnis durchaus charakteristischer Sachverhalt liegt darin, dass 1968 der deutsche Germanistentag mit der Thematik interdiszipli-

---

[12] A.a.O., 43–69.

[13] Tillich, Paul, Über die Idee einer Theologie der Kultur (1919), in: GW 9, hg. v. Albrecht, Renate, Stuttgart 1967, 13–31.

näre Forschung das Teilthema „Germanistik und Theologie“ nicht mit aufnahm.[14]

3. Literarturwissenschaftlich fundierte Bibelauslegung

Hatte Tillich in seinem Ansatz von Theologie der Kultur auf die Wirksamkeit der biblischen Tradition in literarischen Werken verwiesen, so ist in den letzten Jahrzehnten in der Bibeltheologie verstärkt eine Rezeption literaturwissenschaftlicher Verfahren in der Bibelauslegung zu beobachten. Neben die Untersuchung der durch biblische Stoffe und Themen angeregten Literatur treten damit das Verständnis von und die Auslegung der Bibel als Literatur.

Eine von vielen für die Bibelauslegung neu entdeckten Methoden, die Rezeptionsästhetik, ist in Literaturwissenschaft seit über 50 Jahren präsent.[15] Charakteristisch für diese Methode ist ein Paradigmenwechsel von der Frage nach der Intention eines Werkes bzw. des Autors zur Frage nach der Wirkung eines Textes auf den (bzw. die) Leser. Dabei verschiebt sich auch die Inspirationsthematik von der Inspiration des Textes auf die Inspiration des Lesers im Vorgang der Rezeption. Untersucht wird im Blick auf diesen Prozess u. a. die Textkonstruktion, die der Autor gewissermaßen als Leseanleitung vorgegeben hat.

Während nach der klassischen Inspirationslehre der Text selbst durch das Wirken des Heiligen Geistes inspiriert ist, liegt der Rezeptionsästhetik die Annahme zugrunde, dass der Leser im Prozess des Lesens (der Rezeption) vom Text inspiriert wird.

Zwei m. E. durchaus exemplarische Zitate können das Interesse von biblischen Theologen an literaturwissenschaftlichen Methoden verdeut- lichen:

- „Neutestamentliche Wissenschaft wird zur Wissenschaft von der Produktion und Rezeption frühchristlicher Zeichenzusammenhänge.“[16]
- Ziel semiotisch-kritischer Exegese „ist es, die Erzeugung vom Zeichenbestand des Textes ermöglichter Textsinne zu erforschen und sie kommunikativ in einer Auslegungsgemeinschaft einzubringen. Sie geht davon aus, dass Sinn im Akt des Lesens als interpretierende Interaktion zwischen einem real vorgegebenen Text und seinem realen Leser in einer konkreten Situation entsteht.“[17] „Semiotisch-kritische Exegese begeistert

---

[14] Vgl. Schröer, Literatur und Religion, 299.

[15] Warning, Rainer, Rezeptionsästhetik als literaturwissenschaftliche Pragmatik, in: Ders. (Hg.), Rezeptionsästhetik (Theorie und Praxis 4), München ^{4}1994, 9–41.

[16] Alkier, Stefan, Neues Testament (UTB-Basics 3404), Tübingen 2010, 141.

[17] Alkier, Neues Testament, 141.

für die Sinnvielfalt eines Textes und macht Lust auf mehr und andere Lektüren, wenn sie mit Interesse und Ernst vorgetragen werden."[18]

Der katholische Neutestamentler Ludger Schenke schreibt in der Einleitung seines 2005 erschienenen Markus-Kommentars:

> „Ein Kreis schließt sich. Mit redaktionsgeschichtlichen Analysen zur Passionsgeschichte des Markusevangeliums begann ich vor fast vierzig Jahren meine wissenschaftliche Arbeit. Heute weiß ich, was ich damals gesucht habe. Aber ich konnte es nicht erreichen, weil ich der traditionellen exegetischen Methode folgte. Unter Anwendung von Literaturkritik, Form- und Traditionsgeschichte meinte ich, die Genese des Textes nachzeichnen zu müssen, um seinen Sinn erheben zu können. Ich hätte von seiner Gestalt ausgehen müssen. So verfuhr die Literaturwissenschaft außerhalb der neutestamentlichen Exegese schon längst. Doch dazu hätte unbestritten feststehen müssen, dass das Markusevangelium Literatur ist, und zwar eine fiktive Erzählung, die sich einzig dem Gestaltungswillen des Autors verdankt. Und so blieb mein Ansatz stecken im vorläufigen Versuch, den untersuchten Text zumindest als Komposition des Redaktors Markus zu erweisen."[19]

Der Kommentar von Schenke „versteht das Markusevangelium als literarisches Werk, durch das der Autor als ein anderer die Leser zu Teilnehmern an der Welt und am Weg des Gottessohnes Jesu machen will."[20]

Bedeutsam sind drei Aspekte:
- Die Bibel wird hier konsequent als Literatur verstanden und interpretiert.
- Basis der Auslegung ist der kanonische Text, also die Endgestalt, die ungeachtet einer möglichen literargeschichtlichen Vorgeschichte als sinnvolle Komposition erschlossen wird, und
- Gegenüber der klassischen Exegese geht es nicht mehr um die Erschließung des einen Textsinnes, sondern um Vielfalt der Verständnismöglichkeiten – allerdings ohne Beliebigkeit, wie der Alttestamentler Jürgen Ebach immer wieder betont: „Erst in der Vielfalt der Lektüremöglichkeiten entfaltet sich der Reichtum der Texte und ihrer Tradition und Rezeption" (…) „Nun aber hängt alles daran, dass die Vielfalt nicht zur Beliebigkeit wird.[21]

Antoine: Hat die „Kanonische Auslegung" eine besondere Nähe zur Literaturwissenschaft?

---

18 Alkier, Neues Testament, 142.

19 Schenke, Ludger, Das Markusevangelium. Literarische Eigenart – Text und Kommentierung, Stuttgart 2005, 7.

20 Schenke, Das Markusevangelium, 7.

21 Ebach, Jürgen, Vielfalt ohne Beliebigkeit (Theologische Reden 5), Bochum 2002, 8f. (Vorwort).

Johannsen: Kanonische Auslegung meint zunächst, dass für die Interpretation die Endgestalt und nicht hypothetische Vorstufen des biblischen Textes relevant sind. Damit wurde ein Paradigmenwechsel gegenüber der vor Jahrzehnten dominierenden Grundansicht vollzogen, dass vor allem die sogenannten (hypothetischen) Quellenschriften (z.B. Priesterschrift, Jahwist, Elohist) theologisch relevant seien. Paradigmatisch ist der Titel von H. W. Wolff: „Das Kerygma des Jahwisten“. Die historisch-kritische Forschung hatte für alle biblischen Bücher die hypothetische Genese der Endgestalt, also die Redaktionsgeschichte untersucht, kam dabei allerdings teilweise zu sehr unterschiedlichen Ergebnissen. Ein wesentliches Kriterium war die Beobachtung von Unstimmigkeiten und Stilelementen im kanonischen Text. In den kanonischen Auslegungen werden die Unstimmigkeiten als Gestaltungsmittel gedeutet und nicht durch Genese erklärt. Insofern liegt sicher eine Nähe zur Literaturwissenschaft vor.

Jan Assmann hat eine Unterscheidung zwischen heiligem Text, klassischem Text und kanonischem Text vorgeschlagen. Danach ist ein kanonischer Text dadurch gekennzeichnet, dass eine Vielzahl von Texten zu einer Einheit zusammengestellt ist. Diese Texte werden wortgetreu überliefert, sind aber auf einen deutenden Umgang hin angelegt. Indem wir das Alte und Neue Testament als Teile eines kanonischen Textes verstehen, ist Auslegung zwingend: Der Text bleibt unverändert, die Auslegung kann und muss sich ändern, wenn sich die Verstehensbedingungen ändern.[22]

Ein spezifisches Problem besteht darin, dass es zwei Kanonfassungen des AT gibt:

- den hebräischen Text (MT) und
- die griechischsprachige Septuaginta (LXX), die weitgehend Basis der neutestamentlichen Schriften ist.

Zur Methodik beider Disziplinen

Nach Utzschneider lassen sich drei Typen von Lesarten biblischer Texte unterschieden:

- Die kanonische Lesart, bei welcher der Text sakrosankt ist, in der Auslegung aber Methodenvielfalt möglich ist.
- Die quellenhaft-historische Rekonstruktion von Vorläufern und hypothetischer Urgestalt von Textteilen (Beispiele: Die Genesis ist eine Komposition aus drei Quellenschriften: Jahwist, Elohist, Priesterschrift, das Jesajabuch setzt sich aus drei Vorläufern zusammen: Protojesaja, Deuterojesaja, Tritojesaja.)

---

22 Vgl. Ebach, Vielfalt ohne Beliebigkeit, 239.

– Die literarisch-ästhetische Lesart, die offen ist für Imagination und Inszenierung.

Entsprechend werden in der Theologie unterschiedliche Methoden favorisiert: historisch-kritische, philologische, linguistische, literaturwissenschaftliche, z. B. Rezeptionsästhetik.

Wir haben uns entschieden, das Verhältnis von Theologie und Literatur an zwei Beispielen zu thematisieren: Der Rezeption des biblischen Hiobbuches in Goethes „Faust“ und Döblins Roman „Berlin Alexanderplatz“.

Das biblische Hiobbuch ist auf vielfältige Weise in literarischen Gestaltungen rezipiert worden. Ein Beispiel ist der Bezug auf die „Hiobsbotschaft“ (Hiobs Post), die der Unglücksbote jeweils mit dem Hinweis übermittelt: „Ich allein bin entronnen, um es zu berichten“. Dieses Motiv des Erzählens aus dem Entrinnen findet sich z. B. in Goethes „Götz von Berlichingen“, oder auch in Herman Melvilles „Moby Dick“. Dort erzählt der gerettete Ich-Erzähler, der Matrose Ismael, aus der Perspektive des Entronnenen. Manès Sperber berichtet, dass er seine Rolle als Schriftsteller mit diesem Motiv des Erzählens aus dem Entrinnen verbindet, seit er im 1. Weltkrieg dem Schützengraben entkommen ist.

Auch bei dem aus dem KZ entronnenen Eli Wiesel wird der Botschafter Hiob Vorbild seines Schreibens. Das biblische Gegenbild ist Lots Frau: Erstarrung statt Erzählen.[23]

4. Konkretionen

4.1 Das biblische Hiobbuch

In der kanonischen Fassung gliedert sich das Hiobbuch in vier Teile:
– Die Einleitung mit der Vorstellung Hiobs (1,1–5)
– Den Prolog (1,6–2)
– Die Dialoge (3–42,6) und
– Den Epilog (42,7–17)

Der Dialogteil enthält 22 Reden: acht Reden der Freunde, neun Reden Hiobs, drei Reden Elihus und zwei Gottesreden.

In der jüngeren Auslegungsgeschichte des Hiobbuches hat man wegen der unterschiedlichen Textstrukturen die Rahmenerzählung (1. u. 3.) als gegenüber den Dialogteilen eigenständige Entwicklungsphase verstanden. Der

---

[23] Vgl. Ebach, Jürgen, Hiobs Post, Neukirchen-Vluyn 1995, 3–7.

Alttestamentler Jürgen Ebach hat in seinem Hiobkommentar[24] das Buch konsequent in seiner kanonischen Fassung ausgelegt und kommt m. E. zu überzeugenden Lösungen auch für Passagen, die in älteren Kommentaren durch sogenannte literarkritische Argumente erklärt werden.

4.2 Die Ausgangslage[25]

„Einen Mann gab es im Lande Uz, Hiob war sein Name. Dieser Mann war untadelig und aufrecht, gottesfürchtig und dem Bösen abhold" (1,1).

Die Geschichte spielt – wie die biblische Urgeschichte – im Osten, dem Gebiet des Ursprungs. Mit der Namensnennung klingt eine in Ez 14,14 neben Daniel und Noah genannte Gestalt eines Gerechten aus der Urzeit an. Wie in anderen Büchern der Hebräischen Bibel wird ein Problem der Gegenwart (der nachexilischen, persischen Zeit) an einer Geschichte aus alter Zeit thematisiert. Das Bild der Hiob-Gestalt erinnert an die Erzväter Israels mit ihrer nomadischen Lebensform. Sein im orientalischen Raum verbreiteter Name hat akkadischen Ursprung: „Wo ist mein Vater?" Namen sind in der Hebräischen Bibel bedeutsam – nicht „Schall und Rauch".

Orientalisch-märchenhaft ist sein Reichtum. Es geht ihm so, wie es seinem Tun entspricht. Hier klingt die alte Grundüberzeugung des klassischen *Tun-Ergehen-Zusammenhangs* an, deren Geltung im Hiobbuch grundlegend problematisiert wird. Auch das prophylaktische Brandopfer für seine Söhne (1,5) gehört in diesen Zusammenhang. Es soll eventuelle Schuld kompensieren.

4.3 Die Rahmenerzählung

Nach der Exposition geschieht ein Szenenwechsel. Ort der Handlung in 1,6–12 ist der dem Bild des orientalischen Königtums nachgezeichnete Hofstaat JHWHs. Der JHWH-Name findet sich (mit einer Ausnahme) nur in der Rahmenerzählung, während in den Dialogen andere Gottesbezeichnungen (meist *El Gott* oder auch *Schadaij,* meist als *Allmächtiger* übersetzt) verwendet werden. Anders als später im NT ist der Satan (noch) nicht Gegenspieler Gottes, sondern eine Gestalt des Hofstaates mit begrenztem eigenem Gestaltungsspielsraum wie die anderen „Himmelswesen" (Vorformen der späteren Engel). Ausgestattet ist er nur mit abgeleiteter Macht, wie beispielsweise der

---

24 Ebach, Jürgen, Streiten mit Gott. Hiob. Teil 1: Hiob 1–20. Teil 2: Hiob 21–42, Neunkirchen-Vluyn 1995f.

25 Bei dem folgenden Text handelt es sich um Auszüge aus:
Johannsen, Friedrich, „Leiden und Lernen – Das Buch Hiob, in: Ders., Alttestamentliches Arbeitsbuch für Religionspädagogen, Stuttgart [4]2010, 231–244, 233–235, 242–243.

Vertreter eines Großkönigs in entfernteren Provinzen. In der Wortbedeutung des Namens *Satan* klingt *Hinderer*, *Quertreiber* u. ä. an. Seine Funktion im Hiobbuch ist es, eine Frage aufzuwerfen, ein Experiment in Gang zu setzten. Die Antwort entscheidet sich dann nicht zwischen Gott und Satan, sondern zwischen Gott und Hiob.

„Ist Hiob umsonst gottesfürchtig?" (1,9) lautet die von Satan aufgeworfene Frage. Das zentrale Wort „umsonst" ist in fast allen biblischen Verwendungszusammenhängen mehrschichtig zu verstehen, kann aber unterschiedlich akzentuiert sein. Seine Konnotation umfasst: ohne Entgelt, ohne Folge, ohne Grund, ohne Sinn.[26]

Satan unterstellt, dass Hiob nicht ohne Kompensation, ohne Lohn, ohne Gegenerwartung gottesfürchtig ist. (Die Hiobsdichtung insgesamt verhandelt auch die Frage, ob die Frömmigkeit ohne Sinn ist, wenn die Regeln des Tauschgeschäftes zwischen Gott und Mensch nicht gelten.) „Kann es eine Gerechtigkeit, kann es eine Ordnung in der Welt, kann es eine Stimmigkeit im Leben geben, die nicht dieser Logik (des Tauschgeschäftes) folgt?"[27] Wird Hiob an einem Gott festhalten, der nicht nach den Regeln des Tauschgeschäftes handelt? Nicht nur das Schicksal eines einzelnen, sondern die Stimmigkeit der Welt steht auf dem Prüfstand. Gott lässt Satan – mit eingeschränktem Spielraum – prüfen, ohne mit ihm zu diskutieren.

4.4 Die Hiobsbotschaft(en): Hiob 1,13–19

Nun bricht es über Hiob herein. Jedes der vier Unglücke könnte auch „natürliche" Ursachen haben, für jedes einzelne gibt es Parallelen in der Umwelt Hiobs. Für einen Außenstehenden könnte es sich also um eine zufällige Kette von Unglücksfällen handeln. Der Leser, der die Versuchungs-Absprache zwischen Gott und Satan kennt, weiß um die *eine* Ursache der Geschehnisse. Hiob, der nichts von der Absprache ahnt, führt die Katastrophe wie selbstverständlich auf Gott zurück.[28] Seine Reaktion besteht darin, dass er die üblichen Trauerriten vollzieht und dann den vorgeprägten Satz spricht:

„JHWH hat es gegeben, JHWH hat es genommen, gesegnet sei der Name JHWHs" (1,21b).

---

26 Eine genaue Analyse findet sich in: Ebach, Jürgen, Ist es ‚umsonst', dass Hiob gottesfürchtig ist?, in: Ders., Hiobs Post, Neukirchen-Vluyn 1995, 15–31.

27 Vgl. Ebach, Ist es ‚umsonst', dass Hiob gottesfürchtig ist?, 29.

28 Vgl. Ebach, Jürgen, Streiten mit Gott. Hiob. Teil 1: Hiob 1–20, Neukirchen-Vluyn 1995, 19. Die von den Boten der Hiobsbotschaften jeweils verwendete Formel „und ich allein bin entronnen, um es dir zu melden" wurde zu einer wichtigen Charakteristik für die jüdischen Literaten, die der Shoa entronnen waren. Erzählen aus dem Entrinnen, nicht über das Entrinnen: Erinnerung als Trauerarbeit und Aufruf gegen das Vergessen (vgl. Ebach, Streiten mit Gott. Hiob. Teil 1, 20–25).

Entgegen der Ankündigung Satans bleibt Hiob in seiner Reaktion im Rahmen der vorgezeichneten Frömmigkeitsformen. Im Kontext des Hiobbuches nimmt Hiob hier im Sinne einer ersten Reaktion demütig sein Geschick an und rebelliert nicht. Dieses gottergebene Verhalten wurde in der Rezeptionsgeschichte des Hiobbuches oftmals als Vorbild herausgestellt und zog eine Frömmigkeitsgeschichte nach sich, für die das Buch Hiob offensichtlich hier zu Ende ist. Das spätere Aufbegehren wird dabei ausgeblendet. Indem er den JHWH-Namen segnet, überschreitet Hiob aber bereits in seiner ersten Reaktion die Rolle des passiven Opfers.

In 2,1–10 gibt Gott Satan Gelegenheit zu einer erneuten verschärften Prüfung der Ausgangsfrage. Hiob ist mit einer Hautkrankheit geschlagen, die ihm nach orientalischem Brauch einen Platz außerhalb des Ortes und der Gemeinschaft zuweist – auf einem Schutthaufen in Asche. Nun wendet sich auch seine Frau, die nur in dieser Szene eine Rolle spielt, gegen sein Festhalten an Gott.

Die folgende Szene (2,11–13) führt die drei Freunde Elifas, Bilhad und Zofar ein, die später seine Dialogpartner werden und leitet über in den Dialogteil. Die Freunde (das verwendete Wort hat die Bedeutung von „Nächster") kommen von weit her, um ihn zu trösten (wörtlich: zum Aufatmen zu bringen). Mit Gesten der Trauer und Empathie nehmen sie Anteil an Hiobs Geschick und setzen sich sieben Tage in solidarischem Schweigen zu ihm. Diese einem Leidenden gegenüber solidarisch-stumme Geste ist die schwerste und doch oft einzig angemessene Haltung angesichts des Schmerzes eines anderen. Nicht wegen dieser Geste, sondern wegen ihres späteren Redens über Hiobs Leid setzen sie sich ihm gegenüber ins Unrecht.

4.5 Der Dialogteil

Die erste Hiobrede (3,1–26)

In 3,1–26 beginnt Hiob seine Reden, in denen er in immer neuen Durchgängen sein Leiden thematisiert und in Auseinandersetzung mit den Freunden nach den Ursachen fragt.

Die Anklagen und Verfluchungen, mit denen die Rede zunächst beginnt, sind wie die folgenden Teile durchsetzt mit Weisheitsmaterial, Bildern und Verweisen, die für heutige Leser oft schwer zu entschlüsseln sind und den Text nicht als authentische, sondern literarisch verdichtete Klage erkennen lassen. Zunächst beklagt Hiob sein Geschick, möchte seine Erschaffung rückgängig machen, weil das erfahrene Chaos in seinem Leben nicht mit einer geordneten Schöpfung in Einklang zu bringen ist. Der Aufschrei des rebellischen Hiob klagt noch in seinem Vernichtungswunsch Stimmigkeit ein, wie der duldende Hiob des Anfangsteils an der Stimmigkeit und Ordnung des Handelns Gottes festhält. In den Versen 11–19 und nochmals in 20–26 klingt die „Warum-Frage" an.

„Ich an deiner Stelle würde ...“ – Einsatz der Freundesreden (4,1–5,27)
Im Blick auf die Reden der Freunde gilt wie für die Reden Hiobs, dass es sich um literarische Reden handelt. Der Grundtenor der sehr behutsam auf Hiobs Lage eingehenden Argumentation Elifas ist zunächst ganz von der klassischen Lehre des Tun-Ergehen-Zusammenhangs geprägt, wendet sie aber (noch) nicht *gegen* Hiob sondern argumentiert mit tröstendem Unterton: Wenn Du schuldlos bist, wird sich dein Geschick wenden! „Wer ging je schudlos zugrunde (…)?“ (4,7).

Je mehr für Hiob der Tun-Ergehen-Zusammenhang durch seine Erfahrung auseinanderfällt, desto stärker beharren die Freunde auf der Wahrheit der Lehre. Auch Hiob hält an diesem Zusammenhang fest, kommt aber aus seiner Situation zu der Überzeugung, dass Gott seiner Aufgabe nicht gerecht wird, darüber zu wachen, wenn Tun und Geschick so auseinanderfallen wie bei ihm.

Vom Ende her gesehen sagt Elifas immer wieder durchaus Richtiges, wenn er darauf abhebt, dass Hiob wiederhergestellt wird, wenn er die Niedrigkeit des Menschen als Grund für seine Mühsal erkennt, auf den von Gott garantierten Zusammenhang von Tun und Ergehen vertraut, sein Leiden als Chance für eine Läuterung akzeptiert und sich in allem an Gott wendet.[29]

Von Anfang an laufen die Reden der Freunde und die Antworten Hiobs auseinander. Er kann die „Richtigkeiten“ nicht akzeptieren, in seiner Lage werden die tröstend gemeinten Lehren immer mehr zur Qual. Das „gut Gemeinte“ verkehrt sich ins Gegenteil.

Die Dialoge spitzen sich immer mehr zu, bis Hiob schließlich in den Gottesreden von JHWH (vom HERRn) selbst eine Antwort erhält. Seine Maßlosigkeit wird zwar kritisiert, die Berechtigung seines Protestes jedoch bestätigt, während seine Freunde ins Unrecht gesetzt werden.

Hiob lernt aus der Situation der Betroffenheit, die Freunde versuchen in bester Absicht, den Einzelfall mit der überkommenen Lehre stimmig zu machen und werden dabei blind für die Wirklichkeit. „Hiob fordert Antwort *von* Gott, statt sie *für* Gott zu geben.“[30] Selbst in dem *maßlosen* Rückschluss von seinem Geschick auf den Zustand der Welt wird seine Haltung – nicht seine Einstellung bzw. seine Schlussfolgerung – im Nachhinein als richtig bewertet, weil er seine Wirklichkeitserfahrung, so wie er sie wahrnahm, als Klage und Anklage an Gott richtete und Antwort forderte, während die Freunde *über* Gott redeten.

Wie im Zwiegespräch mit dem Satan am Anfang nennt JHWH Hiob „meinen Knecht“. Aber dieser Knecht Hiob hat sich gewandelt: In Kapitel 1 wird erzählt, dass Hiob opferte, um sich und seine Familie zu (ver-)sichern,

---

[29] Vgl. Ebach, Streiten mit Gott. Hiob. Teil 1, 59.
[30] Ebach, Streiten mit Gott. Hiob. Teil 1, 163f.

nun wird er durch die Rolle des Fürbitters gekennzeichnet, der von seinem Ergehen absehen und sich dem Geschick der anderen zuwenden kann.

Die Thematisierung des *Hiobproblems* ist hier beendet, es ist nicht gelöst, sondern in der „theologischen Lehre" in einen sachgemäßen Horizont gerückt. Hier könnte die Geschichte zu Ende sein. Der *konkrete Fall Hiob* geht in dem erzählenden Schlussteil (42,7–17) aber noch weiter. Es folgt noch ein geradezu märchenhafter Schluss: Der gewandelte Held wird reich belohnt.

Die Frage, ob Leiden einen Sinn hat, erweist sich im Durchgang durch das Hiobbuch als eine falsche Fragerichtung. An der Gestalt des Hiob wird gezeigt, dass die Auseinandersetzung mit dem konkreten Leiden ein Lernweg werden *kann*, der sich im Nachhinein als sinnvoll erweist. An der Gestalt der Freunde wird gezeigt, dass es nicht darauf ankommt, Leiden zu verstehen, sondern im solidarischen Miteinander durchzustehen. Das sind *Lernperspektiven*. Der Fall Hiob sperrt sich jedoch dagegen, als Präzedenzfall gelesen zu werden, aus dem eine neue Lehre gezogen werden kann. Die meisterhafte literarische Gestaltung des Buches gibt zu erkennen, dass ein *Einzelfall Hiob* zu einem (guten) Ende kommen *kann*, dass das *Hiobproblem* aber offen bleiben *muss*.[31]

Die Satansfrage: „Ist Hiob umsonst, also ohne Gegenleistung, gottesfürchtig", wird nach den massiven Leiderfahrungen für Hiob positiv geklärt. Dabei wandelt sich der leidende Hiob vom stummen Dulder „Der Herr hat es gegeben, der Herr hat es genommen, gepriesen sei der Name des Herrn" über immer massiver werdende Klagen zum Ankläger Gottes. Bis er schließlich von Gott eine persönliche Anrede erfährt, die ihn auf die Maßlosigkeit seines Protestes aufmerksam macht.

Vorher treten drei Freunde nach einer Phase solidarischen Mittrauerns mit ihm in Dialoge, die immer mehr die Gestalt der Anklage Hiobs bekommen. Es folgt eine kritische Belehrung durch eine vierte Gestalt (Eliu). Alle Dialoge verlaufen letztlich im Sande, weil Hiob die Belehrungen angesichts seiner Lage nicht akzeptieren kann.

Antoine: Eine zentrale Stelle der Hiobsgeschichte ist Hiobs Anklage (9,1–10,22) als Theodizee-Frage. Wie kann sich daraus die Wende zum Gebet entwickeln? Oder anders ausgedrückt: Wie kann aus einer Anklage Gottes eine Klage an Gott werden?

Johannsen: Hiobs Anklage gegen Gott steigert sich zur Feststellung, dass er keine Chance gegen Gott hat, weil dieser das Recht des Stärkeren in Anspruch nimmt, und mündet ein in den Satz „Die Erde ist in die Hand eines

---

31 Ebach, Jürgen, Verstehen, Lernen und Erinnerung in der Hebräischen Bibel, in: Ev.Erz. 38 (1986), 106–117, 116f.

Frevlers gegeben." Angesichts seiner Leiderfahrung bringt Hiob hier das zur Sprache, was die Neuzeit Theodizee-Frage nennt: Wie passt unschuldiges Leiden mit der Gerechtigkeit Gottes zusammen?

Hiob bringt die Aussichtslosigkeit seiner Lage zum Ausdruck, weil Gott als die einzige Instanz, die ihm helfen könnte, gegen ihn steht. In dieser aussichtslosen Lage ändert Hiob seinen Sprachstil: Der verzweifelte Schrei Hiobs, seine Anklage gegen Gott, wendet sich zur Klage an Gott. Im zehnten Kapitel wendet sich das klagende Ich Hiobs an das Du Gottes. Seine Anklage bekommt die Form des Gebets. Das Thema bleibt, der Ton ändert sich. Die Klage über Gott wird zur Klage an Gott. Theologisch gesprochen wendet sich Hiob als Geschöpf Gottes an seinen Schöpfer.

Antoine: Der Hiob-Text bietet einige Leseschwierigkeiten, ja Zumutungen. Lässt sich der These folgen, dass Unstimmigkeiten im Text als beabsichtigtes literarisches Mittel im Sinne von Leerstellen konzipiert wurden und damit modernen Erzählverfahren wie bei Kleist oder Kafka vorgegriffen wird?

Johannsen: Die literarkritisch dominierte Auslegung hat Unstimmigkeiten auf den Wachstumsprozess des Textes zurückgeführt und stimmige Vorstufen herausgearbeitet. Die kanonische Auslegung geht von der Hypothese aus, dass Unstimmigkeiten zu interpretieren und nicht zu beseitigen sind. Das heißt z. B. für die Interpretation Hiobs, dass der von vielen Exegeten als gestörter Text aufgefasste dritte Redezyklus als beabsichtigtes literarisches Mittel verstanden werden kann. Die Argumente Hiobs und seiner Freunde werden immer verwechselbarer. Daran zeigt sich die Auflösung des Diskurses. Dennoch bleibt erkennbar, dass Hiob sich gegen eine Realität wendet, in der das, was sein soll, nicht ist und die Freunde mit Bezug auf die gleiche „Lehre" behaupten, dass ist, was sein soll, aber dabei die Realität Hiobs ausblenden.

Antoine: Welche Rolle spielen in diesem Zusammenhang die Elihu-Reden und Elihu als Figur?

Johannsen: Die Hiobfreunde Elifas, Bilhad und Zofar verhalten sich anfangs mit dem leidenden Hiob schweigend solidarisch, vertrösten ihn ganz mit der vom Tun-Ergehen-Zusammenhang geprägten Lehre: „Wenn es keinen Grund gibt für dein Leiden wird's schnell vorbeigehen." Mehr und mehr klagen sie ihn dann aber an, den Grund seines Leidens nicht zu sehen, bzw. nicht sehen zu wollen: Denn ein Unschuldiger leidet nicht.

Elihu führt sich als Mitgeschöpf ein und nimmt Hiobs Position erst einmal auf. Dann wendet er die Frage nach dem Grund des Leidens zur Frage nach dem Ziel des Leidens, gewissermaßen zur Frage nach seiner pädagogischen Funktion. Zugleich weist er darauf hin, dass es an der Wahrnehmungsschwäche Hiobs liegen könnte, dass er eine Antwort Gottes auf seine Klage nicht wahrnimmt. Letztlich wirft auch er Hiob Uneinsichtigkeit vor.

5. Die Theodizee-Frage

Antoine: Sie ist in der Auseinandersetzung mit dem Hiob-Text bereits erwähnt worden – die Theodizee-Frage. Wie kaum eine andere bewegt sie das Denken der Neuzeit, der wir uns nun in einem großen Bogen, herkommend von der alttestamentlichen Erzählung, zuwenden wollen. Neben der Theologie haben sich insbesondere auch die Philosophie und die Literatur mit diesem Problem auseinandergesetzt. Wie kann man von einem gütigen und allweisen Gott reden, der auch noch ein liebendes Interesse an den Menschen haben soll, wenn sich das Leid in der Welt so überdeutlich und omnipräsent manifestiert? Der reine Glaube und das unhinterfragbare Vertrauen der Hiob-Zeit ist der Notwendigkeit gewichen, die Ratio als Instanz mit zu berücksichtigen. Glaube *und* Vernunft werden die Leitlinien des 17. Jahrhunderts, und als ihr wichtigster Vertreter tritt Leibniz auf den Plan, der zugleich für einen so prominenten wie umstrittenen Lösungsansatz des Theodizee-Problems steht. Er entwickelte in seiner „Theodizee oder die Rechtfertigung Gottes angesichts des Übels in der Welt" (1710)[32] drei Möglichkeiten von Übeln, die er jeweils dem Verantwortungsbereich des Menschen zuschob – das metaphysische Übel, das aus der Geschöpflichkeit des Menschen entsteht, das moralische Übel (Sünde) und das physische Übel (Leiden, Krankheiten, Naturkatastrophen). Gott hat das Übel nicht gewollt, lässt es aber zu zugunsten der menschlichen Handlungsfreiheit, die dem Menschen als Seinskriterium mitgegeben ist und dann letztlich, in Konsequenz und Inkaufnahme, auch für das Übel verantwortlich ist. Das physische Übel könnte dann so interpretiert als Warnung oder Strafe für Fehlverhalten aufgefasst werden, also sogar einen wie auch immer gearteten Sinn erhalten. Denn der Mensch ist als monadisches Wesen in der Leibniz'schen Philosophie auf Vervollkommnung angelegt und wird demnach durch alles sich Ereignende angeregt zur Weiterentwicklung – folglich auch durch Fehler, Schmerzen und Unerklärbares.

Die Theodizee nach Leibniz wird in der Frühaufklärung zentraler Lehrinhalt und zugleich literarisch popularisiert, ganz im Sinne des damaligen Dichtungsverständnisses von Literatur als Medium des prodesse et delectare, nach Horaz: erfreuen und nützen – Literatur als Übermittlungsinstanz theologischer oder philosophischer Themen. Die Lehrdichtung der Aufklärung, bis zur Mitte des 18. Jahrhunderts eine literarische Hauptgattung, ist vielfach Theodizee-Dichtung. Albrecht von Haller, Brockes, Uz oder Gottsched erläutern die Haltung, trotz oder auch wegen des Übels in der besten aller mög-

[32] Leibniz, Gottfried Wilhelm, Die Theodizee von der Güte Gottes, die Freiheit des Menschen und dem Ursprung des Übels, in: Ders., Philosophische Schriften. Bd. 2.1 und 2.2. Hg. u. übers. v. Herring, Wolfgang, Darmstadt 1985.

lichen Welten zu leben, auf unterschiedliche Weise[33] und illustrieren dies mit Beispielen aus der Kosmogenie, der Naturwahrnehmung, geschichtlichen Ereignissen und anderem, in denen das Übel nicht nur als unvermeidbar, sondern auch als nötige Disharmonie im Kleinen zugunsten des harmonischen Großen und Ganzen interpretiert wird.

Diese Antwort überzeugt dann spätestens mit dem Epochenereignis des 18. Jahrhunderts nicht mehr, dem Erdbeben von Lissabon von 1755. Voltaire findet in seiner Reaktion klare Worte und greift mit seinem „Candide"[34] nicht nur die Vertreter des Leibniz'schen Optimismus an, sondern generell die Zumutung, hinter dem Geschehen auf Erden einen gütigen Gott zu sehen. Der Deismus – als die Entfernung Gottes aus der Welt nach Vollendung des Schöpfungsaktes – ist für ihn die einzig denkbare Option nach dem Erleben des Todes von 30.000 Unschuldigen. Candide schwört gegen Ende der Erzählung auch folgerichtig allen Spekulationen über Gott und mögliche Rückschlüsse auf einen göttlichen Heilsplan ab und will nur noch seinen Garten bestellen.

Ab nun – das Erdbeben von Lissabon ist von Horst Günther auch deswegen als Auftakt der Moderne gesehen worden[35] – variieren Schriftsteller immer ausdrücklicher das Thema „Gott", lassen dabei auch den Teufel und Engel zu Wort kommen, werden zu Anwälten und Interpreten eines Unbehagens an der Gottesthematik. „Gott ist tot", ruft der tolle Mensch bei Nietzsche, „und wir haben ihn getötet"[36] und schon bei Jean Paul wird zumindest im literarischen Traum die Möglichkeit durchgespielt, „dass kein Gott sei".[37] Das in der Literatur der Moderne formulierte Unbehagen ist im Zusammenhang mit einer Kritik an einem bestimmten Gottesverständnis zu verstehen, das auch immer Kritik an den Lebensbedingungen der Menschen ist. Wenn es dem Menschen nicht gut geht, erfordert dies die Frage nach dem Warum – oder anders formuliert, wie es Büchner in „Dantons Tod" ausdrückt, werde das menschliche Leid immer „der Fels des Atheismus" bleiben.[38] Diese Kritik hinterfragt radikal die Sinnangebote jeder Religion angesichts nichtgelin-

---

33 Eine Zusammenstellung bietet Brüggemann, Fritz, Das Weltbild der deutschen Aufklärung. Philosophische Grundlagen und literarische Auswirkung, Leipzig 1930.

34 Voltaire (d.i. François Marie Arouet), Candide oder Der Optimismus, in: Ders., Sämtliche Romane und Erzählungen. Übers. v. Lehmann, Ilse u. mit e. Nachw. v. Klemperer, Victor, Frankfurt a.M. 1976, 283–390.

35 Günther, Horst, Das Erdbeben von Lissabon und die Erschütterung des aufgeklärten Europa, Frankfurt a. M. 2005.

36 Nietzsche, Friedrich, Die fröhliche Wissenschaft. Mit e. Nachw. v. Figal, Günther, Stuttgart 2000, Aphorismus Nr. 125.

37 Jean Paul, Rede des toten Christus vom Weltgebäude herab, dass kein Gott sei, in: Ders., Siebenkäs, in: Ders., Sämtliche Werke, 1. Abteilung, Band II, hg. v. Norbert Miller, München 1987, 270–275, 270.

38 Büchner, Georg, Dantons Tod, in: Ders., Werke und Briefe. Nach der historisch-krit. Ausg. v. Lehmann, Werner R., Komm. v. Pörnbacher, Karl, München 1986, 7–68, 44.

genden Lebens und kann sich in der Literatur oft eindrücklicher und bildkräftiger artikulieren als in innertheologischen Diskursen. Die Wahrnehmung von Gottes Fernbleiben, von mangelhaften selbsternannten Statthaltern auf Erden, von quälender Suche und von Emanzipationsbewegungen wird demnach aus verschiedenen literarischen Perspektiven jeweils neu entfaltet, mit dem an seinen Begrenzungen leidenden Individuum im Zentrum. Zwei Beispiele wären dabei Goethes „Faust“ und Döblins „Berlin Alexanderplatz“.

6. Hiob und Faust

Johannsen: Hiob lässt sich nicht von der Gottesbeziehung abbringen. Faust lässt sich zwar zeitweise, aber letztlich doch nicht auf Mephisto ein. Dabei scheint der Versucher in der ersten Phase zunächst erfolgreich zu sein.

Beim biblischen Hiob lautet die Satansfrage: Ist Hiob umsonst gottesfürchtig? Das Grundthema des Hiobbuches ist die Krise der klassischen Weisheitslehre. Der sogenannte Tun-Ergehen-Zusammenhang, der die klassische Weisheitslehre prägte, gerät im Felde der Erfahrung zunehmend ins Wanken. Dass gutes Tun gute Folgen hat und umgekehrt, schlechte Taten negative Folgen, hat seine Stimmigkeit verloren. Diese Stimmigkeit bzw. die fehlende Stimmigkeit wird exemplarisch zwischen Hiob, seinen Freunden und Gott erörtert und kontrovers diskutiert. Diese Thematik spielt bei Goethe keine Rolle.

Goethe übernimmt aus der biblischen Vorlage den Prolog im Himmel, das Erscheinen von Gestalten des himmlischen Hofstaates, zu dem bei Hiob auch Satan gehört. Vorbild ist das altorientalische Königtum. Auch in Goethes „Faust“ ist Mephisto keine von Gott völlig abgetrennte Figur: „Von Zeit zu Zeit seh‘ ich den Alten gern / und hüte mich, mit ihm zu brechen.“[39]

In beiden Dichtungen nennt Gott Hiob bzw. Faust seinen „Knecht“ und kennzeichnet ihn als einen in seinen Augen vorbildlichen Menschen. Die Abmachung über die Probe wird in beiden Fällen zwischen Ungleichen abgeschlossen: Es ist ganz klar, dass der Gegenspieler nur so viel Macht hat, wie ihm von Gott eingeräumt wird.

Antoine: Dass Gott Faust wie Hiob „meinen Knecht“ nennt, hätte dem Teufel eigentlich zu denken geben müssen – schon damals bei Hiob lief es ja nicht glimpflich ab für ihn. Aber: Sind die Abmachung Gottes mit Satan über Hiob (im Alten Testament) und die Wette Mephistos mit dem Herrn (in „Faust“) überhaupt miteinander vergleichbar?

---

39 Goethe, Johann Wolfgang von, Faust, in: Ders., Werke. Hamburger Ausgabe in 14 Bden. Bd. 2. Komm. v. Trunz, Erich, München 1981, V. 350.

Johannsen: Eine Differenz ergibt sich hinsichtlich des Charakters der Versuchung bzw. der Probe: Hiob erlebt alle denkbaren Leiden und Katastrophen, Faust „alle Sphären menschlicher Verlockungen".[40] Hiob soll sich bewähren, indem er belegt, dass seine Gottesfurcht nicht an die Erwartung einer Gegenleistung („do ut des") gebunden ist. So lautet die Kernfrage: Ist Hiob „umsonst", d. h. ohne Gegenleistung, möglicherweise auch „vergeblich" gottesfürchtig? Faust soll sich bewähren, indem er die Wahrheit des Satzes belegt: „Ein guter Mensch in seinem dunklen Drange / ist sich des rechten Weges wohl bewusst."[41] – Aber was ist von der Aussage zu halten, dass Goethe kein Interesse an der Klärung der Theodizee-Frage hatte?

Antoine: Das Gottesverständnis des Prologs ist deistisch geprägt. „Der Himmel schließt, die Erzengel verteilen sich."[42] Der Herr ist der Schöpfer und steht auslösend am Anfang des Geschehens, tritt aber anschließend nicht mehr in Erscheinung. Nach Karl Eibl ist der Prolog ein Akt der Entlassung aus der Vormundschaft des Herrn. Faust als moderner Mensch wird nicht mehr bestimmt, sondern muss sich selbst auf die Suche nach seiner Bestimmung machen.[43] Allerdings hält Eibl die Prolog-Wette dennoch für eine Wette um die Theodizee. Das Treiben des Teufels und damit das Böse, das von ihm ausgeht, werden sozusagen „göttlich" legitimiert, erhalten einen Sinn. Das Problem des Menschen besteht nach dem Herrn nämlich nicht in erster Linie in seiner mangelhaften Ausstattung (wie es zuvor noch Mephisto, sophistisch in die Rolle eines „Anwalt[s] der Menschen"[44] schlüpfend, unterstellt hat), sondern, ganz im Sinne von Leibniz, in dessen Tendenz zur Trägheit. „Des Menschen Tätigkeit kann allzu leicht erschlaffen. / Er liebt sich bald die unbedingte Ruh; / Drum geb' ich gern ihm den Gesellen zu, / Der reizt und wirkt und muß als Teufel schaffen."[45] Der Teufel als „Geselle" des Menschen fungiert so als Garant für das monadische Prinzip der Dynamik; das im Schöpfungsplan vorgesehene Streben nach Vervollkommnung bleibt gewährleistet. Entsprechend sieht auch Faust als „Knecht Gottes" in seinem Streben das zu seiner Individualität unbedingt Gehörende: erst wenn er sich, restlos zufriedengestellt, auf das „Faulbett" legen und damit sein Wesen völlig verneinen würde, dürfe der Teufel ihn holen.[46] Den Theodizee-Aspekt sieht Eibl aber auch im folgenden Teil, dem eigentlichen Pakt, enthalten:

---

40 Langenhorst, Hiob„56.

41 Goethe, Faust, V. 328f.

42 Goethe, Faust, V. 349.

43 Eibl, Karl, Zur Wette im Faust (20.02.2004), in: Goethezeitportal in: http://www.goethezeitportal.de/db/wiss/goethe/faust_eibl.pdf (Zugriff: 10.08.2017).

44 Michelsen, Peter, Mephistos „eigentliches Element". Vom Bösen in Goethes *Faust*, in: Colpe. Carsten / Schmidt-Biggemann, Wilhelm (Hg), Das Böse. Eine historische Phänomenologie des Unerklärlichen, Frankfurt a.M. 1993, 229–255, 249.

45 Goethe, Faust, V. 340–343.

46 Goethe, Faust, V. 1692.

Wenn es für Faust den „schönen Augenblick“ geben sollte, nach dem er strebt, dann ist der Mensch „kein Irrläufer der Schöpfung mehr, sondern hat seinen Platz in ihr“ – hier ist nicht von „Faulbett“ die Rede, sondern von höchster Erfüllung, und in dieser Sphäre hat der Teufel keinen Zugang mehr. Die Frage der Rahmen- wie der Binnenwette, ob der Mensch ein verpfuschtes Wesen ist, ist verneint.[47]

Johannsen: Bezogen auf eine explizite Bewährung des Gottesbildes vor dem Hintergrund des Leidens ließe sich sagen, dass dies nur bei Hiob thematisiert wird. Bei Faust geht es um die Bewährung des Menschen („Anthropodizee“). In dieser Differenz spiegeln sich unterschiedliche Fragestellungen: Die Hiobsdichtung thematisiert die Permanenz der Gottesbeziehung trotz Erschütterung der Verlässlichkeit, „Faust“ thematisiert die Permanenz der sittlichen Grundlagen des Menschen im Zusammenhang von positiven Verlockungen.

Beide Dichtungen enden versöhnlich: Hiob wird wiederhergestellt, Faust findet Erlösung, weil er „immer strebend sich bemüht“ hat.[48] Faust verliert seine Seele nicht, Hiob bleibt seinem Schöpfer treu. Trotz scheinbarer Gegensätze gibt es doch Affinitäten zwischen Hiob und Faust: Das Leiden unter der Erkenntniseinschränkung. So heißt es in Hiob 24,1:

„Warum sind von dem Allmächtigen nicht Zeiten vorbehalten, und warum sehen, die ihn kennen, seine Tage nicht?“ Faust: „[Ich] sehe, daß wir nichts wissen können! / das will mir schier das Herz verbrennen.“[49]

7. Hiob und Franz Biberkopf

Während Goethes „Faust“ wie eine Fülle neuerer Werke erkennbar an die biblische Vorlage anschließt, unterscheidet sich Alfred Döblins Rezeption der Hiobgestalt davon, dass hier Hiob „zur zentralen literarischen Spiegelfigur des Protagonisten“ wird.[50]

Der 1929 erschienene Roman „Berlin Alexanderplatz“ ist expressionistisch geprägt, weist aber darüber hinaus. Döblin verwendet die aus der Filmkunst stammende Montagetechnik. Mit Hilfe des Montageverfahrens verschachtelt Döblin in „Berlin Alexanderplatz“ moderne Großstadtbilder und biblische Paraphrasen multiperspektivisch ineinander. „Berlin Alexanderplatz“ stellt nicht nur einen Bezug zur Hiobsgeschichte her, der Roman lebt auch von vielen biblischen Zitaten, Symbolen, Motiven und Anspie-

---

47 Vgl. auch Eibl, Zur Wette im Faust.

48 Goethe, Faust, V. 11936f.

49 Goethe, Faust, V. 364f.

50 Vgl. Langenhorst, Hiob, 97.

lungen auf biblische Geschichten. Die Großstadt trägt die Züge eines modernen Babylons, sie ist Aktionsfeld von Gaunern, Huren, Hehlern und Zuhältern. Die Handlungen sind geprägt von Verbrechen und Unzucht, vom Elend der Slums, von Prostitution, Krankheit, Hunger und Sorge.

Hiobs Spiegelfigur, der Transportarbeiter Franz Biberkopf lebt in den zwanziger Jahren des vorigen Jahrhunderts. Sein Schicksal ist es, dass er an der Großstadt und ihrer Amoralität scheitert. Er hat seine Geliebte umgebracht und wird für vier Jahre inhaftiert. Trotz guter Vorsätze wird er, kaum aus dem Gefängnis entlassen, wieder in Laster und Verbrechen verstrickt. Seine neue Geliebte wird ermordet und er verdächtigt, obwohl er formal unschuldig ist. Nachdem er seine indirekte Verantwortung erkannt hat, erwirkt er seine Verhaftung und wird in eine Irrenanstalt eingeliefert, weil man ihn für verrückt hält. Er bricht physisch zusammen und schwebt in Lebensgefahr, bis er sich doch noch wieder fängt. Als ein anderer „Biberkopf" verlässt er die Anstalt, als ein neuer Mensch setzt er seinen Weg fort. „Er geht in die Freiheit hinein", heißt es gegen Ende der Erzählung, „die alte Welt muss stürzen, wach auf, die Morgenluft."[51]

Georg Langenhorst hat in seinem Buch „Hiob. Unser Zeitgenosse" indirekt-thematische wie direkt-textliche Bezüge zum Hiobbuch herausgestellt. So stellt er u. a. fest, dass Biberkopf von Döblin als „der edle Dulder" bezeichnet wird, eine Bezeichnung, die traditionell auf Hiob bezogen wird.[52] „Wer ist vor Gott gerecht?" wird als Vortragsthema eingestreut. Erst im weiteren Verlauf des Romans wird ein direkter Bezug hergestellt: „Gespräch mit Hiob, *es liegt an dir, Hiob, du willst nicht*".[53] Biberkopf trägt die Züge Hiobs. Signifikant ist eine Passage, in der es zu einem Gespräch zwischen einer „Stimme" und Hiob in Gestalt des Franz Biberkopf kommt. Auf die flehende Bitte um Heilung erfolgt die Antwort: „Wer kann dir helfen, wo du selbst nicht willst."[54] Eingebunden ist diese Passage in brutale Schlachthausszenen, die in Anlehnung an Ps 49, 13 das gleiche Geschick von Mensch und Tier anklingen lässt: wie das Vieh stirbt auch der Mensch. Doch Biberkopf widersteht letztlich der Möglichkeit, sein Geschick gleichsam vernunft- und hirnlos hinzunehmen. Langenhorst bringt es auf den Punkt, wenn er achreibt: „Befreit von der unberechtigten Erwartung an einsehbare Ordnung und im Leben erfolgende Gerechtigkeit bringt er (Biberkopf) nun den Willen auf, sich so weit als möglich helfen zu lassen."[55]

In den Widerfahrnissen Biberkopfs spiegeln sich die Klagen und die Verzweiflung des biblischen Hiob im Rahmen zeitgenössischer Erfahrungen. Eine grundlegende Differenz besteht darin, dass die biblische Hiobsfigur und

---

[51] Döblin, Alfred, Berlin. Alexanderplatz. Die Geschichte von Franz Biberkopf. Mit e. Nachw. v. Muschg, Walter, München ^{24}1980, 411.

[52] Vgl. Langenhorst, Hiob, 99.

[53] Zit. n. Langenhorst, Hiob, 99.

[54] Langenhorst, Hiob, 100.

[55] Langenhorst, Hiob, 101.

Biberkopf sehr unterschiedlich angelegt sind. Hiob mangelt es an nichts, er ist Repräsentant der Oberschicht, Biberkopf ist arm, Repräsentant der Unterschicht. Die biblische Hiobsgestalt ist und bleibt unschuldig. Biberkopf wird zum Kriminellen, zum Dieb, Mörder und Zuhälter, wenn auch ohne Absicht und Vorsatz.

In dem Gedanken Biberkopfs, wenn er anständig bliebe, würde das Leben es auch gut mit ihm meinen, klingt der klassische Tun-Ergehen-Zusammenhang an, der in der Hiobsdichtung problematisiert wird. Während Hiob literarisch so gezeichnet wird, dass er trotz aller Negativerfahrung untadelig bleibt, scheitert Biberkopf mit seinem Vorsatz an den Widrigkeiten, die ihm widerfahren. Er lädt Schuld auf sich. Wieder klingt der Tun-Ergehen-Zusammenhang an, wenn er den Verlust eines Armes, den er bei einem Einbruch erleidet, als gerechte Strafe empfindet.

Eine Gemeinsamkeit besteht darin, dass der biblische Hiob wie auch Biberkopf zu der Erkenntnis gelangen, dass sie sich mit der Unstimmigkeit der Welterfahrung arrangieren müssen. Die Ursachen der Einsicht sind allerdings grundverschieden: Hiob wird sie in einer göttlichen Offenbarung, in einer Anrede Gottes aus dem „Wettersturm" zuteil, Biberkopf im Ringen mit sich selbst. Eine göttliche Instanz, bei der die Stimmigkeit der Welt eingefordert werden könnte, fehlt.

Antoine: Im Delirium erscheint ihm eine Stimme, die sich der Konkretion entzieht und ihn immer wieder auf sich selbst zurückverweist. Es ist nicht mehr entscheidend, wer ihn antreibt, er selbst muss wollen, muss in Aktion treten, sich zu seiner Schuld bekennen. Die Stimme ruft ihm ununterbrochen zu: „Gott, Satan, die Engel und Menschen wollen dir helfen, du willst nicht." Erst als sein Widerstand dagegen erlahmt, er wie der biblische Hiob verstummt, „heilten seine ersten Geschwüre", der Genesungsprozess hat eingesetzt.[56]

Johannsen: Biberkopf hat keinen Adressaten, dem er sein Elend klagen kann. Kann man Döblins Roman als negative Theologie charakterisieren?

Antoine: Die Gottesfrage an sich tritt bei Biberkopfs Leidensprozess gar nicht in den Vordergrund. Er sieht nur: Keiner hilft ihm. Das ist nicht als Kritik an einem „lieben Gott" gemeint, sondern als quasi voraussetzungslose Feststellung. Der Stimme, die dann an ihn herantritt und sich regelrecht selbst zum Adressaten ernennt, würde er sich bedingungslos ausliefern, wenn sie ihm denn helfen würde. „Heile mich! Wenn du es kannst. Ob du Satan oder Gott oder Engel oder Mensch bist, heile mich." Die Nachfrage der Stimme: „Von jedem wirst du die Heilung annehmen?" beantwortet Biber-

[56] Döblin, Berlin. Alexanderplatz, 127.

kopf nur erneut mit: „Heile mich.“[57] Er will errettet werden vom Tod und auch vor der Hure Babylon, der Verkörperung der Großstadt Berlin, der er sich bis zu diesem Läuterungsprozess blind unterworfen hat. Seine Verfehlung äußert sich aber vor allem in dieser Indolenz. Er erträgt alles und muss sich aus dieser Haltung selbst erretten, muss Verantwortung für sein Leben übernehmen. Insofern ist seine anschließende „Selbstheilung“ als Anthropodizee zu verstehen, eine theologische Perspektive wird damit verneint. Hier ist auch ein Unterschied zwischen Hiob und Biberkopf zu sehen: Hiob lernt, von sich selbst abzusehen in der Hinwendung zu Gott, Biberkopf, zu sich selbst zu kommen. Gott fehlt dabei, denn nicht er ist Biberkopfs Schicksal, mit dem er sich auseinandersetzen muss, sondern die Großstadt, die Hure Babylon, das Leben, das Unrecht, die Hoffnungs- und Perspektivlosigkeit, auch die eigene Unfähigkeit und Unzulänglichkeit.

Johannsen: In gewisser Weise wird die Hiobsgestalt bei Döblin funktionalisiert. Im Blick auf Biberkopf wird durch die Hiobpassage deutlich, dass es nichts hilft, mit dem Schicksal zu hadern, sondern ein Neubeginn erst möglich wird, wenn eine Wandlungsbereitschaft da ist und eine Trennung vom Vergangenen erfolgt.[58] So treffen sich nach Langenhorst die Hiobsdichtung und Döblins Roman am Ende in einer Parallelaussage:

„Die *Möglichkeit zur Lebensbejahung* erwächst allein aus dem *Verzicht auf einsehbare Grundstrukturen*. Nur die Neuorientierung am scheinbaren Tiefpunkt der Existenz schafft eine Aussicht auf Lebensbefähigung“.[59]

Der moderne Großstadtmensch, als dessen Repräsentant Franz Biberkopf verstanden werden kann, lebt in einer gottlosen Welt. Er muss diese Erkenntnis allein gewinnen, die Vorstellung, ein rechtschaffenes Leben würde sich bewähren, erweist sich als Illusion. Es gilt, wachsam zu sein und sich dem Leben trotz ungerechter Verhältnisse illusionslos zuzuwenden. Hiobs Erkenntnis resultiert letztlich aus einer göttlichen Offenbarung, der allerdings eine tiefe Leiderfahrung, eine lange Phase der Anfechtung durch seine Freunde, eine Vielzahl von Klagegebeten vorausgeht. Walter Muschg (1961) und Dorothee Sölle (1967) charakterisieren in einem Rundfunkbeitrag das Werk als (moderne) christliche Dichtung. Langenhorst widerspricht dieser Deutung. Die Frage sei, ob die Erfahrung der gottlosen Welt ein Argument gegen den christlichen Glauben ist.

Eine Gemeinsamkeit darf bei beiden Werken nicht übersehen werden: Der Einsicht des biblischen Hiob wie der Einsicht des Franz Biberkopf geht jeweils ein Leidensprozess voraus, der sich am Ende als Lernprozess erweist. Empathisches Lernen am letztlich unerklärbaren Leiden verbindet beide Dichtungen.

---

[57] Döblin, Berlin. Alexanderplatz, 126.
[58] Vgl. Langenhorst, Hiob, 102.
[59] Langenhorst, Hiob, 103.

Antoine: In allen drei betrachteten Texten kommt es schließlich zu einem guten Ausgang. „Und Hiob lebte nach diesem hundert und vierzig Jahre, daß er sah Kinder und Kindeskinder.“ (Hiob 42,16). Fausts „Unsterbliches“ wird gerettet,[60] Biberkopf schafft es aus der Irrenanstalt wieder zurück ins Leben. Allerdings ist es signifikant, dass in den beiden literarischen Beispielen die Position Gottes leer bleibt und Gewissheiten schon deshalb schwankend werden. Stirbt Faust wirklich „alt und lebenssatt“ wie Hiob? Noch ganz zum Schluss sitzt er einem Betrug Mephistos auf und formuliert das Erleben des geforderten schönsten Augenblicks nur im Konjunktiv. Dafür folgt, in der Lesart des Teufels, ein Gegenbetrug: Fausts Seele wird von den Engeln regelrecht „weggepascht“,[61] und Mephisto bleibt, Ironie der Erzählung, „hiobsartig“,[62] geprellt zurück. Franz Biberkopf hat zum Ende zwar Tritt gefasst und steht nicht mehr am Rand, sondern ist als Hilfsportier in einer mittleren Fabrik zu einem Teil der Gesellschaft geworden, aber draußen marschieren sie schon wieder. „Wir ziehen in den Krieg mit festem Schritt“[63] – dies lässt auch für *seine* Zukunft nicht unbedingt Gutes hoffen.

Der Gott der Bibel als klar identifizierbare, ordnend-sinnstiftende Instanz hat sich für moderne Schriftsteller zurückgezogen, die Sehnsucht nach einem gelingenden, angemessenen Leben bleibt – und die Literatur bietet dafür immer neue Perspektiven und Optionen an, ob mit ihm oder ohne ihn.

Literatur

Alkier, Stefan, Neues Testament (UTB-Basics 3404), Tübingen 2010.

Auerochs, Bernd, Art. Literatur und Religion, in: RGG[4] 5 (2002), 391–403.

Brüggemann, Fritz, Das Weltbild der deutschen Aufklärung. Philosophische Grundlagen und literarische Auswirkung, Leipzig 1930.

Büchner, Georg, Dantons Tod, in: Ders., Werke und Briefe. Nach der historisch-krit. Ausg. v. Lehmann, Werner R., Komm. v. Pörnbacher, Karl, München 1986.

Döblin, Alfred, Berlin. Alexanderplatz. Die Geschichte von Franz Biberkopf. Mit e. Nachw. v. Muschg, Walter, München [24]1980.

Drave, Elisabeth, Strukturen jüdischer Bibelauslegung in Thomas Manns Roman „Joseph und seine Brüder“, Das Beispiel Abraham, in: Ebach, Jürgen / Faber, Richard (Hg.), Bibel und Literatur, München 1995, 195–213.

Ebach, Jürgen, Verstehen, Lernen und Erinnerung in der Hebräischen Bibel, in: EvErz 38 (1986), 106–117.

Ebach, Jürgen, Hiobs Post, Neukirchen-Vluyn 1995.

Ebach, Jürgen, Ist es ‚umsonst‘, dass Hiob gottesfürchtig ist?, in: Ders., Hiobs Post, Neukirchen-Vluyn 1995, 15–31.

---

60 Goethe, Faust, V. 11933.

61 Goethe, Faust, V. 11831.

62 Goethe, Faust, V. 11809.

63 Döblin, Berlin. Alexanderplatz, 410.

Ebach, Jürgen, Streiten mit Gott. Hiob. Teil 1: Hiob 1–20. Teil 2: Hiob 21–42, Neunkirchen-Vluyn 1995f.

Ebach, Jürgen, Streiten mit Gott. Hiob. Teil 1: Hiob 1–20, Neukirchen-Vluyn 1995.

Ebach, Jürgen, Vielfalt ohne Beliebigkeit (Theologische Reden 5), Bochum 2002.

Eibl, Karl, Zur Wette im Faust (20.02.2004), in: Goethezeitportal, in: http://www.goethezeitportal.de/db/wiss/goethe/faust_eibl.pdf (Zugriff: 10.08.2017).

Garhammer, Erich / Langenhorst, Georg, Schreiben ist Totenerweckung. Theologie und Literatur, Würzburg 2005.

Goethe, Johann Wolfgang von, Faust, in: Ders., Werke. Hamburger Ausgabe in 14 Bden. Bd. 2. Komm. v. Trunz, Erich, München 1981.

Günther, Horst, Das Erdbeben von Lissabon und die Erschütterung des aufgeklärten Europa, Frankfurt a. M. 2005.

Johannsen, Friedrich, „Leiden und Lernen" – Das Buch Hiob, in: Ders., Alttestamentliches Arbeitsbuch für Religionspädagogen, Stuttgart [4]2010, 231–244.

Langenhorst, Georg (Hg.), Hiobs Schrei in der Gegenwart. Ein literarisches Lesebuch zur Frage nach Gott im Leid, Mainz 1995.

Langenhorst, Georg, Hiob unser Zeitgenosse. Die literarische Hiob-Rezeption im 20. Jahrhundert als theologische Herausforderung, Mainz [2]1995.

Langenhorst, Georg, Literatur und Theologie, in: Eicher, Peter (Hg.), Neues Handbuch Theologischer Grundbegriffe, Bd. 2, München 2005, 506–523.

Leibniz, Gottfried Wilhelm, Die Theodizee von der Güte Gottes, die Freiheit des Menschen und dem Ursprung des Übels, in: Ders., Philosophische Schriften. Bd. 2.1 und 2.2. Hg. u. übers. v. Herring, Wolfgang, Darmstadt 1985.

Michelsen, Peter, Mephistos „eigentliches Element". Vom Bösen in Goethes *Faust*, in: Colpe. Carsten / Schmidt-Biggemann, Wilhelm (Hg), Das Böse. Eine historische Phänomenologie des Unerklärlichen, Frankfurt a.M. 1993, 229–255.

Nietzsche, Friedrich, Die fröhliche Wissenschaft. Mit e. Nachw. v. Figal, Günther, Stuttgart 2000.

Paul, Jean, Rede des toten Christus vom Weltgebäude herab, dass kein Gott sei, in: Ders., Siebenkäs, in: Ders., Sämtliche Werke, 1. Abteilung, Band II, hg. v. Norbert Miller, München 1987.

Schenke, Ludger, Das Markusevangelium. Literarische Eigenart – Text und Kommentierung, Stuttgart 2005.

Schröer, Henning, Art. „Literatur und Religion VI, Praktisch-theologisch", in: TRE 21 (1991), 294–306.

Tillich, Paul, Über die Idee einer Theologie der Kultur (1919), in: GW 9, hg. v. Albrecht, Renate, Stuttgart 1967, 13–31.

Voltaire (d.i. François Marie Arouet), Candide oder Der Optimismus, in: Ders., Sämtliche Romane und Erzählungen. Übers. von Lehmann, Ilse u. mit e. Nachw. v. Klemperer, Victor, Frankfurt a.M. 1976, 283–390.

Warning, Rainer, Rezeptionsästhetik als literaturwissenschaftliche Pragmatik, in: Ders. (Hg.), Rezeptionsästhetik (Theorie und Praxis 4), München [4]1994, 9–41.

Weidner, Daniel (Hg.), Handbuch Literatur und Religion, Stuttgart 2016.

Wundern – Glauben – Wissen: Theologie und Geschichtswissenschaft im Gespräch über das Wunder in der Welt

Michael Rothmann und Kai-Ole Eberhardt

1. Einleitung

Michael Rothmann und Kai-Ole Eberhardt

Mit der Geschichtswissenschaft trifft die Theologie auf eine ihrer wichtigsten Gesprächspartnerinnen. Im „Konzert der Wissenschaften" hat sich das Duo längst etabliert und es bewährt sich ebenso im Fachbereich der Kirchen- und Theologiegeschichte wie in der profanen Kirchengeschichtsschreibung.

Gemeinsamkeiten der Theologie und Geschichtswissenschaft, die sich aus Gegenstand und Methode ergeben, und ihre Unterschiede, die aus den fachspezifischen Fragestellungen und Perspektiven resultieren, werden im Folgenden nicht selbst zum Gegenstand der Untersuchung. Stattdessen werden sie am konkreten Beispiel veranschaulicht und miteinander ins Gespräch gebracht. Arbeitsteilig und aus der Perspektive unserer Disziplinen haben wir, der Mediävist Prof. Dr. Michael Rothmann und der evangelische systematische Theologe Kai-Ole Eberhardt, ein gemeinsames Thema bearbeitet und verstehen unsere Ergebnisse als gegenseitiges Gesprächsangebot unserer Disziplinen.

Mustergültig hat sich dafür das Thema des Wunderbaren als gemeinsamer Untersuchungsgegenstand angeboten, und zwar nicht allein aufgrund von Überschneidungen in unseren Forschungsinteressen. Eine Analyse des Umgangs mit Wundern im historischen Querschnitt vermittelt aussagekräftige Einblicke in Weltbild und Wirklichkeitsverständnis von Kulturkreisen und bietet sich für einen Epochenvergleich an. Bis in die Aufklärung hinein hat die Geschichtsschreibung das Wunderbare als Teil der Wirklichkeit thematisiert und musste sich zu mythischen, mirakelhaften und unerklärbaren Phänomenen verhalten. Seit der Spätantike tat sie das zunehmend im Kontext eines christlichen Wirklichkeitsverständnisses. Zugleich ist das Wunder ein Thema, das der Theologie als ständige Aufgabe gestellt ist, zu der sie nicht nur heute auskunftsfähig sein muss, sondern auch im Verlauf der Theologiegeschichte unzählige Beiträge entwickelt hat. Das Wunderbare erweist sich damit als ein Bereich, über den Geschichtswissenschaft und Theologie viel von- und übereinander lernen können.

Das Wunder verweist uns darauf, dass sich das Geschichtsverständnis beider Disziplinen durchaus voneinander unterscheidet, ohne dass der gemeinsame Austausch dadurch behindert wäre. Für die Theologie steht die Geschichte unter der Providenz Gottes. Sie ist als Heilsgeschichte und aus der Hoffnung auf das Eschaton heraus zu deuten als der Rahmen der Verkündigung des Evangeliums. Die Geschichtswissenschaft ist heute weitgehend frei von diesem Korsett, auch wenn ihre Traditionen davon nicht unbeeinflusst sind. Die Frage, welche religiöse Dimension die Rede von Geschichte impliziert, stellt sich auch ihr. Anhand des Themas „Wunder" wird die Frage nach der Wirklichkeit Gottes im Geschichtsverlauf in zugespitzter Form gestellt.

Aus unserer spezifischen Gesprächskonstellation heraus, in der Mediävistik und evangelische Dogmatik aufeinandertreffen, hat es sich angeboten, schlaglichtartig den Umgang mit dem Wunderbaren anhand von zwei zentralen, sich ergänzenden Themenfeldern – nämlich den mittelalterlichen Mirabiliensammlungen und der theologischen Descartesrezeption – einander gegenüberzustellen. Dementsprechend sind unsere beiden Aufsätze aus einer gemeinsamen Fragestellung hervorgegangen, nämlich der nach dem Wandel der Deutung des Wunderbaren im Kontext spezifischer Weltbilder. Zum einen haben wir über die Epochengrenze von Mittelalter und Früher Neuzeit Parallelen im Umgang mit dem Wunder entdeckt, die uns angeregt haben, arbeitsteilig noch einmal einen neuen Blick auf alte Forschungsgegenstände zu werfen. Zum anderen entstand die Diskussion, ob die Kategorie „Wunder" zur Beschreibung unserer Wirklichkeit auch heute noch anwendbar sein könnte, oder ob naturwissenschaftlicher Fortschritt und Säkularisierung uns das verwehren.

Der gegenseitige Austausch ist unter der Trias Wundern, Glauben, Wissen zusammengefasst. Dabei gehen wir von der Beobachtung aus, dass zu allen Zeiten – von Platon und Aristoteles über die mittelalterlichen Autoren hin zu Descartes und anderen Vertretern der Aufklärung bis in die Gegenwart – das Wundern oder Staunen zum Anlass genommen wurde, die Wirklichkeit zu erforschen und über Vermutungen oder Hypothesenbildung zu sicherer Erkenntnis zu kommen. Klassischerweise beschreibt unser Titel einen Erkenntnisprozess. Damit steht die Beschäftigung mit dem Wunder bereits unter einem Vorzeichen, nämlich der Frage, wie man zu einer adäquaten Erkenntnis der Wirklichkeit kommt.

Erweitert man aber die Perspektive auf unsere Trias durch einen dezidiert theologischen Blickwinkel, wird diese Beobachtung relativiert. Als Wissenschaft ist freilich auch die Theologie auf den Gewinn verifizierbarer Erkenntnisse ausgerichtet, jedoch stehen diese aufgrund ihres Gegenstandes weit stärker unter dem Vorzeichen der Vorläufigkeit und Unverfügbarkeit. Nicht nur das Erkenntnisstreben, auch das christliche Bekenntnis verbindet trotz aller Auslegungsdifferenzen die Menschen des Mittelalters, der Frühen Neuzeit und der Gegenwart. Die Deutung der Trias verändert sich, wenn man ihre Bestandteile als dezidiert christliche Begriffe versteht. Geht es aus der Sichtweise des Glaubens nicht viel mehr um eine vertiefende Würdigung des Wunders und wäre seine Überwindung durch Wissen nicht geradezu ein Sakrileg? Darf das Wunder als Voraussetzung für den Glauben verstanden werden oder wäre es nicht sogar umgekehrt die Perspektive des Glaubens, die den Menschen das Wunder sehen lässt? Könnte man nicht auch das Verhältnis von Glaube und Wissen ganz anders bestimmen und (im Sinne der *fides historica*) das Wissen um Gott in der Welt zur Grundlage des Glaubens erklären? Der Glaube steht in der Trias nicht zu Unrecht in der Mitte, sie darf dann aber nicht als Klimax verstanden werden. So bildet bereits die Überschrift unserer Beiträge die fachspezifischen Perspektiven auf unser Themenfeld ab.

Im Folgenden wird die Dokumentation unseres Gespräches gemäß der chronologischen Folge eingeleitet durch einen geschichtswissenschaftlichen Beitrag von Prof. Dr. Michael Rothmann zu den mittelalterlichen Mirabiliensammlungen. Ihm steht der Beitrag von Kai-Ole Eberhardt zur Seite, in dem die frühneuzeitliche Perspektive auf das Wunderbare in der Welt in der cartesianischen Theologie gegenübergestellt und durch Impulse für den theologischen Diskurs der Gegenwart zur Wunderfrage abgerundet wird. Beide Beiträge verstehen sich als Anregung für das gemeinsame, noch ergebnisoffene Gespräch unserer Disziplinen.

2. Wissen über Wunder: Adaption und Transformation von Wissensbeständen in hochmittelalterlichen Enzyklopädien zwischen „auctoritas“ und „ratio“

Michael Rothmann

Wirft man durch die Jahrhunderte einen Blick auf den Umgang der Gelehrten mit dem von der Tradition bereitgestellten Vorwissen, so scheint in vielen Wissensbereichen das 11. und noch verstärkt das 12. Jahrhundert eine Verschiebung in den Deutungs- und Verstehensmustern zu kennzeichnen: von autoritativen Legitimationsstrategien hin zu eher selbst bestimmten, an der *ratio* ausgerichteten Analysen von Ereignissen, Erscheinungsformen, Erzählungen oder Gegenständen. Die *auctoritas*, die einer Aussage Glaubwürdigkeit verlieh, so etwa ganz prägnant formuliert in den Libri Carolini: „*authentica est requirenda auctoritas*“, wurde nicht mehr ganz so intensiv über den Verweis auf die vorgefundene Tradition hergestellt, sondern vermehrt mit zeitgenössischen Zeugenaussagen, oder gar persönlichen Beobachtungen,

Befragungen und Untersuchungen konfrontiert und beglaubigt (authentifiziert).

Ich möchte dies an einer nur vordergründig randständigen Textsorte, an den hochmittelalterlichen (Mirabilien) und ihren Kontexten, also an einer spezifischen Erzählform und ihren Beglaubigungsstrategien vorführen.

Die Beobachtung von Deutungsmustern und Verstehensweisen innerhalb dieser Textsorte, die außergewöhnliche, zunächst fremde Zeichen in ein semantisches Ordnungsmuster einpasst, scheint mir besonders geeignet, um Veränderungen oder gar Paradigmenwechsel am Verstehenshorizont aufscheinen zu sehen.

Mitte des 20. Jahrhunderts kommentierte der Psychologe C. G. Jung das entfremdete Verhältnis von Mensch und Natur aus der psychologischen Praxis kulturkritisch mit folgenden Worten:

> „In dem Maße, wie unser wissenschaftliches Verständnis zugenommen hat, ist unsere Welt entmenschlicht worden. Der Mensch fühlt sich im Kosmos isoliert, weil er nicht mehr mit der Natur verbunden ist und seine emotionale unbewusste Identität mit natürlichen Erscheinungen verloren hat. Diese haben allmählich ihren symbolischen (wunderlichen) Gehalt verloren. Der Donner ist nicht mehr die Stimme eines zornigen Gottes und der Blitz nicht mehr sein strafendes Wurfgeschoss. In keinem Fluss wohnt mehr ein Geist, kein Baum ist das Lebensprinzip eines Mannes, keine Gebirgshöhle die Wohnung eines Dämonen. Es gibt keine Stimmen mehr aus Steinen, Pflanzen und Tieren zu den Menschen, und er selbst redet nicht mehr zu ihnen in dem Glauben, sie verständen ihn. Sein Kontakt mit der Natur ist verlorengegangen und damit auch die starke emotionale Energie, die diese symbolische Verbindung bewirkt hat.“[1]

Äußerst erfolgreich haben sich die Naturwissenschaften als Leitwissenschaften und empirische Methoden als übliche Erklärungsmuster durchgesetzt. „Ist doch kein Wunder“, so lautet heute eine gängige Plattitüde, die zumeist einleitend merkwürdige Verhaltensweisen und Erscheinungsformen als regelkonform klassifiziert.

Noch kraftvoller und prägnanter brachte den vollzogenen Paradigmenwechsel hin zu naturwissenschaftlichen Verstehensmustern ein inzwischen verstorbener Altbundeskanzler mit der Bemerkung zum Ausdruck: „Wer Visionen habe, solle gefälligst zum Arzt gehen“.[2]

Selbst die christliche Kirche, die sich als Institution im Verlauf des Mittelalters im Verdrängungswettbewerb mit einer archaischen mythischen Weltsicht die Deutungshoheit über den Wunderglauben gesichert hatte, näherte sich still und leise einer naturwissenschaftlich geprägten Weltsicht an: das Heilige muss inzwischen zur Überprüfung seiner Heiligkeit gewissermaßen ins Labor. Das alte große Deutungs- und Verstehensparadigma, Wunderglaube, so man sich seiner überhaupt erinnert, scheint abgedrängt in die

---

1 Zitiert nach Janet, Piere, Psychological Healing, Bd. 1, New York 1925, 21.

2 Kerstin Kullmann u. a., Eine Aura der Stärke. Helmut Schmidt wird 90 Jahre alt, Der Spiegel 50/2008, 52–64, 61.

Regale esoterischer Supermärkte voller kultureller Variationen: gestern Schamane, heute indianische Schwitzhütte, morgen keltische Tätowierungen.

Warum sich also überhaupt an dieses „vormoderne" Balastwissen erinnern, das langsam aus dem kulturellen Gedächtnis schwindet?

Nun könnte man zunächst konstatieren, dass unsere moderne Lebenswelt bei weitem nicht so aufgeklärt ist, wie Bildung und Wissenschaften suggerieren. Zumal die postmoderne Befreiung von eindeutigen, ideologisch vorgegebenen Deutungsrahmen in Zeiten transzendentaler Obdachlosigkeit manchen Menschen ab und an allzu kriterien- und ratlos zurücklies. Auch die multimediale Informationsflut muss nicht zwangsläufig zu Wissen führen, sondern bedarf zunächst der Sammlung, Ordnung und Deutung und kann in massive Komplexitätsreduzierungen münden. Für die Befriedigung der Nachfrage nach einfachen Lösungen besitzt das Mittelalter also kein Monopol.

Vielmehr gehört es zu den anthropologischen Konstanten, dass sich die gattungstypischen Umgangsformen der Menschen mit der Welt durch eine eigentümliche Loslösung des Antriebes vom Instinkt auszeichnen sowie eine dadurch bedingte Schwächung biologischer Eindeutigkeit des Verhaltens. Aufgrund dieser offenen Antriebsstruktur ist der Mensch durch biologische Mehrdeutigkeit charakterisiert. Dies zwingt ihn von vornherein und immer schon zur Deutung seiner Umgebung. Menschliches Wahrnehmen und Handeln sind grundsätzlich von Deutung begleitet, geformt durch die fehlende biologische Eindeutigkeit menschlichen Verhaltens und gezwungen zum Vergleich verschiedener Deutungsmöglichkeiten. Sie erfordern die Speicherung von eigenen und tradierten, fremden Erfahrungen in der Erinnerung – die Ausbildung eines Gedächtnisses –, und sie verlangen in aktuellen Handlungen die Wahl einer der ermittelten Deutungsvarianten.

So ist jede durch äußere Wahrnehmung erzeugte Vorstellung ein Mischprodukt aus den in der Wahrnehmung sich formenden Eindrücken und aus unbestimmt vielen Elementen von Erinnerungsbildern, die sich je nach Anlass, Situation, Stimmungslage und sonstigen Einflüssen unterschiedlich wachrufen lassen und organisieren können. Wahrnehmung und Deutungstätigkeit sind von vornherein miteinander verknüpft, und dies bevor – oft sogar ohne dass – diese primären Deutungstätigkeiten in den Griff des Bewusstseins kommen, das sich seinerseits auf diesem äußerst unsicheren Boden aufbaut. Unsicher – im Hinblick auf die Überprüfbarkeit durch die eigene Erfahrung – sind für alle Individuen darüber hinaus die als angeblich gesichertes Vorwissen überlieferten gesellschaftlichen Wissensbestände, die jeder als soziohistorisches A priori bereits vorfindet, in die er, ohne es zunächst zu bemerken, hineinwächst und auf die er in seinem Handeln zurückgreift. Es sind diese überlieferten Wissensbestände und Orientierungssysteme, auf die die meisten Handlungen und Anschauungen bezogen sind. Demgegenüber gründet nur ein sehr kleiner Ausschnitt des Wissens von der Welt in persönlicher Erfahrung. Der größte Teil basiert auf überlieferten

Secondhand-Erfahrungen, die zwar einerseits das persönliche Wissen erweitern und zusammen mit anderen in eine Wissensgemeinschaft einbetten, die aber andererseits durchaus auch realitätsferne Stereotypen übernommen haben. Zum Gattungserbteil gehört – ebenfalls der durch biologische Mehrdeutigkeit des Verhaltens geprägten Ausgangslage verpflichtet – Erlernen und Tradieren von Auslegungstechniken und -fähigkeiten: Der alltägliche, normale Umgang menschlicher Individuen mit ihren Mitmenschen und ihrer Umgebung ist das Ergebnis dieser Schulung, in der die soziohistorisch tradierten Auslegungsmuster und Bedeutungszusammenhänge erworben werden und in der jedes neue Mitglied der Gattung sowohl in eine gesellschaftlich bereits ausgelegte Welt als auch in die bewährten Auslegungsweisen der jeweiligen Gemeinschaft eingeübt wird, der es angehört. Trotz dieser allen Menschen und Gesellschaften gemeinsamen Ausgangslage und trotz der in allen Zeiten und Gesellschaften auffindbaren Auslegungsspezialisten (bei Priestern, Richtern, Magiern, Königen, Beratern, Künstlern etc.) hat die abendländische Form der Zeichendeutung einen ganz bestimmten, konkret historisch rekonstruierbaren Ursprung. Es sind die antiken und jüdisch-christlichen Weltauslegungen, Wirklichkeitskonstruktionen, Kulturprodukte, Denkweisen und sozialen Fertigkeiten, die im Verlauf einer langen Geschichte eben auch den naturwissenschaftlichen Deutungshorizont konstituierten.

Die Rekonstruktion dieser spezifischen Methoden im Umgang mit dem lebensweltlichen Geschehen würde bereits einen intensiveren Blick auf jene immanenten Verstehensmuster rechtfertigen, die in alten Wissensbeständen repräsentiert sind.

Hinzu kommt, dass heute zwar ein kaum aufhebbarer Widerspruch zwischen Naturwissenschaft und Wunderglaube zu bestehen scheint, aus historischer Perspektive jedoch Naturwissen und Wunderglaube lange Zeit einen gemeinsamen Weg gingen und sich ähnlichen Phänomenen widmeten. Mittelalterliche Mirabiliensammlungen behandelten erzählerisch keineswegs zufällig häufig die gleichen Figuren, Zeichen, Gegenstände und Ereignisse wie die Naturlehren oder die Naturphilosophie. Wundersame Zeichen (bezeichnenderweise wird das griechische Semeion in den mittelalterlichen lateinischen Bibelübersetzungen nicht mit *miraculum*, sondern mit *signum*! übersetzt – noch in den deutschen Kanonisationsakten des 16. Jahrhunderts findet sich häufig „wundersames Zeichen“ für Wunder) standen auch im Mittelalter am Anfang der Erkenntnis und warfen jene Fragen auf, die nach Lösungen verlangten. Der biblische Schöpfungsmythos wurde etwa mit der keineswegs leichten physikalischen Kernfrage konfrontiert, ob Gott die Welt aus dem Nichts oder aus dem Etwas geschaffen habe. Zwar blieben Wunder theologisch-philosophisch immer dem Schöpfergott zugeordnet, *praeter naturam*, außerhalb menschlicher Deutung und Erklärung. Die den Wundern nicht nur begrifflich sehr nahe stehenden Mirabilien jedoch wurden spätestens seit dem Hochmittelalter vermehrt als natürliche Zeichen, *infra naturam*, bedingt durch natürliche Ursachen und damit als aus den Naturgesetzen erklärbar gedeutet. Sie blieben zwar wie die Wunder immer noch außergewöhnliche Zeichen, für die jedoch zunehmend natürliche, gewöhnliche Erklärungen gesucht und gefunden wurden. Sie lösten sich also sukzessive aus dem Deutungshorizont des Wunderglaubens.

In dieser Versuchsanordnung und in diesem Deutungsrahmen, zwischen Wunderglauben, Erfahrungswissen, Naturphilosophie und den Übergang zur Naturwissenschaft, sollen hier auch der *Liber de mirabilibus mundi* (die Otia Imperialia) des Gervasius von Tilbury in zwei Schritten analysiert werden: Zunächst in einem kurzen allgemeinen Überblick zur Gattungsgeschichte der Mirabilien und diesen konkretisierend in einer Positions- und Funktionsbestimmung der Mirabiliensammlung des Gervasius im mittelalterlichen Prozess der Perzeption, Rezeption und Transformation von natürlichen Erscheinungsformen.

Mirabilien tauchen verstreut in nahezu jeder mittelalterlichen Gattung auf, von den philosophischen Abhandlungen eines Augustinus, den Dialogen Gregors des Großen über die Bistumschronik eines Thietmar von Merseburgs oder der Artusepik. Sie waren dabei weniger vom religiös-sakralen, christlichen Überbau bestimmt als die Wunderberichte der Heiligenviten und die Mirakelsammlungen. In ihnen fanden neben den christlich geprägten wunderbaren Ereignissen und Zeichen auch die alten antiken und „heidnischen“ Mythen und Superstitionen relativ unvermittelt und ohne christliche Transformationsleistung ihren Platz.

Ihr literarisches Vorbild hatten die mittelalterlichen Mirabilien in den klassischen Wundergeschichten der griechischen und römischen Paradoxasammlungen, einem Genre, das aus dem aristotelischen Projekt hervorging, natürliche Ereignisse und Zeichen zu kategorisieren und zu katalogisieren.[3] Jenes Material übernahmen die römischen Naturenzyklopädien eines Plinius des Älteren[4] oder eines Solinus[5].

Eine neue Qualität erfuhr die Gattung parallel zum Aufkeimen der *scientia naturalis*[6] seit dem 12. Jahrhundert.[7] Zum einen entstanden nun wieder

---

3 Aristoteles, Mirabilia, Werke in deutscher Übersetzung, Bd. 18, Opuscula, Teil II, hg. u. übers. v. Flashar, Helmut, Berlin 1968; zur Tradition siehe Romm, James S., The Edge of the Earth in Acient Thought. Geography, Exploration, and Fiction, Princeton 1992. Die maßgeblichen Texte sind ediert bei Giannini, Amadeo (Hg.), Paradoxographorum Graecorum reliquiae, Mailand 1965.

4 Siehe hierzu zuletzt Borst, Arno, Das Buch der Naturgeschichte. Plinius im Zeitalter des Pergaments (Abhandlungen der Heidelberger Akademie der Wissenschaften, Philosophisch-historische Klasse), Heidelberg 1994.

5 Solini, C. Iulii, Collectanea Rerum Memorabilium, hg. v. Mommsen, Theodor, Berlin 1894; Walter, Hermann, C. Julius Solinus und seine Vorlagen, in: Classica et Mediaevalia 24 (1963), 86–157.

6 Siehe hierzu vor allem: Speer, Andreas, Die entdeckte Natur. Untersuchungen zu Begründungsversuchen einer 'scientia naturalis' im 12. Jahrhundert, Leiden u. a. 1995.

vermehrt eigenständige Sammlungen, wie die pseudo-ovidianische Schrift *de mirabilibus mundi*[8], die *Mirabilia urbis Romae*[9] und die Briefe und Traktate, die mit dem Priesterkönig Johannes[10] in Verbindung gebracht wurden. Zum anderen widmeten etliche Autoren ähnlich wie Gervasius den Wundern und Mirabilien in ihren Werken eigene Abschnitte. So betitelte etwa Nennius ein

---

7 Zuletzt: Walker Bynum, Caroline, Wonder, in: The Americal Historical Review 102/1 (1997), 1–26, 2. Seit weit aus längerem Konjunktur als in Deutschland hat die Beschäftigung mit Wundern und Mirabilien in Frankreich, England und den USA. Siehe hierzu unter anderem: Rousset, Paul, Le sens du merveilleux à époque féodale, in: Le moyen âge 62 (1956), 25–37; Carasso-Bulow, Lucienne, The Merveilleux in Crétien de Troyes Romances, Genf 1976; Le Goff, Jacques, Le merveilleux dans l'Occident médiéval, in: L'Etrange et le merveilleux dans l'islam, hg. v. Mohamed Arkoun u. a., Paris 1987, 61–79 ; Kappler, Claude, Monstres, demons et merveilles à la fin du moyen âge, Paris 1980; Porion, Daniel, Le merveilleux dans la littérature française du moyen âge, Paris 1982; Finucane, Ronald C., Appearences of the Dead: A Cultural History of Ghosts, London 1982; Ward, Benedict, A Miracles and the Medieval Mind: Theory Record and Event (1000–1215), London 1982; Meslin, Michel (Hg.), Le merveilleux: L´imaginaire et les croyances en Occident, o. O. 1984; Sigal, Pierre, L´homme et le miracle dans la France médiévale (XIe–XIIe siècle), Paris 1985; Dubost, Francis, Aspects fantastiques de la littérature narrative médiévale (XIIe–XIIIe siècles): L´autre, l´ailleurs, l´autrefois, Genf 1991; Kenseth, Joy (Hg.), The Age of the Marvelous, Hannover 1991; Lecouteux, Claude, Les monstres dans la pensée médiévale européenne: Essai de présentation, Paris 1993; Schmitt, Jean-Claude, Les revenants: Les vivantes et les morts dans la société médiévale, Paris 1994; Societé des Historiens Médiévistes de l´Enseignement Supérieur Public (Hg.), Miracles, Prodiges et Merveilles au Moyen Âge (Série Histoire Ancienne et Médiévale 34), Paris 1995; Freedman, Paul, The Return of the Grotesque in Medieval Historiographie, in: Barros, Carlos (Hg.), Historia a Debate: Medieval, Santiago de Compostela 1995, 9–19; Biow, Douglas, Mirabile Dictu. Representation of the Marvelous in Medieval an Renaissance Epic, Ann Arbor 1996; Daston, Lorraine, Katherine Park, Wonder and Order of Nature, 1150–1750, New York 1998; zuletzt zusammenfassend: Rothmann, Michael, Zeichen und Wunder. Deutungsparadigmen zwischen tradiertem Naturwissen und entstehender Naturwissenschaft. Die Mirabiliensammlung des Gervasius von Tilbury, Habilitiationsschrift 2008.

8 James, Montague R., Ovidius `De mirabilibus mundi, in: Essays and Studies presented to William Ridgeway on his sixtieth birthday, Cambrigde 1913, 286–298. Die Sammlung enthält in Versform 79 jeweils zweizeilig beschriebene Mirabilien.

9 Mirabilia Urbis Romae, in: Jordan, Henri (Hg.), Topographie der Stadt Rom im Alterthum, Bde. I–III, Berlin 1871–1907; zuletzt zur Überlieferungsgeschichte und Rezeptionsgeschichte mit Einbeziehung der Rezeption durch Gervasius: Miedema, Nine Robijntje, Die Mirabilia Romae. Untersuchungen zu ihrer Überlieferung mit Edition der deutschen und niederländischen Texte (Münchner Texte und Untersuchungen zur Deutschen Literatur des Mittelalters 108), Tübingen 1996, zu Gervasius und seinem Bezug zu den Mirabilia siehe 364.368.373.374.399.410.414. 423.425.427.478.

10 Siehe hierzu vor allem: Zarnke, Friedrich, Der Priester Johannes (Abhandlungen der philogisch-historischen Classe der Wissenschaften 7/8), Leipzig 1879/1883; Thorndike, Lynn, A History of Science and Experimental Magic, 8 Bde., New York 1923–1958; Pfister, Friedrich, Kleine Schriften zum Alexanderroman, Meisenheim 1976.

Kapitel seiner *Historia Britonum: de mirabilibus Britanniae.*[11] Alexander Neckam beschäftigte sich in einem Teil seines Werkes *Laus sapientiae divinae* mit demselben Gegenstand.[12] Das zweite Buch von Gerald of Wales' *Topographia Hibernica* behandelte *de mirabilibus hiberniae.*[13] In einigen Thomas III-Redaktionen von Thomas von Cantimprés *Liber de natura rerum* findet sich ebenfalls ein eigener Abschnitt *Quedam mirabilia.*[14]

Die Mirabilien blieben jedoch keinesfalls auf einen literarisch bildenden oder unterhaltenden Horizont beschränkt, sondern wurden in eigenständigen Traktaten zum Gegenstand theologisch-philosophischer Diskussion, wie etwa in der pseudo-albertinischen Schrift *De mirabilibus mundi*[15] oder Nikolaus von Oresme's Schrift *De causis mirabilium*[16].

Wie ihre antiken Vorbilder betrachteten die hochmittelalterlichen Autoren zunächst die unbekannten, mysteriösen Räume oder die Randzonen der Welt als einen privilegierten Ort für Außergewöhnliches, Neues und Monströses. Der unbekannte, unbelebte Raum wurde mit Phantastischem gefüllt. Besonders anschaulich werden diese in der mittelalterlichen und frühneuzeitlichen Kartographie und der illuminierten Reiseliteratur dargestellt. Hier einige Beispiele:

In der mentalen Landkarte der mittelalterlichen Geographie hatten zwar auch die Zentrallandschaften ihre Mirabilien, sie wurden jedoch von der Peripherie lange Zeit übertroffen.[17] Ranulph Higden († um 1363/64), ein engli-

---

11 Nennius, Historia Britonum, hg. v. Stevenson, John, London 1838, 56–62.

12 Neckam, Alexander, De Naturis Rerum, hg. v. Wright, Thomas, London 1863 (ND Nendeln 1967), 457f.

13 Giraldus Cambrensis, Topographia Hibernica (Rolls Series 21/5), hg. v. Dimock, James F., London 1867, Distictio Secunda, 74–137; eine der Vorlagen für Giraldus wiederum war eine Versschrift, die Mommsen in seiner Nennius-Edition mit abdruckte, vgl. Nennius, *De mirabilibus Hiberniae,* in: Mommsen, Theodor (Hg.), MGH Abt. I: Scriptores. Auctores Antiquissimi, Bd. XIII, 219ff.

14 Nach Mitteilung von Vollmann, Konrad: Thomas IIIab; Thomas IIIa; Thomas IIIa1; Thomas IIIa2; Thomas IIIb; Thomas IIIb1; Thomas IIIb2 sowie in der mittelhochdeutschen Übersetzung des Konrad von Megenberg. Vollmann, Benedikt Konrad, Edition von Texten mit hoher Überlieferungsdichte. Thomas' von Cantimpré De naturis rerum (Thomas III) als Musterfall, in: Henkes, Christiane u. a. (Hg.), Schrift – Text – Edition. Hans-Walter Gabler zum 65. Geburtstag, Tübingen 2003, 87–96.

15 Pseudo-Albertus Magnus, De mirabilibus mundi, sig. z8v.-aa1r., in: Ders., De secretis mulierum, ... eiusdem de virtutibus herbarum, lapidum et animalum, ... item de mirabilibus mundi, Lyon (nicht veröffentlicht) 1560.

16 Hansen, Bert, Nicole Oresme and the Marvels of Nature. A study of his De causis mirabilium with Critical Edition, Translation and Commentary, Toronto 1985.

17 von den Brincken, Ann-Dorothee, Karthographische Quellen, Welt-, See- und Regionalkarten (Typologie des sources du Moyen Âge occidental 51), Turnhout 1988; Hoogvliet, Margriet, Hic nulli habitant propter leones et ursos et pardes et tigrides. Die Zoologie der *mappae mundi*, in: Müller, Ulrich / Wunderlich, Werner (Hg.), Dämonen, Monster, Fabelwesen, St. Gallen 1999, 89–102.

scher Mönch des 14. Jahrhunderts, formuliert dies in seiner Weltgeschichte treffend:

„In den entferntesten Regionen der Welt entstehen häufig neue Wunder und Mirabilien, als ob die Natur mit größerer Freiheit heimlich an den Enden der Welt spielte, als offen und näher bei uns in der Mitte."[18]

Die meisten Autoren, die sich mit Mirabilien beschäftigten, waren zunächst ebenfalls der Meinung, dass die wundersamsten Zeichen und Ereignisse im fernen Süden und Osten, in Afrika und Indien in Erscheinung traten. Trotz der großen Entfernungen begannen sie aber seit dem 12. und 13. Jahrhundert verstärkt damit zeitgenössische Erfahrungen in die Tradition einzufügen. So war etwa die *Topographia* des Gerald of Wales gespickt mit behaupteten eigenen Beobachtungen zu Flora und Fauna und voller Augenzeugen, die seine Erzählungen beglaubigten.[19] Zugleich konfrontierte und kritisierte er damit die vorgefundene Tradition eines Plinius oder Solinus.

Die Reiseliteratur der nächsten zwei Jahrhunderte teilte diese behauptete Emphase der Augenzeugenschaft. Zwischen den 1240er Jahren bis ins späte 14. Jahrhundert, als die Grenzen sich gegenüber den Mongolen in Asien und den Mamelucken in Ägypten wieder schlossen, zog eine große Zahl von europäischen Missionaren, Händlern und Abenteurern gen Osten.[20] Als Reflex auf die wachsende Nachfrage nach Wundergeschichten schrieben viele der Reisenden ihre Erfahrungen mit fremden Regionen nieder. Wilhelm von Rubruck (um 1215 – nach 1257),[21] Johannes von Plano Carpini (um 1182 – 1252),[22] Odoricicus von Pordenone (†1331),[23] Jordan de Sévérac (†1336),[24] Marco Polo (1254–1324)[25] und allen voran Jean de Mandeville (1356)[26] führten die Rhetorik des Wundersamen in ihren Reiseberichten in ungeahnte Höhen. Der Autor von „Mandevilles Reisen" brachte es auf den springenden

---

18 Hidgen, Ranulph, Polychronicon, hg. v. Babington, Churchill (Rolls Series 41/1), London 1865–1886, 361; Taylor, John, The Universal Chronicle of Ranulph Higden, Oxford 1966.

19 Cambrensis, Giraldus, Topographia Hibernica, hg. v. Dimock, James F. (Rolls Series 21/5), London 1867.

20 Zur Wirkungsgeschichte des Mongoleneinfalls in Europa s. Schmieder, Felicitas, Europa und die Fremden. Die Mongolen im Urteil des Abendlandes vom 13. bis in das 15. Jahrhundert, Sigmaringen 1994.

21 Schmieder, Europa.

22 Zuletzt: von Plano Carpini, Johannes, Kunde von den Mongolen, hg. v. Schmieder, Felicitas (Fremde Kulturen in alten Berichten 3), Sigmaringen 1997.

23 Reichert, Folker, Die Reise des seligen Oderich von Pordenone nach Indien und China, Sigmaringen 1987; Ders., Begegnungen mit China. Die Entdeckung Ostasiens im Mittelalter, Sigmaringen 1992 sowie Schmieder, Europa.

24 de Sévérac, Jordan (Catalani), Mirabilia, hg. v. Cordier, Henri, Les merveilles de l'Asie par le Père Jordan de Sévérac, Paris 1925.

25 Zuletzt Polo, Marco, Das Buch der Wunder: aus „Le Livre des merveilles du monde", hg. v. Tesnière, Marie-Hélène / Avril, François, München 1999.

26 Ridder, Klaus, Jean de Mandevilles Reisen, München 1991; Schmieder, Europa; Deluz, Christiane, Le livre de Jehan de Mandeville, Paris 2000.

Punkt: „Viele Menschen haben ein großes Bedürfnis, etwas über fremde Gewohnheiten aus fremden Ländern zu hören.“[27] Bei ihren Berichten nahmen die europäischen Beobachter längst nicht alles kommentarlos hin, was ihnen an Fremden begegnete. Vor allem die Idiolatrie und der Kannibalismus stießen auf heftige Kritik. Neben Befriedigung der menschlichen *Curiositas* verwendeten die europäischen Autoren ihre exotischen Stoffe als Testfeld, um ihre eigenen Deutungsmuster zu überprüfen oder um die eigenen strengeren Regeln in der Fremde experimentell zu brechen – zwischen Mann und Frau, Mensch und Tier, barbarisch und zivilisiert. Dies erschien keineswegs skandalös oder pathologisch, konnten die Autoren doch ihre eigenen Werte gegen die Fremden betonen. Gerade durch ihren exotischen Charakter eigneten sich die Mirabilien besonders als experimentelle intellektuelle Spielwiese, denn sie repräsentierten keine wirkliche Alternative. So beschrieb im frühen 14. Jahrhundert der Bischof von Indien, Jordan de Sévérac, in seinen *Mirabilia descripta* eine große Fülle von landschaftlichen Reizen in vielen Mirabilien, kam jedoch zu dem abschließenden Ergebnis, dass es zu Hause doch am schönsten sei: „kein Land sei besser, keine Menschen ehrenvoller, keine Lebensmittel so gut und nahrhaft, keine Kleidung so geschmeidig, kein Benehmen so nobel wie hier in unserer Christenheit.“[28]

Die Reiseliteratur durchdrang ferne Welten mit europäischer Erfahrung und füllte manchen fremden Raum mit Wissen statt mit angstvoller Ahnung. Gleichzeitig rückten aber die Mirabilien näher von der Peripherie ins Zentrum und in den Nahbereich der alltäglichen Lebenswelt. Der regionale Blick begann die natürlichen Zeichen mit ihren natürlichen Ursachen zu konfrontieren.

Eine kritischere Haltung gegenüber Mirabilien, vor allem wenn sie magische Vorstellungen transportierten, nahmen die Theologie und Philosophie ein. Schon Bernhard von Clairveaux (1090–1153) hatte in seiner Apologie gegen eine in seinen Augen fehlgeleitete und vom wahren Glauben ablenkende Phantasiewelt gewettert:

> „Was sollen im Klosterhofe vor den Augen der lesenden und betrachtenden Brüder jene lächerlichen Ungeheuerlichkeiten, jene erstaunlichen missgestalteten Schönheiten und verwunderlichen schönen Missgestalten. Zu was die unflätigen Affen, zu was die wütenden Löwen, zu was die greulichen Zentauren, zu was die fleckigen Tiger, zu was die fechtenden Streiter, zu was die blasenden Jäger? [...] Da trägt ein Vieh das Vorderteil eines Pferdes und die hintere Hälfte einer Ziege, dort präsentiert ein gehörntes Tier das Hinterteil eines Pferdes. Kurz überall zeigt sich eine wundersame Mannigfaltigkeit verschiedenartiger Bildung, so

---

27 de Mandeville, Jean, Mandeville's Travels, hg. v. Seymour, Maurice Charles, London 1968, 4.

28 von Sévérac, Jordan, Mirabilia descripta, or Wonders of the East, hg. v. Yule, Henry, New York/London 1863, 55.

> dass man mit mehr Vergnügen in den Steinen als in den Büchern liest und den ganzen Tag lieber jene Sonderbarkeiten anstaunt als Gottes Gebote beherzigt."[29]

Die meisten Autoren, so sehr sie in manchen Punkten differierten, stimmten in der Ablehnung dessen überein, was sie als *superstitio* und *curiositas* des Volkes bezeichneten.[30] Zwar versuchten einige Scholastiker, so Albertus Magnus, zwischen guter Magie, welche die okkulten Eigenschaften natürlicher Materie benutzte, und böser Magie, welche die Dämonen anrief, zu unterscheiden. Doch folgten die meisten Bacon und dem Aquinaten in der Reduzierung der Magie auf die böse und die begrenzte Macht der Dämonen in der Welt.[31] In einem Brief an einen *militem ultramontanum* erklärte Thomas von Aquin wie eng Gott die Grenzen für den dämonischen Einfluss auf die Welt gesetzt habe. Zudem beruhten die meisten Zeichen und Ereignisse, die auf Dämonen zurückgeführt würden, auf natürlichen Ursachen. Bacon verwies die sogenannte Magie ebenfalls auf natürliche Ursachen oder auf die Geschicklichkeit von Taschenspielern. „Gott sei zwar die Ursache aller Dinge", so Adelard von Bath, „doch sei die Natur weder konfus, noch ohne System. Alles habe natürliche Ursachen und auf der Suche nach ihnen, solle man auf Vernunft und Erfahrung, statt auf Autoritäten setzen."[32] Wilhelm von Conches ergänzte süffisant: „Gott kann eine Kuh aus einem Baum machen, aber hat er es je getan?"[33]

Siger von Brabant kommentierte in seinen *Quaestiones in Metaphysicum* die Glaubwürdigkeit magischer Erscheinungen mit der Feststellung: „Auch wenn die Wahrheit noch so tief verborgen liegt, dem gemeinen Volk ist nicht zu glauben. Und wenn du sagst, dass wird allgemein geglaubt, so ist dies kein Beweis, denn viele Irrtümer werden allgemein geglaubt."[34] Hier lag auch der Grund, warum Albertus Magnus und Thomas von Aquin Beispiele wie ein Baby mit sechs Fingern oder die Entdeckung eines Schatzes behandelten: Der gesunde mittelalterliche Menschenverstand neigte dazu, für sol-

---

29 von Clairvaux, Bernhard, Apologia ad Guillelmum Abbatum, 12, 29, in: Jean Leclercq / Henri M. Rochais (Hg.), Sancti Bernardi Opera III: Tractatus et opuscula, Bd. 3, Rom 1957ff., 106.

30 Zu Superstitio s. vor allem Harmening, Dieter, Superstitio, Berlin 1979.

31 Vgl. Molland, Andrew George, Roger Bacon as Magician, in: Traditio 30 (1974), 445–460; s. auch Aquinas, Thomas, The Letter of Saint Thomas Aquinas De occultis naturae ad quemdam militem ultramontanum, hg. v. McAllister, Joseph Bernhard, Washington 1939, 60–69.

32 von Bath, Adelard, Questiones naturales, hg. v. Müller, Martin, Münster 1934, IV, 8, 29–34.

33 von Conches, Wilhelm, Dragmaticon Phlilosophiae, hg. v. Ronca, Italo, Turnhout 1997, III, 2, §8; Ders., Dragmaticon seu Dialogus de substantia physicis, hg. v. Gratarolus, Wilhelm, Straßburg 1557 (ND Frankfurt/M. 1967), III, cap. 68–69.

34 von Brabant, Siger, Questiones in Metaphysicam, zitiert in: Maurer, Armand, Between Reason and Faith. Siger von Brabant and Pomponazzi on the Magic Arts, in: Medieval Studies 18 (1956), 1–18, 9.

che Phänomene eher Gott oder Dämonen verantwortlich zu machen, als sie als zufällige Ereignisse anzusehen.

Nichtsdestotrotz mussten die scholastischen Philosophen für ihre Naturlehren auf die allgemeine Erfahrung zurückgreifen. Denn auch ihnen fiel es schwer, a priori herauszufinden, dass der Saphir gut für das Augenlicht war und der Magnet Eisen anzog, obwohl sie in der Theorie wussten, dass sie durch, ihre *formae*, ihr spezifisches Wesen wirkten. Das Wissen um einzelne Eigenschaften rührte allein aus persönlichen Erfahrungen und Experimenten oder dem über Generationen tradierten Wissensvorrat. Der Autor der pseudoalbertinischen Schrift formulierte dies folgendermaßen:

> „Einige Dinge können lediglich durch Erfahrung geglaubt werden, ohne Kenntnis der Ursache; andere müssen nur in Kenntnis der Ursache geglaubt werden, weil wir sie nicht wahrnehmen können. So können wir etwa nicht erklären, warum der Magnet Eisen anzieht, obwohl die Erfahrung es zeigt, so dass niemand es abstreitet. Und weil dies als wundersam und sicher erachtet wird, sollte man auch bei anderen Gelegenheiten ähnlich urteilen. Man sollte nicht alles Wundersame ablehnen, weil man seine Ursache nicht kennt, sondern man sollte es überprüfen, *experiri*. Denn die Ursachen des Wundersamen sind verborgen, und daher kann der Mensch, wie Plato sagt, nicht erkennen.“[35]

Diese grundsätzliche Unvereinbarkeit von wundersamen Phänomenen aus vielen Lebensbereichen mit eindeutigen Ursachen schränkte die Möglichkeit der scholastischen Philosophie ein, Mirabilien auszuschließen, oder wenigsten für eine angemessene und differenzierte Erklärung ihrer Ursachen zu sorgen. Sie konnten lediglich allgemeine Deutungsmuster formulieren für eine allgemeine Typologie der wundersamen Erscheinungen. In diesem Diskursrahmen verwendeten sie Wundergeschichten, um ihnen das Wundersame auszutreiben. Die Mirabilien sollten von ihren dämonischen und übernatürlichen Implikationen gereinigt und auf natürliche Ursachen allein zurückgeführt werden.

Die am besten ausgearbeitete und systematischste Studie in dieser Traditionslinie war Nikolaus Oresmes (1322–1382) *De causis mirabilium*.[36] Geschult in Philosophie und Theologie an der Universität von Paris, lehrte Oresme zunächst als Magister der Theologie, bevor er dann in die Dienste des Dauphin und späteren Karl V. von Frankreich trat. In der Einleitung seines Traktates über die Wunder legte er seine Intentionen offen:

> „Ich möchte hier die natürlichen Ursachen für manche Erscheinungen zeigen, die man als wundersam erachtet. Es gibt keinen Grund, hierbei auf den Himmel, die letzte Zuflucht der Schwachen, zurückzugreifen oder auf Dämonen oder auf unseren glorreichen Gott, als ob er diese Erscheinungen mehr verursache, als jene Phänomene, deren Ursachen wir als wohl bekannt glauben.“

---

[35] Pseudo-Albertus Magnus, De mirabilibus mundi.
[36] Hansen, Nicole Oresme, 137.

Oresme verfolgte damit zwei Ziele: Zum einen beabsichtigte er die Zeichendeutungen der Astrologen anzugreifen, und zwar sowohl die astrologische Divination wie auch den himmlischen Einfluss allgemein. Zum anderen wandte er sich wie seine philosophischen Vorgänger gegen die Tendenz, für jede unerklärliche Erscheinung Gott oder Dämonen verantwortlich zu machen. Dabei richtete sich der Angriff auf die Astrologie mehr gegen die direkte Konkurrenz am Hofe seines Gönners Karl V. als gegen die Astrologie im Allgemeinen.

Freilich nutzten die philosophischen Erklärungsversuche auf der Metaebene wenig. Den philosophischen Ausführungen eines Nikolaus Oresme standen in unmittelbarer Nähe die Wundersammlungen der französischen Könige gegenüber. Die Sammlungen repräsentierten Kraftzentren für den Reichtum und die magischen und symbolischen Kräfte ihrer Besitzer, ebenso wie sie Orte des Studiums und der Unterhaltung waren. Die Schatzkammer der französischen Könige war, obwohl einzigartig in der Fülle ihres Reichtums, typisch in der Art ihrer Objekte und Materialien, die zum Kanon der Wunder der Natur gehörten. Neben den Reliquien der Heiligen, den Insignien des Reichs, den Juwelen und Schmuckstücken umfasste der Schatz eine große Zahl von Mirabilia und Exotica, unter denen das sogenannte Rolandshorn, vor allem aber das sagenumwobene Horn des Einhorns herausragte.[37]

Im Laufe der Entwicklung versuchten auch andere Adelshäuser von der Strahlkraft ihrer Sammlungen zu profitieren. Heraus stach dabei die Sammlung Jeans, Duc de Berry (1340–1460). Sie umfasste ein Straußenei, ein Schneckenhaus, sieben Eberhauer, Stacheln vom Stachelschwein, den Backenzahn eines Riesen, das Gebiss einer Schlange, eine Kokosnussschale, ein weißes Bärenfell und drei vollständige Hörner von Einhörnern.[38]

Die mittelalterlichen Sammlungen bildeten Machtreservoire und dies nicht nur im symbolischen Sinn; denn viele der Objekte waren Geschenke von Lehnsmännern, Lehnsherren oder Freunden oft aus Anlass einer Heirat, eines Vertrags etc. Sie repräsentierten und festigten die politische, militärische oder soziale Bindung. Darüber hinaus bewahrten sie magische Objekte, die starke natürliche und übernatürliche Kräfte bündelten. Reliquien, das Herzstück einer jeden Sammlung, waren das Verbindungsstück, das die göttliche Kraft auf den einfachen Christen übertragen konnte, um zu heilen, Unfruchtbarkeit zu vermeiden etc. Vergleichbares galt aber auch für die übrigen Sammlerstücke, die ihre Berühmtheit zumeist ihren geheimen Eigenschaften verdankten. Die Sammlungen verbanden den Sammler mit den Wundern der Natur und mit der Allmacht ihres Schöpfers, der seine Macht ebenso im

---

37 Gaborit-Chopin, Danielle, Le trésor de Saint-Denis. Musée du Louvre, Paris 1991; zur Bedeutungsgeschichte des Einhorns im Mittelalter zuletzt: Hörisch, Jochen, Der Wandel des Einhorns, in: Müller / Wunderlich, Dämonen, Monster, Fabelwesen, 205–228.

38 Guiffrey, Jules, La ménagerie du duc Jean de Berry, 1370–1403, in: Mémoires de la Société des Antiquaires du Centre 22 (1899), 63–84.

Buch der Natur wie in der Heiligen Schrift manifestierte. Seit dem 18. und 19. Jahrhundert gingen sie auf in den Wunderkammern und Museen.

Mirabilien hatten also in einer freilich künstlichen und in der literarischen Realität nie ganz reinen Unterscheidung folgende Funktionen: Sie erfüllten einen höfischen und später städtischen Bildungs- und Unterhaltungsbedarf, etwa in Form von Reiseliteratur oder höfischen Enzyklopädien. Hiermit verbunden, boten sie durch ihre spielerische und unterhaltende Form der Deutung Beruhigung und Entlastung von ansonsten bedrohlichen fremden Phänomenen. Sie gewährten dem magisch-mythischen lebensweltlichen Horizont Unterschlupf gegen den Aberglaubensverdacht einer sich vermehrt abgrenzenden christlichen Weltdeutung. Und sie lieferten den enzyklopädischen Naturlehren und Naturphilosophien die Possibilia, Paradoxa und Problemata, die zum Staunen, Erklären anregten, ohne dass sogleich der Häresieverdacht am Horizont drohte.

Der *Liber de mirabilibus mundi* des Gervasius von Tilbury, von einem späteren Abschreiber *Otia Imperiala* genannt, seine Entstehungs- und seine Rezeptionsgeschichte markieren in diesem Prozess einen wichtigen Kristallisationspunkt. Zum einen bietet Gervasius die erste nachantike systematische Sammlung von Mirabilien, die, eingebettet in eine Weltbeschreibung, wundersamen Zeichen und Ereignissen, vor allem Naturwundern, ihren Platz im geographischen Weltbild des Hochmittelalters zuordnet. Seine Adaptionskraft und Adaptionsgeschwindigkeit von altem und neuem Wissen ist dabei durchaus exemplarisch für die Beschleunigungseffekte, die allgemein in der hochmittelalterlichen Rezeption und Transformation von Wissen zu beobachten sind. Zum anderen verweist die Wirkungsgeschichte seiner Rezeption bis weit in die Neuzeit hinein jeweils auf wichtige Wendepunkte im Umgang mit Mirabilien und damit im Umgang mit dem tradierten Naturwissen. Der Prozess der Rezeption verlief zunächst geradezu idealtypisch mittelalterlich an den Höfen und Universitäten. Seine Mirabiliensammlung wurde Mitte des 14. Jahrhunderts in theologisch-philosophischen Traktaten naturphilosophisch gedeutet,[39] Studenten in Oxford um 1380 zur täglichen Lektüre verordnet,[40] zeitgleich aber auch in die Volkssprache übersetzt.[41] Die enzyklopädischen Großunternehmen des 16. und 17. Jahrhunderts schieden dann die Mirabilien scharf nach verschiedenen Kategorien, nahmen ihnen den erzählerischen, fabulösen Duktus oder schlossen sie schließlich ganz aus der Welt der Physica aus: Bezeichnende Titel lauten dann etwa wie bei

---

39 Hansen, Nicole Oresme.

40 Wilkinson, Bryan R., The Otia Imperialia of Gervase of Tilbury, M.A. thesis, Dublin 1965, 59.

41 Zuletzt: Gerner, Dominique / Pignatelli, Cinzia, Traductions francaises des Otia imperialia de Gervais de Tilbury par Jean d'Antioche et Jean de Vignay (Publications Romanes et Francaises), Genf 2005.

Caspar Schott: *Physica sine mirabilia*[42]. Leibniz, der erste Editor von Gervasius Werk, lehnte sie schließlich in gänzlich aufgeklärter Attitude als bloße Lügengeschichten kategorisch ab: Das Werk sei ein Sack voller Ammenmärchen, der Autor ein geschwätziger Lügenbold. Seine dennoch vorgelegte Edition rechtfertigte er damit, dass sich unter einem großen Haufen Mist auch manches Körnchen Gold verberge.[43]

Schon ein kurzer Blick auf die Vita des Gervasius, die unter die Auseinandersetzungen um die Datierung der Ebstorfer Weltkarte geraten ist,[44] lässt an diesem aufgeklärten, apodiktischen Urteil leichte Zweifel aufkommen, erweist sich der Autor doch als die erste Generation eines neuen Typus von gebildeten Amtsträgern, die neben adeliger Abkunft, einem weit gefassten Itinerar und den unterschiedlichsten Funktionen an den großen europäischen Höfen über eine universitäre Ausbildung in den aufblühenden Rechtswissenschaften verfügten und daneben ihren schriftstellerischen Neigungen Ausdruck verliehen.

Gervasius von Tilbury wurde zwischen 1150 und 1165 in England geboren und starb zwischen 1222 und 1234 in Frankreich, England und Niedersachsen. Erzogen am Hofe Heinrichs (III.), des früh verstorbenen Sohns Heinrichs II., führte ihn sein weiterer Lebensweg an den Hofe des Erzbischofs Wilhelms mit der weißen Hand in Rheims, zum Studium und zur Lehrtätigkeit für kanonisches Recht in Bologna, und über den Hof Wilhelms von Siziliens in Neapel nach Arles, wo er Schwager und Richter des Bischofs Humperts von Arles wurde und schließlich zum obersten Richter der Grafen der Provence aufstieg. Dazwischen datiert 1209 die Ernennung zum Marschall des Arelat durch Otto IV. Seinen potentiellen Lebensabend verbrachte er entweder als Rentier in Arles, Kanoniker in Marseilles oder England, bzw. als Propst in Ebstorf.

Ebenso vielfältig wie sein Leben ist auch sein Werk. Der *Liber de mirabilibus mundi*, später wohl von einem jüngeren Abschreiber nach einer Floskel im Epilog, *opusculum, quod ad otium imperiale contexui*, *Otia imperialia* genannt (der Einfachheit halber bleibe ich auch weiterhin beim eingebürger-

---

42 Als Beispiel: Schott, Caspar, Physica Curiosa, sive mirabilia naturae et artis libris XII. Comprehensa, quibus pleraque, quae de Angelis, Daemonibus, Hominibus, Spectris, Energumenis, Monstris, Portentis, Animalibus, Meteoris, &c. rara, arcana, curiosaque circumferentur, ad Veritatis trutinam expenduntur, variis ex Historia ac Philosophia petitis disquisitionibus excutiuntur, & innumeris exemplis illustrantur, Würzburg 1662.

43 Gervasius von Tilbury, Otia Imperialia, hg. v. Leibniz, Gottfried Wilhelm, in: Scriptores rerum Brunsvicensium, 3 Bde., Hannover 1707-1711, Bd. 1, S. 881.

44 Siehe zuletzt die Debatte zwischen: Wilke, Jürgen, Die Ebstorfer Weltkarte (Veröffentlichungen des Instituts für Historische Landeskunde der Universität Göttingen 39), Text- und Tafelband, Bielefeld 2001 und Wolf, Armin, The Ebstorf Mappamundi and Gervase of Tilbury: the controversy revisited, in: Imago mundi 64 (2012), 1–27.

ten Titel Otia Imperialia), dürfte zwischen 1180 und 1216 entstanden sein, wobei es danach noch Ergänzungen erhielt.

Überliefert ist ferner ein Pater Noster Traktat.[45] Zudem verfasste er drei nicht überlieferte Werke: ein Buch der Scherze, den *Liber facetiarum*[46], einen Marientraktat, *Tractatus de Vita Beate Virginis et Sociorum et eorum Transitu*[47] sowie eine Antonius Vita *Vita abbreviata et miraculis beatisimmi Antonii*[48]. Zugeschrieben wurden ihm außerdem zeitweise das erste französische *Bestiarium* sowie *The black Book of the Exchequer.*

Neben Otto IV., dem die Otia 1216 gewidmet worden waren, war der welfische Hof der Adressat des Werkes. Die Bestimmung des gedachten Rezipientenkreises würde freilich zu kurz greifen, würde man ihn auf den Hof Otto IV. reduzieren. Zunächst für Heinrich III. intendiert,[49] war der welfische Hof mehr aufgrund des wechselvollen Lebenslaufs des Autors die faktische, wenn auch gute Adresse einer Version des Werkes, das auch danach noch fortgeführt und ergänzt wurde.

Vielmehr ist der funktionale Rahmen, in den die Otia einzuordnen sind, die höfische Gesellschaft mit ihrem Bildungshorizont und Unterhaltungsinteresse. Gervasius selbst beschreibt die ideale Rezeptionssituation in einer seiner Mirabilien folgendermaßen: „Wie bei den Mächtigen üblich, versammelt sich im Winter die adlige Familie nach dem Essen vor dem Kamin, um von großen Taten und wundersamen Begebenheiten zu hören."[50]
Gervasius Beitrag für diese kalten Winterabende, die Otia, gliedern sich in drei Teile: eine Schöpfungsgeschichte, eine geographisch geordnete Weltgeschichte und 148 Wundergeschichten, die trotz der unterschiedlichen Inhalte ein geschlossenes Werk intendieren. Zusammengehalten werden sie durch den universalgeschichtlichen Anspruch des Autors, *in summa,* ein möglichst vollständiges Abbild der Welt, *totius orbis descriptio,* zu schaffen.

Die Aufgaben der einzelnen Teile im Gesamtwerk werden folgendermaßen beschrieben:

> „Nachdem wir in der ersten Decisio über die Schöpfung von Himmel und Erde und ihre Ordnung und Schmuck gehandelt haben und in der zweiten Decisio die Erde und ihre drei verschiedenen Teile, ihre Regionen und Provinzen unter-

---

45 Wilke, Jürgen / Hoffmann, Manfred, Ein Kommentar zum Pater Noster von Gervasius von Tilbury, in: Jahrbuch für Internationale Germanistik 33/1 (2001), 127–156; ebenfalls ediert bei Gervasius von Tilbury, Otia Imerpalia. Recreation for an emperor (Oxford medieval texts), hg. v. Banks, Shealgh E. / Binns, James W., Oxford 2002Banks und Binns, 902–903 sowie XCII–XCV.

46 Gervasisu, Otia, 14.298.

47 Gervasius, Otia, 375.606.650.

48 Gervasius, Otia, 98.

49 Gervasius, Otia, 14.298.

50 Hic aloquo die castrum memoratum ut hospes ingreditur, et cum hyemis tempore post coenam noctu familia divitis ad focum, ut potentibus moris est, recensendis antiquorum gestis operam daret, et aures accomodaret, tandem ocurrit ab indigenis praetaxatum mirabile recensitum. Gervasius, Otia, 670.

schieden haben mit einer Beschreibung der Abfolge der Könige in Raum und Zeit, bringt die dritte Decisio das Buch zur Vollendung, indem sie aus den einzelnen Provinzen und Regionen wunderbare Geschichten, Mirabilien, sammelt und vorstellt."[51]

Der hier im Vordergrund stehende dritte Teil, die Mirabiliensammlung setzt sich in der Maximalversion aus 148 Kapiteln von völlig unterschiedlicher Länge zusammen.[52] Er ist nach den Worten des Autors die Ursache und das

---

51 Continens mirabilia uniuscujusque provincia, non omnia, sed ex omnibus aliqua. Ut operi coepto debitam consummationis exhibeamus perfectionem, consequens erit, postquam de creatione coeli et terrae et eorum dispositione ac ornatu primm decisionem ordinavimus; et in secunda decisione mundum in tres partes destinctum per singulas regiones ac provoincias divisimus, cum succedentium regnorum per loca et tempora descriptione; illa nostri tractatus primordialem materiam et causam ad aliquantam, prout licuerit, perfectionem ducere. Gervasius, Otia, 556ff. Es handelt sich hierbei um den Beginn einer erneuten Autorenintention, die dem dritten Teil vorangestellt ist.

52 Die Zahl der Mirabilien variiert in den verschiedenen Handschriften von 129–148. In Vat. Lat. Ms. 933 etwa finden sich folgende 133 Abschnitte, wobei der letztgenannte Abschnitt, den Brief an den kaiserlichen Sekretär beinhaltet: 1. Ut operi cepto... (Einleitung); 2. De Magnete Lapide; 3. De Sale Agrigentino; 4. De Lapide Abeston; 5. De Ficu Egipti; 6. De Pomis Pentapolis que Crescunt et Fallivantur; 7. De Lapide Qui cum Luna Crescit; 8. De Tribus Donis Terdone; 9. De Cimiterio Fructuarum; 10. De Fenestra Camisse; 11. De Domibus Podiensis; 12. De Nuce que Simul Frondet et Fructificat; 13. De Carne Imputrescibili Macelli; 14. De Orto Virgilii et Tuba Enea; 15. De Faba Versa et Eius Efficiata; 16. De Balneis Puteolanis; 17. De Rupe Incisa que Nullas Admittit Insidias; 18. De Johanne Episcopo et Animabus Mortuorum; 19. De Visione Portarum Inferni; 20. De Averno; 21. De Turre que Non Admittit Vigiles; 22. De Pugna Scarabeorum; 23. De Rupe que Unico Digito Movetur et Non Toto Corpore; 24. De Frigastia Domini in Edissa; 25. De Alia Figura Domini; 26. De figura Domini que Veronica Dicitur; 27. De Virtute Epistole Domini et Beati Apostoli; 28. De Lictore Sirie Palestine; 29. De Virtute Quorundam Lapidum; 30. De Consecratinoe Lapidum; 31. De Dracone quem Boam Dicunt; 32. De Arenis Calidis; 33. De Herbis Egypti; 34. De Calore Solis quo Sicut Igne Coquitur; 35. De Olimpo qui Flatum Ventorum Excedit; 36. De Vento quem in Cirotheca Conclusit Sanctus Cesarius; 37. De Virgula Arida que Obedientiam Floruit; 38. In Vita Sanctorum Thebeorum; 39. De Vineis sine Plantatore Crescentibus; 40. De Vlado de Rodestanensis; 41. De Aqua que Pota Lassatis Reparit Vires; 42. De Prato de Cerzeules; 43. De Aquis Marinis que Congelantur in Sal; 44. De Vexillis Apparentibus in Dei Sancti Constantii; 45. De Rupe que Nominatur Equa Illi; 46. De Fenestris in Quibus Apparent Domine; 47. De Natura Beveris et Eius Domicilio; 48. De Antipodibus et Eorum Terra; 49. De Ymagine Beate Virginis; 50. De Cruce Latronis Dominum in Cruce Confitentis; 51. De Aqua que Numquam Bullit; 52. De Facie Domini Impressa Rupi; 53. De Statua er Herba Fimbrie; 54. De Balsamo; 55. De Medicabilibus Balneis; 56. De Signis que Apparuerunt in Morte Julii Cesaris; 57. De Ligno Dominice Crucis et Piscina Probatica; 58. De Vermiculo; 59. De Serico et Unde Qualiter Prodeat; 60. De Domina Castri de Espervier; 61. De Militibus qui Apparent; 62. De Wandlebiria; 63. De Cornu Potacionis; 64. De Neptunis qui Homines Deludunt; 65. De Grant; 66. De Delphinis; 67. De Serenis Maris Britannici; 68. De Sagacitate Animalium; 69. De Monte Cathalonie; 70. De Lirinensi Monasterio; 71. De Astucia Vulpis; 72. De

Ziel des Werkes.[53] Inhalt sind Mirabilien aus den Regionen der Welt, die zuvor in der zweiten *Decisio* geschildert wurden.
Unter den vorgeführten wunderlichen Lebewesen stehen eindeutig die Tiere und die Pflanzen vor den Menschen oder Fabelwesen als handelndes Personal im Vordergrund. Bei magischen Materialien spielen die Steine die Hauptrolle und bei magischen Orten unbewohnte Landschaften, Quellen gefolgt von Höhlen, vor den gestalteten Landschaften.

Seine Stoffe schöpfte er aus zwei Typen von Quellen, aus den schriftlichen Überlieferungen der Antike und des Mittelalters und aus der zeitgenössischen mündlichen Überlieferung.

Die verschiedenen Quellen werden dabei quantitativ und qualitativ unterschiedlich häufig verwendet und zitiert. Verständlicherweise spielten die biblischen und liturgischen Schriften eine wichtige Rolle und prägten we-

---

Laikibrais; 73. De Cronu Sancti Symeonis; 74. De Feris Silve de Carduil; 75. De Serpentibus; 76. De Equicenofalis; 77. De Bestiis Brisonis; 78. De Hominibus Sine Capite; 79. De Mulieribus Barbatis; 80. De Feminis que Habent Dentes Aprinos; 81. De Ethiopia et Palaciis Duobus; 82. De Fenice; 83. De Flammis Solis Orientis; 84. De Hominibus qui Pedes Habent Octenos et Totidem Oculos; 85. De Pratis que Moventur ad Tactum Pedum et Montibus Wallensis; 86. De Angelis Percutiensibus; 87. De aucpicite Regis Scotorum; 88. De Lamiis et Draconis et Fantasiis; 89. De Lamiis et Nocturnis Larvis; 90. De Stagno Piscoso cum Nulli Prohibetur; 91. De alio Stagno; 92. De Fonte que Pluere Facit; 93. De Cimeterio Elisii Campi et Illuc Advectis; 94. De Nuce que vi aut vii Facit Nucleos; 95. De Equo Giraldi de Cabreriis; 96. De Fantasiis Nocturnis Opiniones; 97. De Arbore que Siliquas Facit; 98. De Corvo de Claireuo; 99. De Iudicio Cignorum; 100. De Ovo Corvino Supposito Cicione; 101. De Caseo Putrefacto; 102. De Mortuo qui Occidit Uxore Quondam Suam; 103. De Hospitalite Cuiusdam; 104. De Baculo Putrefacto ex Contactu Veneni; 105. De Racemis de Roca Maura; 106. De Mortuo qui Apparet Virgini et Mira Dicit et Annunciat. 107. De Pullo Strucionis et Vasa Vitreo; 108. De Arbore ex que Lignum Domini; 109. Urbam Principi Responsum; 110. De Mirabilibus que Sunt ubi Quinque Civitates Sunt Submerse; 111. De Coitu Loth cum Filiabus; 112. De Arbore quam Dicimus Agnum Castum; 113. De Pascuis Egipti; 114. De Peritia Moisi et Sepulta; 115. De Ossibus Ioseph et de Ove; 116. De Cherubim et Figura Eorum; 117. De Lapidibus Rationalis; 118. De Facie Moisi Cornuta; 119. De Serpentibus Ignitis et Urentibus; 120. De Agro Ebron et Crucis Parte; 121. De Mari Pamficilio; 122. De tumulo Moyse et Sancte Katerine;123. De Hominibus qui Fiunt Lupi; 124. De Chimera et X Sibillis; 125. De Montibus Quorum ad Clamo Nix Aggregata Descendit et Plurimos Corruit; 126. De Avibus que ex Arboribus Gignuntur; 127. De Racimis que Nullum Animal Comedere Potuitatque Faciunt Vinum Optimum; 128. De Fonte qui Tempore Metendorum Pratorum Apparet; 129. De Aqua ex qua Sanatur Gutturnosi; 130. De Fonte qui Repente Produit et Redit; 131. De Duobus Fontibus quorum Unus Numquam Coquit Alius Numquam Bullit; 132. De fonte qui Nichil Sordidum Admittit; 133. Exitus operis; Epistula ad Magister Johannem Marcum, Secretarium Imperatoris. Die Liste in der Editon von Banks und Binns umfasst 145 Mirabilien, Gervasius, Otia, 548–557, vor allem Anm. A, 548.

53 Gervasius, Otia, 556ff.

sentlich seine literarische Imagination.[54] Dies belegen zahlreiche direkte Anleihen und noch zahlreichere indirekte Anspielungen. Unter den antiken und spätantiken Autoren ragen Plinius der Ältere,[55] Solinus[56] sowie Ovid[57] hervor, doch nennt Gervasius ebenso Plato,[58] Aristoteles,[59] Epikur,[60] Sallust,[61] Lukrez,[62] Vergil,[63] Cicero,[64] Horaz,[65] Lukan,[66] Martianus Capella[67] und Boetius[68] sowie die lateinischen Versionen des Josephus[69]. Von den Kirchenvätern bevorzugt er Augustin, dessen *De civitate Dei* er besonders intensiv verwendet.[70] Ebenso scheint er vertraut mit den Werken des Orosius,[71] Ambrosius,[72] Hieronymus[73] und Gregors des Großen[74] sowie den lateinischen Übersetzungen des Athanasius,[75] Origines[76] und Eusebius[77]. Die älteren Autoritäten werden in der Regel auch an der entsprechenden Stelle als Gewährsleute angegeben. Weniger häufig werden frühmittelalterliche und

54 Siehe hierzu den profunden Index of biblical Allusions bei Banks und Binns: Gervasius, Otia, 927–936.

55 Gervasius, Otia, 120.138.186.188.190.194.212.230.286.328.342.562.564.566.568. 570.594.614.616.636.638.640.654.678.740.700.706.750.798.800.

56 U. a. Gervasius, Otia, 284.

57 Gervasius, Otia, 22.28.34.36.38.52.58.68.78.100.198.204.236.240.312.354.392.514. 708.826.908.

58 Gervasius, Otia, 28.56.60.120.322.726.

59 Gervasius, Otia, 28.84.186.

60 Gervasius, Otia, 28.

61 Gervasius, Otia, 262.618.

62 Gervasius, Otia, 740.

63 Gervasius, Otia, 302.714.

64 Gervasius, Otia, 76.158.

65 Gervasius, Otia, 30.642.750.

66 Gervasius, Otia, 28.32.54.60.70.86.88.104.106.240.244.294.400.564.666.696.

67 Gervasius, Otia, 42.666.

68 Gervasius, Otia, 912.

69 Gervasius, Otia, 4–8.46.48.54.62.104.106.108.110.112.114.118.132.134.142.144. 158.206.284.294.316.356.364.368.492.494.514.516.530.532.534.536.538.544.652. 804.808.896.

70 Gervasius, Otia, 18.88.100.132.154.156.158.248.528.558.560.564.566.568.570.572. 724.726.728.730.742.816.818.

71 Gervasius, Otia, 8.60.64.122.126.128.140.168.172.174.176.178.180.182.184.190. 192.194.196.198.200.210.212.214.224.226.230.236.238.242.246.248.252.254.286. 292.298.302.304.308.314.316.318.320.324.326.328.332.334.342.344.356.358.364. 372.376.378.380.382.384.406.408.416.492.524.606.840.

72 Gervasius, Otia, 744.

73 Gervasius, Otia, 98.100.118.120.122.124.130.132.136.144.208.228.252.262.284. 328.338.350.352.354.356.358.360.362.364.366.368.370.372.376.378.380.382.384. 400.510.528.610.618.652.

74 Gervasius, Otia, 24.26.60.298.588.630.762.768.770.772.774.

75 Gervasius, Otia, 746.

76 Gervasius, Otia, 40.

77 Gervasius, Otia, 134.494.650.652.

zeitgenössische Quellen wie Isidor,[78] Beda,[79] Alcuin,[80] Walafrid Strabo,[81] Gilda,[82] Nennius,[83] Hrabanus Maurus[84] oder Frechulf von Lisieux,[85] Radulf Niger,[86] Paulus Diaconus,[87] Pseudo-Turbin,[88] Honorius,[89] Bernardus Silvestris[90] oder Geoffrey of Monmouth[91] etc. erwähnt. Die Zeitgenossen werden zwar mindestens so intensiv genutzt, jedoch weit seltener explizit zitiert. Dies mag an dem mit zunehmender zeitlicher Nähe abnehmenden Autoritätsgrad der Quellen liegen. Man benutzte die fremden Federn, sie bedeuteten jedoch noch keinen Schmuck. Ihre namentliche Verwendung war noch kein Beleg für die eigene Gelehrsamkeit.

In der Aneignung von zeitgenössischen Texten erweist sich Gervasius dennoch fast immer auf der Höhe seiner Zeit. Nicht selten ist sein Werk der früheste Beleg für die Rezeption eines neuen reüssierenden „Standardwerkes“, so etwa der *Mirabilia urbis Romae*[92] oder Petrus Comestors *Historia scholastica*[93]. Die Abhängigkeit der ersten *Decisio* der Otia, also des schöp-

---

78 Gervasius, Otia, 22.24.26.28.32.36.38.46.52.70.72.78.100.108.116.118.120.122.128.130.132.134.136.138.140.146.154.168.184.190.192.194.196.198.200.202.204.206.208.226.228.230.232.234.236.238.240.242.246.248.250.252.254.256.258.260.262.270.272.284.286.294.298.302.304.308.316.318.320.322.324.326.328.330.332.334.336.342.344.348.352.500.512.520.530.532.534.536.538.560.562.564.566.608.618.638.696.704.708.722.794.800.808.814.816.870.

79 Gervasius, Otia, 546.

80 Gervasius, Otia, 166.

81 Gervasius, Otia, 140.

82 Gervasius, Otia, 408.

83 Gervasius, Otia, 636.644.

84 Gervasius, Otia, 48.156.246.286.330.530.532.534.536.

85 Gervasius, Otia, 286.

86 Gervasius, Otia, 186.

87 Gervasius, Otia, 256.258.260.270.286.834.840.842.844.862.864.

88 Gervasius, Otia, 150.878.880.

89 Gervasius, Otia, 22.26.38.42.44.46.48.52.68.72.122.130.180.184.186.188.190.192.194.200.202.204.208.210.214.228.232.234.236.238.240.242.246.248.252.254.260.270.284.286.292.298.302.304.308.316.318.320.322.324.326.328.330.332.336.340.342.344.346.348.352.356.364.366.370.372.376.490.562.570.

90 Gervasius, Otia, 44.642.

91 Gervasius, Otia, 96.120.140.146.150.152.154.158.176.304.306.310.312.326.354.360.398.400.402.404.406.408.410.412.414.416.418.420.422.424.426.428.430.432.434.488.524.530.532.534.536.664.

92 Mirabilia Urbis Romae (Jordan, Topographie); zuletzt zur Überlieferungsgeschichte und Rezeptionsgeschichte mit Einbeziehung der Rezeption durch Gervasius: Miedema, Mirabilia Romae; zu Gervasius und seinem Bezug zu den Mirabilia siehe 364.368.373.374.399.410.414.423.425.427.478.

93 Gervasius, Otia, 18.20.22.24.26.28.30.34.36.38.40.42.44.46.48.50.52.54.56.58.62.66.68.70.72.74.76.82.84.86.88.92.94.102.104.106.108.110.112.114.116.118.120.122.124.126.128.130.132.134.136.138.140.142.144.152.154.156.158.160.166.170.172.194.196.198.200.202.204.206.208.212.220.228.254.328.330.332.350.352.354.356.358.360.362.364.366.370.372.490.492.494.496.500.510.512.514.516.518.530.530.

fungsgeschichtlichen Teils, von der *Historia scholastica* ist von der Forschung bald bemerkt, jedoch in der Regel als bloße Kompilation eines der am besten verbreiteten Werke des Hochmittelalters abgewertet worden. Völlig übersehen wurde dabei, dass Gervasius zum einen die *Historia scholastica* als erster überhaupt zitiert, ferner seine ungeheuer schnelle Adaption der gerade erst fertig gestellten Handschrift und zu guter Letzt die Koinzidenz, dass Gervasius sich zeitgleich genau am Hofe jenes Erzbischofs aufhielt, dem Petrus Comestor sein Werk gewidmet hatte: Erzbischofs Wilhelm von der Champagne.[94] Die gegenseitige Abhängigkeit kann also keineswegs als geklärt gelten. Ein Beispiel:

Dem Abschnitt 18 der Addenda über die Flusspferde mit seinen 100 Wörtern diente mit wenigen Veränderungen die Epistola als Vorlage. Er schildert Alexanders Marsch entlang den Ufern eines salzwasserführenden Flusses, seine Ankunft gegenüber einer bewohnten Insel, zu der er eine Abteilung schwimmender Soldaten sandte, um nach Frischwasser zu suchen. Diese wurden jedoch von Flusspferden verschlungen.[95] Gervasius konzentriert sich hier auf die Flusspferde und ihre wundersamen Eigenschaften, sicherlich um diese in seine Mirabiliensammlung zu integrieren, lässt das in den Epistola die Geschichte tragende Motiv der Wassersuche ebenso aus wie den verräterischen Führer und seine Bestrafung. Die etwas ungelenke Einleitung der Geschichte mit der Aufzählung der Anzahl von Tieren und Menschen in Alexanders Armee rührt von dieser Fokussierung und den ausgesparten Handlungsmotiven. Nach den Epistola war Alexander, als er bemerkte, dass der Fluss kein Trinkwasser führte, mehr wegen der Tiere als wegen der Menschen besorgt. Gervasius war jedoch weniger an Alexanders Gemütslage oder dem Zustand seiner Armee interessiert als vielmehr an den Menschen fressenden Monstern als potentielle Figuren in einem Abschnitt seiner Mirabiliensammlung. Sein letzter Satz, hinlänglich sinnvoll im Kontext des Originals, wirkt in den Addenda vergleichsweise unpassend. Wahrscheinlich notierte sich Gervasius lediglich, was ihm für sein Erkenntnisinteresse zunächst bedeutsam schien, um das Exzerpt später zu revidieren, bevor es endgültig in den Haupttext inkorporiert werden durfte.

532.536.538.544.570.582.600.612.614.616.618.634.648.650.652.654.656.658.660. 766.790.792.794.796.798.800.804.806.808.810.870.880.882.884.886.896.908.

94 Die Gelegenheit zum persönlichen Kontakt mit Comestor oder zur Rezeption seines Werkes ergab sich wahrscheinlich am Hofe Erzbischofs Wilhelm von der Champagne in Rheims, dem das Werk als Erzbischof von Sens (1169–1175) gewidmet worden war. Siehe hierzu: Luscombe, David, Peter Comestor, The Bible in the Medieval World: Essays in Memory of Beryl Smalley, Oxford 1985, 109–129, 118f.; Morey, James H., Peter Comestor, Biblical Paraphrase, and the Medieval Popular Bible, in: Speculum 68 (1993), 6–35, 10. Angesichts der umfangreichen Handschriftenüberlieferung steckt die Comestor-Forschung noch in den Anfängen.

95 Boer, W. Walter (Hg.), Epistola Alexandri ad Aristotelem ad Codicum Fidem (Beiträge zur klasssischen Philologie 50), Meisenheim 1973, 10–13.

Vor allem für die dritte *Decisio*, die Mirabiliensammlung, erhielt Gervasius seine Anregungen neben den schriftlichen Zeugnissen in weitaus höherem Maße aus der mündlichen Tradition, aus Augen- und Ohrenzeugenberichten. Ob Gervasius tatsächlich, wie häufig behauptet, Volkes Stimme lauschte, ist nicht immer eindeutig zu entscheiden. Die voreilige Klassifizierung einer Geschichte als oral tradiert, kann auch auf der schlichten Unkenntnis der literalen Vorbilder beruhen. Ein starker Indikator allerdings, dass Gervasius der oralen, volkskulturellen Tradition einen hohen Stellenwert einräumte, liefern zunächst die Selbstaussagen des Autors, der immer wieder die Ohren- und Augenzeugen als Quellen für seine Geschichten postuliert. Gegen einen bloß topischen oder fiktiven Charakter des Motivs „Augenzeugenschaft“ durch Gervasius spricht sowohl die Regelmäßigkeit seiner Verwendung, als auch sein erkenntnisleitendes Prinzip, die Aussagen von antiken und mittelalterlichen Autoritäten über wundersames Geschehen durchgehend mit zeitgenössischen mündlich tradierten Aussagen zu konfrontieren und gegebenenfalls selbst auf ihren Wahrheitsgehalt hin abzuklopfen.

Auch ein Blick in die nach Häufigkeit und Frequenz gewichtete Tabelle der Zitate bestätigt Gervasius’ Behauptung einer intensiven Verwendung aktueller mündlicher Überlieferung, denn im dritten Buch fallen im Vergleich zum ersten und zweiten Buch die Anzahl der zitierten Werke und die Anzahl der Zitate signifikant geringer aus. Da unser Autor nicht plötzlich der reinen Fiktion oder dem reinen Konstruktivismus gehuldigt und für das dritte Buch deutlich weniger stoffliche Anregung benötigt haben wird, dürfte sich lediglich der „mediale“ Charakter seiner Quellen verändert haben: von der schriftlichen zur mündlichen Überlieferung.

Die Provenienz der Geschichten zeigt, dass Gervasius die meisten von ihnen an seinen verschiedenen Aufenthaltsorten und auf seinen Reisen sammelte. So finden sich Berichte aus England, Italien und Sizilien, dem Norden Spaniens und dem Süden Frankreichs. Die meisten lassen sich als lokale Legenden klassifizieren, vergleichbare Motive finden sich jedoch über die ganze Welt verteilt. Ihr universaler Charakter wird von Gervasius an einem bestimmten und bekannten Ort konkretisiert. Er holt damit die Mirabilien von den unbekannten Randzonen der Welt in den bekannten Nahbereich, in die unmittelbare Umgebung des Autors wie des Lesers oder Hörers. Gervasius regionalisierte und aktualisierte alte universelle Entwürfe und verortet sie im zeitgenössischen Alltag.

Den Umgang mit diesem vorgefundenen Kulturwissen, sein Sammlungsprinzip, seine Selektionskriterien und Analysemethoden erläutert unser Autor in einer vorangestellten Autorenreflexion sowie in zahlreichen methodischen Einschüben innerhalb einzelner Mirabilien. Zunächst grenzt sich Gervasius von der Konkurrenz ab. Keineswegs will er mit den Spielleuten und geschwätzigen Gauklern der höfischen Gesellschaft in einen Topf geworfen werden:

> „Enimvero non ex loquaci ystrionum garrulitate ocium decet imperiale imbui, sed potius abiectis importunis fabularum mendaciis, que vetustatis auctoritas comprobavit, aut scripturarum firmavit autoritas, aut cotidiane conspectionis fides oculata testatur, ad ocium sacri auditus sunt ducenda.“[96]

Gervasius möchte vielmehr an den antiken und mittelalterlichen Autoritäten sowie an der durch aktuellen Augenschein überprüften Glaubwürdigkeit, *cotidiane conspectionis fides oculata testatur,* gemessen werden. Mag die Abgrenzung von den höfischen Gauklern und Troubadouren noch als üblicher literarischer Topos beiseitegeschoben werden, so zeigt sich in der Konfrontation der überlieferten Autoritäten, mit der Glaubwürdigkeit, die durch zeitgenössischen Augenschein gewonnen wird, in den weiteren Ausführungen unseres Autors eine durchaus neue rationale, empirische Haltung.

So erläutert Gervasius im Folgenden sein Sammlungs- und Untersuchungsprinzip: „Wir wollen nämlich die Mirabilien nach vier neuen Kategorien beurteilen: nach ihrem Ursprung *creatione*, nach ihrem Ausgang *eventu*, ihrer Seltenheit *raritate* und ihrer Unbekanntheit *inauditu*.“[97] Die *novitas* und *raritas* der Geschichten – „was neu entsteht, unterhält aus der Bewegung der Natur: Was sich unlängst ereignet, und noch dazu selten ist, erzeugt mehr Bewunderung“ – dient dabei nur vordergründig der menschlichen Neugier nach Kuriositäten. Der Reiz des Neuen war nötig, weil das Besondere durch die Gewohnheit, durch Desinteresse und gleichzeitig durch die Unkenntnis der Ursachen verdeckt wurde. Wo die Gegenwart des Wunderbaren alltäglich geworden war, erstaunte es nicht mehr. Gervasius wollte daher den Mirabilien zu neuer Aufmerksamkeit verhelfen, um den Leser über ihre Ursachen aufzuklären. Denn die *mirabilia* entsprachen den Gesetzen der Natur, leiteten sich nicht von einer höheren Macht *praeter naturam* ab, sondern verdankten ihre Existenz allein der Unfähigkeit des menschlichen Geistes, sie zu deuten: „Wir bezeichnen als *mirabilia* die Phänomene, die unseren Verstand nicht übersteigen, weil sie natürlich sind.“[98] (*mirabilia vero dicimus quae nostrae cognitioni non subjacent etiam cum sint naturalia.*) „Natürlich“ hieß, dass man sie, wenn man ihnen nur die notwendige Aufmerksamkeit widmete, grundsätzlich erklären konnte.[99] Die Behauptung einer eigenständigen Natur

---

96 Gervasius, Otia, 558.

97 Gervasius, Otia, 558.

98 Gervasius, Otia, 558.

99 Die Unterscheidung *miraculum* und *mirabilia* durch die Klassifizierung *praeter naturam* und *infra naturam* hat selbstverständlich eine lange Tradition. Selten wird sie freilich so konsequent durch den ganzen Text verfolgt wie bei Gervasius. In der Regel werden die beiden Begriffe ohne entsprechende Differenzierung weiterhin schlicht synonym verwendet. Oft erscheint sogar ausdrücklich *mirabilia* für Wunder. So etwa von St. Victor, Richard, Liber exceptionum, hg. v. Châtillon, Jean, Paris 1958, 401, 2ff., *Cantate Domino caticum novum, quia mirabilia fecit. Fecit Dominus mirabilia in creatione mundi, fecit mirabilia in redemptione generis humani. Fecit mirabilia in creatione mundi creando terestria, celestia, ima et suma, visibilia et in visibilia, corporalia et spiritualia. Facit quoque mirabilia cotidie in rebus conditis,*

mit Naturgesetzen, die der menschlichen Vernunft und Erkenntnis grundsätzlich offenstanden, war ein durchaus wagemutiger Schritt, denn der mittelalterliche Autor grenzte damit natürliche Erscheinungsformen vom allmächtigen christlichen Schöpfergott und nicht wie die antiken Philosophen von einem polytheistischen Haufen sehr menschlicher Götter ab.

Gervasius stand also – trotz seines vordergründig exotischen Gegenstandes und einer anderen Fokussierung – in einer Traditionslinie mit jenen Repräsentanten einer im 12. Jahrhundert einsetzenden Entdeckung der Natur wie Adelard von Bath, Bernhard und Thiery von Chartres oder Wilhelm von Conches, die den empirischen Blick auf die Natur förderten und natürliche Ursachen als hauptsächliche Deutungsvariante und Beglaubigungsstrategie für ihre Aussagen verwandten.[100] „Gott sei zwar die Ursache aller Dinge", so Adelard von Bath, „doch sei die Natur weder konfus, noch ohne System. Alles habe natürliche Ursachen und auf der Suche nach ihnen, solle man auf Vernunft und Erfahrung, statt auf Autoritäten setzen."[101] Wilhelm von Conches ergänzte süffisant: „Gott kann eine Kuh aus einem Baum machen, aber hat er es je getan?"[102]

Ganz ähnlich sah Gervasius in den von ihm erzählten Mirabilien außergewöhnliche, aber nicht außerhalb der Natur stehende Begebenheiten, deren natürliche Ursachen durch aktuelle Erfahrung und weniger durch einen Verweis auf die Kirchenväter zu erfolgen habe. „quotidianis experimentis arguimus, nec non authenticis sanctorum patrum scripturis." [103]
Eine mögliche Antwort auf das bisher nicht zu Deutende lag für Gervasius also darin, dass er das Unbekannte einer permanenten Beweislast unterwarf und durch den Augenschein und Zeugenaussagen zu authentifizieren suchte. Sein juristisch geschulter und geschärfter Blick traf das verzauberte Pferd des katalanischen Troubadours ebenso wie die bärtigen Damen und Achtfüßler aus fernen Landen oder die Nachbarn, dic dic Fähigkcit bcsaßcn, das Los zu werfen und geflügelt den nächtlichen Himmel durchkreuzten. Weder die biblischen Zeugnisse noch die wissenschaftlichen Dogmen der antiken und

in elementis et elementatis, in simplicibus et compositis, in causis et efficientiis, in naturis et formis et coloribus, in vegetatione germinatium et feconditate generantium... Siehe hierzu Meier-Staubach, Christel, Grundzüge der mittelalterlichen Enzyklopädik. Zu Inhalten, Formen und Funktionen einer problematischen Gattung, in: Grenzmann, Ludger / Stackmann, Karl (Hg.), Literatur und Laienbildung im Spätmittelalter und in der Reformationszeit, Stuttgart 1984, 467–500, 473.495.

100 Siehe hierzu paradigmatisch: Chenu, Marie-Dominique, La thélogie au douzième siècle, Paris 1957, [3]1976; zuletzt mit einem umfassenden Forschungsüberblick und weiterführenden Literaturhinweisen: Zimmermann, Albert / Speer, Andreas (Hg.), Mensch und Natur im Mittelalter (Miscellanea Mediaevalia 21/1–2), Berlin / New York 1991 sowie die Monographie: Speer, Die entdeckte Natur.

101 von Bath, Questiones naturales, IV, 8, 29–34.

102 von Conches, Dragmaticon Phlilosophiae, III, 2, §8; Ders., Dragmaticon seu Dialogus, III, cap. 68–69.

103 Gervasius, Otia, 610.

mittelalterlichen Texte entkamen dieser systematischen Überprüfung durch die Zeitzeugen: *quod multociens probatum ac compertum a monacho cunfine, viro religioso ac litterato, accepi, sub fide verbi testificatum.*[104] Von anderen Gehörtes und Gesehenes bot zwar keine absolute Sicherheit, *certa scientia*, aber doch ein hohes Maß an Glaubwürdigkeit, *fides*, wenn es von entsprechend vertrauenswürdigen Personen berichtet wurde. Die Anpassung der Geschichten an das Heute geschah dabei als bewusster Schritt und entsprach nicht mehr der unbewussten, legitimatorischen Adaption an die Ansprüche der Gegenwart einer oralen Gesellschaft.

Noch vertrauenswürdiger als Zeugen war natürlich der persönliche Augenschein, das eigene Überprüfen einer zuvor gelesenen oder gehörten Mirabilie. So behauptet Gervasius wiederholt dieses oder jenes mit seinen eigenen Augen nachgeprüft zu haben und erzählt mit einem gewissen Augenzwinkern, wie er etwa sorgfältig an den Hängen des Vesuvs herum geklettert sei und gegraben habe, auf der Suche nach den Kräutern, die lachen oder weinen lassen, oder wie er das merkwürdige Verhalten der Fliegen im Refektorium des Priorats von Barjol persönlich inspiziert habe: *Hujus rei novitatem mihi per auditum cognitam ad probationem per experimentum ducturus, accessi sedulus explorator.* [Als mir diese Neuigkeit zu Ohren kam, eilte ich als sorgfältiger Erforscher dorthin, um den Beweis durch ein Experiment zu führen.][105] Er gibt zu, dass einige Geschichten nur schwer glaubhaft sind:

> „Tertium est, quod illic[106] expertus sum, tunc quidem ipsius ignarus, sed fortuito casu re ipsa mihi dante scientiam et probationem, coactus sum esse sciens eius, quod si non praeventus essem periculo, vix aliena relatione fieri posse assertor."[107]

Den Skeptizismus des implizierten Lesers nimmt er geschickt vorweg, indem er sich selbst skeptisch zeigt. *Nec hiis fidem dedissem, si non ipse probassem...*[108] Er hätte diesen Erzählungen keinen Glauben geschenkt, wenn er es nicht selbst überprüft hätte. Neben einer systematischen, durchaus rationalen Vorgehensweise zeigt sich in diesen Äußerungen eine vorsichtige ironische Distanz zu seinen Stoffen. Diese gipfelt in dem Vorwurf an die Zweifler, sie würden ja auch an das Fegefeuer glauben, ohne je einen wiedererweckten Toten oder einen Wiedergänger befragt zu haben.[109] In der dem Vorwurf folgenden Geschichte lässt Gervasius tatsächlich einen Wiedergänger nach dem Jenseits befragen und liefert einen der detailliertesten zeitgenössischen Berichte über das Fegefeuer.

---

104 Gervasius, Otia, 572, eine Marginal in Vat. Lat 933 ergänzt: *textificatum accedit ad argumentum*.

105 Gervasius, Otia, 575.

106 Daneben in Vat. Lat. 933: *mirum.*

107 Gervasius, Otia, 578.

108 Gervasius, Otia, 585.

109 Gervasius, Otia, 758–788.

Die Semantik unseres Autors, vor allem die Abstufung: *scientia*, *fides*, *probatio*, lässt zudem die Schulung eines Spezialisten für kanonisches Recht erkennen. Sein Studium und seine Lehrtätigkeit in Bologna, seine langjährige Erfahrung als Richter im Arelat hatten ihm einen distinkten Begriffsapparat an die Hand gegeben und gelehrt, wie man die Glaubwürdigkeit von Zeugen einer Beweisführung unterzog. Neben den schriftlichen Quellen dürfte er vieles an Wundergeschichten und unerhörten Ereignissen in der Ausübung seines Richteramtes erfahren haben. Auch die Bevorzugung von Augenzeugen wird wohl hier ihren Ursprung haben, denn die Geschichten sind, so behauptet ihr Autor zumindest, in erster Linie von vertrauenswürdigen Zeugen gehörte und gesehene Geschichten, die sogar eher mehrmals als einmal durch zeitgenössische Augenzeugen oder gar durch persönliche Überprüfung bestätigt werden. Die Abstufung von Zeugenaussagen entspricht dem Verfahren vor Gericht: *visum* vor *oratio*. Die Verwendung von Kernbegriffen des hochmittelalterlichen Gerichtsverfahrens und der Zeugenbefragung als Beglaubigungsfaktoren für seine enzyklopädische Sammlung – *oculata fides*, *cotidiana probatio* und *certa scientia* – belegen zum einen den neuartigen Umgang unseres Autors mit den Autoritäten und der Welt, zum anderen aber auch wie ein gerade erst gelehrtes juristisches Verfahren sogleich als ordnendes literarisch-methodischen Deutungsmuster adaptiert wird.

Wenn wir also am Ende noch einmal die Frage stellen: Lügengeschichten oder Naturwissen und Unterhaltungsliteratur mit enzyklopädischem Charakter, so erscheinen die vordergründig so randständige Textsorte der mittelalterlichen Mirabilien und vor allem der *Liber de mirabilibus mundi* und ihr Autor in einem völlig anderen Licht. Sie zeigen den Wissens-, Wahrnehmungs- und Verstehenshorizont einer Epoche, in der magisch-religiöse Vorstellungen und Lebenswelt, Schöpfungsgeschichte und Naturwissen noch als ein Makrokosmos gedacht werden, in der aber zugleich die neuen Wissenschaften Maßstäbe der Abgrenzung und Entzauberung lieferten und damit eine Neuorientierung in der Welt ermöglichten. Das Unbekannte, Fremde erhält einen Namen und wird in diese Welt zurückgeholt. Das Wunderbare wird als natürlich bezeichnet und damit systematisch beobachtbar und kann auf seine natürlichen Ursachen zurückgeführt werden.

Hebt Gervasius schon seine systematische Sammelleidenschaft für alles Ungewöhnliche von anderen Autoren ab, so gilt dies auch für seinen Umgang mit dem vorgefundenen Wissen. Indem er die überlieferten Mirabilien erzählerisch regionalisiert und aktualisiert, sie aus der Ferne in den Nahbereich und aus der Vergangenheit in seine Zeit holt, erst die *cotidiana probatio* die *fides* herstellt, bricht er mit den üblichen Methoden autoritativer Beweisführung. Die Mirabilien spielen nicht mehr in der fernen Fremde, sondern in der Nachbarschaft in der unmittelbaren Umgebung. Das universelle Geschehen bekommt eine Heimat im Regionalen. Gleichzeitig wandelt sich die individuelle alltägliche Deutung zeitgenössischer Augenzeugen durch die erzählerische Anbindung an die autoritative Tradition zur kollektiven Bedeutung. Inwieweit die Häufung von Augenzeugen oder persönlicher Augenschein lediglich topischen oder fiktiven Charakter besitzt, ist dabei letztlich sekundär; denn selbst wenn Gervasius Authentizität lediglich literarisch-fiktional suggeriert, so stellt er sie dennoch anders her als ausschließlich autoritativ. Dieser veränderte Zugriff auf die Welt der Zeichen macht sein *Liber de mirabilibus mundi* neben der ungeheuren Sammlungsdichte auch qualitativ höchst bedeutsam.

Die Rezeptionsgeschichte bestätigt diese Einschätzung und zwar nicht nur durch die schon erwähnte Verwendung als Textbook in Oxford um 1380: So nennt Paulus Minorita (1270–1344) in seinem Traktat *De mappa mundi* Gervasius in einer Reihe mit Isidor von Sevilla, Hugo von St. Viktor, Orosius, Honorius Augustodunensis, Beda Venerabilis etc. als Vorbild für die Herstellung einer Karte und zwar auf seinem Spezialgebiet den Mirabilien: *Gervasii de mirabilibus terrarum imitamur.*[110] In einer der großen französischen Bilderhandschriften dem *Liber de mirabilibus mundi*, um 1400 entstanden, dient Gervasius neben Plinius und Solinus als virtueller Dialogpartner zur Verifizierung und Einordnung der verschiedenen Mirabilien aus aller Welt.[111] Doch sein Einfluss reichte noch weit über die Sammlung von Mirabilien hinaus, denn im Jahre 1372 schrieb der Karmeliter Jean Golein in einem kleinen Traktat über die Weihe der französischen Könige, dass er in seine Übersetzung des *Rationale Divinorum Officiorum* des Wilhelm Duranti für den französischen König Karl V. einfügte:

> „Und Gott hat meinem besagten Herrn die Gnade gegeben, dass er seinen scharfen Verstand auf das Studium gerichtet hat, so dass er die Begriffe der Theologie zu seinem Heil und zur Ehre Gottes versteht, und auch die Begriffe der anderen Wissenschaften, soweit es die Regierung seines Reiches betrifft (, wie klar zu tage tritt.) Deshalb schrieb Gervasius das Buch *de ociis imperialibus*, um die Adligen zu unterrichten.“[112]

Als höfische Enzyklopädie und Mirabiliensammlung gehören sie in diesem Sinne in eine Reihe mit den großen Sammlungen eines Petrus Comestor oder Petrus Lombardus.

[110] von den Brincken, Ann-Dorothee, *Quod non vicietur pictura.* Die Sorge um das rechte Bild in der Karthographie, in: Fälschungen im Mittelalter (MGH Schriften 33 I–V), Hannover 1988, 587–599, 590.

[111] Polo, Das Buch der Wunder.

[112] Bibl. Nat. ms. franç. 437, fol. 55v.; die Übersetzung hier zitiert nach: Bloch, Marc Die wundertätigen Könige, München 1998, 513.

3. Auf der Suche nach Gottes Wundern in einer entzauberten Welt – Das Wunder in der reformierten Orthodoxie und dogmatische Thesen zu einer heutigen Theologie der Wunder

Kai-Ole Eberhardt

„Du bist der Gott, der Wunder tut […].“ (Ps 77,15)

3.1 Einleitung: Das Erbe des frühneuzeitlichen Weltbildes im Spannungsfeld von Bibel und Vernunft

Das Wunderbare hatte im Weltbild des europäischen Mittelalters einen weitaus festeren Platz als im Wirklichkeitsverständnis der Gegenwart.[113] Es ist auch heute keineswegs verschwunden,[114] aber wurde im Verlauf der langen Epoche der Aufklärung zusehends relativiert. Ursache dafür waren zahlreiche Faktoren, allen voran die immer präziser werdende, von der Bibel emanzipierte Welterschließung durch die Philosophie und Naturwissenschaften. Ausgehend von der Erschütterung der kirchlichen Autorität durch die Reformation und von einem wachsenden Vernunftoptimismus wurde die Welt zusehends entzaubert. Was einst als ein Wunder galt, wurde entweder durch vernünftige Erklärungen in Wissen überführt oder als Aberglauben widerlegt. Gegen die vorschnelle These eines vermeintlichen Fortschrittsoptimismus ist allerdings anzumerken, dass diese Rationalisierung der Welt sich damals wie heute in einem Spannungsverhältnis zu entsprechenden Gegenbewegungen beschreiben lässt, die dem Mirakelhaften Raum geben. Der

---

113 Mit Winfried Schröder (Art. „Wunder A. Philosophie 2. Patristik und Mittelalter“, in: HWP 12 [2004], 1052–1071, 1055) kann das Wunder im Mittelalter als „ein sozusagen alltägliches kulturelles Phänomen“ bezeichnet werden. Vgl. zur Bedeutung des Mirakels und der Mirabilien im Mittelalter die Einleitung von Martin Heinzelmann und Klaus Herbers in dies. (Hg), Mirakel im Mittelalter. Konzeptionen, Erscheinungsformen, Deutungen, Stuttgart 2002, 9–18. Für das christliche Weltbild bedeutete die weite Akzeptanz des Wunderbaren, dass göttliche Wundertaten ebenso selbstverständlich erhofft wurden, wie das bevorstehende Ende der Welt und der Einfluss des Teufels gefürchtet waren. Das *miraculum* war ein festes Element der Heiligenviten und der christlichen Literatur, in der auch Paradoxographien und Mirabiliensammlungen ihren Platz hatten. Beispiele bietet Ohst, Martin, Art. „Wunder V. Kirchengeschichtlich“, in: TRE 36 (2004), 397–409, 403f.

114 Vgl. dazu nur exemplarisch Hubert Knoblauchs Ansatz der Transformation des Religiösen in der heutigen Gesellschaft als Alternative zu einer radikalen Säkularisierungsthese in Knoblauch, Hubert, Populäre Religion. Auf dem Weg in eine spirituelle Gesellschaft, Frankfurt/M. 2009.

Prozess einer konsequent rationalen Wirklichkeitsdeutung ist und bleibt unabgeschlossen. Unabhängig davon, dass bereits Antike und Mittelalter ähnliche Auseinandersetzungen durchaus bezeugen,[115] bestimmte das Ringen um eine adäquate Wirklichkeitsdeutung in maßgeblicher Weise die Frühe Neuzeit und bekam weichenstellende Impulse durch die Philosophie von René Descartes (1596–1650).

Descartes' Anliegen, über den methodischen Zweifel zu einer universalen Wahrheitserkenntnis zu gelangen, ist maßgeblich auf die exakte philosophische Durchdringung der Welt und die Überwindungen von Vorurteilen ausgerichtet.[116] Seine philosophischen Neuansätze lösten in geradezu revolutionärer Weise einen Konflikt mit den herkömmlichen Wirklichkeitsvorstellungen aus, die maßgeblich von christlichen Elementen geprägt waren. Für die damalige Theologie, die beanspruchte, auf der Grundlage der Bibel die Welt erklären zu können, erwuchs daraus eine enorme Herausforderung. Das Wirken Gottes in der Geschichte und die Autorität der Bibel mit ihren spezifischen Aussagen zur Beschaffenheit der Welt wurden in Frage gestellt. Damit verbunden war die Relativierung der zuvor selbstverständlichen Wirkmacht von Engeln, Teufel und Dämonen. Auch Wunder und Gebetserhöhung wurden, wollte man das cartesianische Weltbild anerkennen, auf einmal schwer zu erklären. Wieso sollte Gott denn in die Geschichte und natürliche Ordnung, die er selbst eingerichtet hatte, nachträglich eingreifen? Diese (freilich allzu pauschal) von Max Weber (1864–1920) diagnostizierte „Entzauberung der Welt“[117] wurde wesentlich mitgetragen von der theologischen Rezeption des Cartesianismus.

---

115 Zu denken wäre hier z. B. an Platonismus und Aristotelismus, sodann an die mittelalterliche Scholastik und Naturphilosophie. Neben Thomas von Aquin (1224/25–1274) sei bes. auf Nikolaus von Oresme (1320/25–1382) verwiesen.

116 Bereits die erste Regel in Descartes‘ Regulae ad directionem ingenii (1628) bringt den universellen Erkenntnisanspruch deutlich zum Ausdruck: „Studiorum finis esse debet ingenii directio ad solida et vera, de iis omnibus, quae occurrunt, proferenda judicia.“ In ihrer Erklärung entfaltet Descartes zudem die völlige Verknüpfung aller Wissenschaften, so dass man sich bei der Suche nach der Wahrheit nicht auf eine einzelne beschränken dürfe. Vgl. Descartes: Regulae (1628) I 1 (AT X 359–361). Vgl. sodann die vier Erkenntnisregeln bei Descartes: Discours (1637) 2,7–10 (18f. AT VI). Vgl. für eine Zusammenfassung der cartesischen Methodologie Arndt, Hans-Werner, Art. „Methode V. Neuzeit“, in: HWP 5 (1980), 1314–1323, 1314f.

117 Vgl. zur Rede von der Entzauberung der Welt Weber, Max, Wissenschaft als Beruf, in: Wissenschaft als Beruf 1917/1919. Politik als Beruf 1919. Hg. v. Mommsen, Wolfgang J. / Schluchter, Wolfgang, in Zus.-Arb. m. Birgitt Morgenbrod (Max Weber. Gesamtausgabe. Abt. I Schriften und Reden, Bd. 17), Tübingen 1992, bes. 86f.100.109. Weber prägt den Begriff der Entzauberung zur Beschreibung der wissenschaftlichen Welterklärung, durch den die Vorstellung übernatürlicher Beeinflussungen in der Welt ausgeschlossen werden könne. Vgl. dazu die kritische Besprechung Webers und seiner Rezeption von Nooijen, Annemarie, „Unserm grossen Bekker ein Denkmal”? Balthasar Bekkers Betoverde Weereld in den deutschen Landen zwischen Orthodoxie und Aufklärung (Studien zur Geschichte und Kultur Nord-

Das Unbehagen, das die evangelische Theologie der Gegenwart mitunter bei der Auseinandersetzung mit dem Übernatürlichen in der Geschichte zu empfinden scheint, resultiert u. a. aus diesen Weichenstellungen der Frühaufklärung. Hinter die Ansprüche eines naturwissenschaftlich geprägten, säkularen Weltbildes darf sie nicht zurückfallen, kann aber die Auskunft über das ihr von Bibel und Tradition auferlegte Themenfeld dabei keinesfalls scheuen. Sie würde gerade mit dem Wunder Wesentliches verlieren.

Am Umgang cartesianisch beeinflusster Theologen mit dem Wunder lässt sich das exemplarisch veranschaulichen. Hier wird eine Problemkonstellation sichtbar, die sich in besonderer Weise auch der heutigen Theologie als Aufgabe stellt. Zwar findet die Auseinandersetzung des von Naturwissenschaft und historischem Bewusstsein geprägten Wirklichkeitsverständnisses mit dem christlichen heute unter anderen Voraussetzungen statt, insbesondere vor dem Hintergrund von Kulminationspunkten dieser Fragestellung im Verlauf der Dogmengeschichte,[118] aber wesentliche Parameter sind vergleichbar, so die Anfechtung der Theologie durch ein konsequent naturwissenschaftlich-rational erschlossenes Weltbild, die Anforderung des damit einhergehenden wissenschaftlichen Anspruchs der Theologie und vor allem die Herausforderung, die sich der Theologie durch das biblische Zeugnis stellt, das es zu aktualisieren gilt. „Der christlich theologischen Wissenschaft ist das Thema ‚Wunder' vor- und aufgegeben."[119] Es erweist sich gerade aufgrund seiner Sperrigkeit in Anbetracht des modernen Weltbildes als unverzichtbares Element der Theologie und der christlichen Wirklichkeitsdeutung.

Für seine schlaglichtartige Erhellung soll aus dem Gespräch mit der Geschichtswissenschaft heraus hier zweierlei geleistet werden. Erstens wird mit Blick auf die ersten theologischen Reaktionen auf das Aufkommen der cartesianischen Philosophie das Themenfeld in exemplarischer Weise theologiegeschichtlich erschlossen.[120] Dogmatische Aufgaben und Problemfelder kön-

---

westeuropas 20), Münster / New York u. a. 2009, 16–23: Die Aufklärung werde mit einer Engführung auf den Prozess der Entzauberung nur einseitig erfasst. Die religiösen Motive der Gelehrten, die sich gegen eine bezauberte Welt einsetzten, würden dadurch ebenso ignoriert wie die starken Gegenbewegungen gegen diesen Prozess (z. B. Hexenglaube, Erweckungsbewegung). Alternativ müsse von einem Spannungsfeld von Säkularisierung, Dechristianisierung und Rechristianisierung innerhalb der Aufklärung gesprochen werden. Auch Schröder (Schröder, Winfried, Art. „Wunder A. Philosophie 3. Neuzeit", in: HWP 12 [2004], 1058) betont die Kontinuität zu Wunderkonzeptionen des Mittelalters in der Neuzeit.

118 Hervorgehoben sei nur exemplarisch die Entmythologisierungsdebatte um Rudolf Bultmann (1884–1976).

119 Konrad Stock, Einleitung, in: Gräb-Schmidt, Elisabeth / Preul, Reiner (Hg.): Wunder (Marburger Jahrbuch Theologie XXVIII), Leipzig 2016, XI–XXVIII, XI.

120 Verzichtet werden muss auf eine umfassende theologie- und philosophiegeschichtliche Aufarbeitung des Wunderbegriffs. Es sei hier lediglich verwiesen auf die gute Übersicht bei Schröder, Art. „Wunder", 1052–1071 sowie Ohst, Art. „Wunder V.

nen so klarer herausgearbeitet werden. Einen zentralen Anlaufpunkt bietet dafür die theologische Descartesrezeption innerhalb der reformierten Orthodoxie der Niederlande. Ihr Versuch, Theologie als Wissenschaft auf der Höhe der Zeit zu entfalten, ohne hinter den Gegenstand der Theologie zurückzufallen, verweist uns auch auf gegenwärtige Aufgaben der Dogmatik. Unter den cartesianischen Theologen ragt besonders der wirkmächtige Entwurf „De Betoverde Weereld“ (1691–1693) Balthasar Bekkers (1634–98) hervor, der sich in umfassender Form mit der Wirkmacht von Engeln und Teufel in der cartesianisch gedeuteten Welt auseinandersetzt und für die Frage nach dem Wunder zentrale Impulse gibt. Das Werk verdient daher eine besondere Betrachtung.

Zweitens ergibt sich aus dem Gespräch mit der Geschichtswissenschaft die dogmatische Aufgabe, sich der Frage nach dem Wunder in der Geschichte zumindest ausblickartig zu stellen. Damit sind wir nicht nur auf eine Bestimmung des Wunders, sondern auch auf die Providenzlehre verwiesen. Klassische Engführungen der Wunderfrage auf das Christusgeschehen oder auf das subjektive Empfinden des Glaubens weichen der Problematik mitunter aus und bedürften einer Prüfung. Ein wichtiger Testfall ist das Gebet, das mit dem konkreten wundersamen Eingreifen Gottes in die Geschichte rechnet. Die folgenden skizzenartigen Ausführungen zur Wunderfrage können freilich nur als Impulse für den theologischen Diskurs dienen, ohne zu beanspruchen, einen geschlossenen Antwortversuch auf das komplexe Themenfeld zu bieten.

3.2 Das Wunder in der cartesianischen Theologie der Niederlande

3.2.1 Einführung: Bibelhermeneutik und Weltbild der cartesianischen Theologie

Die theologische Rezeption des Cartesianismus war Ursache für eine der größten Kontroversen der reformierten Orthodoxie in den Niederlanden.

Die sog. cartesianischen Theologen versuchten, die Impulse des Cartesianismus aufzunehmen, ohne von den Grundsätzen ihres orthodoxen Bekenntnisses oder der biblischen Autorität abzuweichen. Im Gegenteil sollte der Cartesianismus der Entfaltung der Theologie dienlich sein und sie gegenüber dem wissenschaftlichen Fortschritt anschlussfähig machen. Die gut vernetzten Cartesianer bildeten eine Minderheit an den Universitäten der Niederlande. Sie befanden sich in einer doppelten Frontstellung: Auf der

---

Kirchengeschichtlich“, 397–409 und Stefan, Jan, Art. „Wunder VI. Dogmatisch“, in TRE 36 (2004), 409–413.

einen Seite wurden sie von Vertretern der Kirche und der Universitätstheologie für ihre Neuerungen massiv kritisiert und mussten ihre Rechtgläubigkeit permanent verteidigen. Obwohl sie ihrem Selbstverständnis nach reformierte Theologen waren und sich nur eklektisch bei Descartes bedienten, um die Orthodoxie von ihrem scholastischen Korsett zu befreien, galten sie ihren Gegnern als „die Cartesianer", Neoteriker und Skeptiker und damit geradezu als Feinde der reformierten Konfession. Auf der anderen Seite mussten sie sich von radikalen Anhängern der neuen Philosophie, insbesondere den Spinozisten, abgrenzen, mit denen ihre Kritiker sie zu vermischen gewohnt waren.[121]

Für die cartesianischen Theologen war eine strikte Trennung von Theologie und Philosophie ein wesentliches Axiom. Beide Wissenschaften sollten davon profitieren: Die Philosophie könne sich ohne biblische und dogmatische Beschränkungen frei entfalten, die Theologie wiederum käme, befreit von den philosophischen Einflüssen der Scholastik, zurück zu ihrem Wesen: der biblischen Offenbarung. Zwar gehörte für die cartesianische Theologie die cartesische Erkenntnislehre, so der methodische Zweifel und die optimistische Auffassung, dass die Vernunft zu klaren und deutlichen und damit wahrhaftigen Ergebnissen komme, zu ihren Wissenschaftskriterien. Ein Widerspruch zwischen Vernunftwahrheit und Offenbarung war für sie allerdings ausgeschlossen. Dadurch entstanden diverse Konflikte zwischen philosophischen Thesen, insbesondere dem cartesianischen Welt- und Menschenbild, und biblischen Aussagen, auf deren Grundlage konservative Theologen den Cartesianismus als Gefahr für die Orthodoxie einstuften.[122]

Für die Cartesianer hingegen waren diese Widersprüche lediglich die Folge einer falschen Exegese. Ein zentraler Streitpunkt in dieser Auseinandersetzung war die Diskussion um das von Descartes in seine Physik aufgenommene heliozentrische Weltbild. Weil biblische Texte wie Jos 10,12f. von einer Bewegung der Sonne um die Erde auszugehen scheinen, hatte sich die Kirche gegen die Rezeption des Heliozentrismus durch die Cartesianer gesperrt. Bei diesem Streit ging es ihnen weniger um die astronomische Welterklärung als vielmehr um die Autorität der Bibel. Aus ihr meinte man ein

---

[121] Die Bezeichnung Cartesianer avancierte bald zu einem polemisch in eine Reihe mit Neoterikern, Sozianern oder Pelagianern gestellten Schimpfwort. Die so bezeichneten Theologen betonten demgegenüber, dass sie Christus und nicht Descartes folgten, dessen Philosophie im Übrigen auch keine derartige Sektenbildung zuließe, stand doch der methodische Zweifel am Anfang cartesischer Erkenntnislehre. Vgl. zum Selbstbild der cartesianischen Theologie Eberhardt, Kai-Ole, Das reformierte Orthodoxieverständnis im Cartesianismusstreit am Beispiel der Selbstwahrnehmung von Samuel Maresius (1599–1673) und Christoph Wittich (1625–1687), in: van Spankeren, Malte / Witt, Christian Volkmar (Hg.): Confessio im Barock. Religiöse Wahrnehmungsformationen im 17. Jahrhundert, Leipzig 2015, 130–146.

[122] Vgl. zum Verhältnis von Philosophie und Theologie im niederländischen Cartesianismus ausführlich Eberhardt, Kai-Ole, Vernunft und Offenbarung, im Druck. Vgl. zusammenfassend auch Nooijen, Bekker, 37–48.

geozentrisches Weltbild ablesen zu müssen, das mit dem Wahrheitsanspruch der Offenbarung verkündet wurde. Nun schien die Offenbarung von der Wissenschaft auf einmal infrage gestellt zu werden.

Maßgeblich verteidigte der Leidener Theologieprofessor Christoph Wittich (1625–1587) die Widerspruchsfreiheit von Bibel und cartesianischer Kosmologie.[123] Er arbeitete aufgrund der beständigen Anfeindungen seiner Position eine Hermeneutik aus, die innerhalb des cartesianischen Netzwerkes prägend wurde. Balthasar Bekker, aber auch Baruch de Spinoza (1632–1677) gehörten zu ihren Rezipienten.[124] Wittichs Bibelauslegung stützte sich auf zwei Säulen: den Akkommodationsgedanken und die Orientierung am biblischen Skopus.[125]

Die Aufgabe der Bibel wird von ihm darin bestimmt, dass Gott den Menschen den Weg zum Heil aufzeigen wolle. Dies allein sei ihr Ziel und nur in Bezug darauf beanspruche sie unbedingte Autorität und Wahrheit. Andere Inhalte der Bibel, und dazu gehörten auch Aussagen zu Astronomie und Physik, seien dieser Wahrheit untergeordnet. Wie bereits Calvin und die Kirchenväter gelehrt hätten, habe sich der Heilige Geist bei der Inspiration der biblischen Autoren ihrem Vorverständnis und Weltbild angepasst, um sie nicht durch naturwissenschaftliche Exaktheit von der eigentlich zu vermittelnden Wahrheit abzulenken. Diese Akkommodation an die Vorurteile der Menschen über die Welt hat Wittich nach also eine didaktische Funktion und stelle den grundsätzlichen Wahrheitsanspruch der Bibel nicht in Frage. Die Akzeptanz des wissenschaftlichen Erkenntnisfortschritts eines Nikolaus Kopernikus (1473–1543) oder Descartes könne demnach nicht gegen das antike Weltbild der Bibel ausgespielt werden, weil es nicht eigentlich Gegenstand der Offenbarung sei.

Die Wirkung der im Rahmen des cartesianischen Netzwerkes entwickelten Akkommodationslehre ist ambivalent zu beurteilen. Einerseits aktualisiert sie Impulse traditioneller reformatorischer Exegese und sichert damit in der Tat das Grundanliegen der Theologen, das Wahrheitsprimat der Bibel

---

[123] Vgl. zu Wittich die prägnante Darstellung von Bordoli, Roberto, Art. „WITTICHIUS, Christophorus (1625–87)", in: van Bunge, Wiep u. a. (Hg.): The Dictionary of Seventeenth and Eighteenth-Century Dutch Philosophers, Bd. 2, Bristol 2003, 1083–1086 sowie die aktuelle biographisch-bibliographische Vorstellung von Eberhardt, Kai-Ole, Art. „Wittich, Christoph", in: BBKL XXXVII (2016), 1493–1507.

[124] Vgl. für die Rezeption Wittichs bei Bekker und Spinoza Eberhardt, Kai-Ole, Christoph Wittich (1625–1687). Reformierte Theologie unter dem Einfluss von René Descartes, im Druck. Vgl. zu Spinozas Hermeneutik mit Bezug auf das Wunder Walther, Manfred, Spinozas Kritik der Wunder — ein Wunder der Kritik? Die historisch-kritische Methode als Konsequenz des reformatorischen Schriftprinzips, in: ZThK 88/1 (1991), 68–80. Vgl. die ausführliche Aufarbeitung von Bekkers Hermeneutik durch Nooijen, Bekker, 97–152 und ergänzend van Bunge, Wiep, Balthasar Bekker's Cartesian Hermeneutics and the Challenge of Spinozism, in: Beaney, Michael u. a. (Hg.): British journal for the history of philosophy, Bd. 1/1. London 1993, 55–79.

[125] Vgl. zu Wittichs Hermeneutik ausführlich Eberhardt, Vernunft und Offenbarung.

aufrecht zu erhalten und gleichzeitig gegenüber den neuen Erkenntnissen der Philosophie anschlussfähig zu bleiben. Die Hermeneutik der cartesianischen Theologen erweist sich rezeptionsgeschichtlich als Wegbereiterin der historisch-kritischen Exegese. Andererseits wird sie – nicht zu Unrecht – dafür kritisiert, dass man mit ihr letztlich die Autorität der Bibel ausgehebelt habe. Der Verweis auf den Skopus der Offenbarung hat sich als ein zu schwacher Schutz dagegen erwiesen, die Bibelauslegung nach Belieben philosophischen Erkenntnissen anzugleichen. Insbesondere Spinozas Rückgriff auf die cartesianische Akkommodation belegt dies deutlich.

Zusammengefasst wird durch die cartesianische Hermeneutik der universelle Wahrheitsanspruch der Bibel preisgegeben, um ihre *auctoritas* im Kern zu bewahren. Aber die Akkommodationslehre erweist sich als anschlussfähig für Positionen, die eine Autorität göttlicher Offenbarung in der Bibel völlig destruierten. Die Philosophie wurde so zur Auslegerin der heiligen Schrift erklärt, wie z. B. in der gleichnamigen, von dem Rationalisten Lodewijk Meijer (1629–1681) 1666 publizierten, Schrift „Philosophia S.Scripturae Interpres".[126]

Während die cartesianischen Theologen die Akkommodationslehre dazu nutzten, um naturphilosophische Welterschließung und biblische Offenbarung zu harmonisieren, waren sie nicht davor gefeit, ihre Exegese auch vom Welt- und Menschenbild Descartes' massiv beeinflussen zu lassen. Trotz ihres aufrichtigen Bemühens um das reformierte Bekenntnis und die eklektische Distanz gegenüber Descartes verformten dessen Physik und Anthropologie an entscheidenden Stellen ein souveränes theologisches Wirklichkeitsverständnis.

3.2.2 Das Wunder in der Dogmatik cartesianischer Theologen

Wenn wir nun auf die Frage zurückkommen, wie sich das Wunderbare in dieses Wirklichkeitsverständnis einfügt, müssen wir uns einleitend klarmachen, dass die klassische orthodoxe Vorstellung von dem, was ein Wunder ist, auch bei den cartesianischen Theologen übernommen und kaum angepasst worden ist. Ein Wunder ist in der Orthodoxie, ebenso wie in der Philosophie der Aufklärung, ein Geschehen, in dem Gott die Naturgesetze aufhebt und das dementsprechend übernatürlich ist.[127] In ein Weltbild, das auf vollständige naturwissenschaftliche Erschließung ausgerichtet ist, fügt sich das

---

126 Vgl. zu Meyer einführend Steenbakkers, Piet, Art. „Meyer, Lodewijk (1629–81)", in: DSECDP 2 (2003), 694–699 und Israel, Jonathan, Radical Enlightenment. Philosophy and the Making of Modernity, 1650–1750, Oxford / New York 2001, 197–203.

127 Vgl. pointiert Schröder, Art. „Wunder", 1052 und zum Wunderverständnis der Orthodoxie die kritische Darstellung von Thielicke, Helmut, Das Wunder (1937), in: Ders., Theologie der Anfechtung, Tübingen 1949, 94–134, 94–103.

nicht gut ein. Warum sollte Gott, der Schöpfer der Naturgesetze, in bestimmten Situationen gegen seine eigene Ordnung verstoßen?

Diese Spannung zwischen einer von natürlichen Gesetzmäßigkeiten geleiteten Welt und dem wundersamen Eingreifen Gottes in das Weltgeschehen ohne diese Gesetzmäßigkeiten ist bereits in der reformierten Orthodoxie angelegt. In der Providenzlehre wird klassischerweise unter dem Stichwort *concursus* das Wirken Gottes mittels der *causae secundae*, also naturphilosophisch erklärbarer Kausalzusammenhänge, behandelt. Daneben stellt die Providenzlehre aber das Wunder, das als ein Handeln Gottes jenseits von weltimmanenten Kausalzusammenhängen bestimmt ist. Gott wirke demnach je nach Bedarf sowohl mit als auch ohne Rückgriff auf Naturgesetzmäßigkeiten auf die Welt ein.[128]

Die cartesianischen Theologen behandelten das Wirken Gottes in der Welt grundsätzlich analog. Eine für die Orthodoxie typische Darstellung des Wunders innerhalb der Providenzlehre bietet z. B. Christoph Wittich in seinen *Exercitationes* (1682).[129] Unter dem Titel „*Deus mundi rector*" hat er eine umfangreiche Disputation zur Providenz publiziert. Wittich widmet dem Wunder im Kontext seiner Besprechung des *concursus* eine kurze Besprechung. Er unterscheidet mit Blick auf Notwendigkeit (*necessitas*) und Zufall (*contingentia*) in der Weltlenkung zwischen einer *Providentia Ordinaria* und einer *Providentia extraordinaria*.[130] Erstere bezieht sich auf die Übereinstimmung göttlichen Handelns mit der natürlichen Ordnung (*naturae ordini*), die

128 Vgl. für eine allgemeine Übersicht dazu Heppe, Heinrich / Bizer, Ernst, Die Dogmatik der evangelisch-reformierten Kirche, Neukirchen ²1958, 200–202. Vgl. für eine aktuellere Darstellung der Providenzlehre Muller, Richard A., Post-Reformation Reformed Dogmatics. The Rise and Development of Reformed Orthodoxy, ca. 1520 to ca. 1725, Bde. 1–4, Grand Rapids ²2003, bes. III 517–540. Scharfsinnig beobachtet Thielicke (Wunder, 97–103) die aus diesem Spannungsverhältnis entstehenden Probleme. Wenn Gottes Providenz konsequent als Weltlenkung mittels der Naturgesetze systematisiert würde, werde das Wunder unmöglich. Warum sollte Gott seine eigenen Gesetzmäßigkeiten hier und da durchbrechen? Entweder müsse das Wunder ausgeschlossen werden – diesen Weg geht in konsequenter Fortsetzung Spinoza – oder die gesamte Schöpfung und jedes Wirken der Naturgesetze müsse als Wunder gedeutet werden. Der supranaturale Eingriff als das außergewöhnliche, von der Norm abweichende Handeln Gottes habe dann nur noch im subjektiven religiösen Erleben seinen Platz.

129 Wittich, Christoph, Christophori Wittichii Exercitationes Theologicae: I. Deus Mundi Rector, II. Christus Humilis, et Altus, III. Fides Sanctorum Perseverans et Certa, IV. Fucata Gentium Virtus, V: Veritates et Errores Fundamentales cum Annexis. Editae cura & studio ipsius Auctoris, multis quoque in locis auctae. Accessit Oratio Inauguralis De Oraculorum divinorum Veritate & Gentilium Falsitate. Lugdunum Batavorum, Boutesteyn 1682. Vgl. zu der Schrift einführend Eberhardt, Wittich. Die Exercitationes, eine Sammlung von Disputationen, die unter Wittich entstanden sind, im Allgemeinen und die Disputation Deus mundi rector im Besonderen verdienten nicht nur wegen ihrer Rezeption durch Pierre Bayle (1647–1706) und Gottfried Wilhelm Leibniz (1646–1716) eine gesonderte Besprechung.

130 Vgl. Wittich, Exercitationes Theologicae: I. Deus Mundi Rector, §LXXXIII, 75.

zweite „verwendet Gott, wenn er Wunder wirkt. Von denen können wir erkennen, dass sie nicht gegen die natürliche Ordnung gewirkt werden, sondern über sie hinaus.“[131] Wittich bekennt, dass der Mensch sich nicht anmaßen dürfe zu glauben, er könne mit der beschränkten Fassungskraft seines Geistes die gesamte Ordnung der Natur erfassen. Das Handeln Gottes im Wunder transzendiert also die menschliche Kenntnis von der Natur.[132] Der cartesianische Erkenntnisoptimismus wird unter dem Vorbehalt der Grenzen menschlicher Erkenntnis relativiert. Die Funktion des Wunders erinnert hier stark an das Motiv vom „Lückenbüßergott“, der einzuspringen hat, wenn die Naturwissenschaft eine Erklärung (noch) schuldig bleibt.[133]

Die cartesianischen Theologen tendieren dazu, das Wunder durch verschiedene Strategien zu marginalisieren. So wird die göttliche Providenz tendenziell in die Schöpfung und Erhaltung der Welt überführt – diesen Weg gibt auch Descartes vor[134] –, oder nur bei der Auslegung biblischer Geschichten überhaupt näher behandelt.[135] Sodann spielt das Wirken Gottes in

---

131 Wittich, Exercitationes Theologicae: I. Deus Mundi Rector, §LXXXIII, 75: „Hac Deus utitur in miraculis patrandis, quae non contra, sed praetor ordinem naturae nobis cognitum possunt administrari.”

132 Wittich betont dabei, dass ein Handeln Gottes gegen die natürliche Ordnung nicht gleichzusetzen sei mit einer Veränderung des göttlichen Willens, sondern auch aus seinem ewigen Ratschluss hervorgehe. Vgl. Wittich, Exercitationes Theologicae: I. Deus Mundi Rector, §LXXXIII, 75. Vgl. dazu auch die Deutung von Heilungswundern in Wittich, *Exercitationes* Theologicae: I. Deus Mundi Rector, §XCV, 85f. Wittich leugnet zudem die Gleichsetzung von Zufall und Wunder in Wittich, Exercitationes Theologicae: I. Deus Mundi Rector, §LXXXV, 77f.

133 Vgl. dazu Bonhoeffer, Dietrich, Widerstand und Ergebung. Briefe und Aufzeichnungen aus der Haft, in: DBW 8 (2011), Brief 152 vom 29. Mai 1944. An Eberhardt Bethge, 454–456. Vgl. auch die grundlegenden Überlegungen zur zunehmenden Mündigkeit der Welt und der Überwindung der auf Pierre-Simon Laplace (1749–1824) zurückgehenden „Arbeitshypothese: Gott“ Bonhoeffer, Widerstand und Ergebung, Brief 161 vom 8. Juni 1944. An Eberhardt Bethge, 476–483.

134 Descartes bestimmt Bereiche, die nicht der Vernunft, sondern nur der Offenbarung zugänglich seien. Diese Mysterien sind die Trinität und die Inkarnation des Sohnes. Vgl. Descartes, René, Principia Philosophiae (1644) I 25 (AT VIII/1 14). Ansonsten scheint Descartes einen supranaturalen Eingriff Gottes in die Schöpfung nach dem Schöpfungsakt, an dem er formal festhält, auszuschließen und damit auch das Vorkommen von Wundern zu leugnen. Vorgebildet ist diese Position bereits bei Francis Bacon (1561–1626). Vgl. dazu überzeugend die Untersuchung von Goldstein, Jürgen, Kontingenz und Rationalität bei Descartes. Eine Studie zur Genese des Cartesianismus (Paradeigmata 28), Hamburg 2007, bes. 118.177–180.

135 Es sei lediglich auf ein Beispiel cartesianischer Theologie verwiesen: In der Dogmatik des Cartesianers und Utrechter Theologieprofessors Frans Burman (1628–1679) wird die Providenz klassisch in *conservatio*, *concursus* und *gubernatio* unterteilt. Die ersten beiden Aspekte werden letztlich mit der Schöpfung identifiziert. Die *gubernatio* hingegen wird in eine allgemeine und eine spezielle unterteilt. Erstere entspricht im Großen und Ganzen den Naturgesetzen, die zweite Kategorie der moralischen Lenkung der Menschen im Spannungsfeld von Gesetz und Freiheit. Vgl. Burman, Frans, Francisci Burmanni S. Theol. Doctoris & Professoris Synopsis Theologiae &

der Geschichte oft nur im soteriologischen Kontext eine Rolle. Aufgrund der starken Rezeption der Föderaltheologie von Johannes Coccejus (1603–1669) wird Gottes Heilshandeln durchaus stark historisch reflektiert, aber die Wunderfrage wird dadurch kontextuell beschränkt. Eine Fokussierung auf die Offenbarung und auf das Christusereignis als Wunder engt sie ein.[136] Wunder im Sinne einer Überschreitung der natürlichen Ordnung werden schließlich gerne auf biblische Berichte vergangener Ereignisse reduziert. Ihre Funktion beschränkt sich dann auf die Untermauerung der göttlichen Autorität der Heiligen Schrift im Allgemeinen und der Heilsversprechen und Bundesschlüsse Gottes im Besonderen.[137] Während sich diese Deutungen des

---

speciatim Oeconomiae FOEDERVM DEI, ab initio saeculorum vsque ad consummationem eorum. TOMVS PRIOR. Praecipue complectitur Oeconomiam VETERIS TESTAMENTI. Trajecti ad Rhenum: Jacobi 1671, Locus VI De Providentia Dei, Liber I, Cap. XLIIIf., 318–349. Burman bespricht allerdings Wunder nicht in diesem Kontext, sondern verschiebt die Behandlung des Themas, um eine Spannung zu meiden. Wunder erhalten ihren Platz in der Christologie. Im Leben Jesu kann Burman das Wunder direkt mit der *vera doctrina* verbinden, die Funktion des Wunders in der Unterstreichung der Autorität der Lehre Jesu bestimmen und dann in diesem Rahmen auch Bedingungen für die Beurteilung eines Ereignisses als Wunder festlegen (Staunen/Übernatürlichkeit, öffentliches Ereignis/Zeugen, Unmittelbarkeit/keine Vorbereitung, Vollkommenheit der Wirkung). Vgl. Ders., Francisci Burmanni S. Theol. Doctoris & Professoris Synopsis Theologiae & speciatim Oeconomiae FOEDERVM DEI, ab initio saeculorum vsque ad consummationem eorum.TOMUS POSTERIOR, Complectens OECONOMIAM NOVI FOEDERIS. Cui acceßit Consilium de STVDIO THEOLOGICO feliciter instituendo. Trajecti ad Rhenum: Jacobi 1672, Liber V, Cap. XIII, 64–68. Vgl. zu Burman einführend van Sluis, Jacob, Art. „BURMAN I, Frans (1628–79)“ in: van Bunge, Wiep u. a. (Hg.): The Dictionary of Seventeenth and Eighteenth-Century Dutch Philosophers, Bd. 1, Bristol 2003, 190f. Nur verwiesen sei hier auf einen zweiten großen dogmatischen Entwurf im cartesianischen Umfeld. Abraham Heidanus (1597–1678) behandelt in seiner 1686 posthum unter der Mitwirkung von Burman und Wittich veröffentlichten Dogmatik *Corpus theologiae christianae* die Providenzlehre ausführlich. Bei ihm müsste für ein vollständiges Bild der Providenzlehre im cartesianischen Umfeld ebenso nachgeschaut werden wie bei Johannes Coccejus (1603–1669). Neben dem cartesianischen Weltbild war die coccejanische Bundestheologie maßgeblich für das Wirklichkeits- und Geschichtsverständnis der cartesianischen Theologen.

136 Ausführlich wird der Zusammenhang von Bundestheologie und Geschichtsverständnis bei Coccejus behandelt von van Asselt, Willem J., The federal theology of Johannes Cocceius (1603–1669), übers. v. Blacketer, Raymond A. (Studies in the history of Christian thought. Volume C), Leiden/Boston u. a. 2001, 197–226.

137 Vgl. dazu z.B. Burman, Synopsis Theologiae II, Liber V, Cap. XIII, 64–68. Burman versteht Wunder als ein Zeichen des Prophetenamtes und betont ihre Verbindung mit der wahren Lehre (§§1f.). Er sieht in ihnen „divinae manus signacula“ (§2) und betont zudem die Einzigartigkeit der Wunder Jesu (§§4f.13). Die Wunder der Apostel seien qualitativ von denen Christi unterschieden und dienten wiederum der Mission, indem die Autorität ihrer Lehre durch sie ausgewiesen worden sei (§§10f.).
Auch Christoph Wittich bestimmt die Funktion der Wunder in der Erhöhung der Autorität der biblischen Botschaft. Vgl. z. B. Christoph Wittich, Christoph. Wittichii Investigatio Epistolae Ad Hebraeos, Et Positiones Sive Aphorismi universam Theo-

Wunders auch in der übrigen reformierten Orthodoxie wiederfinden, stellt der Rückgriff auf okkasionalistische Theoriebildungen eine Besonderheit cartesianischer Theologie dar, um das Zusammenwirken Gottes mit naturgesetzlicher Kausalität zu beschreiben. Dadurch erscheint das Handeln Gottes in der Geschichte permanent präsent, aber eben in der Erklärung vom Zusammenspiel göttlicher Lenkung und Naturgesetzen und gerade nicht in deren übernatürlicher Durchbrechung.[138]

Es wird deutlich, dass die cartesianischen Theologen das Wunder keineswegs aus dem Geschichtsverlauf herausdeuten wollten. Trotz ihres Erkenntnisoptimismus und des Anspruchs einer naturphilosophischen Welterklärung geben sie es als eine von Tradition und biblischem Zeugnis gestellte Aufgabe nicht auf und bemühen sich um ein adäquates christliches Wirklichkeitsverständnis. Die damit einhergehenden Schwierigkeiten können sie aber nur unzureichend lösen oder weichen ihnen aus. Eine konsequente Fortsetzung ihrer Weichenstellung stellt das radikale Nein zu der Möglichkeit von Wundern in Spinozas System dar, die plausible Folge einer „Theorie der Intelligibilität der Wirklichkeit als ganzer“[139].

---

logiam adumbrantes. Amstelaedami, Wolters 1692, 61f. (zu Heb 2,4): „[...] miracula probent doctrinae divintatem [...]. Sunt argumenta non primaria sed secundaria, quae confirmationis gratiae adduntur.“ Im Rahmen der Verteidigung seiner Akkommodationslehre sieht Wittich sich mit dem Vorwurf konfrontiert, dass ein adäquates Wunderverständnis voraussetze, dass die Bibel verlässlich über naturphilosophische Zusammenhänge spreche. Bei der Widerlegung dieses Einwandes erklärt er die Funktion des Wunders analog als eine Bekräftigung des Glaubens und der Autorität des göttlichen Wortes. Vgl. Wittich, Christoph, Christophori Wittichii Consensus Veritatis In Scriptura Divina Et Infallibili Revelatae Cum Veritate Philosophica A Renato Des Cartes Detecta, Cujus occasione Liber II. & III. Principiorum Philosophiae dicti des-Cartes maximam partem illustrantur: cum Indice, Editio secunda a multis mendis emaculata & non parum aucta. Lugduni Batavorum: Boutesteyn/Lever 1682, Cap. XLI, §DCCLXXVIII, 350f.

138 Der Okkasionalismus dient der Überwindung der Differenz von Geist und Materie im cartesianischen System. Gottes permanentes Wirken wird für den Brückenschlag der beiden nach Descartes getrennten Substanzen bemüht. Die Betonung des alleinigen Wirkens Gottes im Okkasionalismus entspricht dabei der theologischen Akzentsetzung reformierter Orthodoxie. Wittich wird als Repräsentant einer Vorstufe radikal-okkasionalistischen Denkens herangezogen. In allen Kausalzusammenhängen lässt sich bei ihm die vermeintliche naturwissenschaftliche Ursache nun als ein Anlass (*occasio*) für das Handeln Gottes im Rahmen der *gubernatio* verstehen, so dass tatsächlich Gott die alles koordinierende Wirkmacht der Welt ist. Vgl. dazu Specht, Rainer, Commercium mentis et corporis. Über Kausalvorstellungen im Cartesianismus, Stuttgart 1966, bes. 108–123 sowie allgemein Ders., Art. „Occasionalismus, in: HWP 6 (1984), 1090f. und Janssen, Paul, Art „Okkasionalismus“, in: TRE 25 (1995), 210–216.

139 Walther, Spinozas Kritik der Wunder, 70.

3.2.3 Balthasar Bekker und „Die bezauberte Welt" – Ringen um das Wunder in der Geschichte

Ein eindrückliches Beispiel für den Balanceakt zwischen cartesianischem und biblischen Wirklichkeitsverständnis bietet der gebürtig aus Friesland stammende Pastor Balthasar Bekker.[140] Dieser hatte von 1650 bis 1655 Philosophie und Theologie in Groningen[141] und Franeker studiert und sich in den 1660er Jahren mit procartesianischen Veröffentlichungen positioniert.[142]

---

[140] Bekker gehört zu den wirkmächtigsten reformierten Theologen des niederländischen Cartesianismus, obgleich er von der Forschung noch relativ wenig beachtet wird. Vgl. zu ihm die vorzügliche Einleitung durch Wiep van Bunge, in: Bekker, Balthasar: Die bezauberte Welt (1693). Mit einer Einleitung hg. v. Wiep van Bunge (Freidenker der europäischen Aufklärung, Abt. 1: Texte, Bd. 7), Stuttgart / Bad Cannstatt 1997 sowie Fix, Andrew, Art. „BEKKER, Balthasar (1634–98)", in: van Bunge, Wiep u. a. (Hg.): The Dictionary of Seventeenth and Eighteenth-Century Dutch Philosophers, Bd. 1, Bristol 2003, 74–77 und Bautz, Friedrich Wilhelm, Art. „BEKKER", in: BBKL I (1990), 468 sodann van Sluis, Jacob, Bekkeriana. Balthasar Bekker biografisch en bibliografisch, Ljouwert/Leeuwarden 1994; Israel, Radical Enlightenment, 382–405 und die umfassende Studie von Nooijen, Bekker.

[141] Die Immatrikulation in Groningen erfolgte 1650. Dort war er u. a. Schüler von Tobias Andrea (1604–1676), der zu den wichtigsten Impulsgebern für die cartesianische Theologie gehört. Vgl. van Bunge, in: Bekker, Welt, 11f. (Einleitung). Weit stärker als in Franeker war in Groningen der Cartesianismusstreit ein präsentes Thema. Prägend war z. B. die Auseinandersetzung von dem Cartesio-Coccejaner Jacob Alting (1618–1679) und dem Cartesianismuskritiker Samuel Maresius (1599–1673) über coccejanische Thesen (bes. zum Chiliasmus).

[142] Nachdem Bekker als Student Zeuge der Cartesianismusstreitigkeiten an den niederländischen Universitäten geworden war, entwickelte er sich nach und nach selbst zu einem Anhänger der cartesianischen Theologie. Dies geschah allerdings erst nach Abschluss des Studiums. Er wurde zu einem der einflussreichsten Vertreter eines eklektisch ausgerichteten Cartesianismus innerhalb der reformierten Orthodoxie. Vgl. van Bunge, in: Bekker, Welt, 12 (Einleitung). Bekkers Karriere begann in Franeker, wo er zuerst als Rektor der Lateinschule tätig war und dann – unterbrochen durch eine Tätigkeit als Prediger in Friesland – Pastor wurde. 1665 wurde er in Franeker promoviert. Als ein Jahr später mit Johannes Wubbena (?–1681) ein bekennender Cartesianer an die Universität von Franeker kam und von konservativen Kollegen wegen seiner philosophischen Position so hart angegangen wurde, dass er 1668 von der Classis von Leeuwaarden wieder seines Amtes enthoben wurde, verfasste Bekker eine Verteidigungsschrift des Cartesianismus, um dem Gesinnungsgenossen zur Seite zu stehen. Diese *De philosophia Cartesiana admonitio* (1668) reiht sich ein in die Reihe ganz ähnlich ausgerichteter Schriften des niederländischen cartesianischen Netzwerkes. Sie zeigt, dass Bekker sich solide Kenntnisse der Philosophie von Descartes angeeignet hat und die zentralen Positionen der niederländischen cartesianischen Theologen teilte. Dazu gehört vor allem die Überzeugung, dass Cartesianismus und Orthodoxie harmonierten, sowie eine eklektische Grundhaltung gegenüber Descartes bei gleichzeitiger Anerkennung der biblischen Autorität, ein Bewusstsein für die notwendige Trennung von Theologie und Philosophie und die Aufnahme der De-

Sie waren vermutlich ursächlich dafür, dass ihm eine akademische Karriere verwehrt blieb.[143] Aufgrund von Bekkers polemischem Ton auch gegenüber Mitgliedern des cartesianischen Netzwerkes verfügte er insgesamt über sehr wenig Rückhalt.[144] Als Prediger wirkte er in Franeker und einigen umliegenden Ortschaften, zuletzt in Amsterdam, wo er sein Hauptwerk verfasste: die Betoverde Weereld, eine vier umfangreiche Bücher umfassende Destruktion des Aberglaubens vom Wirken des Teufels und von Geistern in der Welt auf der Grundlage der cartesianischen Theologie.[145] Dass Bekker die Schrift „Die bezauberte Welt" nennt, ist eine Problemanzeige und ein Aufruf zu ihrer Entzauberung. Bekker war ein Sammler von frühneuzeitlichen Mirabilien. Er beobachtete und kommentierte skeptisch Hexengeschichten, den Aberglauben in Bezug auf Kometenbeobachtungen, klärte über die dabei zugrundeliegenden Vorurteile auf und versuchte sie in cartesianischer Manier zu widerlegen.[146] In seinem Hauptwerk bietet er eine konsequente An-

---

batte um das cartesianisch-kopernikanische Weltbild. Vgl. zur *Admonitio* Noojjen, Bekker, 37–39 und van Bunge, in: Bekker, Welt, 13f. (Einleitung).

143 Da sich in den 1660er Jahren einige Cartesianer wie Lodewijk Meijer zusehends radikalisiert hatten und auch Spinoza als eine dem Cartesianismus entwachsene Bedrohung für die Kirche wahrgenommen wurde, gelang es Bekker nicht, eine akademische Karriere aufzunehmen. Vgl. zu der gescheiterten Berufung an die Universität Franeker van Bunge, in: Bekker, Welt, 16 (Einleitung).

144 Seine Position bewegte sich im Rahmen des cartesianischen Netzwerkes und fiel nicht durch übermäßige Radikalität auf. Allerdings kritisierte er in seinem Danielkommentar den für viele cartesianischen Theologen maßgeblichen Johannes Coccejus so heftig, dass er sich Sympathien verspielte. Vgl. van Bunge, in: Bekker, Welt, 24f. (Einleitung).

145 Statt der niederländischen Ausgabe (siehe Literaturverzeichnis) folge ich hier der ersten deutschen Übersetzung in Bekker, Welt. Eine prominente Alternative ist die Übersetzung von Johann Salomo Semler (1725–1791). Vgl. zur Rezeption des Werkes die Einleitung in diese Ausgabe von van Bunge, in: Bekker, Welt, 39–54 (Einleitung).
Das Werk lässt sich wie folgt gliedern:
Buch I: Einleitung sowie religions- und kulturgeschichtliche Darstellung des Geister- und Dämonenglaubens (Traditionen der Griechen, Römer, des vorchristlichen Nordeuropas und der anderen Kontinente sowie eine vergleichende Betrachtung von Judentum, Islam und den christlichen Konfessionen).
Buch II: Systematische Destruktion des Glaubens an den Einfluss übernatürlicher Mächte auf der Grundlage metaphysischer und biblischer Analysen (Methodologische Grundlegung, Akkommodationslehre, Auslegung der zentralen Bibelstellen zu Teufel, Dämonen und Magie).
Buch III: Anwendung der Ergebnisse auf konkrete Berichte von Zauberei, Hexenwesen, Geist- und Teufelserscheinungen.
Buch IV: Besprechung bekannter Fälle von Übernatürlichem in den Niederlanden und dem übrigen Europa.

146 Vor der Betoverde Weereld vor allem in einer Kritik an der Deutung von Kometen als Unheilszeichen (Ondersoeck van de Betekeninge der Kometen, By gelegentheid van de genen die in de Jaren 1680, 1681, en 1682, geschenen hebben / Gedaan Door Baltasar Bekker S. T. D. Predikant tot Amsterdam, Leeuwarden 1683), in seinem

wendung des cartesianischen Weltbildes auf die mythischen Elemente des biblisch geprägten Wirklichkeitsverständnisses seiner Zeit. Seine Widerlegung der Vorstellung einer bezauberten Welt zog eine hitzige Debatte über die Folgen der neuen Philosophie, über die Bibelhermeneutik und vor allem über ein adäquates christliches Wirklichkeitsverständnis nach sich.[147] Bekker geht davon aus, dass Teufels- und Dämonenglaube grundsätzlich auf Aberglauben zurückzuführen seien und dem biblischen Zeugnis widersprächen. Er schildert bereits in der Einleitung seiner Schrift einen tiefsitzenden Unmut gegenüber diesem Aberglauben, dessen Niederschlag er sowohl in Gesprächen mit Gelehrten als auch in kursierenden Geister- und Hexengeschichten gefunden habe. Dabei stilisiert er sein Vorgehen selbst als Entmachtung des Teufels.[148]

Das theologische Kernstück seines Werkes stellt das zweite Buch dar. Darin greift er in umfassender Weise auf die Prämissen cartesianischer Theologie zurück. Zum einen benutzt er die in den 1650er Jahren von Wittich und anderen Cartesianern ausgearbeitete Akkommodationslehre, um biblische Aussagen zu übernatürlichen Mächten zu relativieren.[149] Ausgehend von der Verhältnisbestimmung von Vernunft und Offenbarung[150] verweist Bekker

---

Danielkommentar (Uitlegginge van den Propheet Daniel, Amsterdam [1]1688/[2]1698) und der Übersetzung der Geschichte von der sog. Hexe von Beckington aus dem Englischen (Engelsen Verhaal van ontdekte Tovery wederleid door Balthasar Bekker S. T. D. Predikant tot Amsterdam, Amsterdam 1689). Bes. im vierten Buch der Betoverde Weereld sind dann Geschichten über Spuk und Zauberei zusammengestellt und als Aberglaube ausgewiesen worden.

147 Vgl. zu der Entstehung von Bekkers Hauptwerk, für eine Inhaltsangabe und eine Analyse erster Reaktionen auf die Veröffentlichung van Bunge, in: Bekker, Welt, 25–39 (Einleitung).

148 Vgl. Bekker, Welt, I 1 §2 (S. 2 van Bunge). Durch den Aberglauben werde nämlich dem Teufel eine Macht in der Welt zuerkannt, die dieser überhaupt nicht besitze. Ihre Widerlegung befreit nach Bekker von Ängsten und verbannt den Teufel aus der Welt. Als Pastor ist er auch seelsorgerlich motiviert, über den Irrglauben seiner Zeit aufzuklären. Vgl. Nooijen, Bekker, 48f.

149 Bekker entfaltet seine hermeneutischen Prinzipien am Beispiel der Frage nach Wesen und Wirkmacht der Engel. Vgl. z. B. Bekker, Welt, II 1 §9 (S. 5f. van Bunge) und II 10 §15.18 (S. 64f. van Bunge): Akkommodation und Skopus der Ehre Gottes und Seligkeit des Menschen sowie das Problem von Umgangssprache und Übersetzungen werden angeführt.
Vgl. zu Bekkers Hermeneutik in *De Betoverde Weereld* Nooijen, Bekker, 107–130. Bekker griff zuerst in der Schrift *De philosophia Cartesiana admonitio candida et sincera* (1668) auf die Trennung von Philosophie und Theologie sowie die Akkommodation zurück. Dort verweist er explizit auch auf Wittich. Vgl. Bekker: Balthasaris Bekker V. D. M. S. T. D. De philosophia cartesiana admonitio candida & sincera. Vesaliae: ab Hoogenhuysen 1668, VI §8,95 für eine direkte Bezugnahme auf Wittichs *Consensus veritatis*.

150 Vgl. Bekker, Welt, II 1 §§1–5 (S. 1–4 van Bunge): Zwar benennt Bekker unterschiedliche Erkenntnisgegenstände von Vernunft und Offenbarung, aber fordert zugleich, dass der Offenbarungsglaube nicht gegen den Vernunftgebrauch ausgespielt

darauf, dass die Bibel die Gegenstände der Schöpfung ihrer allgemeinen Wahrnehmung nach beschreibe und statt philosophisch exakter Ausdrücke die Umgangssprache benutze.[151] Zum anderen wendet er den cartesischen Dualismus von *res extensa* und *res cogitans* an, um auch metaphysisch auszuschließen, dass Geistwesen selbstständig auf die materielle Welt einwirken könnten, denn nach Descartes ist eine wechselseitige Beeinflussung von Geist und Materie nahezu unmöglich.[152] Wie bei anderen Cartesianern zeigen sich auch bei Bekker Tendenzen, den Gegensatz von Geist und Materie durch eine okkasionalistische Argumentation noch zu verschärfen.[153] So kann Bekker auch auf dem Weg der Vernunft die Macht des Teufels ad absurdum führen. Die cartesianische Metaphysik und Hermeneutik dienen ihm dazu, seine Skepsis gegenüber dem Wirken böser Mächte in der Welt wissenschaftlich und biblisch zu untermauern. Bekker leugnet keineswegs die Existenz von Geistern im Allgemeinen. Geistige Entitäten ließen sich bereits mittels der Vernunft herleiten, wie die philosophische Betrachtung der menschlichen Seele zeige.[154] Dass es als besondere Formen von Geistwesen den Teufel und die Engel gibt, lasse sich zwar nicht rational belegen, sei aber aufgrund des biblischen Zeugnisses anzuerkennen.[155] Während der Teufel und andere böse Geister jedoch keine Macht mehr hätten, da sie von Gott in der Hölle gebunden seien,[156] seien Engel aufgrund ihres Wesens als *res cogitantes* grundsätzlich nicht in der Lage, die materielle Welt zu beeinflussen.[157]

Die Interaktion von Engeln und Menschen ist allerdings biblisch belegt. Bei seiner Untersuchung der Wirkmöglichkeiten von Engeln kommt Bekker daher auf den Zusammenhang von Gottes Geschichtshandeln, der Provi-

---

werden dürfe. Die Heilige Schrift erweise aus sich selbst ihren göttlichen Ursprung. Alles außerhalb der Schrift müsse der Mensch allein mit dem Verstand erschließen, während die biblischen Inhalte Glauben forderten. Jedoch müsse das richtige Verständnis von Gottes Wort in der Bibel mittels der Vernunft methodisch erschlossen werden. Bekker belegt anhand von Schriftstellen, dass der biblische Skopus nicht darin bestehe, Art und Eigenschaften der Dinge der Natur zu erklären, sondern den Leser bei deren Betrachtung auf die Herrlichkeit des Schöpfers zu verweisen.

151 Vgl. Bekker, Welt, II 1 §§6–9 (S. 4–6 van Bunge). Bekker verweist auch bes. auf das Problem von Übersetzungen und synonymen Begriffen. Vgl. auch Bekker, Welt, II 10 §15 (S. 64 van Bunge). Vgl. sodann für konkrete Anwendungsbeispiele der Akkommodationsfigur Bekkers Deutung der Redeweise Christi über Besessene mit Belegstellen bei Nooijen, Bekker, 121f.

152 Vgl. Bekker, Welt, II 1 §13f. (S. 7f. van Bunge) und dazu Nooijen, Bekker, 71–73.

153 Vgl. Nooijen, Bekker, 76–85 und 112–117 mit Belegen.

154 Vgl. dazu Bekker, Welt, II 4 (S. 22–29 van Bunge): „Daß dennoch Geister seyn/ erscheinet vors erste an des Menschen Seele/ und daß sie unsterblich ist."

155 Vgl. zu den Grenzen menschlicher Erkenntnis in Fragen der Seele und der übrigen Geistwesen Bekker, Welt, II 5–7 (S. 29–45 van Bunge). Vgl. zum Ursprung von Engeln und bösen Geistern Bekker, Welt, II 8f. (S. 45–58 van Bunge). Vgl. zum Teufel bes. Bekker, Welt, II 17–19 (S. 103–123 van Bunge).

156 Vgl. bes. Bekker, Welt, II 9 (S. 51–58 van Bunge).

157 Vgl. bes. Bekker, Welt, II 7 (S. 40–45 van Bunge).

denzlehre und Wundern in der Welt zu sprechen. Bekker hält es für unredlich, Gottes Allmacht gegen die grundsätzliche Trennung von Geist und Materie auszuspielen und damit die aus der cartesianischen Physik abgeleitete Begrenzung der Wirkmacht von Engeln in der materiellen Welt pauschal zu unterwandern. Freilich liege es in Gottes Möglichkeit, durch seine Geschöpfe in der Geschichte zu wirken, wie er wolle. Aber tatsächlich handele Gott nicht so, dass er dabei die Bestimmungen seiner Schöpfung, also die Naturgesetze und damit auch die Trennung von Geist und Materie, aufhebe.[158] Nach Bekker operiert Gott im Rahmen der von ihm selbst eingerichteten Ordnung. Bekker geht es zunächst um die Bestimmung der grundsätzlichen Möglichkeiten von Geistwesen auf der Grundlage cartesianischer Physik und biblischer Exegese. Dabei möchte er „Wunderwerck“[159] zunächst ausgeschlossen wissen. Mit einem Beispiel verdeutlicht: Gott könne natürlich theoretisch ein Pferd fliegen lassen, aber es sei zunächst die Frage, was das Pferd könne.[160] Das Wunder wäre demnach immer der Ausnahmefall und nicht eine Voraussetzung für die Schöpfungsordnung. Für die Frage nach dem Wirken von Geistern in der Welt müsse Gottes Allmacht also zunächst im Einklang mit der Schöpfungsordnung betrachtet werden. Daraus ergibt sich konsequenterweise für die Providenz, dass sie ein Zusammenspiel von erhaltender Allmacht und den der Schöpfungsordnung entsprechenden Naturgesetzmäßigkeiten abbilden muss, die grundsätzlich ohne Wunder auskommen. Bekker betont daher stark die Übereinstimmung von Gottes Wirken und natürlicher Weltordnung gemäß dem *concursus*.[161]

Auf der Grundlage dieser primär am cartesianischen Wissenschaftssystem orientierten Überlegungen muss Bekker nun allerdings seine Angelologie mit dem biblischen Zeugnis in Einklang bringen,[162] denn die Bibel belegt offenkundig die Interaktion zwischen Engeln und materieller Welt, die es nun zu erklären gilt. Bekker verfolgt dazu mehrere Strategien. Zunächst einmal hält er fest, dass die Bibel keine Aussagen über das eigentliche Wesen der Engel mache, sondern diese immer nur für ihren soteriologischen Skopus

---

158 Vgl. Bekker, Welt, II 7 §2 (S. 40 van Bunge). Wenn Gott z. B. etwas durch Wasser entzünden wolle, würde er dazu das Wasser in Feuer verwandeln. Es wäre dann aber kein Wasser mehr. Die schöpfungsgemäßen Eigenschaften der Dinge blieben immer erhalten. Gott würde nicht Wasser die Eigenschaften von Feuer verleihen. In diesem Kontext kritisiert Bekker auch die Transsubstantiationslehre: das Brot könne nicht in den Leib Christi verwandelt werden und zugleich Brot bleiben. Vgl. Bekker, Welt, II 7 §3 (S. 40f. van Bunge).

159 Bekker, Welt, II 7 §4 (S. 41 van Bunge).

160 Vgl. Bekker, Welt, II 7 §4 (S. 41 van Bunge).

161 Im *concursus* verbinde sich Gottes Wirken als „Ober-Ursache“ mit den *causae secundae* („Unter-Ursache“), aber nicht gegen die natürliche Schöpfungsordnung. Vielmehr handele es sich beim *concursus* um eine „stete Wirckung der göttlichen Allmacht/ die ein jedwedes Geschöpf […] in seiner Arth erhält.“ Bekker, Welt, II 7 §5 (S. 41 van Bunge).

162 Vgl. dazu Bekker, Welt, II 13 (S. 83–88 van Bunge) und Nooijen, Bekker, 112–117.

instrumentalisiere, indem sie nur als Diener und Boten Gottes auftreten. Die Rede vom Wirken der Engel beanspruche daher keine Exaktheit, sondern müsse bildlich verstanden werden.[163] Boten und Diener Gottes seien Medien göttlicher Entfaltung in der Welt. Grundsätzlich eigneten sich Engel für diese Rolle aufgrund ihres geistigen Wesens eigentlich nicht. In erster Linie verwiesen die Engel daher immer zurück auf das Wirken Gottes in der Welt: Der Engel symbolisiere Gott selbst, die Funktion des Symbols bestehe in der Erhöhung göttlicher Herrlichkeit. Daraus ist nicht abzuleiten, dass Bekker die Existenz von Engeln oder ihre Anwesenheit bei den biblisch bezeugten Visionen und Tatberichten grundsätzlich leugnet. Nach seiner Bestimmung ihres Wesens muss jedoch gelten, dass nicht sie selbst Wirkmächte sein können. Wenn Gott aber tatsächlich auf sie zurückgreife, gehörte das in die Kategorie des Wunderbaren. Bekker unterstellt Gott dabei eine Form der Akkommodation an die Fassungskraft des Menschen.[164] Für ihn gilt jedoch unbedingt, dass Engel als reine Geistwesen nicht selbstständig auf die Materie einwirken können. Im Gegensatz zur menschlichen Seele seien sie wesenhaft passiv.[165] Seine Interpretation der in der Bibel auftretenden Engel chargiert nun zwischen einer Anerkennung des Mysteriums göttlichen Wirkens über seine Boten und dessen Relativierung durch den Akkommodationsgedanken: Die Schrift rede von Gott anthropomorph wie von einem König, der für die Durchsetzung seines Willens Hofstaat und Soldaten benutze. Da dem Menschen Engel als höchste Wesen erschienen, zeigten sie sich bei Gottes Machttaten, um dessen Herrlichkeit zu unterstreichen.[166] Manchmal spreche die Schrift von Menschen, die durchaus als Engel dargestellt werden könnten, manchmal von tatsächlichen Engeln, derer Gott sich bei seinem Wirken bediene.[167]

Man merkt Bekkers Ausführungen an, wie er mit dem Wirken Gottes in der Welt hadert. Es fügt sich nur schwer in sein naturphilosophisch bestimmtes Weltbild ein, was die Bibel offenbart. Es bleibt für ihn selbstverständlich, dass Gott in der Geschichte wirkt, dass er sich dazu seiner Ge-

---

163 Vgl. Nooijen, Bekker, 112f. und bes. Bekker, Welt, II 8 §§2f. (S. 46f. van Bunge). Die Rede von den Engeln erfolge nicht „vollkömmlich/ sondern allemahl in gewissen Absehen“ (§2, 41 van Bunge). Nooijen (Bekker, 112) übersetzt aus dem Niederländischen noch präziser: „nicht wörtlich (‚volstrektelik‘), sondern bildlich (‚opsightelijk‘)“.

164 Vgl. bes. Bekker, Welt, II 10 §§11–23 (S. 62–68 van Bunge). Nooijen (Bekker, 113f.) verweist auf die Vorbildung dieses Gedankens bei Johannes Calvin (1509–1564).

165 Nooijen (Bekker, 115–117) deutet Bekker hier okkasionalistisch. Wechselwirkung von Körper und Geist müssen stärker noch als bei Descartes für ihn minimalisiert werden.

166 Vgl. bes. Bekker, Welt, II 10 §§16–18 (S. 64–66 van Bunge). Vgl. auch Nooijen, Bekker, 114.

167 Vgl. für Werke Gottes, die Engel zugeschrieben werden, in Gegenüberstellungen mit Werken Gottes durch Menschen Bekker, Welt, II 10 §§12–14 (S. 62–64 van Bunge).

schöpfe bedient, um sich den Menschen anzupassen und sie so zu Seligkeit und Verehrung seiner Herrlichkeit anzuleiten, und dass er dabei auch Wunder wirkt. Es zeigt sich hier auch die Grenze der cartesianischen Hermeneutik, die offensichtlich angewendet wird, um eine größtmögliche Deckung zwischen naturphilosophischem und biblischem Weltbild zu erzeugen.[168] Als Theologe kann und will Bekker jedoch nicht umhin, einen Rest der bezauberten Welt zu bewahren, wenn er am Ende seines Kapitels über den Eingriff von Engeln in menschliche Angelegenheiten eine Durchbrechung des Naturzusammenhangs durch Gott annimmt und schlussfolgert: „Wenn Gott Wunder thut/ so thut Er Wunder / da ist keine Erklärung vonnöhten.“[169]

3.3 Das Wunder als „Testfall der Theologie“ – Thesen zu einer Theologie des Wunders heute

Das Wunder als Eingriff Gottes in die geschichtliche Wirklichkeit wird heute relativ zurückhaltend in der Theologie behandelt.[170] Diese Zurückhaltung resultiert nach wie vor aus der Spannung zwischen biblischer Offenbarung und säkularem, naturwissenschaftlich geprägtem Weltbild. Sie ist durch eine Reihe von theologiegeschichtlichen Kulminationspunkten verschärft worden. Weichenstellend ist und bleibt trotz einiger geschichtstheologischer Gegenentwürfe (wie von Wolfhart Pannenberg [1928–2014]) bes. das Erbe der Wort-Gottes-Theologie, aus dem sich in Abgrenzung von den folgenschweren theologischen Geschichtsdeutungen um die Weltkriege ein wichtiger Vorbehalt gegen vorschnelle und unbedachte Stilisierung historischer Ereignisse als Wunder ergibt. Das Wunder spielt in der evangelischen Theologie eine große Rolle bei der Deutung der biblischen Darstellung Jesu Christi. Dadurch dürfen aber Fragen der Bedeutung des Wunders für die Gegenwart nicht ausgeklammert werden. Im Gegenteil ist die Auseinandersetzung mit dem Wunder für die Theologie geradezu konstitutiv. Anders als in der Philosophie strebt sie nicht nach einer Überwindung ihrer Verwunde-

---

[168] Vgl. dazu auch Nooijen, Bekker, 105f.

[169] Bekker II 13 §13 (S. 83 van Bunge).

[170] Statt eines forschungsgeschichtlichen Überblicks sei hier lediglich verwiesen auf Stefan, Art. „Wunder VI. Dogmatisch“ und den anregenden Sammelband von Gräb-Schmidt / Preul (Hg.), Wunder. Die darin enthaltenen Beiträge von Hartenstein zum Wunder im AT sowie Wolter zum NT seien hier statt einer für die dogmatische Bestimmung des Wunders eigentlich unumgänglichen biblischen Vergewisserung angeführt. Unbedingt ergänzt werden sollte sie durch die maßgebliche Untersuchung von Alkier, Stefan, Wunder und Wirklichkeit in den Briefen des Apostels Paulus. Ein exegetischer Beitrag zu einem Wunderverständnis jenseits von Entmythologisierung und Rehistorisierung (WUNT 134), Tübingen 2001. Auch die sich anschließenden Beiträge zur Wunderthematik von Alkier sind überaus lesenswert.

rung, sondern erkennt in ihr Gottes Wirken in der Geschichte und wird davon immer neu mit dem Wunderbaren konfrontiert.[171]

Der Alttestamentler Friedhelm Hartenstein benennt die Problemkonstellation und Aufgabe des Wunders in der Theologie mustergültig, wenn er schreibt:

> „Trotzdem verweist das Wunder auf etwas Widerständiges an der religiösen Erfahrung und ihren Artikulationsweisen, das dem modernen Denken und auch einer zeitgemäßen theologischen Reflexion nicht nur Überlegenheitsgefühle verspricht. Das Wunder stellt auch heute noch einen Testfall, wenn nicht ein entscheidendes Paradigma für eine Theologie dar, die beansprucht der Fülle der Gegenwart und Tradition gerecht zu werden und sich nicht in so eng gesteckten Grenzen zu bewegen, dass sie der *Frage* des Wunders nicht mehr ansichtig wird.“[172]

Ein Testfall ist das Wunder für die Theologie auch deshalb, weil uns die mit ihm verbundenen Fragen auf das Zentrum dogmatischen Nachdenkens verweisen. Das Thema fordert von uns Antworten zu Gottes Providenz und Allmacht, zur Schöpfung und zum Verhältnis von Theologie und Naturwissenschaft. Es verweist uns davon ausgehend an die Heilsgeschichte, die Offenbarung Gottes in der Geschichte in Gesetz und Evangelium, die Christologie oder auch die Theodizee. Ein konkreter Testfall für das Wunderverständnis der Gegenwart ist sodann das Gebet, durch das Christinnen und Christen ihre Hoffnung auf Gottes Eingreifen in den Weltverlauf zum Ausdruck bringen.

Viele Schwierigkeiten, die die cartesianischen Theologen mit dem Wirken Gottes innerhalb ihres durchrationalisierten Weltbildes haben, werden dadurch zu unseren, dass wir uns auf eine ganz geläufige, aber höchst problematische Wunderdefinition einlassen: das Wunder als das übernatürliche Außerkraftsetzen der Naturgesetze, als das „Außer-Gewöhnliche“.[173] Helmuth Thielicke (1908–1986), der das Wunderverständnis der Orthodoxie zwar in polemischer Zuspitzung, aber nichtsdestoweniger scharfsinnig analysiert hat, sieht die cartesianische Problemkonstellation letztlich bereits in

---

171 Vgl. dazu die Überlegungen von Barth, Karl, Einführung in die evangelische Theologie, Zürich ^{7}2010, 72–74 (Das Wundern sei ein notwendiges Ergebnis der Theologie) und 79–81 (Die Theologie wirke gerade über die Beschäftigung mit dem Wunderbaren so auf den Theologen ein, dass sie in ihm geradezu einen *character indelibils* der Verwunderung hinterlasse. Der Theologe sei ob seiner Profession zuletzt sogar über sich selbst verwundert).

172 Hartenstein, Friedhelm, Wunder im Alten Testament. Zur theologischen Begrifflichkeit für das Außerordentliche in der Hebräischen Bibel, in: Gräb-Schmidt / Preul (Hg.), Wunder, 1–30, 1.

173 So Thielicke (Wunder, 94) zu diesem klassischen Wunderverständnis und mit der ausdrücklichen Kritik, dass dabei das Wesentliche des Wunders schon verfehlt sei, weil der Schwerpunkt auf dem Sachverhalt des Durchbrechens der weltlichen Kausalität liegt, wo er doch auf dem Urheber, nämlich Gott, und dem Inhalt, nämlich dem Evangelium, liegen müsste.

dieser Wunderdefinition vorgebildet.[174] Sie hat zur Folge, dass man Gottes Handeln aus der Welt verdrängt, und zwar in Relation zur wachsenden Erkenntnis der Naturzusammenhänge in zunehmendem Maße.[175] Denn nicht nur die Wunder, sondern in erster Linie die zu durchbrechenden Gesetzmäßigkeiten der Welt müssten nach christlicher Überzeugung auf Gott zurückgeführt werden. Warum aber sollte Gott durchbrechen, was er selbst aufgestellt hat? Entweder wird so die gesamte Wirklichkeit zu einem einzigen Wunder oder aber ein Wunder wird – wie Spinoza schlussfolgert – unlogisch. Mit den Worten des katholischen Dogmatikers Karl-Heinz Menke:

> „Wer behauptet, ein Wunder sei dadurch definiert, daß die Naturgesetze durchbrochen werden, geht einem Weltbild auf den Leim, das dem biblischen Schöpfungsgedanken diametral widerspricht. Denn wenn Gott nur dann in der Welt da ist, wenn er die Naturgesetze durchbricht, dann ist die Welt offenbar ein geschlossener Kausalzusammenhang, der für Gott nur dann Platz läßt, wenn der sich in diesen Kausalzusammenhang hineindrängt."[176]

Wir können also festhalten: Das Wunder ist als Durchbrechung des Naturzusammenhangs falsch bestimmt. Andernfalls müsste Gottes Handeln in der Welt auf Einzelfälle reduziert werden und die Providenzlehre verlöre stark an Plausibilität.[177] Die Alternative, den vom Cartesianismus vorbereiteten Weg der Aufklärungstheologie bis zu Friedrich Schleiermacher (1768–1834) weiterzuverfolgen und das Wunder als Erfahrung des religiösen Subjekts zu

---

174 Thiliecke (Wunder, 94–103) benutzt die Mängel der Orthodoxie, um seine Kritik an der liberalen Wundertheologie entfalten zu können und damit ihr Glaubensverständnis in grundsätzlicher Weise zu destruieren. Er sieht eine Verbindung zwischen der Nivellierung des Wunders in der Orthodoxie und der subjektivistischen Zuspitzung der Wundererfahrung bei Schleiermacher.

175 Verwiesen sei hier noch einmal auf die Beobachtungen Bonhoeffers zum Lückenbüßergott, in Widerstand und Ergebung, 454–456.476–483.

176 Menke, Karl-Heinz, Handelt Gott, wenn ich ihn bitte?, Kevelar ^{3}2008, 43.

177 Anne Käfer, die jüngst eine anregende Deutung des Apostolikums ausgehend von Gottes Allmacht vorgelegt hat, unterstreicht das überzeugend. Im Kontext der Auslegung der Jungfrauengeburt Jesu legt Käfer (Glauben bekennen, Glauben verstehen: Eine systematisch-theologische Studie zum Apostolikum [Theologische Studien 9], Zürich 2014, 44) dar, dass „Gottes allmächtige Schöpferliebe nur dann ernstgenommen [ist], wenn eine Störung des Naturzusammenhangs durch Gott selbst ausgeschlossen wird." Die Welterhaltung des Schöpfers ist für sie eine kontinuierliche Bewahrung des raumzeitlichen und durch Naturgesetze geordneten Weltzusammenhangs. Dass dieser aufgrund von der liebenden Allmacht des Schöpfers nicht durchbrochen werden muss, schließt letztlich auch das Eingreifen Gottes in Form supranaturaler Wunder aus. Käfer beschreibt Gottes Wirken in der Welt stattdessen durch Christus und im Heiligen Geist: unter den Gegebenheiten der Schöpfung führt Gott die Menschheit zu einer liebenden Beziehung zu sich. Vgl. bes. Käfer, Apostolikum, 28–31. In Sohn und Geist wirkt Gott Glaube und Liebe und macht sich in den Sakramenten unter den Menschen präsent.

deklarieren, wäre demgegenüber konsequenter,[178] opferte der Plausibilität aber den Wirklichkeitsanspruch göttlichen Handelns in der Welt. Wunder gäbe es dann immer nur für den Einzelnen in seinem persönlichen Erfahrungszusammenhang. Diese letztlich religionspsychologisch-anthropozentrische Lösung verbannt Gottes Handeln aus der Geschichte ins religiöse Bewusstsein und schießt damit über das Ziel hinaus. Mit mehr Fingerspitzengefühl nähert sich Karl Barth (1886–1968) dem Wunder an. Er betont mit Blick auf die biblischen Wundergeschichten zwar die Geschichte als den notwendigen Rahmen des Handelns Gottes. Das Wunder erscheint ihm dabei jedoch als eine Ereigniskategorie, die sich der Verortung in Kausalzusammenhängen und der räumlichen und zeitlichen Erfassung *per definitionem* entzieht.[179] Zwar finden Wunder in Raum und Zeit statt, sind selbst aber *inkoordinable* Ereignisse. Die Geschichtsschreibung erscheint demnach schlicht als das falsche Medium ihrer Erfassung. Als Wunder entzögen sich diese Ereignisse gerade der stringenten historischen Beschreibung. Sie verwiesen vielmehr darauf, dass sich innerhalb des rational beschreibbaren Weltzusammenhangs in Jesus Christus etwas Neues ereignet habe und immer wieder ereigne, das die Kausalzusammenhänge menschlichen Wirklichkeitsverständnisses transzendiere. So bemüht sich Barth darum, das Wirken Gottes in der Geschichte objektiv zu bestimmen, aber beschreibt es zugleich als wesenhaft einer historischen Vereinnahmung entzogen. Nicht die schleiermachersche Subjektivität, sondern Jesus Christus wird dadurch zum Zentrum des Wunders und beantwortet die Frage nach seiner Faktizität, insofern das *Inkoordinable* des Wunders auf eine Infragestellung des Weltzusammenhangs durch Gottes Gericht und zugleich auf dessen Neuschöpfung in Jesus Christus als dem neuen Menschen verweist.[180] Sowohl mit Blick auf das Wirken Gottes in der Geschichte als auch mit Blick auf die Gebetserhöhung als Testfall der Wunderfrage zeigt sich, dass auch hier „das Nadelöhr der Christologie“[181], also eine konsequente Auslegung des *solus Christus*, der Ausgangspunkt evangelischer Dogmatik sein muss. Dadurch ist eine biblisch fundierte christliche Wirklichkeitsdeutung sichergestellt, ohne in die Sackgasse eines vermeintli-

---

178 Vgl. dazu Beutel, Albrecht, Die Vernunft des Wunders in der Aufklärungstheologie. Erkundungen in exemplarischer Absicht, in: Gräb-Schmidt / Preul (Hg.), Wunder, 59–73.

179 Vgl. bes. Barth, Einführung, 74f.: „Sie [scil. Wunder] sind – provisorisch und noch wenig sachnah definiert – solche räumlich-zeitlichen Vorgänge, die in dem allgemein bekannten und als lückenlos anerkannten Kausalzusammenhang räumlichen und zeitlichen Geschehens keinen Ort und keine Analogie haben, bei deren […] historischer Verifizierung es sich […] scheinbar nur um die Feststellung und Umschreibung der sicheren Tatsache handeln kann, dass sie an historisch bekannter Stelle als Vorgänge nun eben dieser inkoordinablen Art berichtet werden.“

180 Vgl. auch Barth, Einführung, 74–79. In Ergänzung sei hier auch insgesamt auf Barths Überlegungen zur Historizität der Auferstehung verwiesen.

181 Beintker, Michael, Die Frage nach Gottes Wirken im geschichtlichen Leben, in: ZThK 90 (1993), 442–461, 461.

chen Antagonismus naturwissenschaftlicher und christlicher Wirklichkeitsauffassung zu führen. Gleichzeitig wird das glaubende Subjekt zwar zum Zeugen des Wunderbaren, aber die Faktizität des Geschehens bleibt in Christus und nicht in der menschlichen Psyche begründet.

Für die Providenzlehre hat das überzeugend Michael Beintker gezeigt,[182] der seine Analyse der göttlichen Weltlenkung im Miteinander von Welt- und Heilsgeschichte und ihre Problematisierung durch die Theodizeefrage in eine Auslegung der ersten Frage des Heidelberger Katechismus münden lässt.[183] Beintker warnt auf der einen Seite davor, in geschichtstheologischen Spekulationen Gottes Wirken für historische Ereignisse in Anspruch zu nehmen und betont auf der anderen Seite die Notwendigkeit, den Gottesbezug unserer Wirklichkeit herauszustellen.[184] Mit der Verheißung Jesu Christi als „mein einziger Trost im Leben und im Sterben“ (Heidelberger Katechismus, Frage 1) gelingt dieser Spagat durch die Betonung der Wirkmacht Gottes in der persönlichen Christusbegegnung des Einzelnen. Der Trost im Glauben der Christinnen und Christen wirke wiederum zurück auf die Welt.[185] „Die *gubernatio mundi* realisiert sich am versöhnten Menschen als *gubernatio* durch den Gekreuzigten und Auferstandenen und kommt gerade so der Welt zu Gute.“[186]

In ähnlicher Weise argumentiert auch Christiane Tietz in ihrer Untersuchung zur Gebetserhörung.[187] Sie distanziert sich von einer Diskussion supranaturalen Eingreifens Gottes und bestimmt die Gottesbeziehung als Kern des Gebets. Nicht darin, dass geschieht, was der Beter von Gott wünscht, sondern darin, dass er aus dem Zwiegespräch mit Gott heraus dessen Fürsorge in seiner Notsituation spürt, resultiere Gebetserhöhung.[188] Diese Wahrnehmung göttlicher Fürsorge werde mitunter aufgrund der ungebrochenen Fortsetzung von Leid und Not verhindert, das könne dann aber vom Beter in Form der Klage wiederum in die Gottesbeziehung hineingebracht werden.

> „In diesem *Klagen* kann ihm die Nähe Gottes auch in dieser Situation gegenwärtig werden – so dass er von der Situation des nicht erhörten Gebetes zurückverwiesen wird auf die Gebetserhörung in Jesus Christus, also darauf, dass Gott des Menschen fundamentales Beten – und zwar das eines jeden – bereits erhört *hat*.“[189]

Mit Verweis auf Luther stellt Tietz heraus, dass z. B. Krankenheilung infolge von Gebeten „schlechte Miracula“[190] seien, die nur die Schwachen im Glau-

[182] Beintker, Gottes Wirken.
[183] Vgl. Beintker, Gottes Wirken, 459–461.
[184] Vgl. bes. Beintker, Gottes Wirken, 446.
[185] Vgl. Beintker, Gottes Wirken, 459–461.
[186] Beintker, Gottes Wirken, 461 (Kursiv nach Beintker).
[187] Christiane Tietz, Was heißt: Gott erhört Gebete?, in: ZThK 106 (2009), 327–344.
[188] Vgl. Tietz, Gebete, 340–344.
[189] Tietz, Gebete, 343 (Kursiv nach Tietz).
[190] Tietz, Gebete, 343 mit Verweis auf Luthers Tischreden: WA.TR. 6, Nr. 6751.

ben benötigten. Das eigentliche Wunder, aus dem der Christenmensch lebe, sei demgegenüber die Begegnung mit Jesus Christus als dem Heil der Welt, die sich in den Sakramenten konkretisiere.[191]

Die von der Diskrepanz zwischen naturwissenschaftlichem und biblischen Weltbild ausgehende Problemanzeige der cartesianischen Theologen, die in einer Relativierung des Wunders als supranaturales Eingreifen Gottes in die Geschichte münden musste, steht damit am Anfang einer Denkbewegung, die das Wunderbare in der Welt nicht verbannt, sondern von Vorurteilen und Missverständnissen befreit. Das Wunder in der Geschichte kommt in der Überwindung der hier wahrgenommenen Spannungen zur Sache. Die Impulse reformatorischer Theologie und die Entzauberung der Welt durch die Aufklärung werden so zur Grundlage eines adäquaten christlichen Wirklichkeitsverständnisses. Wenn uns das wissenschaftlich erschlossene Weltbild zwingt, unser Wunderverständnis im Kontext der Providenzlehre durch das „Nadelöhr der Christologie“ zu zwängen, befreit es unseren Blick für das, was der Kern der Reformation ist: *solus Christus*.

Literatur

Michael Rothmann

Aquinas, Thomas, The Letter of Saint Thomas Aquinas De occultis naturae ad quemdam militem ultramontanum, hg. v. McAllister, Joseph Bernhard, Washington 1939.

Aristoteles, Mirabilia, Werke in deutscher Übersetzung, Bd. 18, Opuscula, Teil II, hg. u. übers. v. Flashar, Helmut, Berlin 1968.

Biow, Douglas, Mirabile Dictu. Representation of the Marvelous in Medieval an Renaissance Epic, Ann Arbor 1996.

Bloch, Marc Die wundertätigen Könige, München 1998.

Boer, W. Walter (Hg.), Epistola Alexandri ad Aristotelem ad Codicum Fidem (Beiträge zur klasssischen Philologie 50), Meisenheim 1973.

Borst, Arno, Das Buch der Naturgeschichte. Plinius im Zeitalter des Pergaments (Abhandlungen der Heidelberger Akademie der Wissenschaften, Philosophisch-historische Klasse), Heidelberg 1994.

Cambrensis, Giraldus, Topographia Hibernica, hg. v. Dimock, James F. (Rolls Series 21/5), London 1867.

Carasso-Bulow, Lucienne, The Merveilleux in Crétien de Troyes Romances, Genf 1976.

Chenu, Marie-Dominique, La thélogie au douzième siècle, Paris 1957.

Daston, Lorraine, Katherine Park, Wonder and Order of Nature, 1150–1750, New York 1998.

Deluz, Christiane, Le livre de Jehan de Mandeville, Paris 2000.

de Mandeville, Jean, Mandeville's Travels, hg. v. Seymour, Maurice Charles, London 1968.

[191] Vgl. Tietz, Gebete, 343f.

de Sévérac, Jordan (Catalani), Mirabilia, hg. v. Cordier, Henri, Les merveilles de l'Asie par le Père Jordan de Sévérac, Paris 1925.

Dubost, Francis, Aspects fantastiques de la littérature narrative médiévale (XIIe–XIIIe siècles): L´autre, l´ailleurs, l´autrefois, Genf 1991.

Finucane, Ronald C., Appearences of the Dead: A Cultural History of Ghosts, London 1982.

Freedman, Paul, The Return of the Grotesque in Medieval Historiographie, in: Barros, Carlos (Hg.), Historia a Debate: Medieval, Santiago de Compostela 1995, 9–19.

Gaborit-Chopin, Danielle, Le trésor de Saint-Denis. Musée du Louvre, Paris 1991.

Gerner, Dominique / Pignatelli, Cinzia, Traductions francaises des Otia imperialia de Gervais de Tilbury par Jean d'Antioche et Jean de Vignay (Publications Romanes et Francaises), Genf 2005.

Gervasius von Tilbury, Otia Imerpalia. Recreation for an emperor (Oxford medieval texts), hg. v. Banks, Shealgh E. / Binns, James W., Oxford 2002.

Giannini, Amadeo (Hg.), Paradoxographorum Graecorum reliquiae, Mailand 1965.

Giraldus Cambrensis, Topographia Hibernica (Rolls Series 21/5), hg. v. Dimock, James F., London 1867.

Guiffrey, Jules, La ménagerie du duc Jean de Berry, 1370–1403, in: Mémoires de la Société des Antiquaires du Centre 22 (1899), 63–84.

Hansen, Bert, Nicole Oresme and the Marvels of Nature. A study of his De causis mirabilium with Critical Edition, Translation and Commentary, Toronto 1985.

Harmening, Dieter, Superstitio, Berlin 1979.

Hidgen, Ranulph, Polychronicon, hg. v. Babington, Churchill (Rolls Series 41/1), London 1865–1886.

Hörisch, Jochen, Der Wandel des Einhorns, in: Müller, Ulrich / Wunderlich, Werner (Hg.), Dämonen, Monster, Fabelwesen, St. Gallen 1999, 205–228.

Hoogvliet, Margriet, Hic nulli habitant propter leones et ursos et pardes et tigrides. Die Zoologie der *mappae mundi*, in: Müller, Ulrich / Wunderlich, Werner (Hg.), Dämonen, Monster, Fabelwesen, St. Gallen 1999, 89–102.

James, Montague R., Ovidius `De mirabilibus mundi, in: Essays and Studies presented to William Ridgeway on his sixtieth birthday, Cambrigde 1913, 286–298.

Janet, Piere, Psychological Healing, New York 1925.

Jordan, Henri (Hg.), Topographie der Stadt Rom im Alterthum, Bde. I–III, Berlin 1871–1907.

Kappler, Claude, Monstres, demons et merveilles à la fin du moyen âge, Paris 1980.

Kenseth, Joy (Hg.), The Age of the Marvelous, Hannover 1991.

Kullmann, Kerstin u. a., Eine Aura der Stärke. Helmut Schmidt wird 90 Jahre alt, Der Spiegel 50/2008, 52–64.

Lecouteux, Claude, Les monstres dans la pensée médiévale européenne: Essai de présentation, Paris 1993.

Le Goff, Jacques, Le merveilleux dans l'Occident médiéval, in: L'Etrange et le merveilleux dans l'islam, hg. v. Mohamed Arkoun u. a., Paris 1987, 61–79.

Luscombe, David, Peter Comestor, The Bible in the Medieval World: Essays in Memory of Beryl Smalley, Oxford 1985.

Meier-Staubach, Christel, Grundzüge der mittelalterlichen Enzyklopädik. Zu Inhalten, Formen und Funktionen einer problematischen Gattung, in: Grenzmann, Ludger / Stackmann, Karl (Hg.), Literatur und Laienbildung im Spätmittelalter und in der Reformationszeit, Stuttgart 1984, 467–500.

Meslin, Michel (Hg.), Le merveilleux: L´imaginaire et les croyances en Occident, o. O. 1984.

Miedema, Nine Robijntje, Die Mirabilia Romae. Untersuchungen zu ihrer Überlieferung mit Edition der deutschen und niederländischen Texte (Münchner Texte und Untersuchungen zur Deutschen Literatur des Mittelalters 108), Tübingen 1996.

Molland, Andrew George, Roger Bacon as Magician, in: Traditio 30 (1974), 445–460.

Morey, James H., Peter Comestor, Biblical Paraphrase, and the Medieval Popular Bible, in: Speculum 68 (1993), 6–35.

Neckam, Alexander, De Naturis Rerum, hg. v. Wright, Thomas, London 1863 (ND Nendeln 1967).

Nennius, Historia Britonum, hg. v. Stevenson, John, London 1838.

Nennius, *De mirabilibus Hiberniae,* in: Mommsen, Theodor (Hg.), MGH Abt. I: Scriptores. Auctores Antiquissimi, Bd. XIII.

Pfister, Friedrich, Kleine Schriften zum Alexanderroman, Meisenheim 1976.

Polo, Marco, Das Buch der Wunder: aus „Le Livre des merveilles du monde", hg. v. Tesnière, Marie-Hélène / Avril, François, München 1999.

Porion, Daniel, Le merveilleux dans la littérature française du moyen âge, Paris 1982.

Pseudo-Albertus Magnus, De mirabilibus mundi, sig. z8v.-aa1r., in: Ders., De secretis mulierum, ... eiusdem de virtutibus herbarum, lapidum et animalum, ... item de mirabilibus mundi, Lyon (nicht veröffentlicht) 1560.

Reichert, Folker, Die Reise des seligen Oderich von Pordenone nach Indien und China, Sigmaringen 1987.

Reichert, Folker, Begegnungen mit China. Die Entdeckung Ostasiens im Mittelalter, Sigmaringen 1992.

Ridder, Klaus, Jean de Mandevilles Reisen, München 1991.

Romm, James S., The Edge of the Earth in Acient Thought. Geography, Exploration, and Fiction, Princeton 1992.

Rothmann, Michael, Zeichen und Wunder. Deutungsparadigmen zwischen tradiertem Naturwissen und entstehender Naturwissenschaft. Die Mirabiliensammlung des Gervasius von Tilbury, Habilitiationsschrift 2008.

Rousset, Paul, Le sens du merveilleux à époque féodale, in: Le moyen âge 62 (1956), 25–37.

Schmieder, Felicitas, Europa und die Fremden. Die Mongolen im Urteil des Abendlandes vom 13. bis in das 15. Jahrhundert, Sigmaringen 1994.

Schmitt, Jean-Claude, Les revenants: Les vivantes et les morts dans la société médiévale, Paris 1994.

Schott, Caspar, Physica Curiosa, sive mirabilia naturae et artis libris XII. Comprehensa, quibus pleraque, quae de Angelis, Daemonibus, Hominibus, Spectris, Energumenis, Monstris, Portentis, Animalibus, Meteoris, &c. rara, arcana, curiosaque circumferentur, ad Veritatis trutinam expenduntur, variis ex Historia ac Philosophia petitis disquisitionibus excutiuntur, & innumeris exemplis illustrantur, Würzburg 1662.

Sigal, Pierre, L'homme et le miracle dans la France médiévale (XIe–XIIe siècle), Paris 1985.

Societé des Historiens Médiévistes de l'Enseignement Supérieur Public (Hg.), Miracles, Prodiges et Merveilles au Moyen Âge (Série Histoire Ancienne et Médiévale 34), Paris 1995.

Solini, C. Iulii, Collectanea Rerum Memorabilium, hg. v. Mommsen, Theodor, Berlin 1894.

Speer, Andreas, Die entdeckte Natur. Untersuchungen zu Begründungsversuchen einer 'scientia naturalis' im 12. Jahrhundert, Leiden u. a. 1995.

Taylor, John, The Universal Chronicle of Ranulph Higden, Oxford 1966.

Thorndike, Lynn, A History of Science and Experimental Magic, 8 Bde., New York 1923–1958.

von Bath, Adelard, Questiones naturales, hg. v. Müller, Martin, Münster 1934.

von Brabant, Siger, Questiones in Metaphysicam, zitiert in: Maurer, Armand, Between Reason and Faith. Siger von Brabant and Pomponazzi on the Magic Arts, in: Medieval Studies 18 (1956), 1–18.

von Clairvaux, Bernhard, Apologia ad Guillelmum Abbatum, 12, 29, in: Jean Leclercq / Henri M. Rochais (Hg.), Sancti Bernardi Opera III: Tractatus et opuscula, Bd. 3, Rom 1957ff.

von Conches, Wilhelm, Dragmaticon Phlilosophiae, hg. v. Ronca, Italo, Turnhout 1997.

von Conches, Wilhelm, Dragmaticon seu Dialogus de substantia physicis, hg. v. Gratarolus, Wilhelm, Straßburg 1557 (ND Frankfurt/M. 1967).

von den Brincken, Ann-Dorothee, Karthographische Quellen, Welt-, See- und Regionalkarten (Typologie des sources du Moyen Âge occidental 51), Turnhout 1988.

von den Brincken, Ann-Dorothee, *Quod non vicietur pictura.* Die Sorge um das rechte Bild in der Karthographie, in: Fälschungen im Mittelalter (MGH Schriften 33 I–V), Hannover 1988, 587–599.

von Plano Carpini, Johannes, Kunde von den Mongolen, hg. v. Schmieder, Felicitas (Fremde Kulturen in alten Berichten 3), Sigmaringen 1997.

von Sévérac, Jordan, Mirabilia descripta, or Wonders of the East, hg. v. Yule, Henry, New York/London 1863.

von St. Victor, Richard, Liber exceptionum, hg. v. Châtillon, Jean, Paris 1958.

Walker Bynum, Caroline, Wonder, in: The Americal Historical Review 102/1 (1997), 1–26.

Walter, Hermann, C. Julius Solinus und seine Vorlagen, in: Classica et Mediaevalia 24 (1963), 86–157.

Ward, Benedict, A Miracles and the Medieval Mind: Theory Record and Event (1000–1215), London 1982.

Wilke, Jürgen, Die Ebstorfer Weltkarte (Veröffentlichungen des Instituts für Historische Landeskunde der Universität Göttingen 39), Text- und Tafelband, Bielefeld 2001.

Wilke, Jürgen / Hoffmann, Manfred, Ein Kommentar zum Pater Noster von Gervasius von Tilbury, in: Jahrbuch für Internationale Germanistik 33/1 (2001), 127–156.

Wilkinson, Bryan R., The Otia Imperialia of Gervase of Tilbury, M.A. thesis, Dublin 1965.

Wolf, Armin, The Ebstorf Mappamundi and Gervase of Tilbury: the controversy revisited, in: Imago mundi 64 (2012), 1–27.

Zarnke, Friedrich, Der Priester Johannes (Abhandlungen der philogisch-historischen Classe der Wissenschaften 7/8), Leipzig 1879/1883.

Zimmermann, Albert / Speer, Andreas (Hg.), Mensch und Natur im Mittelalter (Miscellanea Mediaevalia 21/1–2), Berlin / New York 1991.

Kai-Ole Eberhardt

Anmerkung zu den Digitalisaten frühneuzeitlicher Quellen: PRDL steht für The Post-Reformation Digital Library, in: http://www.prdl.org/index.php (Zugriff: Mai 2017).

Alkier, Stefan, Wunder und Wirklichkeit in den Briefen des Apostels Paulus. Ein exegetischer Beitrag zu einem Wunderverständnis jenseits von Entmythologisierung und Rehistorisierung (WUNT 134), Tübingen 2001.

Arndt, Hans-Werner, Art. „Methode V. Neuzeit“, in: HWP 5 (1980), 1314–1323.

Barth, Karl, Einführung in die evangelische Theologie (1962), Zürich [7]2010.

Bautz, Friedrich Wilhelm, Art. „BEKKER“, in: BBKL I (1990), 468.
Beintker, Michael, Die Frage nach Gottes Wirken im geschichtlichen Leben, in: ZThK 90 (1993), 442–461.
Bekker, Balthasar, Balthasaris Bekker V. D. M. S. T. D. De philosophia cartesiana admonitio candida & sincera. Vesaliae: ab Hoogenhuysen 1668. Digitalisat: PRDL.
Bekker, Balthasar, De Betoverde Wereld, Zijnde een Grondig Ondersoek Van 't gemeen gevoelen aangaande de Geesten, derselver Aart en Vermogen, Bewind en Bedrijf: als ook 't gene de Menschen door derselver kraght en gemeinschap doen. In twee Boecken ondernomen van Balthasar Bekker S. Th. D. Predikant tot Amsterdam. Leeuwarden: Nauta 1691. Digitalisat: PRDL.
Bekker, Balthasar, Die bezauberte Welt (1693). Mit einer Einleitung hg. v. Wiep van Bunge (Freidenker der europäischen Aufklärung, Abt. 1: Texte, Bd. 7), Stuttgart / Bad Cannstatt 1997.
Beutel, Albrecht, Die Vernunft des Wunders in der Aufklärungstheologie. Erkundungen in exemplarischer Absicht, in: Gräb-Schmidt, Elisabeth / Preul, Reiner (Hg.), Wunder (Marburger Jahrbuch Theologie XXVIII), Leipzig 2016, 59–73.
Bordoli, Roberto, Art. „WITTICHIUS, Christophorus (1625–87)”, in: van Bunge, Wiep u. a. (Hg), The Dictionary of Seventeenth and Eighteenth-Century Dutch Philosophers, Bd. 2, Bristol 2003, 1083–1086.
Burman, Frans, Francisci Burmanni S. Theol. Doctoris & Professoris Synopsis Theologiae & speciatim Oeconomiae FOEDERVM DEI, ab initio saeculorum vsque ad consummationem eorum. TOMVS PRIOR. Praecipue complectitur Oeconomiam VETERIS TESTAMENTI. Trajecti ad Rhenum: Jacobi 1671. Digitalisat: PRDL.
Burman, Frans, Francisci Burmanni S. Theol. Doctoris & Professoris Synopsis Theologiae & speciatim Oeconomiae FOEDERVM DEI, ab initio saeculorum vsque ad consummationem eorum.TOMUS POSTERIOR, Complectens OECONOMIAM NOVI FOEDERIS. Cui acceßit Consilium de STVDIO THEOLOGICO feliciter instituendo. Trajecti ad Rhenum: Jacobi 1672. Digitalisat: PRDL.
Bonhoeffer, Dietrich, Widerstand und Ergebung. Briefe und Aufzeichnungen aus der Haft, in: DBW 8 (2011).
Descartes, René / Adam, Charles / Tannery, Paul (Hg), Œuvres de Descartes, 11 Bde., Paris 1897–1913 (digital verfügbar über die philosophische Fakultät der University of California: http://philosophyfaculty.ucsd.edu/faculty/ctolley/texts/descartes.html. Zugriff: Mai 2017).
Descartes, René, Regulae ad directionem ingenii. Regeln zur Ausrichtung der Erkenntniskraft. Kritisch rev., übers. und hg. v. Springmeyer, Heinrich u. a. Lateinisch – Deutsch (Philosophische Bibliothek 262a), Hamburg 1993 (ND 1973).
Descartes, René, Principia philosophiae/Die Prinzipien der Philosophie [1644]. Übers. u. hg. v. Wohlers, Christian (Philosophische Bibliothek 566), Hamburg 2005.
Eberhardt, Kai-Ole, Das reformierte Orthodoxieverständnis im Cartesianismusstreit am Beispiel der Selbstwahrnehmung von Samuel Maresius (1599–1673) und Christoph Wittich (1625–1687), in: van Spankeren, Malte / Witt, Christian Volkmar (Hg), Confessio im Barock. Religiöse Wahrnehmungsformationen im 17. Jahrhundert, Leipzig 2015, 130–146.
Eberhardt, Kai-Ole, Art. „Wittich, Christoph“, in: BBKL XXXVII (2016), 1493–1507.
Eberhardt, Kai-Ole, Christoph Wittich (1625–1687). Reformierte Theologie unter dem Einfluss von René Descartes, im Druck.
Eberhardt, Kai-Ole, Vernunft und Offenbarung, im Druck.
Fix, Andrew, Art. „BEKKER, Balthasar (1634–98)”, in: van Bunge, Wiep u. a. (Hg.), The Dictionary of Seventeenth and Eighteenth-Century Dutch Philosophers, Bd. 1, Bristol 2003, 74–77.

Goldstein, Jürgen, Kontingenz und Rationalität bei Descartes. Eine Studie zur Genese des Cartesianismus (Paradeigmata 28), Hamburg 2007.
Gräb-Schmidt, Elisabeth / Preul, Reiner (Hg.), Wunder (Marburger Jahrbuch Theologie XXVIII), Leipzig 2016.
Hartenstein, Friedhelm, Wunder im Alten Testament. Zur theologischen Begrifflichkeit für das Außerordentliche in der Hebräischen Bibel, in: Gräb-Schmidt, Elisabeth / Preul, Reiner (Hg.), Wunder (Marburger Jahrbuch Theologie XXVIII), Leipzig 2016, 1–30.
Heinzelmann, Martin / Herbers, Klaus / Bauer, Dieter R. (Hg.), Mirakel im Mittelalter. Konzeptionen, Erscheinungsformen, Deutungen, Stuttgart 2002.
Heppe, Heinrich / Bizer, Ernst, Die Dogmatik der evangelisch-reformierten Kirche, Neukirchen ^{2}1958.
Israel, Jonathan I., Radical Enlightenment. Philosophy and the Making of Modernity, 1650–1750, Oxford / New York 2001.
Janssen, Paul, Art. „Okkasionalismus", in: TRE 25 (1995) 210–216.
Käfer, Anne, Glauben bekennen, Glauben verstehen: Eine systematisch-theologische Studie zum Apostolikum (Theologische Studien 9), Zürich 2014.
Knoblauch, Hubert, Populäre Religion. Auf dem Weg in eine spirituelle Gesellschaft, Frankfurt/M. 2009.
Menke, Karl-Heinz, Handelt Gott, wenn ich ihn bitte?, Kevelar ^{3}2008.
Muller, Richard A., Post-Reformation Reformed Dogmatics. The Rise and Development of Reformed Orthodoxy, ca. 1520 to ca. 1725, Bde. 1–4, Grand Rapids ^{2}2003.
Nooijen, Annemarie, „Unserm grossen Bekker ein Denkmal"? Balthasar Bekkers Betoverde Weereld in den deutschen Landen zwischen Orthodoxie und Aufklärung (Studien zur Geschichte und Kultur Nordwesteuropas 20), Münster / New York u. a. 2009.
Ohst, Martin, Art. „Wunder V. Kirchengeschichtlich", in: TRE 35 (2004), 397–409.
Schröder, Winfried, Art. „Wunder", in: HWP 12 (2004), 1052–1071.
Stefan, Jan, Art. „Wunder VI. Dogmatisch", in TRE 35 (2004), 409–413.
Steenbakkers, Piet, Art. „Meyer, Lodewijk (1629 – 81)", in: DSECDP 2 (2003), 694–699.
Stock, Konrad, Einleitung, in: Gräb-Schmidt, Elisabeth / Preul, Reiner (Hg.): Wunder (Marburger Jahrbuch Theologie XXVIII), Leipzig 2016, XI–XXVIII.
Specht, Rainer, Art. „Occasionalismus, in: HWP 6 (1984), 1090f.
Specht, Rainer, Commercium mentis et corporis. Über Kausalvorstellungen im Cartesianismus. Stuttgart 1966.
Thielicke, Helmut: Das Wunder (1937), in: Ders., Theologie der Anfechtung, Tübingen 1949, 94–134.
Tietz, Christiane, Was heißt: Gott erhört Gebete?, in: ZThK 106 (2009), 327–344.
van Asselt, Willem J., The federal theology of Johannes Cocceius (1603–1669), übers. v. Blacketer, Raymond A. (Studies in the history of Christian thought. Volume C), Leiden/Boston u. a. 2001.
van Bunge, Wiep: Balthasar Bekker's Cartesian Hermeneutics and the Challenge of Spinozism, in: Beaney, Michael u. a. (Hg): British journal for the history of philosophy, Bd. 1/1. London 1993, 55–79.
van Sluis, Jacob, Bekkeriana. Balthasar Bekker biografisch en bibliografisch, Ljouwert/Leeuwarden 1994.
van Sluis, Jacob, Art. „BURMAN I, Frans (1628–79)" in: van Bunge, Wiep u. a. (Hg.): The Dictionary of Seventeenth and Eighteenth-Century Dutch Philosophers, Bd. 1, Bristol 2003, 190f.
Walther, Manfred, Spinozas Kritik der Wunder — ein Wunder der Kritik? Die historisch-kritische Methode als Konsequenz des reformatorischen Schriftprinzips, in: ZThK 88/1 (1991), 68–80.

Weber, Max, Wissenschaft als Beruf, in: Wissenschaft als Beruf 1917/1919. Politik als Beruf 1919, hg. v. Mommsen, Wolfgang J. / Schluchter, Wolfgang, in Zus.-Arb. m. Morgenbrod, Birgitt (Max Weber. Gesamtausgabe. Abt. I Schriften und Reden, Bd. 17), Tübingen 1992.

Wittich, Christoph, Dissertationes duae quarum prior De S. Scripturae in rebus philosophicis abusu, examinat, 1. An Physicae genuinum Principium sit Scriptura? 2. An haec de rebus naturalibus loquens accuratam semper veritatem, an potius sensum & opinionem vulgi saepius sequatur? Altera Dispositionem & ordinem totius universi & principalium ejus corporum tradit, sententiamque Nobilissimi Cartesii, de vera Quietate et vero motu Terrae defendit, Conscriptae a Christophoro Wittichio S.S. Theol. Profess. Ordinario in illustri Duisburgensi Lyceo, ibidemque Ecclesiae Pastore. Amstelodami: Elzevir 1653. Digitalisat: PRDL.

Wittich, Christoph, Christophori Wittichii Consensus Veritatis In Scriptura Divina Et Infallibili Revelatae Cum Veritate Philosophica A Renato Des Cartes Detecta, Cujus occasione Liber II. & III. Principiorum Philosophiae dicti des-Cartes maximam partem illustrantur: cum Indice, Editio secunda a multis mendis emaculata & non parum aucta. Lugduni Batavorum: Boutesteyn/Lever 1682. Digitalisat: PRDL.

Wittich, Christoph, Christophori Wittichii *Exercitationes* Theologicae: I. Deus Mundi Rector, II. Christus Humilis, et Altus, III. Fides Sanctorum Perseverans et Certa, IV. Fucata Gentium Virtus, V: Veritates et Errores Fundamentales cum Annexis. Editae cura & studio ipsius Auctoris, multis quoque in locis auctae. Accessit Oratio Inauguralis De Oraculorum divinorum Veritate & Gentilium Falsitate. Lugdunum Batavorum: Boutesteyn 1682. Digitalisat: PRDL.

Wittich, Christoph, Christoph. Wittichii Investigatio Epistolae Ad Hebraeos, Et Positiones Sive Aphorismi universam Theologiam adumbrantes. Amstelaedami: Wolters 1692. Digitalisat: PRDL.

Bild(ungs)interessen im Spiegel neuer Ambivalenzen. Theologie und Bildungswissenschaft im Gespräch

Monika E. Fuchs und Steffi Robak

Gesprächspartner, Gesprächsthemen, Gesprächsverlauf

Im vorliegenden Beitrag stehen Theologie und Bildungswissenschaft im Gespräch. Dabei sind die formulierten Bild(ungs)interessen das Ergebnis eines intensiven gemeinsamen Austauschs zu sich überschneidenden Beobachtungen in pädagogischen Handlungsfeldern.

Wir konnten mehrere – in Art und Ausprägung neue – Ambivalenzen wahrnehmen: zum einen die zwischen *Selbstverortung und Leistungsmaximierung*, zum zweiten die zwischen *Norm und Verunsicherung* und zum dritten die zwischen *Resonanz und Bewertung*. Diese Ambivalenzen sind erstens grundsätzlich eingebunden in die Trias von Individualität, Sozialität und Institutionalität. Sie führen zweitens zu neuen kulturellen Verkodungen, die vom „Sein" zum „Haben" zum „Schein-sein" führen. Im Zentrum steht hierbei das Austarieren des Scheins, um davon ausgehend dann (vielleicht) zum Sein zurückzukehren. Die beiden von uns repräsentierten Disziplinen „Bildungswissenschaft/Erwachsenenbildung" sowie „Theologie/Religionspädagogik" befragen mit ihren Forschungsansätzen die hinter diesen Verkodungen liegenden Prozesse. Sie tun dies, indem sie immer zugleich das sich bildende als hybrides[1] bzw. als fragmentarisches[2] Subjekt in den Blick nehmen.

So ist jede der Ambivalenzen drittens auch mit einer subjektiven anthropologischen Grundfrage verbunden: Im Spannungsfeld von Selbstverortung und Leistungsmaximierung lautet diese: *Wie nehme ich mich in der Welt wahr? Und wie möchte ich gesehen werden?*, im Feld von Norm und Verunsicherung: *Was gilt? Und wer bzw. was gibt mir Orientierung?*, und im Feld von Resonanz und Bewertung lautet sie: *Wer bin ich? Und wie bzw. wo darf*

---

[1] Vgl. Reckwitz, Andreas, Das hybride Subjekt. Eine Theorie der Subjektkulturen von der bürgerlichen Moderne zur Postmoderne, Weilerswist 2006.

[2] Vgl. Schröder, Bernd, Subjektwerdung fördern als Maxime religionspädagogisch reflektierten Handelns (§ 14), in: Ders., Religionspädagogik, Tübingen 2012, 232–249 sowie Luther, Henning, Identität und Fragment, in: Ders., Religion im Alltag. Bausteine zu einer praktischen Theologie des Subjekts, Stuttgart 1992, 160–182.

ich „ich" sein? Dabei wird deutlich, dass Bildungsinteressen des 21. Jahrhunderts immer zugleich als *Bild*ungsinteressen zu verstehen sind.

Folgende Punkte werden im Verlauf des Gesprächs expliziert: In einem ersten Schritt werden jeweils die Ambivalenzen und insbesondere die damit verbundenen Problemanzeigen offengelegt. Davon ausgehend ist zu fragen, welche Ansätze und Fragestellungen sich für die von uns vertretenen Disziplinen ergeben und inwiefern diese Forschungsperspektiven zu Lösungsansätzen bzw. Bild(ungs)interessen im Blick auf die einzelnen Ambivalenzen führen. In einem letzten Schritt werden diese Perspektiven und Lösungsansätze synoptisch zusammengeführt.

1. Ambivalenz 1: Selbstverortung ⇔ Leistungsmaximierung

1.1 Problemanzeige

In Ambivalenz 1 konkurrieren die Frage nach der Selbstverortung und die nach der Leistungsmaximierung. Selbstverortung kann dabei insofern auch Selbstfindung bedeuten, als es einerseits darum geht, dem Selbst einen Platz zu geben und es anhand dieser Platzzuweisung als Selbst wahrzunehmen bzw. zu definieren. Dabei zielt die subjektive anthropologische Grundfrage insbesondere auf den Zusammenhang von Individualität und Sozialität: Wie nehme ich mich in der Welt wahr? Wer bin ich im Gefüge der Anderen? Unmittelbar damit zusammen hängt andererseits der Selbstverortungsmodus des „Sehen-und-gesehen-werdens" und der Frage: *Wie* möchte ich gesehen werden?

In den Forschungsfokus geraten vielschichtige Vollzüge der Selbstoptimierung zur Leistungsmaximierung: So erfolgt Selbstoptimierung zum einen in Form von institutionalisierter Bildung und Selbstbildung, beispielsweise im Rahmen kultureller Bildung; sie erfolgt zum anderen in Form von Selbst-ab-bildung, sprich Selbstdarstellung. Und insofern werden Bildungsinteressen eben auch zu Bild(ungs)interessen! Die subjektive Frage „Wie nehme ich mich in der Welt wahr und wie möchte ich gesehen werden?" verweist auf Spiegelungsprozesse: Was sehe ich, wenn ich mich sehe? Und wer bzw. was spiegeln mir die anderen, das ich bin?

Problematisch nun wird all das, wo diese Spiegelungen statisch werden, fixierend wirken und keine dynamische Entwicklung (mehr) zulassen – und zwar auch und gerade im Spannungsfeld von Individualität und Sozialität! So sind Bildungsprozesse auf Dynamik hin angelegt, haben häufig iterativen Charakter und leben von der konkreten pädagogischen Interaktion. Wie also kann *gelingende* Spiegelung aussehen, damit Selbstverortung und Leistungsmaximierung iterativ, interaktiv und selbst- wie weltangemessen erfolgen?

1.2 Religionspädagogische Gesprächsbeiträge

1.2.1 Forschungsperspektiven

Das Motiv der Spiegelung hat jüngst Eingang in die religionspädagogische Forschung genommen. Der Band von Gojny, Kürzinger und Schwarz 2016 „Selfie – I like it“ untersucht anthropologische und ethische Implikationen digitaler Selbstinszenierung. Selfies gelten als „Spiegel-Bilder, in denen der Mensch sich selbst gegenübertritt“ mit „spezifischen Aspekten der fotografischen Selbstbespiegelung“[3], und wie an keiner anderen Stelle haben sich hier Formen und Wege der Selbstdarstellung etabliert:

Unter einem Selfie versteht man „A photograph that one has taken of oneself, typically one taken with a smartphone or webcam and shared via social media”[4]. Selfies sind also medial-mittelbare Formen der Selbstbegegnung, die wiederum medial-unmittelbare Selbstmitteilung koinzidieren und Fremdbegegnung intendieren.

Die Tatsache, dass sich Selfies als Forschungsgegenstand eignen, mag den einen und anderen Digital Immigrant unter uns erstaunen, erschließt sich aber beim Blick auf das Medienverhalten heutiger Digital Natives: Der Medienpädagogische Forschungsverbund Südwest gibt alljährlich in seinen KIM[5]- und JIM[6]-Studien Daten zum Mediennutzungsverhalten von 6- bis 13-

---

3 Gojny, Tanja u. a. (Hg.), Einleitung, in: Dies. u. a. (Hg.), Selfie – I like it. Anthropologische und ethische Implikationen digitaler Selbstinszenierung (Religionspädagogik innovativ, 18), Stuttgart 2016, 7–14, 9.

4 Siehe das Oxford Dictionary unter http://www.oxforddictionaries.com/de/definition/englisch/selfie (Zugriff: 18.07.2017). Das im August dieses Jahres erschienene deutschsprachige Standardwerk „Duden – Die deutsche Rechtschreibung” hat in dieser nun vorliegenden, völlig neu bearbeiteten und erweiterten 27. Auflage die Begriffe Selfie und Selfiestick aufgenommen (vgl. http://www.duden.de/Presse-Neuigkeiten (Zugriff: 18.09.2017)) und definiert Selfie als „mit der Digitalkamera (des Smartphones oder Tablets) meist spontan aufgenommenes Selbstporträt einer oder mehrerer Personen“, http://www.duden.de/rechtschreibung/Selfie (Zugriff: 18.09.2017).

5 Medienpädagogischer Forschungsverbund Südwest (mpfs) (Hg.), KIM-Studie 2016. Kindheit, Internet, Medien – Basisstudie zum Medienumgang 6- bis 13-Jähriger in Deutschland, Stuttgart 2017, in: https://www.mpfs.de/fileadmin/files/Studien/KIM/2016/KIM_2016_Web-PDF.pdf (Zugriff: 18.07.2017).

6 Medienpädagogischer Forschungsverbund Südwest (mpfs) (Hg.), JIM 2016. Jugend, Information, (Multi-)Media. Basisstudie zum Medienumgang 12-bis 19-Jähriger in Deutschland, Stuttgart 2016, in: https://www.mpfs.de/fileadmin/files/Studien/JIM/2016/JIM_Studie_2016.pdf (Zugriff: 18.07.2017).

Jähringen sowie von 12- bis 19-Jährigen heraus mit dem Ziel der Erarbeitung von Strategien und Ansatzpunkten für neue Konzepte in den Bereichen Bildung, Kultur und Arbeit. Im Folgenden werden einige ausgewählte Befunde im Forschungskontext „Mediale Anthropologie“[7] benannt, um von dort aus die Ambivalenz zu spezifizieren:

Zunächst fällt auf, dass der Großteil aller Internetaktivitäten von Jugendlichen über das Smartphone erfolgt; es ist *das* zentrale Medium, und es ist *das* prägende Medium. Zu den wichtigsten Apps zählen für ca. 95% Instant Messenger wie WhatsApp, weil man – so die Begründung – damit Bilder oder Videos verschicken kann.[8] Etwa die Hälfte der Kinder und praktisch alle Jugendlichen sind mittlerweile im Besitz eines Smartphones. Das war nicht immer so; im Gegenteil zeigt sich für die zurückliegenden vier Jahre eine rasante Entwicklung insbesondere unter den 12- bis 13-Jährigen. Hier hat sich die Zahl verdreifacht, insgesamt hat sie sich verdoppelt. Entsprechend rangiert das Smartphone bei den Themeninteressen der Kinder weit oben.[9]

Zwar gibt es durchaus auch non-mediale Freizeitaktivitäten, wenngleich sich kirchlich-institutionelle Angebote offensichtlich keiner allzu großen Beliebtheit erfreuen; das gilt unabhängig des Alters der Befragten.[10] Es scheint, als müssten wir Kinder und Jugendliche nicht einmal mehr aus der Kirche „rauskonfirmieren“ – sie sind schon vorher nicht mehr da… Stattdessen sind sie online, und das zu bemerkenswerten Uhrzeiten:

Die Daten belegen, dass etwa ein Viertel der 6- bis 13-Jährigen (d. h. auch Grundschüler!) bereits *vor* der ersten Unterrichtsstunde online waren – das Ganze verbucht unter „ist mir am wichtigsten“![11] Immerhin die Hälfte der Kinder nutzt entsprechende Geräte täglich oder mehrmals die Woche, um Fotos und Videos zu machen; etwa ein Drittel verschickt diese Fotos auch.[12] Vom Forschungsverbund Südwest erhobene Daten aus dem Jahr 2015 dokumentieren, dass 27% der befragten 1200 Jugendlichen (12- bis 19-Jährige) täglich Fotos machen.[13] Eine unter Jugendlichen im Alter von 14 bis 29 Jah-

---

7 Grundlegend siehe Fuchs, Monika E., Mediale Anthropologie als Thema der Religionspädagogik – Befunde und Perspektiven, in: Theo-Web. Zeitschrift für Religionspädagogik 13/1 (2014), 111–124.

8 Vgl. mpfs, JIM 2016, 25; 30 sowie mpfs, KIM-Studie 2016, 38.

9 Vgl. mpfs, JIM 2016, 8; 23 sowie mpfs, KIM-Studie 2016, 7; 9.

10 Vgl. mpfs, JIM 2016, 10; vgl. hierzu exemplarisch die Diskussion um die fragliche Lebensrelevanz der behandelten Themen bzw. generell zu den Schwierigkeiten einer Anschlusslosigkeit der Konfirmandenarbeit bei Schweitzer, Friedrich, Die Bundesweite Studie zur Konfirmandenarbeit. Zentrale Befunde und Konsequenzen für Kirche und Schule/schulischen Religionsunterricht, in: Theo-Web. Zeitschrift für Religionspädagogik 9/2 (2010), 42–57.

11 Vgl. mpfs, KIM-Studie 2016, 18.

12 Vgl. mpfs, KIM-Studie 2016, 16.

13 Medienpädagogischer Forschungsverbund Südwest (mpfs), JIM-Studie 2015. Jugend, Information, (Multi-)Media. Basisuntersuchung zum Medienumgang 12-19-

ren in Österreich durchgeführte Untersuchung zeigt, dass 57% der 600 Befragten Selfies von sich ins Netz stellen.[14] Drei Viertel der Jugendlichen schauen täglich oder mehrmals pro Woche Fotos.[15] Das Bild hat also eine fundamentale, aus dem Alltag nicht wegzudenkende Bedeutung!

Wenn wir nun diese Daten im Kontext der Ambivalenz 1 diskutieren,[16] dann hat die Selbstverortung im Modus des Selfies ein ganz spezifisches Profil: Im Zentrum steht das „ins Bild gesetzte Ich". Die fotografische Umsetzung ist jedoch lediglich die technische Seite dessen, was sprachlich längst avisiert ist und zur Leistungsmaximierung beiträgt: Es gilt, ein gutes Bild abzugeben (Perspektive), sich ins rechte Licht zu stellen (Be-/Ausleuchtung), verhältnismäßig aufzutreten (Stellung, Größenverhältnisse) und seine Grenzen zu definieren (Motiv-/Bildausschnitt).

Inwiefern das Selbst und dessen Leistung anerkannt werden, zeigt sich in der Währung „Like". Eine negative oder gar ausbleibende Rezeption von Selfies wird als fehlgeschlagene Kommunikation erlebt,[17] und das Social Web fungiert als Instrument zur Kommunikation wie zur Selbstvergewisserung: „Wer online nicht sichtbar ist, wird nicht wahrgenommen und verpasst alles. Dabei sind Selfies der Maßstab für Sichtbarkeit und Likes die soziale Währung."[18]

Im Anschluss an Neumann-Braun sind Selfies eine regulative Form der Selbstverortung in definierter Abfolge: aufnehmen – auswählen – posten. Ihre Dokumentation dient der „visuellen Biografie- und Individualitätsbezeugung […] und die fotografischen Darstellungen fungieren als anschauliche (Selbst-)Repräsentationen des Akteurs."[19] Die Spiegelung als solche ist

---

Jähriger, Stuttgart 2015, 711, in: http://www.mpfs.de/fileadmin/JIM-pdf15/JIM_2015.pdf (Zugriff: 02.07.2016).

14 http://jugendkultur.at/generation-selfie/ (Zugriff: 02.07.2016).

15 Vgl. mpfs, JIM 2016, 11.

16 Vgl. hierzu ausführlich Fuchs, Monika E., Sehen und gesehen werden – religionspädagogische Impulse zum Spannungsfeld von Selbstbild, Abbild und Ebenbild, in: Gojny, Tanja u. a. (Hg.), Selfie – I like it. Anthropologische und ethische Implikationen digitaler Selbstinszenierung (Religionspädagogik innovativ, 18), Stuttgart 2016, 137–150.

17 Autenrieth, Ulla, Das Phänomen „Selfie". Handlungsorientierungen und Herausforderungen der fotografischen Selbstinszenierung von Jugendlichen im Social Web, in: Lauffer, Jürgen / Röllecke, Renate (Hg.), Lieben, Liken, Spielen. Digitale Kommunikation und Selbstdarstellung Jugendlicher heute. Medienpädagogische Konzepte und Perspektiven. Beiträge aus Forschung und Praxis, München 2014, 52–59, 53.

18 Schulz, Iren, „Spieglein, Spieglein an der Wand…". Die Bedeutung digitaler Medien im Jugendalter am Beispiel des Umgangs mit Schönheit, Körperlichkeit und Sexualität, in: ARCHIV für Wissenschaft und Praxis der sozialen Arbeit 46/2 (2015), 22–33, 22; vgl. auch 26.

19 Neumann-Braun, Klaus, Internet und Gesellschaft – gegenwärtige Herausforderungen und aktuelle Forschungsergebnisse, Klicksafe Dossier zum Safer Internet Day 2011, 1–10; 7f., in: http://stage.klicksafe.de/ueber-klicksafe/safer-internet-day/sid-2011/dossier-sid-2011/ (Zugriff: 18.07.2017).

dabei eine rein immanente; sie verweist im Letzten immer nur auf die selbstreflexive Dimension des „Ich bin mir ebenbildlich."

Zugleich riskiert diese Arbeit am Selbstbild nicht selten, lediglich die Reproduktion eines Fremdbilds zu sein: „Die Fotografien der jungen Menschen werden an kulturindustriell lancierte Medienbilder angepasst, welche die Normen und Werte der Gesellschaft wiederspiegeln [sic!]. Die kulturelle Leitidee ist die des Glamours. [...] so dass der Selbstausdruck der Jugendlichen im neuen Medium Netz [...] den bekannten vorgegebenen Marktästhetiken folgt."[20]

Mit Blick auf die Rezipienten, denen die Leistungsmaximierung eigentlich gilt, ist folglich zu konstatieren, dass häufig weniger das Selbstbild als vielmehr ein Abbild kommuniziert, geliked und kommentiert wird. Auch ist das Distributionsverhalten die zumeist unmittelbare Folge einer antizipierten Rezipientenerwartung. Diese kann am gängigen Markt orientiert sein[21] bzw. sich diesem gezielt widersetzen;[22] es kann aber auch sein, dass das gepostete Selfie an der eigentlichen Zielgruppe vorbei geht bzw. dass das spätere Publikum nicht oder zu spät bedacht wird – Stichwort Cybermobbing.[23] Dabei ist die Selfie-Rezeption als ein Pseudo-Dialog jeweils sekundär versetzt, was die Be- und Entgegnung der Kommunikation anbelangt: sie verbleibt zweidimensional und lässt nur bedingt Sinneswahrnehmungen zu.

Ich erblicke im Selfie gerade nicht das Angesicht meines Gegenübers, sondern das Abbild des Angesichts eines Bildproduzenten, der sein Selbst als Foto im Web verortet hat. So ist die Selfie-Logik einer Reflexion von Subjekt und Objekt zuvorderst ein permanentes Changieren der Frage „Wie sehe ich mich und wie will ich gesehen werden?" Genau das aber ist die Scharnierstelle – auch und gerade für religionspädagogisches Nachdenken! Denn theologisch reformuliert lautet diese Frage „Wie sehe ich mich und als was werde ich erkannt?"; und sie erhält ihr Pendant in der ethischen Frage „Wozu bin ich bestimmt?" Das lenkt den Blick auf die theologischen Aussagen über den Menschen.

---

20 Neumann-Braun, Internet, 8; vgl. auch Astheimer, Jörg, Doku-Glamour. (Semi-) Professionelle Nightlife-Fotografie und ihre Inszenierungen, in: Neumann-Braun, Klaus / Ders. (Hg.), Doku-Glamour im Web 2.0. Party-Portale und ihre Bilderwelten, Baden-Baden 2010, 163–185.

21 Vgl. Neumann-Braun, Internet.

22 Vgl. Lobinger, Katharina, Zwischen Selfie-Shaming und Selfie-Celebration. Kontroverse Perspektiven auf vernetzte Körper-(Selbst)bilder, in: Gojny, Tanja u. a. (Hg.), Selfie – I like it. Anthropologische und ethische Implikationen digitaler Selbstinszenierung (Religionspädagogik innovativ, 18), Stuttgart 2016, 43–56.

23 Autenrieth, Ulla, MySelf. MyFriends. MyLife. MyWorld. Fotoalben auf Social Network Sites und ihre kommunikative Funktionen für Jugendliche und junge Erwachsene, in: Neumann-Braun, Klaus / Dies. (Hg.), Freundschaft und Gemeinschaft im Social Web. Bildbezogenes Handeln und Peergroup-Kommunikation auf Facebook & Co, Baden-Baden 2011, 123–162, 130.

1.2.2 Lösungsansätze

Theologische Anthropologie will mehr und kann mehr, als eine immanente Spiegelung zu leisten vermag. Sie verweist den Menschen über sich hinaus auf seine Berufung in die Ebenbildlichkeit: *„Wir sehen jetzt durch einen Spiegel ein dunkles Bild; dann aber von Angesicht zu Angesicht. Jetzt erkenne ich stückweise; dann aber werde ich erkennen, wie ich erkannt bin." (1.Kor 13,12).* Dieses neue Sein ist keine Frage der Inszenierung und Selbstoptimierung, sondern einer verdankten Existenz – als leibhafter Existenz in der Beziehung zu Natur und Umwelt, als kommunikativer Existenz in der Beziehung zu anderen und zur Gemeinschaft, als kultureller Existenz in der Beziehung zu Kultur und Kunst und schließlich auch als eschatologischer Existenz in der Beziehung zu Gott.[24]

Wo die Selbst-Bespiegelung am ausgestreckten Arm endet und bestenfalls durch den Selfie-Stick leistungsmaximiert werden kann, eröffnet die transzendente Rede von Gott einen ganz neuen Blick- und „Aufnahmewinkel": Es ist gerade nicht der *von oben herab* kommende Gott, sondern der von oben *herabkommende* Gott! Im Zentrum steht nicht das je neue Bild, sondern der neue Mensch (2.Kor 5,17), nicht der (s)einem Selbst- oder einem Fremdbild entsprechende User, sondern „der Gott entsprechende Mensch"[25]. Dessen Ausbildung von Identität und Individualität – das Selbst als Ebenbild gibt es immer nur im Singular! – erfolgt nun im Sinne eines adäquaten Selbst-, Welt- und Gottverhältnisses. „Identität als Selbstidentifikation ist für den Glauben das Merkmal eines sich selbst gerade verlierenden Menschen. […] Der Mensch kommt zu sich selbst, wenn er zu einem anderen, als er selber ist, kommt."[26]

Die sich ergebenden Spannungsfelder sind bereits markiert,[27] weshalb die Forschungsperspektiven nun abschließend auf die daraus resultierenden drei Schnittfelder zielen. Diese sind anschlussfähig an mediale ebenso wie an religionspädagogisch-theologische Diskurse insofern sie Interaktionsmarker der Kommunikation darstellen:

- *Begegnung:* die Frage der Wahrnehmung/des Wahrgenommen-Werdens und der Interaktion
- *Bewertung:* die Frage der Akzeptanz/des Angenommen-Seins
- *Beziehung:* die Frage der Zugehörigkeit

---

24 Vgl. Schwöbel, Christoph, Mensch als Sein-in-Beziehung. Zwölf Thesen für eine christliche Anthropologie, in: Ders., Gott in Beziehung. Studien zur Dogmatik, Tübingen 2002, 193–226.

25 Vgl. Jüngel, Eberhard, Der Gott entsprechende Mensch. Bemerkungen zur Gottebenbildlichkeit des Menschen als Grundfigur theologischer Anthropologie, in: Ders., Entsprechungen. Gott – Wahrheit – Mensch. Theologische Erörterungen II, Tübingen, [3]2002, 290–317.

26 Jüngel, der Gott entsprechende Mensch, 299.

27 Vgl. Fuchs, Sehen und gesehen werden, 144ff.

Sie alle drei sind konstitutiv für das Menschsein und unterstreichen letztlich sämtliche hier diskutierten Ambivalenzen. Gleichwohl ist die religionspädagogische Forschung erst am Anfang; weitere inhaltliche wie didaktische Hinweise zur konkreten theologischen Eintragung der Gottebenbildlichkeit erwarten wir aus der Hannoveraner Interviewstudie von Linda Schwich,[28] in der Zusammenhänge von Körperbild und Selbstbild in unterschiedlichen Altersstufen empirisch untersucht werden.

Fortfolgend gilt der Blick nun den bildungswissenschaftlichen Forschungsperspektiven zur Ambivalenz von Selbstverortung und Leistungsmaximierung.

1.3 Bildungswissenschaftliche Gesprächsbeiträge

1.3.1 Forschungsperspektiven

Auch Erwachsenen- und Weiterbildung (EB/WB) wird zu einem Ort der Selbstverortung/Selbstsorge und gleichzeitig zu einem Ort der Leistungsmaximierung. Dies wird daran sichtbar, dass sich die Anlässe für Bildungsteilhabe einerseits ausdifferenzieren und sich andererseits gleichzeitig verengen. Auf der Institutionenebene wird weiterhin in den Einrichtungen der EB/WB eine Ausdifferenzierung von Themen und Angebotsformen in den Programmen sichtbar; gleichzeitig wächst der Druck auf die Individuen, Bildungsangebote auszuwählen, die beruflich-betrieblichen Interessen entsprechen und dabei aber auch eigene Interessen der Persönlichkeitsentwicklung und Selbstentfaltung zu verfolgen.[29] Das Individuum gerät in Turbulenzen, um diese Ambivalenz zu bewältigen. Das Verstehen der Bildungsinteressen zeigt einerseits das Wirken der gesellschaftlichen Erwartungen bzw. relevanter Akteure, wie z. B. der Arbeitgeber, und andererseits das Wirken der habituellen milieugebundenen Aspekte.[30] Das Selbst konfiguriert sich

---

28 Promotionsvorhaben von Linda Schwich: Mediale Körper- und Menschenbilder in empirischer Rekonstruktion und religionspädagogischer Reflexion; siehe hierzu auch die Übersicht unter https://www.ithrw.uni-hannover.de/10768.html (Zugriff: 18.07.2017).

29 Bilger, Frauke u. a. (Hg.), Weiterbildungsverhalten in Deutschland. Resultate des Adult Education Survey 2012, Bielefeld 2013; Robak, Steffi u. a., Bildungsurlaub – Planung, Programm und Partizipation. Eine Studie in Perspektivverschränkung (Studien zur Pädagogik, Andragogik und Gerontagogik 66), Frankfurt/M. u. a. 2015.

30 Robak, Steffi, Diversität und (Re-)Konstruktionserfordernisse im Adressatenbezug. Zur Konzeptionalisierung von Diversität in der Erwachsenenbildung und Weiterbildung. Begriffsentwicklung und empirische Ergebnisse aus den Bereichen Inter-/Transkultureller und Kultureller Bildung, in: Dollhausen, Karin / Muders, Sonja (Hg.), Diversität und Lebenslanges Lernen. Aufgaben für die organisierte Weiterbildung, Bielefeld 2016, 27–45.

dazwischen und sucht nach Spielräumen, um allen Erwartungen gerecht zu werden und gleichzeitig der Ausschreitung/Entfaltung des Selbst einen Raum zu geben.[31] Die Ambivalenz zwischen Selbstausschreitung und Leistungsmaximierung wird in Spannung gehalten, weil es einerseits Auslegungen gibt, dieses Interesse in Deckung zu bringen und andererseits gegeneinander auszuspielen. Selbstverortung wird anspruchsvoller, denn: Bildungsinteressen generieren sich 1. zunehmend aus äußeren Konstellationen heraus, gleichzeitig wirken 2. habituelle und milieugebundene Aspekte.

Zu 1: Die Zunahme beruflicher Gründe für Bildungsteilhabe und die Einflussnahmen durch Arbeitgeber konstellieren sich enger, z. B. zeichnen Bildungshintergrund, Alter, Position, aktuelle Tätigkeit und Komplexität der Tätigkeit Konstellationen, die Bildungsteilhabe im beruflich-betrieblichen Kontext etwa (un)wahrscheinlich machen.[32] So deuten sich die Aspekte ‚Position im Unternehmen' und ‚Komplexität der Tätigkeit' als zunehmend wichtig für eine Bildungsentscheidung an; die Unterstützung durch den Arbeitgeber bindet sich bedeutend an identifizierbare Konstellationen, die eine Bildungs- und Erwerbsbiographie prägen. Es zählt die Bereitschaft zur Leistungsmaximierung, die auch eine Zuweisung von Leistungsbereitschaft durch Vorgesetzte beinhalten kann. Gleichzeitig evoziert der Leistungsdruck Interessen an Selbstverortung und Selbstentfaltung, um genau diesen Leistungsdruck auszugleichen oder auszubalancieren.

Bildungsforschung, die die Milieus als Bezugspunkt der Generierung von Bildungsinteressen unter Berücksichtigung von Herkunft und Lebensweise einbezieht, verweist darauf, dass es Milieus gibt, denen die Balancierung des Umgangs mit Leistung und Selbstentfaltung einfacher fällt bzw. die eine Verbindung dazwischen herstellen. Ein Milieu, in dem Leistung und Kreativität besonders deutlich aufeinander bezogen werden, sind die sog. *Modernen Performer*. Hier verbinden sich Leistung und Selbstentfaltung und ergänzen sich zu einem individuellen Interesse der Selbstentfaltung, indem die eigenen Grenzen getestet werden.[33] Dieses Milieu – auch wenn Milieus nie trennscharf zu bestimmen sind und sich ständig verändern – versteht sich als junge unkonventionelle Leistungselite, deren Bildungspartizipationsquote bei 68,8% liegt. Die jungen Erwachsenen, die diesem Milieu zugewiesen werden, folgen in ihren Freizeit- und Weiterbildungsaktivitäten einem An-

---

31 Robak, Diversität, 27–45.

32 Das Wirken von Konstellationen ist übergreifend beschrieben in Friebel, Harry u. a., Bildungsbeteiligung. Chancen und Risiken. Eine Längsschnittstudie über Bildungs- und Weiterbildungskarrieren in der „Moderne" (Schriftenreihe der Hochschule für Wirtschaft und Politik, Hamburg. Hochschule für Wirtschaft und Politik 4), Opladen 2000. Der Aspekt Alter und Generationen in seinen Wirkungen auf Bildungsteilhabe ist beschrieben in Schmidt-Hertha, Bernhard, Alter und Generation, in: Hauenschild, Katrin u. a. (Hg.), Diversity Education. Zugänge – Perspektiven – Beispiele, Frankfurt/M. 2013, 101–115.

33 Siehe dazu die Forschungen von Rudolf Tippelt, z. B. Tippelt, Rudolf u. a., Weiterbildung, Lebensstil und soziale Lage in einer Metropole, Bielefeld 2003.

spruch, sich beruflich und privat zu entwickeln und intensiv zu leben. Flexibilität und Multioptionalität bewerten sie positiv. Die Einzelnen entwickeln für sich eine spezifische Auslegung von Bildung: Bildung bedeutet für sie persönliche Entfaltung in individuellen Beziehungen. Dabei bestehen für eine umfassende Gestaltung der Persönlichkeit enge Verbindungen zwischen allgemeiner und beruflicher Bildung. Bildungsinteressen konstituieren sich aus dem doppelten Interesse der Leistungsmaximierung als Teil von Selbstentfaltung. Entsprechend breit sind Themen, die als Bildungsinteressen genannt werden; sie reichen von beruflichen fachbezogenen Themen über allgemeinbildende Schlüsselqualifikationen in den Bereichen Management, Recht, Fremdsprachen bis hin zu emotional-leiblich bildenden Themen der Persönlichkeitsentfaltung wie Gesundheitsbildung und auch Kulturelle Bildung.

Der Bereich der Kulturellen Bildung scheint insbesondere ein Spektrum an Bildungsthemen zu offerieren und ein breites Spektrum an Bildungsinteressen zu treffen, die zunächst der persönlichen Entfaltung und Kreativität zu dienen scheinen. Unsere Forschungen zeigen, dass die Funktionen Kultureller Bildung breiter strukturiert sind.[34] Sie berühren Fragen wie: Wie kann ich Welt mitgestalten? Wie kann ich meine Kreativität entfalten und meine Position in der Welt finden? Wie kann ich meine Kreativität finden und mich selbst optimieren? Die Bezüge zum Leistungsaspekt klingen hier bereits an. Betrachten wir zunächst unsere Auslegungen Kultureller Bildung, die die individuellen Gestaltungs- und Entfaltungsinteressen platzieren und würdigen:

> „Kulturelle Bildung als ästhetische Bildung ist der Lern- und Auseinandersetzungsprozess des Menschen mit sich, seiner Umwelt und der Gesellschaft im Medium der Künste und ihrer Hervorbringungen und im Ergebnis die Fähigkeit zur erfolgreichen Teilhabe an kulturbezogener Kommunikation im Besonderen und gesellschaftlicher Kommunikation im Allgemeinen. Die besondere Stärke kultureller Bildung liegt in der ‚Entselbstverständlichung' (Th. Ziehe) der Wahrnehmung, sei es durch kognitive, sei es – besser noch – durch praktische Auseinandersetzung mit den Künsten"[35].

Wir gehen davon aus, dass Kulturelle Bildung das gesamte Spektrum von (Kunst-)Werken, Artefakten und Praktiken sowie Lebenswelten im Spannungsfeld von Hoch-, Pop-, Sozio- und Alltagskultur im Blick hat und

---

34 Fleige, Marion u. a., Kulturelle Erwachsenenbildung. Strukturen – Partizipationsformen – Domänen (Theorie und Praxis der Erwachsenenbildung), Bielefeld 2015; Robak, Steffi u. a, Die Konstitution kultureller Bildungsräume. Fünf überregionale Institutionen der non-formalen Kulturellen (Erwachsenen-)Bildung. Bildungs-angebotsentwicklungen, innovative Impulse, Planungsspielräume, in: Rat für kulturelle Bildung (Hg.), Zur Sache. Kulturelle Bildung. Gegenstände, Praktiken und Felder, Essen 2015, 100–107.

35 Ermert, Karl, Stärke des Individuums und Bindekraft der Gesellschaft – Überlegungen zu Werten und Zielen Kultureller Bildung, in: forum erwachsenenbildung 4 (2011), 19–22, 21f.

rezeptive, selbsttätige und verstehend-kommunikative Angebote zu deren Aneignung offeriert.[36] Um die Zugänge der Individuen zur Kulturellen Bildung zu verstehen, wurde, empirisch fundiert, das Theorem der Portale entwickelt. „Portal“ ist eine Kategorie bzw. ein Theorem, das die Zugangsweisen und Partizipationsformen der Individuen querliegend zu Themen- und Programmstrukturen behandelt, um so die Bildungsaktivitäten besser erfassen und im Horizont der Bildungsinteressen verstehen zu können. So können etwa Veranstaltungen der bildenden Kunst im Medium der Kunstgeschichte – systematisch-rezeptiv – belegt werden, d. h. Teilnehmende besuchen z. B. Vorträge oder Vortragsreihen, um sich systematisches Wissen anzueignen. Veranstaltungen bildender Kunst können aber auch im Medium des Selbermachens, Praktizierens, als eigenes Malen oder Zeichnen belegt werden. Dieser Zugang entspricht dann dem selbsttätig-kreativen Portal. Es können aber auch Veranstaltungen belegt werden, in denen in der Auseinandersetzung mit dem Werk eines Künstlers, etwa aus Italien oder Israel, ein Austausch über die kulturellen Hintergründe der Werksentstehung stattfinden kann; dies wäre dann dem verstehend-kommunikativen Zugang zuzuordnen.

In einer Studie für den Rat der Kulturellen Bildung haben wir ein weiterführendes Kategoriensystem entwickelt, wo wir u. a. diesen Spannungsbogen der Balancierung betrachtet haben. Insbesondere einerseits die Bildungsziele, und andererseits die Motive, Bedürfnisse und Nutzungswünsche – wir haben dies als „Funktionen“ Kultureller Bildung zusammengefasst, verweisen auf eine Ausdifferenzierung, die das Spannungsfeld der Bildungsinteressen zwischen Leistungsmaximierung und Selbstentfaltung abbilden. Untersucht wurden Programme, Projekte und weitere Dokumente am Beispiel von Verbänden, Fortbildungsakademien Kultureller Bildung sowie einer Auswahl an Erwachsenenbildungsinstitutionen (Volkshochschulen und Erwachsenenbildungshäuser der Evangelischen Erwachsenenbildung). Folgende Bildungs-ziele werden sichtbar:

- Kreativität (siehe Kapitel 1.3.2)
- Selbstoptimierung (die eigenen Fähigkeiten erweitern, um leistungsfähiger zu sein)
- Semiprofessionalisierung (richtet sich an Berufsgruppen, die nicht Kunst und Kultur als Erwerbsberufe ausüben, um künstlerische Fähigkeiten zu erwerben oder zu erweitern)
- Professionalisierung/Qualifizierung (richtet sich an Künstler sowie Kunst- und Kulturschaffende, um die eigenen künstlerischen oder andere Fähigkeiten zu erweitern)
- Freiräume schaffen/persönliche Entwicklung und Erfahrungen machen

[36] Fleige u. a., Kulturelle Erwachsenenbildung, 14. Gieseke, Wiltrud u. a., Kulturelle Erwachsenenbildung in Deutschland. Exemplari-sche Analyse Berlin/Brandenburg (Europäisierung durch kulturelle Bildung 1), Münster u. a. 2005.

- Wissenszugänge schaffen (Interesse an systematischem Wissen über die Künste und Kultur)
- Interpretationen anregen (die reflexive Auseinandersetzung, z. B. in der Auseinandersetzung mit einem Werk, anregen und sich über neue Sichtweisen neue Interpretationen erarbeiten und darüber die Interpretationsfähigkeit erweitern).[37]

Besonders in der öffentlichen Erwachsenenbildung werden die Bildungsziele ‚Kreativität', ‚Selbstoptimierung' und ‚sich Freiräume schaffen' in den Bildungsangeboten sichtbar platziert. Beides verweist auf ein Interesse der Individuen, sich einen gestaltenden Umgang mit Leistungsdruck zu erhalten, sich in der Welt zu platzieren, zu entfalten und Welt mitzugestalten. Damit verbunden ist eine anhaltende Tendenz der Steigerung des Angebotsumfangs des selbsttätig-kreativen Portals:

In einer anschließenden Monografie haben wir diese Zugänge weiterführend theoretisch beschrieben und u. a. die Funktionen Kultureller Bildung vor dem Hintergrund der Bildungsinteressen weiter ausdifferenziert.[38] Wir sehen, dass die sich ausdifferenzierenden Funktionen der drei Partizipationsportale, die sich jeweils unterschiedlich innerhalb der Domänen von Kunst und Kultur entwickeln, sich ausdifferenzierende Bildungsinteressen und Bildungsprozesse adressieren und gestaltet rahmen wollen. Diese haben wir folgendermaßen ausgeführt: Das *systematisch-rezeptive Portal* verweist auf Bildungsinteressen wie *„Wahrnehmen – Deuten – Sich-in-der-Welt-Platzieren"*. Das *selbsttätig-kreative Portal* verweist mit seinen Angeboten, in denen die Teilnehmenden selbst etwas ausüben, praktisch tätig sind (malen und zeichnen, komponieren, fotografieren, schreiben etc.) auf folgendes *Interesse: „Sich ausdrücken mit Leib und Werk – Können – Ermüden und neue Kraft schöpfen – Träumen"*. Das *verstehend-kommunikative Portal* mit seinen Angeboten der kommunikativen Auseinandersetzung mit anderen Kulturen oder kulturellen Praktiken, z. B. als Tanz oder interkulturellen Dialog, trifft folgende Interessen: *„Kulturen verbinden und transformieren: Deuten – Dekonstruieren – Konstruieren: verstehend-kommunikative bzw. transkulturelle Zugänge"*.

1.3.2 Lösungsansätze

(Erwachsenen)Bildungswissenschaftliche Theoriebildung und Empirie fragt im Horizont gesellschaftlicher Entwicklungen unter Berücksichtigung aller Handlungsfelder des Lebenszusammenhangs einerseits nach den Bildungsbedarfen, danach, wie die Weiterbildungsinstitutionen diese erfassen, auslegen und auch generieren und andererseits, wie die Individuen sich das not-

37 Robak, Die Konstitution, 100–107.

38 Fleige u. a., Kulturelle Erwachsenenbildung.

wendige Wissen, die notwendigen Kompetenzen und Fähigkeiten aneignen, für sich verarbeiten und in die geforderten Handlungsfelder transferieren. Nur wenn wir beide Seiten, die institutionelle und die individuelle, empirisch und theoretisch differenziert ausleuchten und als Perspektivverschränkung aufeinander beziehen, können tragfähige Lösungsansätze für die Balancierung des Umgangs mit Leistungsanforderungen und Selbstentfaltungs-, Positionierungswünschen entwickelt werden. Unsere Forschungen am Beispiel des Bildungsurlaubs in Bremen[39] haben empirisch sowohl die Planungsseite, d. h. die Programmplanung durch die professionellen Planenden[40]als auch die Seite der Individuen[41] in den Blick genommen und zeigen folgende Balancierungen, die für einen ausdifferenzierten Bildungsbegriff notwendig sind, der die Komplexität der Dimensionierungen von Lernen und Bildung in Anbetracht eines komplexen Selbst einbezieht. Ein Lösungsansatz ist die Entwicklung eines solchen Bildungsbegriffes, der als Wissensstruktur für Planungsprozesse herangezogen werden kann. Wir plädieren aufgrund unserer Ergebnisse für die grundlegende Betrachtung von *Lern-Verwertungsinteressen. Intentionsfelder der Lern-Verwertungsinteres-sen* können sein: Tätigkeit, langfristige Beruflichkeit, Lern-Verwertungsinteressen in differenziellen Lebens-zusammenhängen. Anschlüsse, die der Beruflichkeitsentwicklung dienen, stellen den unmittelbaren Tätigkeitsbezug in den Hintergrund und visieren langfristige (berufs-)biografische Entwicklungsmöglichkeiten an, die der Ausdifferenzierung des Wissens und der Kompetenzentwicklung dienen. Anschlüsse, die dem unmittelbaren Tätigkeitsbezug dienen, sind eng auf das aktuelle Arbeitsplatzhandeln bezogen und rekurrieren auf unmittelbar passfähiges und verwertbares Wissen. Leistungsmaximierung steht hier in unmittelbarem Bezug.

(Anschluss)lernen kann als Prozess über Wissen, Kompetenzen, Kommunikation, Handeln, Entscheiden, sich bewegen und stabilisieren (über den Körper) realisiert werden. Diese Kategorien bezeichnen wir als *Lern- und Bildungsdimensionen.* Dies entspricht einem eingelassenen Bildungs- und Kompetenzentwicklungsbegriff, der Beruflichkeit, Arbeitsfähigkeit und Employability, Identitätsbildung, Persönlichkeitsentwicklung, demokratische Teilhabe sowie emotionale Bildung einschließt. Der hier realisierte weite Bildungsbegriff evoziert intendierte und auch unintendierte Wirkungen, die

---

39 Robak u. a., Bildungsurlaub.

40 Die jüngst abgeschlossene Promotion von Claudia Pohlmann rekonstruiert empirisch wie Programme und Angebote im Bildungsurlaub entwickelt werden und zeigt das Spektrum an Bezügen, Kontexten und Diskursen auf, die die Planenden für die Programmentscheidungen einbeziehen.

41 Die quantitative Teilnehmendenbefragung einer repräsentativen Stichprobe von Lena Heidemann, die in Kürze als Promotion fertig gestellt wird, erfragt die Teilnahmekonstellationen, Interessen und Nutzungszusammenhänge der Teilnehmenden im Bildungsurlaub. Die Ergebnisse vertiefen Einblicke, wie die Teilnehmenden selbst Balancen und Legitimationen ihrer Teilnahme herstellen.

Nutzeninterpretationen einbeziehen, welche sowohl die Leistungsmaximierung als auch die Selbstentfaltung und Positionierung abbilden.[42] Selbstsorge und Selbstverortung sind als Kategorien deutlicher zu platzieren und als Bildung zu begründen.

Als ein weiterer Lösungsansatz des Umgangs mit dem Spannungsfeld der Anforderungen von Leistungsmaximierung und Selbstentfaltung wird, sowohl bildungspolitisch als auch theoretisch, die oben bereits genannte Kreativitätsentwicklung platziert und diskutiert. Diese berührt den Dialog mit sich und mit der Welt, thematisiert auch Interessen der Modellierung und Gestaltung von Welt. Aus der Perspektive Kultureller (Erwachsenen)Bildung lässt sich Kreativität z. B. folgendermaßen beschreiben, angesprochen ist hier insbesondere das selbsttätig-kreative Portal: Aus dem (z. B. künstlerischen) Können heraus entstehen Überschüsse, ein eigener Stil, die Modellierung, die Umgestaltung. Kreativität kann sich auch als erweiterte Wahrnehmungs-fähigkeit zeigen, darin das Finden einer eigenen Position – das *Selbst* gewinnt an Kontur und drückt sich aus, im Werk, in der Wahrnehmung, in der Modellierung, in der Differenzierung der emotionalen Empfindungsmöglichkeiten. Kreativität verbindet Freiräume der künstlerischen Gestaltung mit der Lebenswelt.[43] Dies kann auch den Umgang mit Fremdem betreffen, sie kann sich in der Erweiterung der Erfahrungsmöglichkeiten entfalten, etwa im Zulassen von Kontingenz als einmalige Erfahrungen.[44]

Mit dem „Kreativitätsdispositiv" beschreibt Reckwitz[45] die Beobachtung einer permanenten Suche nach Neuem; dieses Neue ist immer am Ästhetischen orientiert. Er interpretiert dies als Ergebnis eines Affektmangels in der ökonomisierten Angleichung. Für unseren dargestellten Zusammenhang wird bereits die Instrumentalisierung von Kreativität für Leistungssteigerung darin deutbar. Auch Beziehungslosigkeit spielt hinein. Es stellt sich dann wieder die Frage, wie Kreativität aus diesem Zusammenhang herausgelöst werden kann. Die Offerierung von Räumen, etwa im Rahmen Kultureller Bildung, kann dann bedeuten, dass die offerierte Kreativitätsauslegung impliziert, dass diese eingeladen wird, sich dem „Kreativitätsdispositiv" zu entziehen. Damit entzieht sich das Individuum den leistungsorientierten Transformationsprozessen und den vernutzenden Selbstaktivierungsaufladungen, in welche Menschen sich zwingen (lassen). Kreativität erhält dann andere Bedeutungen, wie das „Sich-Verlieren", das Vergessen von Zweck und Nutzen.

---

42 Siehe dazu: Robak u. a., Bildungsurlaub.

43 Fleige u. a., Kulturelle Erwachsenenbildung.

44 Welsch, Wolfgang, Mensch und Welt. Eine evolutionäre Perspektive der Philosophie, München 2012.

45 Reckwitz, Andreas, Die Erfindung der Kreativität, Kreativitätsdispositiv und Kulturpolitik, in: Kulturpolitische Mitteilungen 141/2 (2013), 23–34; Reckwitz, Andreas, Die Erfindung der Kreativität. Zum Prozess gesellschaftlicher Ästhetisierung. Berlin 2012.

2. Ambivalenz 2: Norm ⇔ Verunsicherung

2.1 Problemanzeige

In Ambivalenz 2 korreliert die Suche nach der Norm bzw. nach Normen mit einer als massiv empfundenen Verunsicherung. In Zeiten maximaler Pluralisierung und Individualisierung im individuellen ebenso wie im gesellschaftlichen Leben wirken beispielsweise Tugenden wie Treue, Zuverlässigkeit oder Verbindlichkeit zuweilen seltsam aus der Zeit gefallen – irgendwie nett, aber doch obsolet. Oder aber sie kommen im verbrämt reaktionären Gewand daher; aber auch das ist eher irritierend denn hilfreich.

Es war ein Aha-Erlebnis, als ein Studierender auf die vermeintlich harmlose Frage nach der Bedeutung des Begriffes „Verbindlichkeit" äußerte, dieses Wort käme in seinem Sprachgebrauch nicht vor; bestenfalls als Vokabel… – Was aber bedeutet das für die Praktiken von Beziehungsgestaltung?! Wer regelt, wo es keine Regeln gibt? Hinzu kommt, dass die subjektive anthropologische Grundfrage nun insbesondere institutionell verfasste Normen – nicht zuletzt auch die der Kirchen[46] – zur Disposition stellt: Wer bzw. was gibt mir Orientierung? Was bleibt? Was gilt?

Es sind längst nicht mehr nur adoleszente Suchbewegungen. Nein, diese Suche ist ein Massenphänomen – pop-lyrisch eingefangen und massentauglich aufbereitet von der Gruppe Silbermond, deren Song mit dem leicht panisch anmutenden Titel „Irgendwas bleibt" seit nunmehr acht Jahren durch die Radios der Republik trällert:[47]

> Gib mir ein kleines bisschen Sicherheit
> in einer Welt, in der nichts sicher scheint.
> Gib mir in dieser schnellen Zeit irgendwas, das bleibt.
> Gib mir einfach nur ein bisschen Halt.
> Und wieg mich einfach nur in Sicherheit.
> Hol mich aus dieser schnellen Zeit.
> Nimm mir ein bisschen Geschwindigkeit.
> Gib mir was, irgendwas, das bleibt.

Zu viel, zu unübersichtlich, zu schnell – es sind nicht nur Pop-Bands, die dieses Empfinden haben. So erklärt der schwedische Theologe Tomas Sjödin in seinem gleichnamigen Buch, warum „Ruhe unsere Rettung ist"[48]. Und einer der Bestseller des derzeit vielzitierten Soziologen Hartmut Rosa befasst

---

[46] Vgl. Shell Deutschland Holding (Hg.), Jugend 2015. Eine pragmatische Generation im Aufbruch, Frankfurt/M. 2015; bes. 259, „Meinungen zur Kirche".

[47] Silbermond, Album „Nichts passiert", 2009, in: http://www.cd-lexikon.de/album_silbermond-nichts-passiert.htm (Zugriff: 18.07.2017).

[48] Vgl. Sjödin, Tomas, Warum Ruhe unsere Rettung ist. Stell dir vor, du tust nichts und die Welt dreht sich weiter, Witten 2016.

sich mit „Beschleunigung. Die Veränderung der Zeitstrukturen in der Moderne“[49], weil einerseits Prozesse verschiedenster Art in immer kürzerer Zeit abgewickelt werden – wir haben eben über Leistungsmaximierung gesprochen –, weil aber andererseits gesellschaftliche Entwicklung als „rasender Stillstand“ erfahren wird.

Die Interessen strukturieren sich mit einem doppelten Blick: Einerseits sind da die Antizipation von Normen und ein Interesse bzw. eine Aktivierung, sich daran zu orientieren, um legitimierbare Bildungsteilhabe sichtbar zu machen; andererseits steigen die Anforderungen, Entscheidungen zu treffen und überhaupt Entscheidungen treffen zu können. Optionsvielfalt und Norm bilden zwei Seiten einer Medaille. In den Forschungsfokus gerät eine „postfaktische Orientierungslosigkeit“, in der dem Individuum die Unfähigkeit zur Entscheidung und eine daraus resultierende Handlungsunfähigkeit drohen. Fehlende Bewertungssicherheit und Orientierung zeigen sich z. B. auch im Umgang mit den Anforderungen der Migrationsgesellschaft und Interkulturalität bzw. Transkulturalität. An dieser Stelle sind Bildungsinteressen also zugleich Urteilsbildungsinteressen.

Die Problematik dieser Ambivalenz erschließt sich damit weniger hinsichtlich ihrer Zwiespältigkeit an sich als vielmehr hinsichtlich der daraus resultierenden Handlungsunfähigkeit! Dies wiederum hat unmittelbare Auswirkungen auf die Praktiken der Beziehungsgestaltung. Zu fragen ist: Wie kann *gelingende* Bewertung aussehen, in der Kategorien der Anerkennung, der Akzeptanz und der Auseinandersetzung „gelebt und gelehrt“ werden?

2.2 *Religionspädagogische Gesprächsbeiträge*

2.2.1 Forschungsperspektiven

Hierzu nun kursorische Einblicke in drei ganz unterschiedliche religionspädagogische Forschungsgegenstände: zum einen in den der „Medialen Anthropologie“ am Beispiel von Bewältigungs- als Managementstrategien, zum zweiten in den des „Ethischen Lernens“ am Beispiel der Organtransplantation und zum dritten in den der aktuellen Strukturdebatte zum Religionsunterricht am Beispiel des „Interreligiösen Lernens“.

Anschließend an die unter 1.2 dargestellten Forschungen zum Selfie ist deutlich geworden, dass Kinder und Jugendliche täglich ebenso selbstverständlich in der digitalen wie in der analogen Welt unterwegs sind. Dabei hält das Social Web mit Identitäts-, Beziehungs- und Informations-

[49] Vgl. Rosa, Hartmut, Beschleunigung. Die Veränderung der Zeitstrukturen in der Moderne, Berlin 2005; sowie aktuell Rosa, Hartmut, Resonanz. Eine Soziologie der Weltbeziehung, Berlin 2016.

management drei lebensweltliche Bedeutungsebenen für sie bereit.[50] Die vom Medienpädagogischen Forschungsverbund erhobenen Daten deuten in puncto konkreter Informationsbeschaffung darauf hin, dass die Informationen als solche schon eher spärlich vorhanden sind und sich Quantität wie Qualität der intermedialen Bewertung doch eher in Grenzen hält.[51] Im Weiteren ist deshalb zu untersuchen, inwiefern sich eine interpersonale Bewertung nachweisen ließe und welche Rolle hierbei Eltern, Lehrkräfte und Mitarbeitende im pastoralen bzw. gemeindepädagogischen Dienst spielen.

Jörn Neier untersucht derzeit in seiner Hannoveraner Dissertation „Das Hirntodkriterium als Voraussetzung für die Organspende“, welche Formen von Verunsicherung es auslöst, wenn 16-jährige Jugendliche qua Gesetz einen Organspendeausweis von ihrer Krankenkasse zugeschickt bekommen und sich dazu verhalten sollen. Zu prüfen ist dabei einerseits, inwiefern implizit vermittelte Normen die Ergebnisoffenheit der Entscheidung beeinflussen und andererseits, welche Wissensbestände vorhanden und welche Informationsquellen zugänglich sind, um zu einem – auch und gerade theologisch begründeten – Urteilsentscheid zu kommen.[52]

Einen dritten Forschungsgegenstand schließlich stellt die aktuelle Strukturdebatte dar.[53] Exemplarisch hierfür stehen Sammelbände wie Schröder 2014[54] oder Kenngott et al. 2015[55], in denen u. a. die Fächergruppe oder wechselseitige Gastfreundschaft als didaktische Wege des Begegnungslernens diskutiert werden. Nicht zuletzt widmet sich die diesjährige Jahrestagung der Gesellschaft für wissenschaftliche Religionspädagogik[56] dem Thema „Migration, Religion und Bildung. Wege zu einer migrations-

---

50 Vgl. Schmidt, Jan-Hinrik u. a. (Hg.), Heranwachsen mit dem Social Web. Zur Rolle von Web 2.0-Angeboten im Alltag von Jugendlichen und jungen Erwachsenen, Berlin ^{2}2011, in: https://www.lfm-nrw.de/fileadmin/lfm-nrw/Forschung/LfM-Band-62.pdf (Zugriff: 01.07.2016).

51 Vgl. mpfs, JIM 2016, bes. 14; 28.

52 Promotionsvorhaben von Jörn Neier: Das Hirntodkriterium als Voraussetzung für die Organspende – eine systematisch-theologische Reflexion und religionspädagogische Diskussion; siehe hierzu auch die Übersicht unter https://www.ithrw.uni-hannover.de/10768.html (Zugriff: 18.07.2017).

53 Vgl. jüngst das Positionspapier „Konfessionell, kooperativ, kontextuell – Weichenstellungen für einen zukunftsfähigen Religionsunterricht“ unter https://www.comenius.de/Comenius-Institut/news/Texte/Positionspapier_zukunftsfaehiger-RU_Unterschriften_Stand_2016_12_16.pdf?m=1482139058 (Zugriff: 18.09.2017).

54 Vgl. Schröder, Bernd (Hg.), Religionsunterricht – wohin? Modelle seiner Organisation und didaktischen Struktur, Neunkirchen-Vluyn 2014.

55 Vgl. Kenngott, Eva-Maria u. a. (Hg.), Konfessionell – interreligiös – religionskundlich. Unterrichtsmodelle in der Diskussion (Praktische Theologie heute 136), Stuttgart 2015.

56 Vgl. http://www.afrp.de/tagungen/ (Zugriff: 18.09.2017).

sensiblen Religionspädagogik"[57] Universitäre Lehrerfahrungen zeigen, dass sich Theologiestudierende angesichts religiöser Pluralität wachsender Verunsicherung ausgesetzt sehen und in einer Art vorauseilendem Gehorsam den interreligiösen Dialog im Religionsunterricht beschwören, dass sie zugleich aber kaum über „Normen" im Sinne einer theologisch angemessenen Kriteriologie verfügen, die es ihnen ermöglicht, das Eigene in diesem Dialog sachangemessen zu definieren und einzubringen. In diesem Zusammenhang untersuchen wir am Standort Hannover derzeit dezidiert Fragen der Konfessionalität[58] bzw. der konfessionellen Identität. Erste Ergebnisse einer niedersachsenweiten Studierendenbefragung[59] verweisen auf eine extrem heterogene Studierendenschaft hinsichtlich der Konfessionszugehörigkeit, der Kirchenbindung und dem Verständnis konfessioneller Identität.

Welche Forschungsperspektiven verfolgt nun die Bildungswissenschaft für die Ambivalenz von Norm und Verunsicherung?

2.3 Bildungswissenschaftliche Gesprächsbeiträge

2.3.1 Forschungsperspektiven

Die Ambivalenz von Norm und Verunsicherung zeigt sich aktuell z. B. im Diskurs um und in den Forschungen im Bereich Interkultureller und Transkultureller Bildung. Das Thema Interkulturelle Bildung ist mitnichten neu und firmierte in den letzten Jahrzehnten unter verschiedenen Begrifflichkeiten. Die Verbindung mit dem Begriff der Transkulturellen Bildung verweist darauf, dass der Umgang mit Kultur und kultureller Differenz und Bildung Neuauslegungen bedarf. Verunsicherungen, die mit der Suche nach Normen oder auch neuen Normen verbunden sind, resultieren seit längerem aus Migrationsbewegungen, die seit den 1950er und 1960er Jahren aus ganz unterschiedlichen Anlässen stattfanden und stattfinden. Gerade jetzt sind der Begriff Migrationsgesellschaft und die Auseinandersetzung mit dieser aufgrund der jüngsten Migrationsbewegungen politisch hoch aufgeladen. Die Verunsicherung entzündet sich an der Frage, wie Integration gelingen kann.[60]

---

57 Zur Dokumentation siehe die im Dezember erscheinende Ausgabe von Theo-Web. Zeitschrift für Religionspädagogik unter http://www.theo-web.de/ (Zugriff: 18.09.2017).

58 Vgl. Hofheinz, Marco, Konfessionalität – Theologische Überlegungen zum konfessionell-kooperativen Religionsunterricht im Lichte der Leuenberger Konkordie, in: Theo-Web. Zeitschrift für Religionspädagogik 16/1 (2017), 131–161.

59 Eine Kurzübersicht des Forschungsprojektes findet sich unter https://www.ithrw.uni-hannover.de/fileadmin/theologie/pdf/evan/Motivation-Habitus-Kompetenz_04-2017-1.pdf (Zugriff: 18.07.2017).

60 Es gibt aktuell viele Publikationen im Bildungsbereich, die sich, z. T. unter verschiedenen Begriffen, wie Inklusion, diesem Thema widmen. Jüngst hat sich eine Ausgabe

Die Sorge, dass sich Normen aus den demokratischen Wertestrukturen heraus bewegen, ist nicht unbegründet. Dies belegen aktuell Forschungen, die sich mit den Dimensionen Gruppenbezogener Menschenfeindlichkeit befassen. Kulturelle Differenz wird veranschlagt zur Erzeugung von Normierungen, die viele Verunsicherungen mit sich bringen. Das Wirken von ökonomisierten Normen zeigt sich etwa in der Studie von Zick und Klein (2014).[61]
Die Ergebnisse dieser Studie und der jüngsten Studie[62] verweisen einerseits auf Normverschiebungen und sind ein deutlicher Anzeiger für massive gesellschaftliche Verunsicherungen. Hier sind verschiedene Bildungsbereiche angesprochen, Forschungen über Normen, Normenausformungen, Stereotypenbildung und Vorurteilsstrukturen aufzunehmen, die in neuer Weise das Verhältnis und die Wechselwirkungsbeziehungen zwischen Vorurteilen, Ängsten und anderen Emotionen, Erlebnissen, Erfahrungen, Wissensstrukturen und den Möglichkeiten des Deutungsaufbaus zeigen.

Wenn wir von einem umfassenden Integrations- und Bildungsbegriff ausgehen, besteht für die verschiedensten Bildungsbereiche die Herausforderung, Forschungsergebnisse zu generieren. Neben der Erforschung der Perspektive des Individuums mit seinen habituellen Prägungen, die mit Herkunft und natio-ethno-kultureller Zugehörigkeit[63] zu tun haben, ist die Erforschung der Lern- und Bildungsprozesse sowie die Erforschung der Planungsprozesse und Entwicklung von Programmen, Angeboten und Projekten für die verschiedenen Themenbereiche essentiell, dazu gehören die Politische, Berufliche, die Kulturelle Bildung und die verschiedenen Themenfelder der Allgemeinen Bildung. Ich greife aus unseren Forschungen[64] einige Ergebnisse heraus, wo dies u. a. unter der Perspektive *„Kulturen verbinden und transformieren: Deuten – Dekonstruieren – Konstruieren: verstehend-kommunikative bzw. transkulturelle Zugänge“* beschrieben und ausgeführt ist.

Es ist davon auszugehen, dass das Interkulturalitätsparadigma alleine nicht mehr ausreicht, um Bildungsprozesse zu beschreiben und Angebote zu planen, sondern dass das Transkulturalitätskonzept einzubeziehen ist, das eine grundsätzlich neue Orientierung für die gemeinsame Gestaltung von Bildung bietet. Solch eine Konzeptualisierung ermöglicht die Realisierung von Programmen und Angeboten, die den Spannungsbogen der Bearbeitung

---

der Hessischen Blätter für Volksbildung mit dem Thema Integration und Herausforderungen für die Erwachsenen- und Weiterbildung befasst (Integration: Hessische Blätter für Volksbildung 4 [2016].)

61 Zick, Andreas / Klein, Anna, Fragile Mitte. Feindselige Zustände. Rechtsextreme Einstellungen in Deutschland 2014, Bonn 2014.

62 Zick, Andreas u. a., Gespaltene Mitte. Feindselige Zustände. Rechtextreme Einstellungen in Deutschland 2016, Bonn 2016.

63 Zum Begriff siehe Mecheril, Paul, Einführung in die Migrationspädagogik, Weinheim/Basel 2004.

64 Fleige u. a., Kulturelle Erwachsenenbildung, Kap. 7.

bzw. Prävention von Diskriminierung adressiert, aber auch der Frage nachgeht, wie gemeinsame Gestaltungsprozesse, die im weiten Sinne Kulturformungen unterstützen, über Bildung adressiert werden können. Die Begriffe Interkulturelle und Transkulturelle Bildung sind bereits in verschiedenen Veröffentlichungen dargelegt worden.[65] Es soll hier nur punktuell auf zwei Extreme des Spannungsbogens hingewiesen werden: Interkulturelle Bildung adressiert u.a. die Dekonstruktion von Kulturalisierungen[66], die bis zur Dekonstruktion von Formen Gruppenbezogener Menschenfeindlichkeit reichen können[67]. Darunter fallen Angebote, die sich etwa mit Diskriminierung, Rassismus und Antisemitismus bis hin zum Umgang mit Folgewirkungen von Kolonialisierung befassen. Die transkulturelle Perspektive von Bildung adressiert Möglichkeiten der Neukonstruktion, der kulturellen Verflechtung[68], der Reflexion hybrider Identitätsformungen, etwa über die Entwicklung von Mehrfachzugehörigkeiten.[69] Die Erfahrung von Kulturalität[70] steht hier im Horizont neuer Bedeutungsformungen und Deutungsmöglichkeiten für Hybridbildungsprozesse.[71] Angebote Trans-kultureller Bildung thematisieren kulturübergreifende gemeinsame Erfahrungen, evozieren gemeinsame Gestaltungsprozesse von Welt, die unabhängig von kultureller Differenz Beheimatung ermöglichen, dazu anregen, über neue Deutungskonstruktionen und hybride Identitätsaus-formungen nachzudenken oder diese im Kontext selbsttätig-kreativer Angebote selbst zu erleben, etwa in der Domäne Theater.

In unseren Forschungen interessieren wir uns dafür, wie in den Institutionen der Erwachsenen- und Weiterbildung Inter- und Transkulturelle Bildung entwickelt und in Angeboten und Programmen offeriert wird. Wir betrachten im Folgenden Ergebnisse aus der Institutionensicht, die im Rahmen einer Programmanalyse von öffentlich zugänglichen Programmen, sei es als Buch

---

65 Fleige u. a., Kulturelle Erwachsenenbildung; Robak, Steffi / Grawan, Florian, Inter- und Transkulturelle Bildung mit Fokus auf Mehrfachdiskriminierung und Mehrfachzugehörigkeit, in: Hessische Blätter für Volksbildung 4 (2016): Integration, 353–363.

66 Kaschuba, Wolfgang, Kulturalismus. Kultur statt Gesellschaft?, in: Geschichte und Gesellschaft 21 (1995), 80–95.

67 Zick / Klein, Fragile Mitte

68 Welsch, Wolfgang, Auf dem Weg zu transkulturellen Gesellschaften, in: Allolio-Näcke, Lars u.a. (Hg.), Differenzen anders denken. Bausteine zu einer Kulturtheorie der Transdifferenz (S. 314–341).Frankfurt a.M. 2005, 314-341.

69 Mecheril, Einführung.

70 Göller, Thomas, Kulturverstehen. Grundprobleme einer epistemologischen Theorie der Kulturalität und kulturellen Erkenntnis, Würzburg 2000.

71 Reckwitz, Das hybride Subjekt.

oder im Internet, als Flyer und Projektbeschreibungen, erfolgt sind.[72] Es wurden insgesamt acht Partizipationsportale[73] ermittelt:

> *Portal 1: systematisch-rezeptiv (*umfasst Vorträge, Seminare, Reden etc. über Kultur, Kunst, Kultur-/Kunstgeschichte in Bezug auf verschiedene Kulturen sowie christliche Traditionen),
> *Portal 2: selbsttätig-kreativ (*beinhaltet Angebotsformen, in denen man selbst etwas üben kann, praktisch tätig ist und dabei Praktiken anderer Kulturen kennen lernt),
> *Portal 3: verstehend-kommunikativ im interkulturellen Sinne* (Angebote folgen dem Interkulturalitätsbegriff und offerieren z. B. Themen für kommunikative Auseinandersetzung mit anderen Kulturen),
> *Portal 4: verstehend-kommunikativ im transkulturellen Sinne (*Angebote zielen u. a. auf das Wahrnehmen und Reflektieren kulturübergreifender Gemeinsamkeiten und transkultureller Identitäten),
> *Portal 5: aushandelnd-reflexiv* (Diese Angebote zielen auf die Bearbeitung von Fremdenfeindlichkeit, auf Demokratisierung und u. a. auf die reflexive Auseinandersetzung mit den eigenen Deutungsmustern etc.),
> *Portal 6: Angebote speziell für Migrantinnen und Migranten,*
> *Portal 7: Interreligiöser Dialog.*
> *Portal 8 – Qualifizierungen für Personal im Themenbereich Interkulturelle Kompetenzen.*

Es kann nur auf ausgewählte zentrale Ergebnisse verwiesen werden, die Bezüge zur Ambivalenz zwischen Norm und Verunsicherung aufweisen: An erster Stelle stehen mit 40% die Angebote speziell für Migrantinnen und Migranten (Portal 6), in der Regel Integrationskurse und Kurse für Deutsch als Fremdsprache (Sprachenbereich). Der Zugang zu Interkultureller Bildung folgt hier der Prämisse der Integration und Inklusion, dies über Kulturtechniken wie Sprache und Praktiken wie dem Aufbau von Netzwerken. Der Hauptteil der anstehenden Bildungsanstrengungen liegt demnach vor allem bei den Gruppen mit Migrationshintergrund. Dies könnte man als die gesetzte Norm bezeichnen, dass die Menschen mit Migrationsbiographie sich einzupassen haben. An zweiter Stelle folgt das verstehend-kommunikative Portal (Portal 3: 32%) im interkulturellen Sinne. Hier dominieren die Fremd-

---

72 Robak, Steffi / Petter, Isabell, Programmanalyse zur interkulturellen Bildung in Niedersachsen (Theorie und Praxis der Erwachsenenbildung), Bielefeld 2014.

73 Partizipationsportale sind beschreitbare differenzierte Zugangswege zu Kultur und Bildung (Gieseke u. a., Kulturelle Erwachsenenbildung). Die Portale sind mit Wissensformen, Aneignungswegen und Lernorten verbunden: organisierte Lern-angebote (didaktisch strukturierte Angebote in Erwachsenenbildungseinrichtungen); beigeordnete Bildung (Angebote in Nicht-Erwachsenenbildungseinrichtungen wie Museen und soziokulturellen Zentren); kulturelle Praxis bzw. Sparte (z. B. Chor); kulturelles Erlebnis bzw. Event (z. B. Kulturfeste) (Robak/Petter, Programmanalyse). Portale liegen quer zu Fachbereichen und beziehen Intentionen von Veranstaltungs-formen und Lernformen mit ein.

sprachen.[74] Dies adressiert überwiegend die Mehrheitsgesellschaft, diese möchte etwas über kulturelle Spezifika Anderer lernen.

In etwa auf demselben quantitativen Veranstaltungsniveau bilden das transkulturell verstehend-kommunikative Portal 4 und das aushandelnd-reflexive Portal 5 mit jeweils 2,2 % die Portale mit den geringsten Angebotszahlen. Während die politischen Themen als sinkend zu bezeichnen sind, ist das transkulturell-verstehende Portal gänzlich neu. So wird darin etwa die Suche nach Gemeinsamkeiten vor dem Hintergrund hybrider Identitäten durch den Bezugsrahmen von Biografie, Erinnerung und Heimat eingefangen. Dieses neue Portal verweist darauf, dass eine transkulturelle Perspektive der gemeinsamen Kulturgestaltung langsam in der Bildungspraxis ankommt.

Insgesamt muss festgestellt werden, dass eine konsequent dekonstruierende, kritisch-analysierende Auseinandersetzung mit den genannten Phänomenen sich nicht wiederfindet. Die Gesellschaft war, als die vielen Menschen mit Migrationsbiographie 2015 Deutschland erreichten, nicht auf eine konstruktive und zugleich kritische Auseinandersetzung mit Anforderungen, Bedeutungen und auch Risiken einer Migrationsgesellschaft vorbereitet. Unsere gerade abgeschlossene exemplarische Programmanalyse von fünf repräsentativen öffentlichen Erwachsenenbildungseinrichtungen zeigt, dass die Verunsicherung und auch die Normverschiebungen, die zum Teil als Normentgrenzungen und -fragmentierungen interpretiert werden, 2017 nun deutlicher mit Bildungsangeboten im Bereich der Politischen Bildung, adressiert an alle, inklusive der Mehrheitsgesellschaft, angeboten werden. Es finden sich sowohl verstärkt Themen, die sich mit Gruppenbezogener Menschenfeindlichkeit beschäftigen als auch mit Normen, etwa über den Rückbezug zur jüngeren Geschichte in Deutschland; Ereignisse aus der NS-Zeit werden kritisch herangezogen und in Bezug gesetzt zu zeithistorischen Fragen der Gegenwart.[75]

2.3.2 Lösungsansätze

Wenn wir die oben dargestellten Ergebnisse einbeziehen, besteht ein Lösungsansatz in der Konzeptualisierung einer Interkulturellen und Transkulturellen Bildung, die aufeinander bezogen angelegt ist. Mindestens drei Perspektiven sind dafür von Relevanz: Eine Inter-/Transkulturelle Bildung be-

---

74 Dabei werden nur jene Angebote als interkulturelle Bildung gefasst, die neben sprachlichen Aspekten explizit einen Bezug zu Kultur, meist eines bestimmten Landes, herstellen.

75 Zur Darstellung aller Ergebnisse siehe Robak, Steffi, Entwicklungen und Akzente in der Inter- und Transkulturellen Bildung – Der verstehend-kommunikative Zugang kultureller Bildungsangebote, erscheint in: Hessische Blätter für Volksbildung 4 (2017).

nötigt sowohl für die theoretisch-empirische Auseinandersetzung als auch für Programm- und Angebotsentwicklungen mehrere Perspektiven:

1. *Migrationsgesellschaft als Gestaltungshorizont und darin Bildung als Transformationsinstanz*. Das bedeutet: die Ausformung des Spanungsbogens zwischen interkulturellen Anforderungen der Balancierung und bildenden Transformation von kulturellen Differenzen, die auf Seiten der Mehrheitsgesellschaft einerseits und der Menschen mit Migrationsbiographie andererseits bestehen.
2. *Mit Blick auf die Mehrheitsgesellschaft*: Zu adressieren sind Phänomene der gruppenbezogenen Menschenfeindlichkeit, vor allem Diskriminierungen, auch strukturelle Diskriminierungen, Rassismus etc. Gleichzeitig sind die Ängste der Mehrheitsgesellschaft ernst zu nehmen und es müssen Wissensstrukturen offeriert werden, die Kenntnisse über die kulturelle Vielfalt der Menschen mit Migrationsbiographie offerieren.
3. *Mit Blick auf die Menschen mit Migrationsbiographie*: Es braucht grundlegende Wissensstrukturen und Kenntnisse über die strukturelle und kulturelle Beschaffenheit der Aufnahmekultur(en), die sich auf alle gesellschaftlichen Felder und Systeme beziehen. Die Wissensstrukturen über die demokratischen Prinzipien sind mit Erfahrungsmöglichkeiten und Möglichkeiten des Deutungsaufbaus zu verbinden.
4. *Ausformung eines transkulturellen Bildungszugangs,* der die gemeinsame Gestaltung von Gesellschaft, Beheimatung, Ausformung von Mehrfachzugehörigkeiten und die individuelle Entfaltung von Fähigkeiten mit dem Ziel der Positionsfindung in den aufnehmenden Kulturen ermöglicht.[76]

Bildungsprozesse, die im transkulturellen Bedeutungshorizont ausgelegt werden, inkludieren Identitätsbildungsprozesse des einzelnen Individuums, ohne das eigene Milieu und Habitusformungen zu vernachlässigen oder zu fordern, diese sozialisatorisch ausgeformten Strukturen abzulegen. Mit Blick auf die Menschen mit Migrationsbiographie, die etwa islamischen Religionsrichtungen angehören, auf die sich viele Ängste beziehen, ist zu berücksichtigen, dass religiöse Deutungsmuster und Bindungen tief in der Identitätsbildung verankert sind und nicht einfach abgelegt werden können.[77] Insbesondere die theoretische Figur des kulturellen Zwischenraums birgt Potentiale, um die Gestaltungen kultureller Angebotsformen mit ihren Möglichkeiten der Lernort- und Atmosphärengestaltung, des Beziehungsaufbaus und der eigenen Positionsbestimmung und Positionierung zu entwickeln und darin

---

[76] Sie hierzu auch Robak, Entwicklungen und Akzente.

[77] Hofheinz, Marco, Religion – Motor oder Hemmschuh der Integration? Oder: Mehr Religionsfreiheit wagen! Rechtsethische Erwägungen angesichts aktueller integrationspolitischer und religionsrechtlicher Herausforderungen, in: Hessische Blätter für Volksbildung 4 (2016), 345–352.

Verunsicherungen über Reflexion, Erfahrungsverarbeitung, Deutungsmusterreflexion und Wissensstrukturen zu bearbeiten.[78]

Beziehungen, und in der grundlegenden Ausleuchtung und strukturellen Verankerung von Beziehungen besteht ein weiterer Lösungsansatz, werden dabei als eine substanzielle Grundlage von Bildungsprozessen betrachtet. Beziehungsstrukturen ermöglichen die Ausdifferenzierung von Emotionsmustern, in die Normen eingebettet und habituell ausgeformt sind. Sie müssen jedoch gelebt und befruchtet werden können. Beziehungen stehen in engem Bezug zu Emotionen, sie sind zugleich materialisiert als Form, Inhalt und institutionalisierte Strukturen in Angeboten und Lernformen. Gieseke beschreibt Emotionen und ihre Rolle für das Herstellen von Beziehungen in ihrer Bedeutsamkeit für Lern- und Bildungsinteressen.[79] Interesse ist in mehrfacher Hinsicht an Emotionen gebunden und stellt selbst eine Emotion dar. Sozialisatorisch ausgeformte Emotionsmuster nehmen früh erfahrene Themen als Interessen mit auf. Die Ausdifferenzierung von Emotionen durch Bildung im Erwachsenenalter kann neue oder anschlussfähige Interessen beflügeln oder hervorbringen. Beziehungen besitzen für das Individuum Potentiale, sozialisatorisch erworbene Habitualisierungen zu überschreiten und Interessen zu fördern.

Als Interkulturelle Bildung sind Beziehungen und Emotionen Voraussetzung zur Ausformung von Mehrfachzugehörigkeiten und Hybridität.[80] Der Transkulturalitätsbegriff ist dabei der tragendere, weil er auf die Modellierung einer gemeinsam zu bewohnenden Welt abhebt. Voraussetzung ist die Antizipation und Bewältigung von Fremdheit. Auslegungen von Differenz, Kultur und Bildung wirken normgebend und bringen neue Gestaltungspraxen von Gesellschaft hervor, in denen Normen wirken und Verunsicherung bewältigbar wird.

---

78 Fleige, u.a., Kulturelle Erwachsenenbildung.

79 Gieseke, Wiltrud, Lebenslanges Lernen und Emotionen. Wirkungen von Emotionen auf Bildungsprozesse aus beziehungstheoretischer Perspektive (Erwachsenenbildung und lebensbegleitendes Lernen 9), Bielefeld ^{2}2009; Gieseke, Wiltrud, Emotionen als beziehungsstiftender Wirkungszusammenhang für lebenslanges Lernen, in: Dies. u. a. (Hg.), Reflexion zur Selbstbildung. Festschrift für Rolf Arnold (Theorie und Praxis der Erwachsenenbildung), Bielefeld 2012, 59–80.

80 Bhabha, Homi K., Verortungen der Kultur, in: Bronfen, Elisabeth u. a. (Hg.). Hybride Kulturen. Beiträge zur anglo-amerikanischen Multikulturalismusdebatte (Stauffenburg discussion. Studien zur Inter- und Multikultur 4), Tübingen 1997, 122–148.

3. Ambivalenz 3: Resonanz ⇔ Bewertung

3.1 Problemanzeige

In Ambivalenz 3 schließlich stehen Resonanz und Bewertung in einem Spannungsverhältnis. Die Bewältigung von Verunsicherung – das haben wir eben gesehen – kann dort als positiv gefasste Bewertung verstanden werden, wo sie in einem reflektierten Prozess abgeschlossen wurde; sie ist indes dort negativ, wo der Prozess abgeschnitten ist und sich das Urteil als Vor-Urteil erschließt.

Die hier zu verortende subjektiv anthropologische Grundfrage „Wer bin ich? Und wie bzw. wo darf ich „ich" sein?" berührt Selbstverständnis und Identität des Einzelnen, dessen Leben sich zwischen Sein, Haben und „Schein sein" kulturell neu verkoded. Und sie rückt noch einmal das Verhältnis von Sozialität und Individualität in den Blick.

In den Forschungsfokus geraten Interaktionsvollzüge. Hier gelten die Bildungsinteressen insbesondere der Identitätsbildung. Problematisch nun wird all das, wo Bewertung gerade nicht als Resonanz erlebt und reflektiert werden kann, sondern als Bruch bzw. Abbruch erfahren wird. Wie also kann *gelingende* Begegnung aussehen, in der Resonanz als Kategorie der Anerkennung wahr- und ernstgenommen wird?

3.2 Religionspädagogische Gesprächsbeiträge

3.2.1 Forschungsperspektiven

Auch zu dieser dritten Ambivalenz folgen drei kursorische Einblicke in aktuelle religionspädagogische Forschungsgegenstände: zum einen in den der „Inklusion" am Beispiel von Wundergeschichten im Religionsunterricht, zum zweiten in den der Lehramtsausbildung am Beispiel von „Selbstverständnis und Habitus" sowie neuerlich in den der „Medialen Anthropologie" am Beispiel von Bewältigungs- als Bewertungsstrategien.

Der Blick auf Letzteres eröffnet, wie dicht die Ambivalenzen „Selbstverortung ⇔ Leistungsmaximierung" und „Resonanz ⇔ Bewertung" hier beieinander liegen, denn Leistungsmaximierung hängt hier unmittelbar an der (Außen-)Wahrnehmung und Bewertung – beispielsweise der Fotos. Identitätsbildung reformuliert sich in der Sehnsucht nach Anerkennung, und um die ist es eher schlecht bestellt.

Die jüngst veröffentlichten Zahlen der OECD-Sonderstudie zeigen erstmals umfangreiche PISA-Daten zu Lernumfeld und Lernverhalten.[81] Demzufolge wird fast jeder sechste 15-Jährige regelmäßig Opfer von teils massivem Mobbing an seiner Schule. Insgesamt sind Jungen im OECD-Schnitt häufiger Mobbing-Opfer in der Schule als Mädchen. Diese sind wiederum stärker von Ausgrenzung und bösen Gerüchten betroffen. Susanne Eisenmann, Präsidentin der Kultusministerkonferenz, wird wie folgt zitiert:

> „‚Mobbing und ein zunehmend verrohender Umgang in der Gesellschaft und im Internet zeigen, dass die klassischen Kompetenzen – wie die Fähigkeit, werteorientiert und reflektiert zu handeln, Konflikte zu lösen und mit anderen Menschen konstruktiv und sozial zusammenzuleben – heute aktueller denn je sind‘. Die Schüler müssten daher selbst erfahren, was die demokratischen Werte ausmacht und was es bedeutet, unterschiedliche Standpunkte zu diskutieren und Verantwortung zu übernehmen.“[82]

Dass ca. 10% von sozialem Mobbing – darunter auch Cybermobbing – betroffen sind, ergänzt sich mit weiterem Datenmaterial.[83] Die Sozialität im sog. *Social Web* ist angezählt, das Selbst ausgestellt und angefragt wie nie. Mit Folgen für die Ausbildung von Identität ist zu rechnen.

Ganz anderen Fragen der Identitätsbildung gehen zwei Hannoveraner Qualifikationsarbeiten nach, die sich mit der Lehramtsausbildung befassen: Jan Meyer untersucht in seiner Dissertation das Selbstverständnis von Kirchenmusikern als Religionspädagogen,[84] wobei Parallelen zur Frage nach dem Selbstverständnis von Religionslehrern als Theologen intendiert sind – nicht zuletzt auf Folie des Lehramtsmentorats der Hannoverschen Landeskirche, das an der Leibniz Universität von Angelika Wiesel betreut wird.[85] Wie kann ein Mentorat zum Ort gelebter religiöser Resonanz werden?

Nina Rothenbusch erarbeitet im Rahmen forschenden Lernens, inwiefern sich wachsende Reflexionskompetenz und ein forschender Habitus positiv auf die Entwicklung einer beruflichen Identität auswirken und welche Rolle religiöse Identität dabei spielt.[86]

---

[81] Vgl. OECD, PISA 2015 Results (Volume III): Students' Well-Being, PISA, OECD Publishing, Paris 2017, in: http://dx.doi.org/10.1787/9789264273856-en (Zugriff: 18.07.2017).

[82] Siehe http://www.tagesschau.de/inland/pisa-studie-109.html (Zugriff: 18.07.2017).

[83] Vgl. mpfs, JIM 2016, 51.

[84] Promotionsvorhaben von Jan Meyer: Gospel(musiker als Akteure) in der Kommunikation des Evangeliums!?; siehe hierzu auch die Übersicht unter https://www.ithrw.uni-hannover.de/10768.html (Zugriff: 18.07.2017).

[85] Weiterführende Informationen unter https://www.ithrw.uni-hannover.de/13327.html (Zugriff: 18.07.2017)

[86] Habilitationsvorhaben von Nina Rothenbusch: Theologisch-religionspädagogischer Kompetenzerwerb während der universitären Lehrerbildung; siehe hierzu auch die Übersicht unter https://www.ithrw.uni-hannover.de/10768.html (Zugriff: 18.07.2017).

Die Problemanzeige einer gelingenden Begegnung stellt sich als dritte Ambivalenz derzeit insbesondere hinsichtlich inklusiver Lernkontexte. Kristina Gun sucht mit ihrer Dissertation deshalb nach religionspädagogischen Resonanzräumen von „Heil und Heilung“ im Kontext von Inklusion.[87]

3.2.2 Lösungsansätze

Allen Forschungsansätzen gemein ist „Augenhöhe“ als Kategorie der Dialogizität in Begegnung. Sie ergibt sich mit Nipkow (2011)[88] schöpfungs- wie rechtfertigungstheologisch als eine Angleichung von Differenz nach oben und nach unten.

Dabei rekurriert die Rede von der Gottebenbildlichkeit im Anschluss an Liedke (2013)[89] auf einen dreieinigen Gott, der in sich selbst Beziehung ist. Wo Beziehung die Grundlage von Bildung ist, ist Raum für gelingende Begegnung. Dies gilt auch für bildungswissenschaftliche Forschungsperspektiven hinsichtlich der Ambivalenz von Resonanz und Bewertung.

3.3 Bildungswissenschaftliche Gesprächsbeiträge

3.3.1 Forschungsperspektiven

Mit Verlassen der Schule und dem Abschließen der Ausbildung, unabhängig davon, ob es sich um eine Berufsausbildung oder Hochschulbildung handelt, werden Erwachsene, je älter und erfahrener sie werden, einerseits immer sensibler, was Bewertungen und Bewertet-Werden betrifft. Andererseits bleibt der Wunsch nach Resonanz bestehen. Dies lässt sich auch emotionstheoretisch begründen (siehe Kapitel 2.3.2). Erst gegen Ende des mittleren Erwachsenenalters im Übergang zum jungen Alter (ab 60 Jahre) zeichnet sich ein deutliches Autonomiebestreben, etwa im Lernen und im Lernprozess an, das sich zwar dem Bewertungsprozess entzieht, aber gleichsam mit einem Interesse an Beziehung und Resonanz verbunden bleibt. So zeigen die Ergebnisse aus einer Studie über Lern- und Bildungsprozesse Älterer, dass

---

87 Promotionsvorhaben von Kristina Gun: Heilungswunder im inklusiven Religionsunterricht. Eine empirische Untersuchung in didaktischer Absicht; siehe hierzu auch die Übersicht unter https://www.ithrw.uni-hannover.de/10768.html (Zugriff: 18.07.2017).

88 Vgl. Nipkow, Karl Ernst, Menschen mit Behinderung nicht ausgrenzen!, in: Schweiker, Wolfhard / Pithan, Annebelle (Hg.), Evangelische Bildungsverantwortung. Inklusion. Ein Lesebuch, Münster 2011, 89–98.

89 Vgl. Liedke, Ulf, Inklusion in theologischer Perspektive, in: Kunz, Ralph / Ders. (Hg.), Handbuch Inklusion in der Kirchengemeinde, Göttingen 2013, 31–52.

von den sogenannten Älteren gezielter passende Themen und auch Lernformen bei Bildungsentscheidungen abgewogen werden.[90] Die Ergebnisse aus der milieubezogenen Bildungsforschung[91], auf die bereits Bezug genommen wurde, zeigen weiterhin, dass die Wünsche nach Resonanz und die Ängste vor Bewertungen milieuspezifisch geprägt sind. Je höher in der Schicht und je (post)moderner das Bildungsverständnis und der Lebensstil, desto differenzierter zeigen sich tendenziell der Umgang mit Bewertungen und die Wünsche nach Resonanz. Wurden Ende des letzten Jahrhunderts noch deutlich Geschlechterunterschiede im Wunsch nach Beziehungen und im Umgang mit Bewertungen herausgearbeitet[92], so ist heute mit dem leistungsbezogenen Aufholen der Frauen, sowohl was ihre Abschlüsse als auch Berufstätigkeit betrifft, für Forschungen neu nach dem Umgang mit Bewertungen, Resonanz und Abhängigkeitsverhältnissen zu fragen. Für die berufliche Entwicklung und die Berufstätigkeit als solche und die Konzeptualisierungen von Personalentwicklung ist festzustellen, dass durch enge Verbindungen von Management, Führungsstrategien und Personalentwicklung, Instrumente der Bewertung eher zu- als abnehmen.[93] Auch im Erwachsenenalter sind also die Anforderungen des Umgehens mit Bewertungen ansteigend. Nicht nur die Einschätzungen der Vorgesetzten für Beförderung und Weiterbildung zählen, auch die Personalentwicklung selbst bis hin zu Beratungsinstanzen setzen mit mittlerweile unzähligen Verfahren der Kompetenzmessung auf die Einschätzung, Bewertung und Vorhersage von Fähigkeiten und bergen damit den Anspruch einer umfassenden Bewertung der Person und Persönlichkeit in sich. In Punkto Forschung kann man feststellen, dass die Kompetenzmessung zu einem eigenen Forschungsbereich erwachsen ist, die dem bildungspolitischen Interesse nach Ergebnismessung auch im Erwachsenenalter Rechnung trägt (z. B. jüngst PIAAC).

In Bezug auf unsere eigenen Forschungen, und damit nehme ich nochmals Bezug auf die bereits eingeführten Forschungen zur Kulturellen, Inter- und Transkulturellen Bildung, interessieren uns in diesem Zusammenhang die Rolle und Wirkungen der selbsttätig-kreativen Lernformen in der Kulturellen Bildung: Die Suche nach *Resonanz* zeigt sich besonders im selbsttätig-kreativen Portal der Kulturellen Bildung; gerade in diesem Bereich entzieht man sich der Bewertung; es sei denn es handelt sich um semiprofessionelle Seminare und Qualifizierungen für Kunst- und Kultur-

---

90 Schmidt, Bernhard, Weiterbildung und informelles Lernen älterer Arbeitnehmer. Bildungsverhalten. Bildungsinteressen. Bildungsmotive, Wiesbaden 2009.

91 Tippelt u. a., Weiterbildung.

92 Gilligan, Carol, Die andere Stimme. Lebenskonflikte und Moral der Frau, München ²1985; Derichs-Kunstmann, Karin u. a., Von der Inszenierung des Geschlechterverhältnisses zur geschlechtsgerechten Didaktik. Konstitution und Reproduktion des Geschlechterverhältnisses in der Erwachsenenbildung, Bielefeld 1999.

93 Klimecki, Rüdiger / Markus, Gmür, Personalmanagement. Strategien, Erfolgsbeiträge, Entwicklungsperspektiven, Stuttgart 2005.

schaffende, wo die Technik selbst, das künstlerische Tun eine Rolle spielen. Resonieren bedeutet hier die Modellierung von Welt über die Wahrnehmung und die Übersetzung in künstlerische Praxis. Der künstlerische Ausdruck zeichnet sich einerseits durch eine kritische Distanzierung zur Gesellschaft aus, andererseits wird in der künstlerischen Auseinandersetzung und der Befassung damit das Resonieren mit sich und dem Gegenüber gesucht. Dieses Resonieren wird deutlich in folgenden Wünschen und Bildungsinteressen, die in den Seminaren der Kulturellen Bildung sichtbar werden:

1. Schärfung der individuellen und sinnlichen Wahrnehmung von Welt im Prozess des eigenen Tuns.
2. Erarbeitung der Techniken, die in einer Domäne genutzt werden.
3. Den eigenen kreativen Ausdruck finden im Zusammenspiel von Technik und Wahrnehmung.[94]

3.3.2 Lösungsansätze

Die Fokussierung auf die Innovationsstärkung und Wettbewerbsfähigkeit Deutschlands im geostrategischen Weltgefüge in allen wirtschaftlichen und kulturellen Bereichen führt dazu, dass die Bewertungsformen sich ausdifferenzieren und die Individuen darauf mit dem Erhalt und dem Ausbau ihrer Leistungsfähigkeit antworten und sich gleichzeitig auf der Suche nach Balance, Ausgleich oder gar Gegenkultur befinden. Welche Spiegelungsobjekte und Spiegelungsinstrumente werden für die Bewertungen fortan entwickelt? Wie werden sie in die Weiterbildungsorganisationen, Bildungsprozesse und (Selbst)bewertungsprozesse eingespeist? Zukünftige Forschungen finden hier ein breites Wirkungsfeld, um diese Prozesse zu erfassen und zu prüfen, wie sie sich als Bildungsinteressen widerspiegeln werden. Für die Weiterbildung bedeutet dies, Balancen zu entwickeln, Begründungen dafür zu stärken und das Individuum in seinen Interessen nach Beziehung, Entfaltung und Zugehörigkeit trotz Außendruck immer wieder in den Mittelpunkt zu stellen. Die Balancierung von Wissensstrukturen, Nutzen und emotionaler Ausgleich befördert den Erhalt der Entscheidungsfähigkeit, der Orientierung und der selbstsorgenden Platzierung und Gestaltung der (Bildungs)biographie. Dafür ist die Ausgestaltung von Bildung mit einer Potentialität für Kreativität grundlegende Voraussetzung, da dies im ureigenen anthropologisch angelegten Bildungsinteresse der Individuen ist. EB/WB sollte sich vor diesem Hintergrund selbst als Teil einer humanisierenden Gegenkultur begreifen.

---

94 Fleige u. a., Kulturelle Erwachsenenbildung.

4. Verweben der Gesprächsfäden

Der zurückliegende Gesprächsverlauf markierte drei Ambivalenzen, drei subjektive anthropologische Grundfragen und damit einhergehend drei Problemanzeigen. Die von uns formulierten Bild(ungs)interessen zu sich überschneidenden Beobachtungen in pädagogischen Handlungsfeldern zeigen sich nun abschließend als wie folgt miteinander verwoben (s. Tabelle).

Ambivalenz (grundsätzlich eingebunden in die Trias von Individualität, Sozialität und Institutionalität)	*Problemanzeige*	*Forschungsfokus*	*Forschungsansätze je Disziplin*	*Lösungsansatz*
Selbstverortung (dem Selbst einen Platz geben/sehen und gesehen werden) ⇔ **Leistungs-maximierung** subjektive anthropologische Grundfrage: Wie nehme ich mich in der Welt wahr? Und wie möchte ich gesehen werden?	(statische, fixierende) **Spiegelung** Wie kann gelingende Spiegelung aussehen, damit Selbstverortung und Leistungsmaximierung iterativ, interaktiv und selbst- wie weltangemessen erfolgen?	Vollzüge der Selbstoptimierung als Selbstbildung bzw. Selbst-ab-bildung ⇩ *Bildungsinteressen als Bild(ungs)interessen*	BW: kulturelle Bildung (Funktionen der Selbstoptimierung) ― RP: mediale Anthropologie am Bsp. „Selfie“ (Vorbild – Abbild – Ebenbild)	**Dialog** als „Noormann'sche“ Kategorie der Symmetrie im Angesicht bestehender Asymmetrien
Norm ⇔ Verunsicherung (Individualisierung, Unfähigkeit zur Entscheidung) subjektive anthropologische Grundfrage: Was gilt? Und wer bzw. was gibt mir Orientierung?	(fehlende) **Orientierung** Wie kann gelingende Bewertung aussehen, in der Kategorien der Anerkennung, der Akzeptanz und der Auseinandersetzung „gelebt und gelehrt“ werden?	„postfaktische Orientierungslosigkeit“, drohende Unfähigkeit zur Entscheidung und daraus resultierende Handlungsunfähigkeit ⇩ *Bildungsinteressen als Urteilsbildungsinteressen*	BW: interkulturelle Bildung/ Angebotsstrukturen (Hybridität im Umgang mit Fremdheit) ― RP: Anfrage an Bewertungsinstanzen (Identitäts-, Beziehungs- und Informationsmanagement als lebensweltliche Bedeutungsebenen für Kinder & Jugendliche)	**Beziehung** als Kategorie der Anerkennung, der Akzeptanz und der Auseinandersetzung
Resonanz ⇔ Bewertung subjektive anthropologische Grundfrage: Wer bin ich? Und wie bzw. wo darf ich „ich“ sein?	(fehlende) **Anerkennung** Wie kann gelingende Begegnung aussehen, in der Resonanz als Kategorie der Anerkennung wahr- und ernstgenommen wird?	Interaktionsvollzüge ⇩ *Bildungsinteresse an Identitätsbildung*	BW: Suche nach Spiegelung & Anerkennung (Passungsprofile von Angebot und Verwertungs-Interessen) ― RP: Identitätsbildung (Selbstverständnis & Sehnsucht nach Anerkennung)	**Augenhöhe** als Kategorie der Dialogizität in Begegnung
Gesamtzusammenschau				
Diese Ambivalenzen führen zu neuen kulturellen Verkodungen: sein => haben => „Schein sein“				**Dialog in Beziehung auf Augenhöhe** als - Zulassen von Wahrnehmung - Zulassen von Erfahrung - Bewertungen innerhalb von Entscheidungsprozessen in der Schwebe lassen können - Verdichtung von Entschei-dungen

Wie aber sieht nun ein gelingender, an Bildungsinteressen orientierter und angemessener Umgang mit diesen Ambivalenzen aus? Der Geigenbauer Martin Schleske plädiert in seinem vielbeachteten Buch „Der Klang“ für ein „Leben in harmonischen Gegensätzen“. Am Beispiel des Zusammenspiels von Beuger- und Streckermuskel erläutert er, dass es gerade nicht um den goldenen Mittelweg geht, der – im Beispiel gesprochen – den Arm in der Unbeweglichkeit verharren ließe. Stattdessen fordern harmonische Gegensätze „zur seelischen Lebendigkeit“ heraus! „Zur seelischen Bewegung“ aber, so Schleske, „kommt es nur, wenn eine der beiden Kräfte zur rechten Zeit freigeben kann“[95] und die Gegensätze einander dienen.

Es geht also nicht darum, Verunsicherung zu vermeiden oder Leistungsmaximierung zu verteufeln. Beides ist für eine gesunde Identitätsentwicklung und Bildungsbiographie nachgerade zwingend nötig. Übertragen auf die hier markierten Ambivalenzen bedeutet das, dass die beiden Pole wie zwei Seiten einer Medaille notwendig sind, um Lebenskräfte – oder anders gesprochen, um Bildungskraft – zu entfalten.

Für die Frage nach Bild(ungs)interessen ergaben sich drei Lösungsansätze: der *Dialog* – als Kategorie der Symmetrie im Angesicht bestehender Asymmetrien (wie sie für Bildungsprozesse als „Lehrer-Schüler-Gefälle“ per se gegeben sind); die *Beziehung* – als Kategorie der Anerkennung, der Akzeptanz und der Auseinandersetzung und die *Augenhöhe* – als Kategorie der Dialogizität und Begegnung. In Summe ergibt sich Dialog in Beziehung auf Augenhöhe.

Dieser Band ist dem Kollegen und Dekan in Ruhe Harry Noormann gewidmet. Er hat seine sehr persönlich gehaltenen biografischen Notizen überschrieben mit „Die Angst überwinden, Grenzen zu verletzen, die Sehnsucht nähren, sie zu überschreiten“[96] – einem Zitat von Henning Luther (vgl. Anm. 2). Und so sind diese drei Lösungsansätze nicht nur und neuerlich Forschungsperspektiven unser beider Disziplinen, sie sind zugleich „Noormann'sche“ Kategorien und Kennzeichen seines Grenzgängertums (nicht zuletzt in Gremiensitzungen!). Denn der Dialog in Beziehung auf Augenhöhe vollzieht sich als

- Zulassen von Wahrnehmung
- Zulassen von Erfahrung
- Bewertungen innerhalb von Entscheidungsprozessen in der Schwebe lassen können
- Verdichtung von Entscheidungen
- person- und prozessorientierter Weg eines begründeten Urteilsentscheids

---

95 Schleske, Martin, Der Klang. Vom unerhörten Sinn des Lebens, München ^{7}2014, 70f.

96 Noormann, Harry, Die Angst überwinden, Grenzen zu verletzen, die Sehnsucht nähren, sie zu überschreiten, in: Rupp, Horst (Hg.), Lebensweg, religiöse Erziehung und Bildung. Religionspädagogik als Autobiographie, Bd. 5, Würzburg 2014, 195–210.

Er ist damit zutiefst ethisch, und alle drei Lösungsansätze sind zugleich Anknüpfungspunkte für das sich bildende als hybrides bzw. als fragmentarisches Subjekt.

Literatur

Astheimer, Jörg, Doku-Glamour. (Semi-)Professionelle Nightlife-Fotografie und ihre Inszenierungen, in: Neumann-Braun, Klaus / Ders. (Hg.), Doku-Glamour im Web 2.0. Party-Portale und ihre Bilderwelten, Baden-Baden 2010, 163–185.

Autenrieth, Ulla, MySelf. MyFriends. MyLife. MyWorld. Fotoalben auf Social Network Sites und ihre kommunikative Funktionen für Jugendliche und junge Erwachsene, in: Neumann-Braun, Klaus / Dies. (Hg.), Freundschaft und Gemeinschaft im Social Web. Bildbezogenes Handeln und Peergroup-Kommunikation auf Facebook & Co, Baden-Baden 2011, 123–162.

Autenrieth, Ulla, Das Phänomen „Selfie". Handlungsorientierungen und Herausforderungen der fotografischen Selbstinszenierung von Jugendlichen im Social Web, in: Lauffer, Jürgen / Röllecke, Renate (Hg.), Lieben, Liken, Spielen. Digitale Kommunikation und Selbstdarstellung Jugendlicher heute. Medienpädagogische Konzepte und Perspektiven. Beiträge aus Forschung und Praxis, München 2014, 52–59.

Bhabha, Homi K., Verortungen der Kultur, in: Bronfen, Elisabeth u. a. (Hg.). Hybride Kulturen. Beiträge zur anglo-amerikanischen Multikulturalismusdebatte (Stauffenburg discussion. Studien zur Inter- und Multikultur 4), Tübingen 1997, 122–148.

Bilger, Frauke u. a. (Hg.), Weiterbildungsverhalten in Deutschland. Resultate des Adult Education Survey 2012, Bielefeld 2013.

Derichs-Kunstmann, Karin u. a., Von der Inszenierung des Geschlechterverhältnisses zur geschlechtsgerechten Didaktik. Konstitution und Reproduktion des Geschlechterverhältnisses in der Erwachsenenbildung, Bielefeld 1999.

Ermert, Karl, Stärke des Individuums und Bindekraft der Gesellschaft – Überlegungen zu Werten und Zielen Kultureller Bildung, in: forum erwachsenenbildung 4 (2011), 19–22.

Fleige, Marion u. a., Kulturelle Erwachsenenbildung. Strukturen – Partizipationsformen – Domänen (Theorie und Praxis der Erwachsenenbildung), Bielefeld 2015.

Friebel, Harry u. a., Bildungsbeteiligung. Chancen und Risiken. Eine Längsschnittstudie über Bildungs- und Weiterbildungskarrieren in der „Moderne" (Schriftenreihe der Hochschule für Wirtschaft und Politik, Hamburg. Hochschule für Wirtschaft und Politik 4), Opladen 2000.

Fuchs, Monika E., Mediale Anthropologie als Thema der Religionspädagogik – Befunde und Perspektiven, in: Theo-Web. Zeitschrift für Religionspädagogik 13/1 (2014), 111–124.

Fuchs, Monika E., Sehen und gesehen werden – religionspädagogische Impulse zum Spannungsfeld von Selbstbild, Abbild und Ebenbild, in: Gojny, Tanja u. a. (Hg.), Selfie – I like it. Anthropologische und ethische Implikationen digitaler Selbstinszenierung (Religionspädagogik innovativ 18), Stuttgart 2016, 137–150.

Gieseke, Wiltrud / Kargul, Josef (Hg.), Europäisierung durch kulturelle Bildung. Bildung – Praxis – Event, Münster u. a. 2005.

Gieseke, Wiltrud u. a., Kulturelle Erwachsenenbildung in Deutschland. Exemplarische Analyse Berlin/Brandenburg (Europäisierung durch kulturelle Bildung 1), Münster u. a. 2005.

Gieseke, Wiltrud / Opelt, Karin, Programmanalyse zur kulturellen Bildung in Berlin-Brandenburg, in: Gieseke, Wiltrud u. a. (Hg.), Kulturelle Erwachsenenbildung in Deutschland. Exemplarische Analyse Berlin/Brandenburg, Münster u. a. 2005, 43–130.

Gieseke, Wiltrud, Lebenslanges Lernen und Emotionen. Wirkungen von Emotionen auf Bildungsprozesse aus beziehungstheoretischer Perspektive (Erwachsenenbildung und lebensbegleitendes Lernen 9), Bielefeld ²2009.

Gieseke, Wiltrud, Emotionen als beziehungsstiftender Wirkungszusammenhang für lebenslanges Lernen, in: Dies. u. a. (Hg.), Reflexion zur Selbstbildung. Festschrift für Rolf Arnold (Theorie und Praxis der Erwachsenenbildung), Bielefeld 2012, 59–80.

Gilligan, Carol, Die andere Stimme. Lebenskonflikte und Moral der Frau, München ²1985.

Gojny, Tanja u. a. (Hg.), Einleitung, in: Dies. u. a. (Hg.), Selfie – I like it. Anthropologische und ethische Implikationen digitaler Selbstinszenierung (Religionspädagogik innovativ 18), Stuttgart 2016, 7–14.

Göller, Thomas, Kulturverstehen. Grundprobleme einer epistemologischen Theorie der Kulturalität und kulturellen Erkenntnis, Würzburg 2000.

Hofheinz, Marco, Religion – Motor oder Hemmschuh der Integration? Oder: Mehr Religionsfreiheit wagen! Rechtsethische Erwägungen angesichts aktueller integrationspolitischer und religionsrechtlicher Herausforderungen, in: Hessische Blätter für Volksbildung 4 (2016), 345–352.

Hofheinz, Marco, Konfessionalität – Theologische Überlegungen zum konfessionell-kooperativen Religionsunterricht im Lichte der Leuenberger Konkordie, in: Theo-Web. Zeitschrift für Religionspädagogik 16/1 (2017), 131–161.

Jüngel, Eberhard, Der Gott entsprechende Mensch. Bemerkungen zur Gottebenbildlichkeit des Menschen als Grundfigur theologischer Anthropologie, in: Ders., Entsprechungen. Gott – Wahrheit – Mensch. Theologische Erörterungen II, Tübingen, ³2002, 290–317.

Kaschuba, Wolfgang, Kulturalismus. Kultur statt Gesellschaft?, in: Geschichte und Gesellschaft 21 (1995), 80–95.

Kenngott, Eva-Maria u. a. (Hg.), Konfessionell – interreligiös – religionskundlich. Unterrichtsmodelle in der Diskussion (Praktische Theologie heute 136), Stuttgart 2015.

Klimecki, Rüdiger / Markus, Gmür, Personalmanagement. Strategien, Erfolgsbeiträge, Entwicklungsperspektiven, Stuttgart 2005.

Kühn, Christian u. a. (Hg.), Der Lernlust folgen. Neues entdecken. Eine Lernkulturanalyse der Junior-Akademie Bad Bederkesa in Perspektivverschränkung, Bielefeld (im Erscheinen).

Liedke, Ulf, Inklusion in theologischer Perspektive, in: Kunz, Ralph / Ders. (Hg.), Handbuch Inklusion in der Kirchengemeinde, Göttingen 2013, 31–52.

Lobinger, Katharina, Zwischen Selfie-Shaming und Selfie-Celebration. Kontroverse Perspektiven auf vernetzte Körper-(Selbst)bilder, in: Gojny, Tanja u. a. (Hg.), Selfie – I like it. Anthropologische und ethische Implikationen digitaler Selbstinszenierung (Religionspädagogik innovativ 18), Stuttgart 2016, 43–56.

Luther, Henning, Identität und Fragment, in: Ders., Religion im Alltag. Bau-steine zu einer praktischen Theologie des Subjekts, Stuttgart 1992, 160–182.

Mecheril, Paul, Einführung in die Migrationspädagogik, Weinheim/Basel 2004.

Medienpädagogischer Forschungsverbund Südwest, JIM-Studie 2015. Jugend, Information, (Multi-)Media. Basisuntersuchung zum Medienumgang 12-19-Jähriger, Stuttgart 2015, 7.11, in: http://www.mpfs.de/fileadmin/JIM-pdf15/JIM_2015.pdf (Zugriff: 02.07.2016).

Medienpädagogischer Forschungsverbund Südwest (Hg.), JIM 2016. Jugend, Information, (Multi-)Media. Basisstudie zum Medienumgang 12-bis 19-Jähriger in Deutschland,

Stuttgart 2016, in: https://www.mpfs.de/fileadmin/files/Studien/JIM/2016/JIM_Studie_2016.pdf (Zugriff: 18.07.2017).
Medienpädagogischer Forschungsverbund Südwest (Hg.), KIM-Studie 2016. Kindheit, Internet, Medien – Basisstudie zum Medienumgang 6- bis 13-Jähriger in Deutschland, Stuttgart 2017, in: https://www.mpfs.de/fileadmin/files/Studien/KIM/2016/KIM_2016_Web-PDF.pdf (Zugriff: 18.07.2017).
Menke, Christoph, Die Kraft der Kunst, Frankfurt/M. ²2013.
Neumann-Braun, Klaus, Internet und Gesellschaft – gegenwärtige Herausforderungen und aktuelle Forschungsergebnisse, Klicksafe Dossier zum Safer Internet Day 2011, 1–10, 7f., in: http://stage.klicksafe.de/ueber-klicksafe/safer-internet-day/sid-2011/dossier-sid-2011/ (Zugriff: 18.07.2017).
Nipkow, Karl Ernst, Menschen mit Behinderung nicht ausgrenzen!, in: Schweiker, Wolfhard / Pithan, Annebelle (Hg.), Evangelische Bildungsverantwortung. Inklusion. Ein Lesebuch, Münster 2011, 89–98.
Noormann, Harry, Die Angst überwinden, Grenzen zu verletzen, die Sehnsucht nähren, sie zu überschreiten, in: Rupp, Horst (Hg.), Lebensweg, religiöse Erziehung und Bildung. Religionspädagogik als Autobiographie, Bd. 5, Würzburg 2014, 195–210.
OECD, PISA 2015 Results (Volume III): Students' Well-Being, PISA, OECD Publishing, Paris 2017, in: http://dx.doi.org/10.1787/9789264273856-en (Zugriff: 18.07.2017).
Reckwitz, Andreas, Die Erfindung der Kreativität. Zum Prozess gesellschaftlicher Ästhetisierung. Berlin 2012.
Reckwitz, Andreas, Die Erfindung der Kreativität, Kreativitätsdispositiv und Kulturpolitik, in: Kulturpolitische Mitteilungen 141/2 (2013), 23–34.
Reckwitz, Andreas, Das hybride Subjekt. Eine Theorie der Subjektkulturen von der bürgerlichen Moderne zur Postmoderne, Weilerswist 2006.
Robak, Steffi, Kulturelle Formationen des Lernens. Zum Lernen deutscher Expatriates in kulturdifferenten Arbeitskontexten in China – die versäumte Weiterbildung, Münster 2012.
Robak, Steffi / Petter, Isabell, Programmanalyse zur interkulturellen Bildung in Niedersachsen (Theorie und Praxis der Erwachsenenbildung), Bielefeld 2014.
Robak, Steffi u. a, Die Konstitution kultureller Bildungsräume. Fünf überregionale Institutionen der non-formalen Kulturellen (Erwachsenen-)Bildung. Bildungsangebotsentwicklungen, innovative Impulse, Planungsspielräume, in: Rat für kulturelle Bildung (Hg.), Zur Sache. Kulturelle Bildung. Gegenstände, Praktiken und Felder, Essen 2015, 100–107.
Robak, Steffi u. a., Bildungsurlaub – Planung, Programm und Partizipation. Eine Studie in Perspektivverschränkung (Studien zur Pädagogik, Andragogik und Gerontagogik 66), Frankfurt/M. u. a. 2015.
Robak, Steffi, Diversität und (Re-)Konstruktionserfordernisse im Adressatenbezug. Zur Konzeptionalisierung von Diversität in der Erwachsenenbildung und Weiterbildung. Begriffsentwicklung und empirische Ergebnisse aus den Bereichen Inter-/Transkultureller und Kultureller Bildung, in: Dollhausen, Karin / Muders, Sonja (Hg.), Diversität und Lebenslanges Lernen. Aufgaben für die organisierte Weiterbildung, Bielefeld 2016, 27–45.
Robak, Steffi / Grawan, Florian, Inter- und Transkulturelle Bildung mit Fokus auf Mehrfachdiskriminierung und Mehrfachzugehörigkeit, in: Hessische Blätter für Volksbildung 4 (2016), 353–363.
Robak, Steffi, Entwicklungen und Akzente in der Inter- und Transkulturellen Bildung – Der verstehend-kommunikative Zugang kultureller Bildungsangebote, in: Hessische Blätter für Volksbildung 4 (2017).
Rosa, Hartmut, Beschleunigung. Die Veränderung der Zeitstrukturen in der Moderne, Berlin 2005.

Rosa, Hartmut, Resonanz. Eine Soziologie der Weltbeziehung, Berlin 2016.

Schleske, Martin, Der Klang. Vom unerhörten Sinn des Lebens, München [7]2014.

Schmidt, Bernhard, Weiterbildung und informelles Lernen älterer Arbeitnehmer. Bildungsverhalten. Bildungsinteressen. Bildungsmotive, Wiesbaden 2009.

Schmidt, Jan-Hinrik u. a. (Hg.), Heranwachsen mit dem Social Web. Zur Rolle von Web 2.0-Angeboten im Alltag von Jugendlichen und jungen Erwachsenen, Berlin [2]2011, in: https://www.lfm-nrw.de/fileadmin/lfm-nrw/Forschung/LfM-Band-62.pdf (Zugriff: 01.07.2016).

Schmidt-Hertha, Bernhard, Alter und Generation, in: Hauenschild, Katrin u. a. (Hg.), Diversity Education. Zugänge – Perspektiven – Beispiele, Frankfurt/M. 2013, 101–115.

Schröder, Bernd, Subjektwerdung fördern als Maxime religionspädagogisch reflektierten Handelns (§ 14), in: Ders., Religionspädagogik, Tübingen 2012, 232–249.

Schröder, Bernd (Hg.), Religionsunterricht – wohin? Modelle seiner Organisation und didaktischen Struktur, Neukirchen-Vluyn 2014.

Schulz, Iren, „Spieglein, Spieglein an der Wand…“. Die Bedeutung digitaler Medien im Jugendalter am Beispiel des Umgangs mit Schönheit, Körperlichkeit und Sexualität, in: ARCHIV für Wissenschaft und Praxis der sozialen Arbeit 46/2 (2015), 22–33.

Schweitzer, Friedrich, Die Bundesweite Studie zur Konfirmandenarbeit. Zentrale Befunde und Konsequenzen für Kirche und Schule/schulischen Religionsunterricht, in: Theo-Web. Zeitschrift für Religionspädagogik 9/2 (2010), 42–57.

Schwöbel, Christoph, Mensch als Sein-in-Beziehung. Zwölf Thesen für eine christliche Anthropologie, in: Ders., Gott in Beziehung. Studien zur Dogmatik, Tübingen 2002, 193–226.

Silbermond, Album „Nichts passiert”, 2009, in: http://www.cd-lexikon.de/album_silbermond-nichts-passiert.htm (Zugriff: 18.07.2017).

Sjödin, Tomas, Warum Ruhe unsere Rettung ist. Stell dir vor, du tust nichts und die Welt dreht sich weiter, Witten 2016.

Tippelt, Rudolf u. a., Weiterbildung, Lebensstil und soziale Lage in einer Metropole, Bielefeld 2003.

Welsch, Wolfgang, Mensch und Welt. Eine evolutionäre Perspektive der Philosophie, München 2012.

Zick, Andreas / Klein, Anna, Fragile Mitte. Feindselige Zustände. Rechtsextreme Einstellungen in Deutschland 2014, Bonn 2014.

Zick, Andreas u. a., Gespaltene Mitte. Feindselige Zustände. Rechtextreme Einstellungen in Deutschland 2016, Bonn 2016.

Onlinequellen

http://www.afrp.de/tagungen/ (Zugriff: 18.09.2017).

https://www.comenius.de/Comenius-Institut/news/Texte/Positionspapier_zukunftsfaehiger-RU_Unterschriften_Stand_2016_12_16.pdf?m=1482139058 (Zugriff: 18.09.2017).

http://www.duden.de/Presse-Neuigkeiten (Zugriff: 18.09.2017).

http://www.duden.de/rechtschreibung/Selfie (Zugriff: 18.09.2017).

https://www.ithrw.uni-hannover.de/10768.html (Zugriff: 18.07.2017).

https://www.ithrw.uni-hannover.de/13327.html (Zugriff: 18.07.2017).

https://www.ithrw.uni-hannover.de/fileadmin/theologie/pdf/evan/Motivation-Habitus-Kompetenz_04-2017-1.pdf (Zugriff: 18.07.2017).

http://jugendkultur.at/generation-selfie/ (Zugriff: 02.07.2016).

http://www.oxforddictionaries.com/de/definition/englisch/selfie (Zugriff: 18.07.2017).

http://www.tagesschau.de/inland/pisa-studie-109.html (Zugriff: 18.07.2017).
http://www.theo-web.de/ (Zugriff: 18.09.2017)

Cristo y Cristiano, oder: Von der Menschwerdung des Fußballgotts Ronaldo. Ein profanes Gleichnis

Ein Vortrag von Marco Hofheinz[1] – sportwissenschaftlich inspiriert von Alfred Effenberg

1. Fußballspielen – ein „Heidenspaß“? Einleitende Bemerkungen zum Verhältnis von Fußball und Religion

Dass Fußball und Religion etwas miteinander zu tun haben, ist nicht neu. Es gibt offenkundige Berührungspunkte: „Alex Meier, Fußballgott“ – so skandiert die Frankfurter Fangemeinde allsamstäglich für ihren Stürmer bei dessen Betreten des „heiligen“ Rasens. Was geschieht hier? Götzendienst? Gesteigert womöglich im Stadion zu dem, was Hartmut Rosa ein „kollektives Resonanzphänomen“[2] nennt? Die Prädikation „Fußballgott“ ist nicht wirklich neu, wie das kulturelle Fußballgedächtnis festhält. Ihm hat sich die legendäre Hörfunkreportage Herbert Zimmermanns fest eingebrannt: „Turek, du bist ein Teufelskerl! Turek, du bist ein Fußballgott!“ Das „Wunder“ von Bern, der Gewinn der Fußballweltmeisterschaft im Jahr 1954, an dessen Konstruktion nicht nur mehr oder weniger revanchistische Siegessehnsucht nach dem verlorenen Weltkrieg, sondern auch Deutschlands Nationaltorhüter Toni Turek mit seinen Paraden maßgeblich beteiligt war, wurde so kommentiert.[3] Ist das eine Apotheose von Fußballern, eine Vergöttlichung von Menschen, die sich doch nur einem Spiel, der „Fußlümmelei“ hingeben? Fußball – ein Götzendienst?[4] Von Toni Turek, dem Fußballgott, bis hin etwa zu Mario Götze?

---

1 Vortrag vom 22.04.2017, gehalten auf dem Symposium „Theologie im Konzert der Wissenschaften“ an der Leibniz Universität Hannover. Der Vortragsstil wird bewusst beibehalten.

2 Rosa, Hartmut, Resonanz. Eine Soziologie der Weltbeziehung, Berlin ^{4}2016, 425.

3 Ulrich Kropaç (Gewinnen und verlieren. Warum es im Fußball zugeht wie „im richtigen Leben“, in: Merkt, Andreas [Hg.], Fußballgott. Elf Einwürfe, Köln 2006, 160–179, 171) zufolge zog diese fußballerische Apotheose den Protest kirchlicher Stimmen nach sich.

4 Tim Krechting (Fest-Zeiten. Wie Fußball der Theologie zu denken gibt, in: Unimagazin: Zeitschrift der Leibniz-Universität Hannover 1-2 [2006], 18–21, 21) spricht vom „ewig-ätzende[n] und kraftlos-apologetische[n] ‚Sind Fußballer unsere wahren Götter?‘“.

„Woran Du Dein Herz hängst, das ist Dein Gott“[5], so pointiert Luther in seiner berühmten Auslegung des ersten Gebots in seinem „Großen Katechismus“ (1529). Dass viele Menschen, nicht zuletzt hierzulande, ihr Herz an den Fußball hängen, dürfte einleuchten. Ihr Gott scheint rund zu sein.[6] „Geballte Lust“[7] bringen sie auf, um ihm zu huldigen. Die Berührungspunkte sind zu offenkundig, als dass man den Zusammenhang zwischen Fußball und Religion leugnen könnte.[8]

So mahnt der Bochumer Theologe Okko Herlyn:

> „Nichts gegen ein unterhaltsames, auch leidenschaftliches Fußballspiel. Nichts gegen einen sportlichen Vergleich, auch auf höchstem spielerischen und kämpferischen Niveau. Aber wir werden einen solchen mit Luther doch weiterhin nicht zu den Dingen rechnen wollen, an die wir unser Herz hängen und wozu wir uns ‚alles Guten versehen und Zuflucht haben in allen Nöten‘. Es könnte sein, daß ein ursprünglich harmloses und menschenfreundliches Vergnügen am Ende zu einer – von Karl Barth so genannten ‚herrenlosen Gewalt‘ wird, die neben mancherlei anderen Übeln vor allem zu unserer schleichenden Selbstentfremdung beiträgt und so gerade nicht ‚ein Reservat authentischen Lebens‘ darstellt.“[9]

Handelt es sich beim Fußball also nicht im wahrsten Sinne des Wortes um einen „*Heiden*spaß“? Gleichsam – wie Peter Sloterdijk[10] vermutet – um eine leidlich zivilisierte Form der Fortführung jener antiken Arenatradition von „panem et circenses“, „Brot und Spielen“, die einst der Satiriker Juvenal in der Zeit des Prinzipats kritisierte.

---

5 BSLK 560,22ff.

6 Vgl. Schümer, Dirk, Gott ist rund. Die Kultur des Fußballs, Berlin 1996.

7 Von Soosten, Joachim, Heiliger Ernst und geballte Lust, in: Chrismon 05 [2006], 28–29.

8 Vgl. die soeben erschienene, umfangreiche Untersuchung: Kapperer, Thorsten, Leidenschaft und Fußball. Ein pastoral-theologisches Lernfeld (Studien zur Theologie und Praxis der Seelsorge 98), Würzburg 2017. Fernerhin u.a.: Gärtner, Christel, Fußball – (k)ein Spiel für die Götter. Die systematische Differenz von Religion und Sport, in: ZGP 30/3 (2012), 6–8; Gebauer, Gunter, Fernseh- und Stadionfußball als religiöses Phänomen. Idole, Heilige und Ikonen am „Himmel“ von Fangemeinden, in: Herzog, Markwart (Hg.), Fußball als Kulturphänomen. Kunst – Kult – Kommerz (Irseer Dialoge 7), Stuttgart 2002, 305–314; Hansen, Klaus, Gott ist rund und der Rasen heilig, in: RL. Zeitschrift für Religionsunterricht und Lebenskunde 1/2004, 3–8; Nebgen, Christoph, „Den Fritz sein Wetter“. Religioide Elemente im Massenkulturphänomen Fußball, in: Delgado, Mariano / Waldenfels, Hans (Hg.), Evangelium und Kultur. Festschrift für Michael Sievernich SJ (Studien zur Religions- und Kulturgeschichte 12), Fribourg/Stuttgart 2010, 473–483; Soosten, Joachim von, Heilige Spiele – Fußball und Religion, in: Schönberger Hefte. Beiträge zur Religionspädagogik aus der EKHN Heft 2 (2006), 2–3.

9 Herlyn, Okko, Da ist „ein anderer im Spiele“. Fußball als Religion führt zur Selbstentfremdung, in: EvKomm 8/1998, 466.

10 Sloterdijk, Peter, „Wie ein Abendmahl – ohne Jesus und Judas“, in: Die Zeit Nr. 53 (21. Dezember) 2016, in: http://www.zeit.de/2016/53/peter-sloterdijk-fussball-zynismus (Zugriff: 01.04.2017).

Es ist wohl nicht zu leugnen, dass der kommerzialisierte Fußball mit mancherlei Problemen behaftet ist. Er stellt für viele weit mehr als nur ein Spiel und/oder die „schönste Nebensache der Welt“ dar:

> „Allgemeine gesellschaftliche Entwicklungen, die als bedenklich einzustufen sind, finden sich z.T. auch hier: z. B. Kommerzialisierung und Geldgier, unbarmherziger Leistungsdruck und Überforderung, Gewalt und Rassismus, Diskriminierung von homosexuellen und behinderten Menschen, Diskrepanzen zwischen reichen Industriestaaten und armen Entwicklungsländern, Fokussierung auf die Gewinner und Marginalisierung der Verlierer. Subjektiv gesehen ist der moderne Fußball für viele Menschen – auch im universitären, schulischen und kirchlichen Bereich – hingegen eine der größten Sachen der Welt.“[11]

Insofern wäre es wohl unzutreffend, den Fußball ausschließlich als einen „Heidenspaß“ zu prädizieren.[12]

Wenn anders dies zuträfe, müsste man wohl auch viele Christenmenschen als „Heiden im Herzen“ und „Christen im Kopf“ bezeichnen, um Lessings berühmtes Dictum einmal umzudrehen.[13] Als jemand, der am Tag seines Dienstbeginns hier in Hannover nicht nur den Eid auf das Grundgesetz und die niedersächsische Landesverfassung ablegte, sondern auch dem Heimspiel zwischen Hannover 96 und dem VfL Wolfsburg, einem 2:0-Sieg für die „Alte Liebe“, beiwohnte, muss auch ich bekennen, dieser eigentümlichen „Community der in Kopf und Herz zerrissenen Schizophreniker“ nicht ganz fern zu stehen.

Das gilt im Übrigen auch für Harry Noormann, der sich selbst als einen „saisonalen – und das heißt zugleich untreuen und vagabundierenden Fußballfan“ bezeichnet;[14] d.h. immer wenn es spannend(er) wird, erwacht seine „geballte Leidenschaft“, sei es in EM- oder WM-Zeiten oder jetzt, wo die Eintracht aus Braunschweig („Blau-Gelb“) auf dem 2. Platz steht und Aussicht hat, wieder eine Saison in der Bundesliga zu verbringen, wenn Stuttgart, Union Berlin und Hannover 96 dies zulassen.

Was die wenigsten wissen dürften: Harry Noormann war selbst in jungen Jahren ein aktiver Fußballer und fungierte während seiner Schulzeit in den

---

11 Lück, Christhard, „Ich hoffe, dass man auch im Himmel Fußball spielen kann!“ Kommunikation des Evangeliums im Umfeld des modernen Fußballs, in: Domsgen, Michael / Schröder, Bernd (Hg.), Kommunikation des Evangeliums. Leitbegriff der Praktischen Theologie (APT 57), Leipzig 2014, 201–229, 204. Zur sportethischen Reflexion der im Zitat angesprochenen Probleme vgl. Brunn, Frank Martin, Sportethik. Theologische Grundlegung und exemplarische Ausführung, TBT 169, Berlin / New York 2014, bes. 278–406.

12 Dies hat vermutlich auch mit dem allgemeinen Spielcharakter des Fußballs zu tun, d.h. dem Spiel in seiner Absichtslosigkeit und Selbstzwecklichkeit.

13 Vgl. Thielicke, Helmut, Glauben und Denken in der Neuzeit. Die großen Systeme der Theologie und Religionsphilosophie, Tübingen 1983, 123.

14 Zum „Fan-Phänomen“ vgl. Schmidt, Jörg, Der Fan. Anmerkungen zum Phänomen des „Göttinger Single-Fan“, in: Bizer, Christoph u. a. (Hg.), Theologisches geschenkt. FS für Manfred Josuttis, Bovenden 1996, 432–441.

USA als ein Botschafter, ein „young ambassador“, in Sachen „soccer“. Allerdings mit mäßigem Erfolg. So versuchte er, den Amerikanern mit ihrer sehr beschränkten Ahnung die praktische Umsetzung des fußballerischen Regelwerks, insbesondere die Abseitsstellung, beizubringen, was freilich scheitern musste. Nichtsdestotrotz gilt: Noch bevor Beckenbauer, Gerd Müller, Klinsmann, Schweinsteiger und andere in die USA gingen, war der „Pionier Noormann“ bereits da und hatte den Amerikanern als „Star auf Linksaußen“ gezeigt, wie man sich trotz geringer Körperstatur als „bissiger Terrier“ und „Wadenbeißer“ beim „soccer“ bewähren kann.

Ob Harry Noormann in den USA jemals zum „Fußballgott“ avancierte, wissen wir nicht. Die Rede von den Fußballgöttern bildet ja ohnehin nur die Spitze eines Eisbergs. Weit weniger vordergründig,[15] sondern durchaus hintergründig sind die Parallelen zwischen Fußball und Religion, was immer Religion auch heißen mag.[16] Dies wird evident, wenn man sich etwa verhaltenswissenschaftlich die Rituale im Fußballstadion anschaut und sie mit denen des Gottesdienstes vergleicht[17] oder gleichsam mit erweiterter Suchfunktion religionsphänomenologisch nach Erscheinungsformen des Kultischen fragt und entsprechende Handlungsmuster wiedererkennt. Phänomene wie Gebet und Ekstase, Schuldbekenntnis und Erhebung, Wallfahrt und Rausch, chorische Gesänge usw. sind im Fußballstadium „en masse“ anzutreffen. Der Verdacht, dass Fußball zu einer Art Quasi- oder Ersatzreligion avanciert ist, drängt sich auf. Auch dies ist keineswegs neu.

Nicht erst seit gestern wissen wir um den inneren Charakter des Rituals, der mit Sinn- und Identitätsstiftung, Kontingenzbewältigung und Gemeinschaftserlebnis zu tun hat. Der Soziologe Norbert Elias hat darauf hingewiesen, dass das Fußballspiel mit dem aristotelischen Drama zu vergleichen ist. Wie im Schauspiel so wird im Fußball als Nachahmung, als Mimesis das Drama des Lebens in Freud und Schmerz, Sieg und Niederlage erlebt. Wie das Drama so bildet der Fußball demnach die Wirklichkeit ab und läutert den Zuschauer durch Reinigung (Katharsis bei Aristoteles), indem man sich am

---

15 Zu den vordergründigen Berührungspunkten zwischen Sport und Religion vgl. Kretzschmar, Gerald, Religion und Sport. Eine praktisch-theologische Verhältnisbestimmung, in: Deutsches Pfarrerblatt 6/2010, 1–7.

16 Vgl. zu den Definitionsschwierigkeiten Hofheinz, Marco, Wider die Nostrifikation Gottes. Religionskritik als bleibend wichtige theologische Aufgabe, in: Hofheinz, Marco / Paprotny, Thorsten (Hg.), Religionskritik interdisziplinär. Multiperspektivische Annäherung an eine bleibend wichtige Thematik, Leipzig 2015, 15–42.

17 Vgl. Kehlbreier, Dietmar, Ein Tor zum Leben?, in: Stadt Frankfurt a.M. / Bauer, Snejanka (Hg.), Helden – Heilige – Himmelsstürmer. Fußball und Religion, Frankfurt a.M. 2006, 124–130; Mokrosch, Reinhold, Fußball- und Gottesdienstritual. Zufällige oder konstitutive Analogien?, in: Stolt, Peter u. a. (Hg.), Kulte – Kulturen – Gottesdienste. Öffentliche Inszenierung des Lebens, Göttingen 1996, 63–69.

Ende der reinen Nachahmung (Mimesis) bewusst wird.[18] Auch hier kann sich recht nahtlos eine religionskritische Perspektive anschließen, die im Fußball die Projektionsfläche für das eigene Leben, mit Marx gesprochen gleichsam das „Opium des Volkes"[19], sieht. Das gilt auch für die Erwartungshaltung von „echter", unentfremdeter Weltbeziehung an den Fußball.[20]

Im Folgenden möchte ich auf dem phänomenalen Weg weiter voranschreiten und die eher hintergründigen und gerade darum umso verblüffenderen Parallelen zwischen Fußball und Religion zu erhellen versuchen. Ich danke für die sportwissenschaftliche Inspiration bei diesem Unternehmen meinem – nach eigener Aussage – „religiös nicht unmusikalischen"[21] Kollegen Alfred O. Effenberg vom Institut für Sportwissenschaft der Leibniz Universität Hannover. Ich verfolge dieses Unternehmen als „sportlich nicht ganz unmusikalischer" Theologe, der die christliche Rede von Gott ins Spiel bringen möchte. Dies soll im Folgenden freilich eher indirekt geschehen, da es nun einmal säkularisierte, profane Narrative sind, die auf der Straße oder besser gesagt: auf dem (Fußball)Platz liegen. „Der Mensch hat" – mit Dietrich Bonhoeffer gesprochen – „gelernt, sich mit allen wichtigen Lebensfragen ohne die Arbeitshypothese: ‚Gott' auseinander zu setzen […]. [I]m allgemeinen menschlichen Bereich [wird] Gott" – so die Diagnose Bonhoeffers – „immer weiter aus dem Leben zurückgedrängt, er verliert an Boden."[22]

---

18 Elias, Norbert, Der Fußballsport im Prozeß der Zivilisation, in: Lindner, Rolf (Hg.), *Der Satz „Der Ball ist rund" hat eine gewisse philosophische Tiefe*, Berlin 1983, 12–21, 12f.

19 Marx, Karl, Zur Kritik der Hegelschen Rechtsphilosophie. Einleitung, in: Marx, Karl, Frühe Schriften I, hg. v. Lieber, Hans-Joachim / Furth, Peter, Stuttgart 1962, 488–505, 488: „Die Religion ist der Seufzer der bedrängten Kreatur, das Gemüt einer herzlosen Welt, wie sie der Geist geistloser Zustände ist. Sie ist das Opium des Volks." Siehe auch Engels, Friedrich, Herrn Eugen Dührings Umwälzung der Wissenschaft (Anti-Dühring), in: Marx, Karl / Engels, Friedrich, Über Religion, hg. v. Institut für Marxismus-Leninismus beim ZK der SED, Berlin 1958, 31.

20 Vgl. H. Rosas (Resonanz, 316) Definition von „Entfremdung": „Entfremdung bezeichnet eine spezifische Form der Weltbeziehung, in der Subjekt und Welt einander indifferent oder feindlich (repulsiv) und mithin innerlich unverbunden gegenüberstehen. Daher kann Entfremdung auch als *Beziehung der Beziehungslosigkeit* (Rahel Jaeggi) bestimmt werden. Entfremdung definiert damit einen Zustand, in dem die ‚Weltanverwandlung' misslingt, so dass die Welt stets kalt, starr, abweisend und nichtresponsiv erscheint."

21 Vgl. zu dieser von Jürgen Habermas (Glaube und Wissen, Die Rede des diesjährigen Friedenspreisträgers des Börsenvereins des deutschen Buchhandels, FAZ vom 15.10.2001 [Nr. 239/2001], 9; Vorpolitische Grundlagen des demokratischen Rechtsstaates?, in: ders. / Ratzinger, Joseph [Hg.], Dialektik der Säkularisierung. Über Vernunft und Religion, Bonn 2005, 15–37, 35) im Anschluss an Max Weber popularisierten Metapher Thaidigsmann, Edgar, Religiös unmusikalisch. Aspekte einer hermeneutischen Problematik, in: ZThK 108 (2011), 490–509.

22 Bonhoeffer, Dietrich, Widerstand und Ergebung. Briefe und Aufzeichnungen aus der Haft, hg. v. Bethge, Eberhard, München [14]1990, 170. Zur Rede von der „mündigen

Auch wenn dies zutreffen sollte, so scheint die Rede von ihm doch nicht ganz verschwunden zu sein. Man kann jedenfalls fragen, ob sich gewisse Relikte, gleichsam kulturelle Restbestände[23] bei genauem Hinsehen nicht doch finden lassen – gleichsam subkutan auf dem Fußballplatz. Solche Bestände wären dann ans Tageslicht zu befördern, nicht um sie kulturprotestantisch zu vereinnahmen, sondern kritisch-theologisch zu beurteilen. Und genau dies will ich im Folgenden versuchen, wenn ich zunächst gewissermaßen „archäologisch" einen Narrativ ans Tageslicht zu befördern versuche, der sich beim näheren Hinsehen – dogmatisch gesprochen – als „christologisch" entpuppt.

2. Christus und Adonis. Die Karriere des „Fußballgotts" Cristiano Ronaldo

Abb. 1[24]

Ich möchte ein Narrativ aufgreifen, das auf Ebene der Oberflächensemantik recht bekannt sein dürfte. Es handelt von den beiden wohl berühmtesten Re-

Welt" vgl. auch Busch, Eberhard, Die grosse Leidenschaft. Einführung in die Theologie Karl Barths, Darmstadt ²2001, 264–267.

23 Vgl. von Soosten, Joachim, Kraftfelder des Begehrens. Religiosität – Arenakult – Religion, in: Noss, Peter (Hg.), fußball ver-rückt: Gefühl, Vernunft und Religion im Fußball. Annäherungen an eine besondere Welt (Religion & Sozialkultur 15), Münster 2004, 21–34, 29.

24 Quelle: http://www.clickon.co/35762/cristiano-ronaldo-euro-2016-religion/ (Zugriff: 16.10.2017).

präsentanten aus der Welt von Fußball und Religion, Cristiano Ronaldo einerseits und Jesus Christus andererseits. Es geht also, wenn man so will, um ein „christologisch-cristianologisches“ Narrativ. Wir schauen dabei weniger auf den persönlichen Glauben Ronaldos als vielmehr auf die „theo-logische“ Struktur des Narrativs vom Gottmenschen Ronaldo.[25] Über seinen persönlichen Glauben ist auch wenig bekannt und dies wenige ist schnell erzählt: Cristiano Ronaldo gehört der römisch-katholischen Kirche an. Gerne verweist er auf seine Sammlung von auffälligen Ketten mit Kruzifix-Anhängern: „I collect crucifix necklaces – it's because of my relationship with God. I always had a gift. I was shown the skills and I am a fantastic footballer but I do believe God gave me the gift.”[26] Ronaldo bezeichnet sich selbst als durchaus religiös, schränkt aber im Vergleich zu seinem missionierenden brasilianischen Kollegen Kaká ein: „I am religious, in my own way, but not as much as Kaká for example.“[27] Seinen Sohn namens Cristiano Junior, dessen Mutter unbekannt ist und für den Ronaldo das alleinige Sorgerecht besitzt, ließ er römisch-katholisch taufen.

Doch Religiosität gehört nicht zu den Domänen, für die Ronaldo eigentlich bekannt ist. Nach dem seinerzeit teuersten Transfer der Fußballgeschichte steht der Portugiese seit Sommer 2009 bei Real Madrid unter Vertrag und ist seit 2015 Rekordtorschütze der „Königlichen“. Nach seinem Transfer zu Real Madrid erzielte er bisher in über dreihundert Einsätzen durchschnittlich mehr als ein Tor pro Spiel, eine von Spielern einer europäischen Topliga im 21. Jahrhundert unerreichte Quote. Drei Champions-League-Titel errang Ronaldo bislang, 2008 mit Manchester United und 2014 und 2016 mit den Madrilenen. Mehrfach wurde er zum Weltfußballer gekrönt. Ronaldo ist Kapitän, Rekordspieler und Rekordtorschütze der portugiesischen Nationalmannschaft, mit der er die Europameisterschaft 2016 gewann.

Doch das sind nur die rohen und recht summarischen Informationen zu einer erstaunlichen und bewegenden Fußballerkarriere. Cristiano Ronaldo ist weitaus mehr als ein beliebiger „Kicker“. Angesprochen auf einen Vergleich zwischen den Rivalen Messi und Ronaldo, den ewigen Duellanten,[28] bemerkte Ronaldos ehemaliger Trainer José Mourinho: „Wenn Messi der beste Spieler des Planeten ist, dann ist Ronaldo der beste des Universums.“[29] Mit seinen spektakulären Übersteigern, seinen verblüffenden Flip-Flap-Tricks, seinen gefürchteten Freistößen, einer sagenhaften Schusstechnik, schwindelerregenden Dribblings, einer enormen Sprungkraft und Kopfballstärke sowie

---

25 Zum persönlichen Glauben von Fußballstars vgl. Luz, Antje, Fußballgötter und ihre Philosophien. Mit einem Vorwort von Jürgen Klinsmann, Stuttgart 2011.

26 http://hollowverse.com/cristiano-ronaldo/ (Zugriff: 01.04.2017).

27 http://hollowverse.com/cristiano-ronaldo/ (Zugriff: 01.04.2017).

28 Vgl. Caioli, Luca, Ronaldo. Die Geschichte eines Besessenen, Göttingen [5]2015, 201–217.

29 Spragg, Iain, Christiano Ronaldo, Das große Fanbuch, Göttingen 2016, 52.

einer unglaublichen Schnelligkeit ist Ronaldo legendär geworden. „*Cristiano Ronaldo – Der neue Fußballgott*", so lautete bereits der Titel der ersten Biographie, die über Ronaldo erschien.[30]

Doch auch außerhalb des Rasens scheint Ronaldo eine Lichtgestalt, ein Liebling der Götter zu sein. Cristiano Ronaldo ist nicht nur Fußballer, sondern auch eine Werbe-Ikone. Insbesondere an der Seite schöner Frauen, die es in seinem Leben der Boulevardpresse nach reichlich gab, macht er mit seinem muskelgestählten Körper eine extrem gute Figur:

> „Seine Kampagne für Armani 2010/11 festigt[e] [...] endgültig seinen Ruf als Model. Wie schon bei Man United löst Cristiano auch hier David Beckham ab, der seit 2007 gemeinsam mit seiner Frau Victoria das Gesicht der Unterwäschelinie ‚Emporio Armani Underwear' gewesen ist. Eine männliche Sex-Ikone ist geboren, die wie die Idealverkörperung eines antiken griechischen Helden wirkt"[31]

– so schreibt Ronaldos Biograph Luca Caioli. Markenzeichen ist gewissermaßen auch die machistische Attitüde mit der er – in der Werbung wie vor Freistößen –, breitbeinig stehend, die Hände in die Seite stemmt und dabei mit den Fingern auf sein Geschlechtsteil zeigt.

Der Bezug etwa zur mythologischen Gestalt des Adonis,[32] des Sinnbildes und des Gottes der Schönheit, ist dabei durchaus nahliegend. Er wird als wunderschöner Jüngling beschrieben und ist der Geliebte der Aphrodite bzw. ihrer römischen Entsprechung, der Göttin Venus. Denkt man an das Endspiel bei der letzten Europameisterschaft in Frankreich, als Ronaldo nach einem nicht geahndeten Foul von Dimitri Payet in der 8. Minute verletzt auf dem Rasen liegen blieb und ausgewechselt werden musste, so drängt sich der Vergleich mit dem Schicksal des Adonis durchaus auf. Adonis wurde von einem wütenden Eber niedergemäht und getötet, in den sich der eifersüchtige Ares bzw. (wiederum in römischer Entsprechung) Mars verwandelt hatte. Doch in der Regel wird nicht Adonis, sondern Jesus Christus als religiöse Spiegelfigur für Ronaldo herangezogen.

Auch wirtschaftlich ist Ronaldo jedenfalls äußerst erfolgreich:

> „Ronaldo betreibt ein umfassendes Selbstmarketing und Personal Branding. Was 2006 als Modelabel ‚CR7' – ein Numeronym, das sich aus seinen Initialen und seiner Rückennummer zusammensetzt – mit familiärer Anbindung begann, baute er zu einer in der EU eingetragenen Unionsmarke aus. Mit dieser verfolgt er eine Hochpreisstrategie, positioniert sie im oberen Luxus-Marktsegment und

30 Alexander, Markus, Cristiano Ronaldo – Der neue Fußballgott, Rostock 2009.

31 Caioli, Ronaldo, 175.

32 Vgl. Weiser, Jutta, Art. Adonis, in: Moog-Grünewald, Maria (Hg.), Mythenrezeption. Die antike Mythologie in Literatur, Musik und Kunst von den Anfängen bis zur Gegenwart, Der Neue Pauly. Supplemente Bd. 5, Stuttgart/Weimar 2008, 15–26. Zur Mythenrezeption im Fußball vgl. auch Kraus, Thomas J. / Nicklas, Tobias, Der Titan. Wie Fußballer zu Götter und wieder zu Menschen werden, in: Merkt, Andreas (Hg.), Fußballgott. Elf Einwürfe, Köln 2006, 200–218.

verleiht ihr gleichzeitig mit ‚100% made in Portugal' auch eine nationale Verbindung zum Heimatland. Neben seiner Modelinie und Parfümserie investierte Ronaldo Ende 2015 im Rahmen eines Joint Ventures mit der portugiesischen Hotelkette Pestana rund 37 Millionen Euro in den Bau von vier Hotels an den Standorten Funchal, Lissabon, Madrid und New York."[33]

3. Die Vita Cristianos. Oder: Der Mann aus Nazareth und der Fußballer aus Madeira. Eine narrative Verschränkung von Christologie und Fußballerbiographie

All dies scheint jedoch zunächst einmal recht wenig mit Jesus, dem Mann aus Nazareth, zu tun zu haben. Der Mythos „Vom Tellerwäscher zum Millionär" könnte hier vielmehr das eigentliche Narrativ bilden. Doch hinter dem Namen Ronaldo verbirgt sich nicht nur eine fußballerische Bilderkarriere. Seine Geschichte begann keineswegs im legendären Bernabéu-Stadium von Madrid, sondern eher in Bethlehem, genauer gesagt: auf der Insel Madeira in ärmsten Verhältnissen. Dort wurde Cristiano Ronaldo dos Santos Aveiro als jüngstes von vier Kindern am 5. Februar 1985 in Santo António nahe Funchal, der Hauptstadt der Insel Madeira, geboren und auf den Namen Cristiano Ronaldo getauft. Der Vater, ein Gärtner und Fußball-Platzwart, der sich zu Tode trank und früh an den Folgen seines Alkoholismus, einer Leberzirrhose, verstarb, bestand darauf, den Jungen nach seinen Lieblings-Politiker, dem damaligen US-Präsidenten Ronald Reagan, zu benennen. Der Vater bewunderte Reagan wegen seines „Schauspieler-Talents", einer Fähigkeit, die später auch seinem Sohn als fußballerisch recht zweifelhaftes Lob zugesprochen werden sollte. Bei seinem verletzungsbedingten Ausscheiden im Endspiel der EM 2016 wurde ihm etwa Schauspielerei unterstellt. Die Mutter, Maria Dolores, eine Putzfrau, beharrte indes darauf, ihren Sohn auf den Namen Cristiano taufen zu lassen. „El Cristiano", das heißt im Spanischen „ein Christ". Und auch der Name „Maria Dolores" scheint kein Zufall zu sein: „[W]er könnte besser für den göttlichen Nachwuchs sorgen als die Schmerzensmutter persönlich?"[34]

Der Stall von Bethlehem mit Ochs und Esel,[35] in den der kleine Cristiano hineingeboren wurde, war eine schäbige Wohnung fernab der Luxushotel-

33 https://de.wikipedia.org/wiki/Cristiano_Ronaldo (Zugriff: 3.4.2017).

34 https://www.welt.de/sport/fussball/article157013929/Ronaldo-soll-genau-wie-Jesus-Christus-gelitten-haben.html (Zugriff: 01.04.2017).

35 Zur Geburtsgeschichte Jesu vgl. Neumann, Nils, Lukas und Menippos. Hoheit und Niedrigkeit in Lk 1,1–2,40 und in der menippeischen Literatur (NTOA 68), Göttingen 2008, 171–186.

Industrie an der Küste Madeiras, eine Wohnung, die undicht und so klein war, dass man die Waschmaschine auf das Dach stellen musste.[36] Der junge Cristiano wuchs als Straßenfußballer auf. Wie der zwölfjährige Jesus in den Tempel ging und „in dem sein muß, was seines Vaters ist" (Lk 2,49), so zog es den zwölfjährigen Cristiano in die Jugendakademie, das Jungeninternat von Sporting Lissabon. Das dreitägige Probetraining entsprach gleichsam den drei Tagen, die Jesus im Tempel mitten unter den Lehrern verbrachte, „die sich über seinen Verstand und seine Antworten wunderten" (Lk 2,47).[37] Die Steigerung des Wunderhaften in der Kindheit Jesu findet sich in apokryphen Texten der (nach-)neutestamentlichen Zeit, die aber – anders als die Evangelien – nicht kanonisch geworden sind.

Auch der junge Cristiano muss jedenfalls mit seiner One-Man-Show einen nachhaltigen Eindruck bei den Trainern von Sporting Lissabon gemacht haben. Der Direktor des Internats erinnert sich:

> „Er war talentiert, er konnte beidfüßig spielen, er war unglaublich schnell, und wenn er spielte, dann wirkte der Ball wie eine Erweiterung seines Körpers […]. Aber was mich mehr beeindruckt hat, war seine Entschlossenheit. Seine Charakterstärke schimmerte durch. Er war beherzt – mental war er unverwüstlich. Und er war furchtlos und ließ sich von älteren Spielern nicht beeindrucken. Er hatte diese Art von Führungsqualität, wie sie nur die größten Spieler haben. Einzigartig. Als sie zurück in die Umkleide gingen, schrien die ganzen anderen Jungen wie wild, um sich mit ihm zu unterhalten und ihn kennenzulernen. Er hatte alles, und es war klar, dass er nur noch besser werden konnte."[38]

Doch es gab auch Rückschläge und „Versuchungen" – ein angeborener Herzfehler Ronaldos etwa,[39] der seine Fußballerkarriere in Frage stellte und operiert werden musste, oder eine Leidenszeit des Heimwehs in der „Wüste" des Sportinternats fernab der Heimat. Sie ließ den Jungen die Rückkehr zu den Eltern und einen Verzicht auf die Fußballerkarriere erwägen. Aber Ronaldo „widerstand", wurde besser und besser und stellte als Jungstar bald sogar den berühmten Luís Figo, einen begnadeten Techniker und Rasenstrategen, in der portugiesischen Nationalmannschaft in den Schatten. Mit Figo wurde er 2004 gemeinsam Vize-Europameister und 2006 WM-Vierter. Figo repräsentiert vom Typus gewissermaßen Johannes den Täufer, der Jesus vorausging, aber noch eine geraume Zeit mit ihm zusammen wirkte: „Siehe, ich sende meinen Boten vor dir her, der deinen Weg vor dir bereiten soll" (Mal 3,1 nach Lk 7,27; vgl. Mt 11,10; Mk 1,2).

Doch Ronaldo machte sich nicht nur Freunde und „Jünger". Und er vollbrachte auch nicht nur viele fußballerische „Wunder", wartete nicht nur mit spektakulären Heilungen von schmachvollen Niederlagen auf, trieb nicht nur

---

36 Vgl. Alexander, Cristiano Ronaldo, 8; Caioli, Ronaldo, 18.

37 Vgl. Krückemeier, Nils, Der zwölfjährige Jesus im Tempel (Lk 2,40–52) und die biografische Literatur der hellenistischen Antike, in: NTS 50 (2004), 307–319.

38 Caioli, Ronaldo, 25.

39 Vgl. Caioli, Ronaldo, 30.

die Dämonen vereinsgeschichtlicher und nationaler Traumata aus. Ronaldo polarisierte auch, wie vor ihm kaum ein anderer Fußballer. Das gilt gewissermaßen auch für Jesus, dessen Tischgemeinschaft mit „Zöllnern und Sündern" Anstoß erregte[40] und ihm selbst schließlich den Vorwurf des „Fressers und Weinsäufers" (Mt 11,19; Lk 7,34; vgl. Mt 9,11; Lk 15,2) eintrug.[41]

Auch Ronaldo ist nicht „everybody's darling":

> „Es gibt wohl kaum einen Fußballer, an dem sich die Geister so sehr scheiden wie an Cristiano Ronaldo. Wie vor ihm David Beckham polarisierte Ronaldo die Fußballfans. Mal ist er in Tränen aufgelöst wie ein Kind, mal zeigt sich ein hochnäsiges Grinsen in seinem jungenhaften Gesicht. Einige beschimpfen ihn als neureichen Schönling aus ärmlichen Verhältnissen, als einen ‚Spiegelaffen'. Er sei der beste Poser der Welt. Für einige Fans kann er niemals der beste Spieler sein, weil er kein Teamplayer ist. Er möchte am liebsten alles selber machen, damit er noch mehr Geld bekommt, lautet ein Vorwurf. Von Kritikern wird Cristiano Ronaldo auch schon mal als Zirkuspferdchen bezeichnet (sein Klubkollege Ryan Giggs [bei Manchester United; M. H.] sagte dies), das schöne Kunststücke zeigt, aber nie vorwärts kommt, weil es sich ja immer nur im Kreis dreht. Das lässt auch seine Sturmkollegen verzweifeln, die oft vergebens auf den entscheidenden Pass vom Flügelflitzer warten. Manchmal scheint Ronaldo über den Ballzauber auch selber das Tore schießen zu vergessen, er schindet Fouls und vergibt fahrlässig Elfmeter, wie im Finale der Champions League [2008 zwischen Chelsea und Manchester United; M. H.]. Solche Aktionen sind Wasser auf die Mühlen derjenigen, die in Ronaldo den schnöseligen Schönspieler sehen, der die Genugtuung eines gelungenen Dribblings über den Mannschaftserfolg stellt."[42]

4. Die Nacht von Saint-Denis und der Philipperhymnus. Das narrative Schema der Zwei-Stände-Lehre als Beitrag zur sinnstiftenden Erzählung vom verletzungsbedingten Ausscheiden Ronaldos

Ein fußballerisches Drama *sui generis* spielte sich im EM-Finale zwischen Portugal und Frankreich ab. Und hier prägte sich ein spezifisches „christologisch-cristianologisches" Narrativ aus, d.h. der Versuch, dem verletzungsbedingten Ausscheiden Ronaldos erzählend einen Sinn abzugewinnen. Denn genau dies generieren Narrative: Sinn. Narrative sind ihrem Wesen nach

---

40 Vgl. Hofius, Otfried, Jesu Tischgemeinschaft mit den Sündern, in: Hofius, Otfried, Neutestamentliche Studien (WUNT 132), Tübingen 2000, 19–37.

41 Vgl. Moltmann, Jürgen, Kirche in der Kraft des Geistes. Ein Beitrag zur messianischen Ekklesiologie, München ²1989, 135f.

42 Alexander, Cristiano Ronaldo, 7f.

sinnstiftende Erzählungen.[43] Sinnbildung vollzieht sich, anders gesagt, als narrative Konstruktion. Deuten heißt erzählen. Das gilt auch für die folgende Erzählung, die einem bestimmten theologischen Schema folgt. Dabei wird sofort zu konzedieren sein, dass sich medial nur Fragmente dieses Narrativs finden lassen und zwar in Gestalt von Anspielungen, Relikten und Residuen, die oft auch amalgamiert in Säkularisaten erscheinen. Etwa auf entsprechende im Netz veröffentlichte Fotomontagen – wie sie hier lediglich höchst exemplarisch abgebildet werden – ist zu verweisen. Ein nahezu vollständiger Narrativ, wie er hier indes nicht rekonstruiert, sondern eher assoziativ entwickelt wird,[44] findet sich auf keiner Internetseite, in keinem Zeitungsartikel – weder online noch offline. Dennoch wird er „konstruiert“:

Ronaldo hatte bereits fraglos eine bemerkenswerte EM hingelegt, erzielte selbst drei Tore und gab die meisten Torschüsse im Turnier ab. Er kam in komischen Strumpfhosen zum Spiel, verweigerte den Isländern den Trikot-Tausch, schleuderte Mikrofone der Journalisten ins Wasser wie Jesus bei der „Tempelreinigung“ die Händler vertrieb (vgl. Mk 11,15–18 par). Andererseits posierte Ronaldo brav mit jedem Flitzer, der ihm über den Weg lief.[45] Unmittelbar vor dem Finale von Saint-Denis hatte der 31-Jährige verkündet:

> „Es würde mir so viel bedeuten, endlich etwas mit Portugal zu gewinnen. […] Ich habe ansonsten alles gewonnen. Ganz Portugal glaubt daran. Und ich glaube auch daran, dass Portugal am Sonntag zum ersten Mal einen wichtigen Titel gewinnt.“[46]

---

43 Vgl. dazu Zimmermann, Ruben, „Deuten“ heißt erzählen und übertragen. Narrativität und Metaphorik als zentrale Sprachformen historischer Sinnbildung zum Tod Jesu, in: Frey, Jörg / Schröter, Jens (Hg.), Deutungen des Todes Jesu im Neuen Testament (UTB 2953), Tübingen 2007, 315–373, 325.

44 Vgl. z. B. https://www.welt.de/sport/fussball/article157013929/Ronaldo-soll-genau-wie-Jesus-Christus-gelitten-haben.html (Zugriff: 01.04.2017); http://www.krone.at/uefa-euro/jetzt-wirds-skurril-ronaldo-wie-jesus-christus-heiligenverehrung-story-519850 (Zugriff: 01.04.2017); http://www.focus.de/sport/videos/genau-wie-jesus-christus-gelitten-nach-auswechslung-im-em-finale-ronaldo-schwester-zieht-wirren-vergleich_id_5729476.html (Zugriff: 01.04.2017).

45 Vgl. https://www.welt.de/sport/fussball/em-2016/article156922623/Ronaldo-laedt-Witwe-von-Fussballer-zum-EM-Finale-ein.html (Zugriff: 01.04.2017).

46 http://www.n-tv.de/sport/fussball-em/Ronaldo-erlebt-EM-Finaldrama-mit-Happy-End-article18165676.html (Zugriff: 01.04.2017).

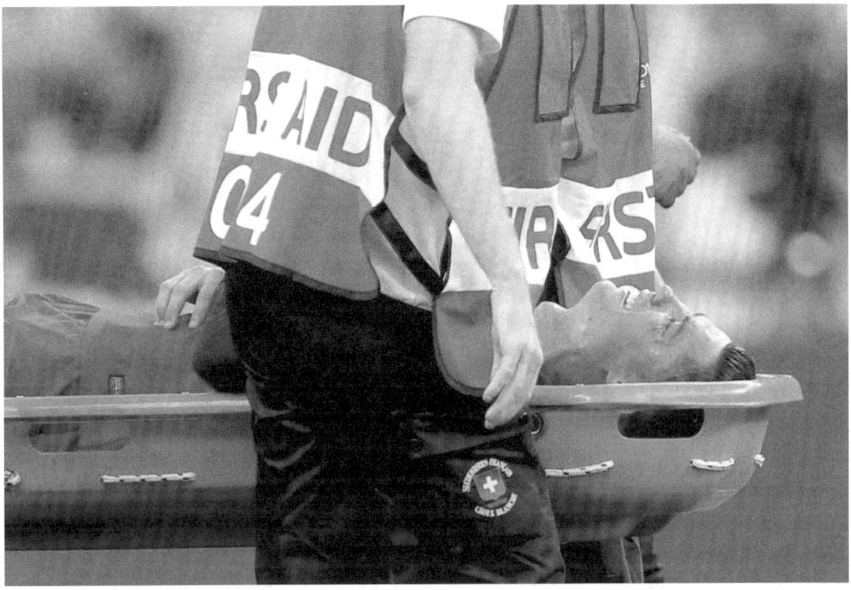

Abb. 2[47]

Doch bereits in der 8. Minute des Endspiels schien sein Traum ausgeträumt zu sein, Ronaldo wurde – wie bereits erwähnt – vom Franzosen Dimitri Payet gefoult: „Ronaldo schrie laut und – musste ausgewechselt werden" (vgl. Mk 15,37) und zwar nach einer rüden Attacke, für die der englische Schiedsrichter Marc Clattenburg nicht einmal Foul gab. Was für ein bitteres Ausscheiden! Welche Tragik! Zwar versuchte Ronaldo noch weiterzuspielen, es ging aber nicht mehr. In der 25. Minute musste Ronaldo dann endgültig aufgeben und konnte das Feld nicht einmal mehr auf eigenen Beinen verlassen. Der Portugiese legte Teamkollege Nani unter Tränen die Kapitänsbinde um. Man trug ihn mit einer Trage vom Feld. Der portugiesische Anführer wurde zu allem Überfluss auch noch ausgepfiffen von den französischen Zuschauern in Paris, wie Jesus am Kreuz verspottet wurde: „Er hat anderen geholfen; er helfe sich selber, ist er der Christus, der Auserwählte Gottes" (Lk 23,35; vgl. Mk 15,32).

47 EM-Finale am 10.07.2016 (Foto: Picture Alliance).

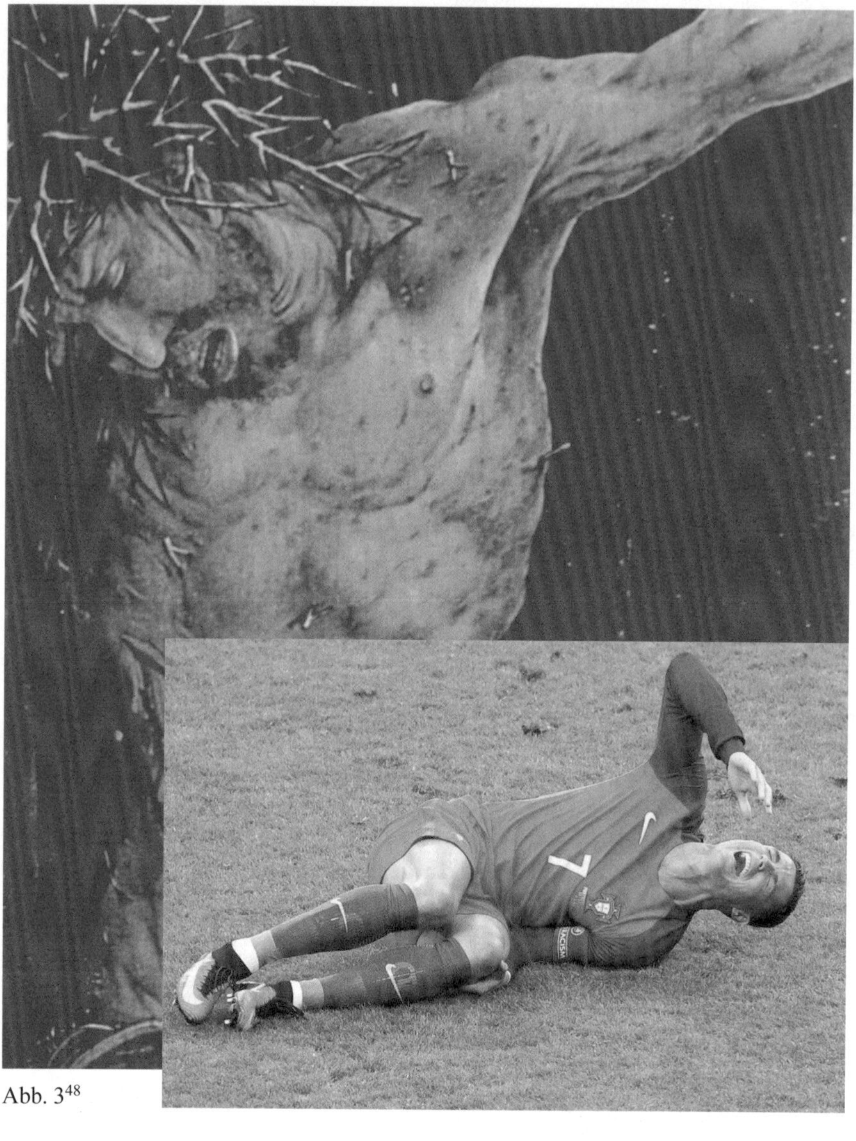

Abb. 3[48]

Nun wurde es endgültig emotional, ja geradezu kitschig in den Augen der Happy-End-Verächter. Die eben noch pfeifenden Zuschauer erhoben sich. Auch Frankreichs Trainer Didier Deschamps versuchte Ronaldo aufzumuntern. Das ganze Stadion applaudierte dem Mann, der unter Weinkrämpfen vom Platz gebracht wurde: „Wahrlich, dieser Mensch wäre ein

48 https://de.wikipedia.org/wiki/Isenheimer_Altar#/media/File:Mathis_Gothart_Gr%C3%BCnewald_023.jpg (Zugriff: 20.10.2017); EM-Finale am 10.07.2017 (Foto: Picture Alliance).

würdiger Europameister gewesen!“ (vgl. Mk 15,39). Doch nun kam die Wende – eine regelrechte Auferstehung. Sein persönlicher Traum schien ausgeträumt und doch lebte er ihn mit seinen Teamkollegen weiter. Wie sein Mannschaftskamerad Cédric Soares verriet, muss der 31-Jährige in der Halbzeit eine „unglaubliche“ Ansprache gehalten und seine Teamkollegen noch einmal nach vorne gepeitscht haben. Vom Spielfeldrand aus dirigierte und gestikulierte Ronaldo und fightete so auf seine Weise – gegen die drohende Niederlage und die Verlängerung des portugiesischen Traumas vom erfolglosen Finalisten. Als es beim Stand von 0:0 in die Verlängerung ging, fungierte Ronaldo als der große Motivator der portugiesischen Mannschaft, der seinen Kollegen neuen Mut zusprach. Und so hatte Portugals Starstürmer am Ende doch noch seinen Anteil am 1:0-Erfolg nach Verlängerung und dem portugiesischen Titelgewinn.

Abb. 4[49]

Spätestens hier merken wir, dass dieses Narrativ nicht nur das Potential zu einem Gleichnis hat, sondern Gleichnis ist: Ronaldos „Sein für die anderen“ gleicht hier dem von Jesus geforderten: „Wer groß sein will, sei der Diener aller“ (Mk 10,43), so schärft es Jesus seinen Jüngern ein. Ronaldo zeigte wahre Größe, indem er sich nach seinem tragischen Ausscheiden ganz in den Dienst der Mannschaft stellte. Darin erwies er sich als der wahre Champion, der sich nicht zu schade ist, auch nach seinem Ausscheiden seinen Mitspielern zu helfen, wo er nur kann. Hier wird die Analogie zu Christus ein wei-

49 EM-Finale am 10.07.2016 (Foto: Picture Alliance).

teres Mal höchst augenfällig. Im Philipperhymnus, einem Paulus bereits vorgegebenen Psalm aus dem judenchristlichen Hellenismus, den Paulus, im römischen Gefängnis sitzend, der Gemeinde in Philippi zitiert, heißt es:

I 6a Er, der in Gottesgestalt war,
b hielt nicht fest wie einen Raub das Gottgleichsein,
7a sondern er machte sich selbst arm,
b Knechtsgestalt annehmend.
7c Den Menschen gleich werdend
d und der Erscheinung nach erfunden als ein Mensch,
8a erniedrigte er sich selbst,
b sich gehorsam erzeigend bis zum Tod,
c ja zum Tod am Kreuz.

II 9a Darum auch hat Gott ihn zur höchsten Höhe erhoben
b und ihm geschenkt den Namen über allen Namen,
10a damit unter Anrufung des Namens Jesu
b jedes Knie sich beuge der Himmlischen und Irdischen und Unterirdischen
11a und jede Zunge lobpreisend bekenne:
b „Herr ist Jesus Christus!"
c - zur Ehre Gottes, des Vaters.[50]

In diesem Hymnus werden gewissermaßen zwei aufeinander folgende Akte eines Dramas beschrieben: In einem ersten Akt, der Eingangsstrophe (Phil 2,6–8), gilt dies für den Weg der Selbsterniedrigung, der durchgehalten wird bis zum Tod am Kreuz,[51] und im zweiten Akt bzw. der zweiten Strophe (Phil 2,9–11) für den Weg der Erhöhung zum *kyrios*, dem die Menschen und Völker (im Verein mit den Engeln und Toten) huldigen, analog zur Siegerehrung in Saint-Denis, als Ronaldo den Pokal in den Nachthimmel stemmte. Erniedrigung und Erhöhung gehören im Hymnus zusammen, sie fallen gewissenmaßen ineinander – so wie Ronaldos Verletzung und tragisches Ausscheiden im Finale und seine Erhöhung, die in der Siegerehrung als universaler Akklamation ihren Höhepunkt fand. Im Philipperhymnus ist der Weg „der Ohnmacht und Schmach des Kreuzes paradoxerweise der Weg, auf dem Gott seine universale Königsherrschaft durchsetzt und so seiner ganzen Schöpfung gegenüber zu seiner Ehre und seinem Recht kommt".[52] Als der

---

[50] Übersetzung und Strukturierung des Hymnus nach Hofius, Otfried, Der Christushymnus Philipper 2,6–11. Untersuchungen zu Gestalt und Aussage eines urchristlichen Psalms (WUNT 17), Tübingen ²1991, 137.

[51] Hofius (Der Christushymnus, 15) spricht vom „Weg des Menschgewordenen als Weg an das *Kreuz*". Hofius (Der Christushymnus, 17) gelangt zu der Konsequenz: „ […] so kann die Behauptung, daß im vorpaulinischen Hymnus die Inkarnation als das eigentliche Heilsereignis verstanden und der Tod Jesu lediglich als deren unvermeidliche Konsequenz begriffen sei, nicht länger als glaubhaft erscheinen."

[52] Hofius, Der Christushymnus, 66.

Gekreuzigte wird Jesus vom Vater zum *kyrios*, zum – wenn man so will – „Champion“ erhoben.[53] Diese Erhöhung Jesu, des Sich-selbst-Erniedrigenden, des Sklave-Gewordenen bildet im Hymnus den entscheidenden Heilsakt. Im Kreuz ereignet sich gleichsam die Peripetie, in der Koinzidenz von Erhöhung und Erniedrigung. Der Kreuzestod erscheint „nicht als die Konsequenz der Inkarnation, sondern als ihr Ziel.“[54]

In der altprotestantischen Orthodoxie des 17. Jahrhunderts hat man nach der Reformation auf der biblischen Basis von Phil 2,6–11 die Lehre vom zweifachen Stand Christi (*duplex status domini*) entwickelt.[55] Erniedrigung und Erhöhung bilden danach die beiden Stände im Sinne von Zuständen, die Christus seit seiner Menschwerdung durchlebt hat. Der Stand der Erniedrigung oder Entäußerung (*status exinanitionis*) umfasst als Integral die Ereignisse der Empfängnis bis zur vermeintlich letzten Ruhe im Grab, also Geburt, Leben und Leiden; der Stand der Erhöhung (*status exaltationis*) hingegen Auferstehung, Himmelfahrt und das Sitzen zur Rechten Gottes zur Ausübung der Gnadenherrschaft.[56] Der „geschichtliche Weg des Gottmenschen“[57] wird so zur Sprache gebracht.

Wenn man so will, kehrt das Schema der Zwei-Stände-Lehre in säkularer Gestalt im Narrativ von der Erniedrigungs- und Erhöhungserfahrung Ronaldos wieder.[58] Natürlich geschieht die Anleihe bei diesem klassischen dogma-

---

53 Hofius (Der Christushymnus, 27f.; 109f.) hat exegetisch anhand von KoptPhilEv 54,5ff., ActThom 27 sowie MidrPs 9 § 6 nachgewiesen, dass der „Name über allen Namen“ (Phil 2,9) den JHWH-Name umschreibt. Christian Link (Die Spur des Namens. Wege zur Erkenntnis Gottes und zur Erfahrung der Schöpfung. Theologische Studien, Neukirchen-Vluyn 1997, 60) bemerkt: „Jesus von Nazareth *bringt* nicht nur den Namen JHWHs, er *stellt* ihn sozusagen in Realpräsenz *dar.*“ Vgl. auch Hoping, Helmut, Einführung in die Christologie, Darmstadt 2004, 96.

54 Hofius, Der Christushymnus, 64.

55 Siehe Schmid, Heinrich, Die Dogmatik der evangelisch-lutherischen Kirche. Dargestellt und aus Quellen belegt, hg. v. Pöhlmann, Hans Georg, Gütersloh [9]1979, 243–261; Heppe, Heinrich, Die Dogmatik der evangelisch-reformierten Kirche. Dargestellt und aus den Quellen belegt, hg. v. Bizer, Ernst, Neukirchen 1958, 387–403.

56 Umstritten ist zwischen den Lutheranern und Reformierten die Zurechnung der Höllenfahrt zum *status exinanitionis* (so die reformierte Orthodoxie) oder zum *status exaltationis* (so die lutherische Orthodoxie). Innerhalb der altlutherischen Orthodoxie war wiederum zwischen der Gießener und der Tübinger Theologischen Fakultät strittig, ob die Erniedrigung als Entäußerung (gr. *kenosis*) – so die Tübinger Theologen – oder als Entsagung bzw. Verzicht (gr. *krypsis*) – so die Gießener Theologen – interpretiert werden soll. Vgl. dazu Baur, Jörg, Auf dem Weg zur klassischen Tübinger Christologie. Einführende Überlegungen zum sogenannten Kenosis-Krypsis-Streit, in: Baur, Jörg, Luther und seine klassischen Erben, Tübingen 1993, 204–289; Metz, Detlef, Gießen gewinnt Profil. Der Kenosis-Streit in der Theologie, in: Lexutt, Athina (Hg.), Diversität und Universität: historische und theologische Aspekte einer theologischen Kontroverse und ihrer Folgen, Leipzig 2009, 47–54.

57 Dembowski, Hermann, Einführung in die Christologie, Darmstadt [3]1993, 145.

58 Das Schema der Zwei-Stände-Lehre bezieht sich im Narrativ wohlgemerkt nur auf die Nacht von Saint-Denis, sprich: die Erniedrigungs- und Erhöhungserfahrung

tischen Lehrstück nicht bewusst und dennoch bildet es – gleichsam profanisiert – ein Interpretament, ja ein Konstituens des Dramas, indem es den durchschrittenen Kontrast der Extreme markiert. In der Zwei-Stände-Lehre wurde „die Zwei-Naturen-Lehre [wonach der eine menschgewordene Sohn Gottes in zwei Naturen, einer göttlichen und einer menschlichen, existiert;[59] M. H.] auf den zeitlichen Ablauf der Weihnacht, des Leidens und der Kreuzigung Jesu und der Verherrlichung projiziert"[60].

Die Pointe besteht gewissermaßen darin: So wie sich der wahre, der erhöhte Champion Ronaldo in seiner Niederlage und in deren Gestaltung als Sklavendienst für die Mannschaft gezeigt hat, so zeigt sich Jesu Gottheit, seine Herrlichkeit, gerade in seiner Erniedrigung bis hin zum Tod am Kreuz. Die Inkarnation findet im Kreuz ihr Ziel: Das Kreuz bildet, wie Karl Barth bemerkt, gewissermaßen Christi Königsthron.[61] Im Johannesevangelium stirbt Jesus mit dem Triumphwort auf den Lippen: „Es ist vollbracht" (Joh 19,30). Kreuz und Erhöhung schließen sich demnach keineswegs aus. Dieses Paradox bringen Hymnus und das Narrativ vom Ronaldo-Drama von Saint-Denis zum Ausdruck, das dem christologischen Schema der Zwei-Stände-Lehre folgt. Anders gesagt: Das Narrativ vom Drama von Saint-Denis wird zum Gleichnis für dieses christologische Paradox. Es handelt von der Menschwerdung des Fußballgotts Ronaldo.

Es wäre indes verkürzt, wollte man die Pointe dieser Menschwerdung des Fußballgottes vorbildchristologisch-ethisierend bilden und etwa den Imperativ ableiten: „Mach es wie Jesus – mach es wie Ronaldo: Werde Mensch!" So sehr auch der Philipperhymnus mit dem vorausgehenden Vers 5 („Seid gesinnt wie Christus gesinnt war")[62] zweifellos eine ethische Dimension besitzt, so wird diese doch nicht durch eine „Verklärung göttlicher Möglichkeiten eines Menschen"[63] auf Kosten der „Verherrlichung der menschlichen Wirklichkeit Gottes"[64] gebildet werden können. Eine Überfor-

---

Ronaldos an diesem Abend, nicht aber seinen gesamten Lebensweg. Wäre Letzteres der Fall, stünde Ronaldos Leben gleichnishaft unter inkarnationstheologischem Vorzeichen, folgt die Zwei-Stände-Lehre doch einer Drei-Stufen-Christologie, die die Präexistenz Christi (als erste Stufe) voraussetzt. Zur Inkarnations- im Verhältnis zur Inspirationschristologie vgl. Menke, Karl-Heinz, Das unterscheidend Christliche. Beiträge zur Bestimmung seiner Einzigkeit, Regensburg 2015, 411–450.

59 Vgl. einführend Hoping, Einführung, 90.

60 Ritschl, Dietrich / Hailer, Martin, Diesseits und jenseits der Worte. Grundkurs christliche Theologie, Neukirchen-Vluyn 2006, 138.

61 Karl Barth nach Kreck, Walter, Die Versöhnungslehre Karl Barths als kritische Anfrage an den Heidelberger Katechismus, in: Beilage zur RKZ 2/1989, 2–7, 3.

62 Vgl. Hofheinz, Marco, Gezeugt, nicht gemacht. In-vitro-Fertilisation in theologischer Perspektive (EThD 15), Münster 2008, 428f.

63 Eckstein, Hans-Joachim, Gott wird Mensch. Vom menschlichen Gottesbild zum christlichen Menschenbild, in: Eckstein, Hans-Joachim, Glaube als Beziehung. Von der menschlichen Wirklichkeit Gottes (Grundlagen des Glaubens 2), Holzgerlingen 2006, 9–31, 19.

64 Eckstein, Gott wird Mensch, 19.

derung des Menschen wäre vorprogrammiert. Die Verherrlichung der menschlichen Wirklichkeit Gottes lädt uns hingegen dazu ein,[65] nicht göttlich zu werden, sondern als Menschen Gott-entsprechend zu handeln, indem wir einander dienen.

5. Die Menschwerdung des Fußballgotts Ronaldo. Ein profanes Gleichnis

Abb. 5[66]

Wird mit dem christologisch-cristianologischen Narrativ der Fußballsport nicht in skurriler Weise theologisch überhöht und profane Fußballbegeisterung gar noch mit christologischen Weihen dekoriert? Es „[k]lingt schräg, folgt aber einer gewissen Logik", wenn Ronaldos Schwester Katia Aveiro „eine Fotomontage bei Instagram [veröffentlicht; M. H.], die ihren Bruder als wundersamen Auferstandenen zeigt. Einmal weinend und am Boden zerstört, zum anderen triumphierend und mit EM-Pokal."[67] Mit der Collage werden Zeilen gepostet, in denen es u. a. heißt: „... genau wie unser Erlöser Jesus Christus am Kreuz für eine bessere Welt gelitten hat, weinte Ronaldo

---

[65] Vgl. Plasger, Georg, Einladende Ethik. Zu einem neuen evangelischen Paradigma in einer pluralen Gesellschaft, in: KuD 51 (2005), 126–156; Hofheinz, Gezeugt, nicht gemacht, 560–600; Mathwig, Frank, Kritische Kirche. Praktische Ethik zwischen christlicher Freiheit und gesellschaftlicher Liberalität, unveröffentlichte Habilitationsschrift, Siegen 2008.

[66] https://commons.wikimedia.org/wiki/File:Redentor.jpg (Zugriff: 16.10.2017); https://commons.wikimedia.org/wiki/File:Cristiano_Ronaldo_2,_2010.jpg (Zugriff: 16.10.2017).

[67] https://www.welt.de/sport/fussball/article157013929/Ronaldo-soll-genau-wie-Jesus-Christus-gelitten-haben.html (Zugriff: 01.04.2017).

schmerzerfüllte Tränen, weil er seinen Mitspielern und seinem geliebten Volk nicht mehr beistehen konnte.“[68]

Erfolgt damit nicht – zugespitzt gefragt – die ultimative Apotheose eines Fußballspielers und – damit eingehend – die Stilisierung des Fußballs zur (Ersatz- oder Quasi-)Religion? Gehört sie indes nicht vielmehr als die „schönste Nebensache der Welt“ – mit Bonhoeffer gesprochen – zum „Vorletzten“ statt „Letzten“ und damit depotenziert?[69] Wenn dem so ist, dann kann eine theologische Aufgabe nur in der Dekonstruktion eines solchen Narrativs bestehen.

Für manche/n mag die vorgeführte komparative bzw. phänomenale Annäherung tatsächlich blasphemische Züge tragen und in der Tat ist das christologische Narrativ keineswegs frei von Idealisierung und Happy-End-Stilisierung. Im Gegenteil! Es konstituiert sich ja gerade durch die Anpassung an das Zwei-Stände-Schema. Und doch folgt es als solches nicht einfach dem hagiographischen Impuls, Ronaldo zum menschfernen Gott, zum hellen „Star“ am weit entfernten Firmament des Himmels zu stilisieren. Vielmehr bildet sich im Narrativ, das der Zwei-Stände-Lehre folgt, ja gerade das „Changieren zwischen der Idealisierung von Stars und dem Drang, diese zugleich auf Normalgröße zurechtzustutzen“[70], ab. Es geht eben um beide Stände. Ein allzu „heiliges“ Bild vom Fußball und den „Fußballstars“ macht misstrauisch und lädt zur Dekonstruktion ein, ja macht sie notwendig und unverzichtbar.

Gewiss kann es nicht darum gehen, einen prominenten Fußballstar – und sei es ein Cristiano Ronaldo – zu einer Glaubensikone zu stilisieren. Gerade die alttestamentlich-frühjüdische Tradition ist voll von Impulsen „für eine ideologiekritische Dekonstruktion der üblichen Vorstellungen von der Überhöhung eines Menschen zum Gott“[71]. Es wird dort eine „scharfe Kritik an der Anmaßung von Herrschern aus Israels Umwelt [geübt], die sich göttlich verehren lassen (z. B. Jes 14,4–21 und Philo, Legat. 346). Von Philo von Alexandrien ist die Sentenz überliefert: „Eher könnte sich Gott in einen Menschen als ein Mensch in Gott verwandeln.“[72]

Freilich wird es auch nicht damit getan sein, „den Fußball einseitig und besserwisserisch zu kritisieren“[73]. Fußball ist nicht einfach Götzendienst.

---

68 https://www.welt.de/sport/fussball/article157013929/Ronaldo-soll-genau-wie-Jesus-Christus-gelitten-haben.html (Zugriff: 01.04.2017).

69 Vgl. Bonhoeffer, Dietrich, Ethik, hg. v. Tödt, Ilse u. a. (DBW 6), München 1992, 137–162.

70 Woyke, Johannes, „Ein Mensch aus Fleisch und Blut – und nicht Gottes Sohn!“ Herausforderungen einer elementarisierenden biblischen Didaktik in der gymnasialen Oberstufe, in: Bachmann, Michael / Woyke, Johannes (Hg.), Erstaunlich lebendig und bestürzend verständlich? Studien und Impulse zur Bibeldidaktik. FS Ingo Baldermann zum 80. Geburtstag, Neukirchen-Vluyn 2009, 333–356, 351.

71 Woyke, Ein Mensch, 353. Dort kursiv.

72 Philo, Legat. 118.

73 Lück, Ich hoffe, 227f.

Fußball kann zum Gleichnis taugen – wie das entfaltete Narrativ zeigt.[74] Der katholische Soziologe und Theologe Matthias Sellmann hat darauf hingewiesen, dass der „Kugel-Kult" nun einmal zu den „begehrteste[n] Parallelwelt[en] der Gegenwartskultur"[75] gehört. Jesus, wäre er der Vorösterliche geblieben und würde er heute als solcher unter uns leben und lehren, würde sicherlich bei der Kommunikation des Evangeliums auf Fußballgleichnisse zurückgreifen, „denn die Lebenswelt von uns heute ist nicht mehr der Fischfang – zumindest an Tagen wie diesen – eher der Fußball."[76]

Der Fußball gewinnt als horizontale Resonanzachse immer mehr an Bedeutung – wie Hartmut Rosa betont.[77] Der Jenaer Soziologe fragt:

> „Woher kommt es, dass selbst die Leser der Qualitätspresse dem Sport so großes – so wachsendes – Gewicht einräumen, dass sie nicht genug kriegen können von den Geschichten, Hintergrundberichten, Analysen, Kommentaren zum Sportgeschehen? Wieso rühren uns Fußballgeschichten zu Tränen? Wieso rezipieren diejenigen, die den Sportteil lesen, diesen in einer ganz anderen Haltung als etwa den politischen Mantelteil, den Lokal- oder Kulturteil der Zeitung?"[78]

Eine Antwort besteht nach Rosa darin, dass der Fußball soziale Resonanz zwischen „ganz Fremden zu stiften vermag."[79] Die andere Antwort, die Rosa gibt, scheint mir auch theologisch höchst bedeutsam zu sein. Sie besagt, „dass sportliche Duelle und Schicksale als Parabeln auf das Leben überhaupt gelesen werden können und dann wie Romane oder Kinofilme aufgenommen werden: Sie erzeugen narrative Resonanz".[80].

Parabeln oder „Gleichnisse" – hier fällt erneut dieser theologische Schlüsselbegriff des Verstehens, dessen Signifikanz nicht zuletzt die Gleichnisse Jesu ausweisen – „machen mit den Mitteln der *Welt* Gott in der Welt

---

74 Vgl. Sellmann, Matthias, Lachen. Heulen. Jubeln. Beten. Fußball als Gleichnis und Schule des Glaubens, in: Erwachsenenbildung 52/1 (2006), 12–15; Sellmann, Matthias, Die Gruppe – Der Ball – Das Fest. Die Erfahrung des Heiligen im Fußballsport, in: Noss, Peter (Hg.), fußball ver-rückt: Gefühl, Vernunft und Religion im Fußballsport. Annäherungen an eine besondere Welt, Münster 2004, 35–57; Sellmann, Matthias, 10 Stichwortartikel zum Thema „Fußball als Gleichnis des Glaubens" in: DOM 19–28 (2006) (Kirchenzeitung im Erzbistum Paderborn): „Der öffnende Pass" (Nr. 19); „Null zu null" (Nr. 20); „Tor! Tooooor!" (Nr. 21); „Abtasten des Gegners" (Nr. 22); „Die Eckfahne" (Nr. 23); „Die Zahl Elf" (Nr. 24); „Trainingslager" (Nr. 25); „Auswärtsspiele" (Nr. 26); „Das Spiel lesen können" (Nr. 27); „Der 12. Mann" (Nr. 28).

75 Sellmann, Matthias, Kugel-Kult. Das Fußballspiel als die begehrteste Parallelwelt der Gegenwartskultur, in: Hafner, Johann Ev. / Valentin, Joachim (Hg.), Parallelwelten. Christliche Religion und die Vervielfachung von Wirklichkeit (Reihe Religionskulturen 6), Stuttgart 2009, 299–316.

76 https://www.domradio.de/nachrichten/2010-06-23/matthias-sellmann-ueber-die-parallelen-von-fussball-und-religion (Zugriff: 04.04.2017).

77 Vgl. Rosa, Resonanz, 421.

78 Rosa, Resonanz, 427.

79 Rosa, Resonanz, 428.

80 Rosa, Resonanz, 427f.

bekannt."[81] Zu den Mitteln der Welt gehört der Fußball. Er bildet den Bezugspunkt in menschlicher Erfahrung. Gleichnisse reden metaphorisch von Gott[82] und führen ihn durch metaphorische Prädikation in die Wirklichkeit ein.[83] Es ist freilich bezeichnend für die Reich-Gottes-Gleichnisse der Bibel, dass hier keine Identifikation eines namentlich genannten Individuums stattfindet. Anders gesagt: Wenn Jesus die Lebenswelt des Fußballs als bildspendenden Bereich nehmen würde, würde es nicht heißen: „Der Menschensohn ist wie der Fußballer Cristiano Ronaldo, der im entscheidenden Moment des Endspiels gefoult wird und dessen Ausscheiden doch in einen Sieg verwandelt wird." Sondern: „Der Menschensohn bzw. das Reich Gottes ist wie ... ein Fußballer, der im entscheidenden Moment …" In der Terminologie des Gleichnisforschers Adolf Jülicher gesprochen: Im ersten Fall liegt eine Parabel und kein Gleichnis vor. Beide sind also keineswegs identisch: „Anders als das Gleichnis erzählt die Parabel einen einmaligen, durch seine Umstände und die Handlungsweise der beteiligten Personen aus dem Rahmen fallenden Vorfall."[84]

Diese Nicht-Identifikation des Gleichnisses scheint mir theologisch bedeutsam zu sein, denn hier manifestiert sich in der Gleichnisrede so etwas wie ein Präventiv gegen einen Transfer von Negativprädikaten auf Christus

---

81 Link, Spur, 83.

82 Treffend bemerkt Christian Link (In welchem Sinne sind theologische Aussagen wahr? Zum Streit zwischen Glaube und Wissen. Theologische Studien II, Neukirchen-Vluyn 2003, 2): „Gleichnisse sind ausgebaute Metaphern. Sie wollen die Wirklichkeit des Alltags nicht abbilden, sondern ‚bearbeiten'. Das geschieht, indem sie zwei bis dahin kategorial getrennte Welten – etwa die ‚Welt' des Landmanns (Mk 4,26ff.) und die der biblischen Gottesherrschaft – aufeinander treffen lassen, also das vertraute Bild der Welt stören und gerade so eine neue Information über die Wirklichkeit erzeugen. Gleichnisse sind theologische Modelle, die uns anleiten, das noch Unbekannte im schon Bekannten aufzusuchen, indem wir selbst mit unseren Sinnerwartungen in ihr Szenarium einrücken und uns mit ihren Akteuren identifizieren." Dort kursiv.

83 Vgl. Ricoeur, Paul, Stellung und Funktion der Metapher in der biblischen Sprache, in: Ricoeur, Paul / Jüngel, Eberhard, Metapher. Zur Hermeneutik religiöser Sprache (Sonderheft EvTh), München 1974, 45–79, 54ff.

84 Roloff, Jürgen, Neues Testament. Neukirchener Arbeitsbücher, Neukirchen-Vluyn ^{7}1999, 133. Bei Adolf Jülicher (Gleichnisreden I, Tübingen ^{2}1910 [= ND Darmstadt 1963]) heißt es: „Nicht, was jeder tut, was gar nicht anders sein, wird uns vorgehalten, sondern was einmal jemand getan hat, ohne zu fragen, ob andere Leute es auch so machen würden." Die Klassifikation Jülichers ist freilich umstritten. Ulrich Luz (Theologische Hermeneutik des Neuen Testaments, Neukirchen-Vluyn 2014, 421) spricht von einer „Extravaganz der Parabeln". Vgl. Zimmermann, Ruben, Die Gleichnisse Jesu. Eine Leseanleitung zum Kompendium, in: Zimmermann, Ruben (Hg.), Kompendium der Gleichnisse Jesu, Gütersloh 2007, 3–46, 17–28; Zimmermann, Ruben, Parabeln – sonst nichts! Gattungsbestimmung jenseits der Klassifikation in „Bildwort", „Gleichnis", „Parabel" und „Beispielerzählung", in: Zimmermann, Ruben (Hg.), Hermeneutik der Gleichnisse Jesu. Methodische Neuansätze zum Verstehen urchristlicher Parabeltexte (WUNT 231), Tübingen 2008, 383–419.

bzw. das Reich Gottes. In der Theologie wird das Verfahren eines solchen Transfers traditionell als *analogia entis* bezeichnet und aus gutem Grund spätestens seit Karl Barth hinterfragt. Wie signifikant, ja delikat dies im Fall von Cristiano Ronaldo ist, wird uns angesichts der jüngst im „Spiegel“ erhobenen Vergewaltigungsvorwürfe gegen Ronaldo deutlich.[85] Wäre Christus wie Ronaldo, dann würde die Prädikation Jesu als Vergewaltiger mit diesem Vorwurf durchaus naheliegen, ja sich aufdrängen. Die Gleichnisse Jesu weisen hingegen nicht einen solchen Konkretionsgrad auf. Sie promulgieren keinen 1:1 abbildenden Transfer. Die neuere Gleichnisforschung von P. Ricoeur, E. Jüngel, H. Weder u. a., die Gleichnisse vom Wesen der Metapher her verstehen, hat dies betont. Für Metaphern ist nach Ricoeur die semantische Spannung zwischen „ist“ und „ist nicht“ konstitutiv.[86] Hans Weder spricht vom „kalkulierten Irrtum der Metapher“[87] und davon, dass es didaktisch darauf ankommt, den Abstand und die Unvereinbarkeit von Subjekt und Prädikat nicht zum Verschwinden zu bringen.

Weder hat anhand des Senfkorngleichnisses (Mk 4,30–32) darauf hingewiesen:

> „Sehr viele Gleichnisse haben ja die Grundstruktur der Metapher: Mit der Gottesherrschaft (Subjekt) verhält es sich (Kopula) wie mit der folgenden Geschichte vom Senfkorn (Prädikat). Gerade das Gleichnis ist eine Sprachform, die zwei eigentlich unvereinbare Bereiche miteinander in Beziehung bringt: das jenseitige, künftige Reich Gottes und das diesseitige, gegenwärtige Reich der Welt. Das Gleichnis stiftet eine überraschende, unvermutete Nähe zwischen dem Himmelreich und dem Wachstum des Senfkorns. Und der semantische Wert dieses Gleichnisses beruht genau darauf, daß die unendliche Distanz zwischen Himmelreich und weltlichen Wachstumsvorgängen ersichtlich wird.“[88]

Weder verknüpft mit seiner Gleichnisdeutung – wie angedeutet – auch didaktische Erwägungen und pointiert wie folgt:

> „Die Unvereinbarkeit von Subjekt und Prädikat respektieren würde bedeuten, alle didaktischen Bemühungen darauf zu konzentrieren, daß die Differenz zwischen Schöpfung und Welt, zwischen Himmelreich und Erfahrungswelt in Erinnerung bleibt.“[89]

Nur so kann es nach Weder auf angemessene Weise auch zu Nähe kommen und nur auf dem Hintergrund dieses Hinweises ist nach Weder die grundsätzliche Bemerkung statthaft: Metaphorische Sinnbildung, wie sie

---

85 Vgl. Buschmann, Rafael u. a., Gefangene einer Nacht, in: Der Spiegel 16/2017, 72–78.

86 Vgl. Ricoeur, Paul, Die lebendige Metapher, übers. v. Rochlitz, Rainer, München 1986, innerhalb des Abschnittes „Metapher und Referenz“ (209–251) besonders 241; 251.

87 Weder, Hans, Zugang zu den Gleichnissen Jesu. Zur Theorie der Gleichnisauslegung seit Jülicher, in: EvErz 41 (1989), 384–396, 394.

88 Weder, Zugang, 395.

89 Weder, Zugang, 396.

Gleichnisse kennzeichnet, erfolgt, simplifizierend gesagt, durch Übertragung (gr. *metaphorein*) von Bedeutung von einem bildspendenden in einen bildempfangenden Bereich,[90] wobei durch diese Interaktion eine neue metaphorische Kohärenz gestiftet wird.[91] Insofern lässt sich die metaphorische Sinnstiftung auch als ein emergentes Geschehen umschreiben. Der Fußball kann bei der metaphorischen Verarbeitung durch die Übertragung von Bildern auch im Raum von Theologie und Kirche eine wichtige Rolle spielen, sei es als bildspendender oder auch als bildempfangender Bereich.[92]

In dem besprochenen Narrativ fungiert der Fußball, wie wir gesehen haben, wohl eher als bildempfangender Bereich, zumal das christologische Schema das Bild für die Konstruktion des verletzungsbedingten Ausscheidens Ronaldos zum Narrativ spendet. Dabei ist es wichtig zu beachten: Das entfaltete christologisch-cristianologische Narrativ bedarf nicht einfach nur der Dekonstruktion, sondern hat selbst dekonstruktive Kraft. Es kommt sozusagen vom Einbruch der Welt von Bibel und theologischer Lehrbildung her in die Welt des Fußballs. Insofern hat es dekonstruktive Kraft – sowohl im Blick auf die göttliche Überhöhung des Menschen als auch im Blick auf die Entfremdung und Entfernung des Göttlichen von allem Menschlichen. Es zeigt nämlich, dass Cristiano Ronaldo verletzlich, sprich: menschlich, ist und ausgewechselt werden muss. Und es demonstriert, dass der „göttliche" Ronaldo dienen darf und kann, ohne seinen Status dabei zu verlieren; im Gegenteil gewinnt er gerade so alles – zumindest die Europameisterschaft.

Die beiden Stände, die sich in dem Narrativ widerspiegeln, ja ihn schematisch konstituieren, sind gleichnishaft transparent auf jene neue Beziehung des biblischen Gottes zu den Menschen, die der Prophet Tritojesaja zur Sprache bringt: „Denn so spricht der Hohe und Erhabene, der ewig Thronende, dessen Name ‚Der Heilige' ist: Als Heiliger wohne ich in der Höhe, aber ich bin auch bei den Zerschlagenen und Bedrückten, um den Geist der Bedrückten wieder aufleben zu lassen und das Herz der Zerschlagenen neu zu beleben" (Jes 57,15). Was sich hier manifestiert, lässt sich mit Fug und Recht als

---

90 Vgl. Roloff, Neues Testament, 131: „Nichts spricht dagegen, für S und P die seit Jülicher eingeführten Begriffe ‚Sachhälfte' und ‚Bildhälfte' weiter zu gebrauchen, solange deutlich bleibt, dass es sich dabei nicht um statische Begriffe, sondern um dynamische Größen handelt, mit anderen Worten: dass die Sachhälfte (S) nicht eine feststehende Wahrheit ist, sondern eine lebendige Situation, auf die hin die Bildhälfte (P) klärend und gestaltend wirkt."

91 Vgl. Zimmermann, Deuten, 356.

92 Weder (Zugang, 387) hat auf die reziproke Erschließung als Merkmal der Gleichnisrede hingewiesen: „Zwar ist die qualitative Differenz zwischen dem Gottesreich und dem Reich der Welt festzuhalten. Trotzdem behandelt das Gleichnis Welterfahrung nicht bloß als Bildmaterial für etwas ganz anderes. Sondern die Welterfahrung wird, indem sie zum Bild des Gottesreiches wird, für die Schöpfung in ihr transparent. Das Gleichnis sagt, indem es mit der Welterfahrung über das Himmelreich spricht, nicht nur etwas über das Himmelreich, sondern auch etwas über die Welterfahrung. Das Gleichnis gibt nicht nur Gott, sondern auch die Welt neu zu verstehen."

eine regelrechte Revolutionierung des Gottesbegriffs charakterisieren, da Gott nicht metaphysisch auf die Höhe festgelegt wird. In dieser Selbstunterscheidung Gottes liegt die eigentliche Wurzel der Trinitätstheologie.[93]

Nimmt man den Philipperhymnus hinzu, so wird deutlich:

> „[M]it der Menschwerdung des Gottessohnes [ist] ein Entleeren gemeint, das in der Form sich selbst verströmender Liebe in die tiefsten menschlichen Tiefen dringt. In Jesu Zuwendung zu den Bedrückten und Zerschlagenen, ja darin, dass er selbst als der ‚Gott-mit-uns' über alle Maßen bedrückt und zerschlagen wird, wird Gott in Person gegenwärtig, und es ist gerade diese Selbstentäußerung und -hingabe bis hin zum Tod als verurteilter (mutmaßlicher) Aufrührer, aufgrund deren er von Gott erhöht und ihm Anteil am ‚Namen über allen Namen' gewährt wird."[94]

6. Schlussbemerkung

Diese Menschwerdung zu betonen, ist unserem Jubilar Harry Noormann elementar wichtig. Mit Bedacht zitiert er im „Neutestamentlichen Arbeitsbuch" Martin Hengels Wort vom „Skandal des Kreuzes":

> „Dass der eine präexistente Sohn des einen wahren Gottes, der Schöpfungsmittler und Welterlöser in jüngster Zeit im hinterwäldlerischen Galiläa und als Glied des obskuren Judenvolkes geboren worden, ja schlimmer noch, dass er den Tod des gemeinen Verbrechers am Kreuz gestorben war, das war ein Glaube, den man eigentlich nur Verrückten zumuten konnte. Die echten Götter Griechenlands und Roms unterschieden sich eben dadurch von den sterblichen Menschen, dass sie unsterblich waren"[95].

Harry Noormann hat oft auf diesen – mit Karl Barth gesprochen – „durchgehende[n] Zug nach unten"[96], die Kondeszendenz Gottes im Kreuz, wie die dogmatische Tradition sagt, hingewiesen. Nicht nur in den einschlägigen Kapiteln des „Neutestamentlichen Arbeitsbuchs für Religionspädagogen"[97], sondern auch in seinem Buch „Armut in Deutschland. Christen vor

93 So Kraus, Hans-Joachim, Systematische Theologie im Kontext biblischer Geschichte und Eschatologie, Neukirchen-Vluyn 1983, 71. Vgl. Kraus, Systematische Theologie, 143; 262f.; 268; 370; 398.

94 Woyke, Ein Mensch, 353. Vgl. auch Vollenweider, Samuel, Der „Raub" der Gottgleichheit. Ein religionsgeschichtlicher Vorschlag zu Phil 2,6(-11), in: Vollenweider, Samuel, Horizonte neutestamentlicher Christologie (WUNT 144), Tübingen 2002, 263–284.

95 Zit. nach Becker, Ulrich, Jochum-Bortfeld, Carsten, Johannsen, Friedrich, Noorman, Harry, Neutestamentliches Arbeitsbuch für Religionspädagogen, Stuttgart ^{4}2014, 150.

96 Barth, Karl, Kirchliche Dogmatik IV/1, 207.

97 Vgl. Becker u. a., Neutestamentliches Arbeitsbuch, 115–133; 154–158.

der neuen Sozialen Frage“[98] ringt er um „Orientierungen für ein mit den Armen solidarisches Christentum“[99]. Dass ein solches Ringen – vorsichtig formuliert – allein schon auf pekuniärer Ebene in einem Spannungsverhältnis zum kommerzialisierten Fußball steht, dürfte nicht von der Hand zu weisen sein, ebenso wenig die Erkenntnis, dass ein solches Ringen kritisches Potential zur Beurteilung des „Phänomens Fußball“ enthält. Die Standardkritik am kommerzialisierten Fußball, so abgedroschen sie auch klingen mag, ist ja nicht einfach falsch. Gute Theologie wird von dem kritischen Potential Gebrauch machen, das der Rede vom Fußball als Gleichnis anhaftet, und zu differenzieren helfen – etwa im Blick auf die Einschätzung einer schillernden Persönlichkeit wie der Cristiano Ronaldos, grundsätzlich aber auch hinsichtlich der angemessenen Erwartungen an den Fußball. Eine Kulturkritik, die nicht differenzierte, würde – wie Adorno feststellt – das Kind mit dem Bade ausschütten, sie würde „mit dem Unwahren auch alles Wahre ausrotten“[100].

Gewiss kann auch der Fußball mit seinen Resonanzverheißungen nicht von der Entfremdung als Realität der Moderne heilen. Auch der Fußball kann der Dialektik von Resonanz und Entfremdung nicht entkommen. Falschen Heilsversprechen gilt es insofern zu widerstehen, ohne deshalb jeden „Kick“ schlechtreden zu müssen. Eine Theologie, die mit der Dekonstruktion bestimmter Narrative dies zur Sprache bringt, leistet durchaus auch dem Fußball einen Dienst, damit der Fußball Fußball bleibt. Denn, um es mit dem eingangs zitierten Okko Herlyn abschließend auf den Punkt zu bringen:

> „Fußball ist Fußball. Ein menschliches Vergnügen zum Mitjubeln und Mitbangen – hoffentlich! Eine völkerverbindende Faszination – hoffentlich! Vielleicht auch eine Gelegenheit, hier und da einmal selber leidenschaftlich mitzumachen – hoffentlich! Aber eben: mehr nicht. Fußball ist Fußball. Gott sei Dank: mehr nicht.“[101]

Literatur

Adorno, Theodor W., Minima Moralia. Reflexionen aus dem beschädigten Leben (1951), GS 4, hg. v. Tiedemann, Rolf, Frankfurt a.M. 2003.

Alexander, Markus, Cristiano Ronaldo – Der neue Fußballgott, Rostock 2009.

Barth, Karl, Die Kirchliche Dogmatik. Vierter Band: Die Lehre von der Versöhnung. Erster Teil (= KD IV/1), Zollikon-Zürich 1953.

---

98 Noormann, Harry, Armut in Deutschland. Christen vor der neuen Sozialen Frage, Stuttgart 1991.

99 Noormann, Armut, 99.

100 Adorno, Theodor W., Minima Moralia. Reflexionen aus dem beschädigten Leben (1951), GS 4, hg. v. Tiedemann, Rolf, Frankfurt a.M. 2003, 48.

101 Herlyn, Okko, Fußball ist Fußball (Predigt zu Psalm 121,2), zit. nach: Kirchenamt der EKD (Hg.), Ein starkes Stück Leben, EKD-Broschüre zur WM 2006, Hannover 2006, 46.

Baur, Jörg, Auf dem Weg zur klassischen Tübinger Christologie. Einführende Überlegungen zum sogenannten Kenosis-Krypsis-Streit, in: Baur, Jörg, Luther und seine klassischen Erben, Tübingen 1993, 204–289.

Becker, Ulrich u.a., Neutestamentliches Arbeitsbuch für Religionspädagogen, Stuttgart [4]2014.

Bekenntnisschriften der evangelisch-lutherischen Kirche, hg. vom Deutschen Evangelischen Kirchenausschuß im Gedenkjahr der Augsburgerischen Konfession 1930, Göttingen 1930.

Bonhoeffer, Dietrich, Widerstand und Ergebung. Briefe und Aufzeichnungen aus der Haft, hg. v. Bethge, Eberhard, München [14]1990.

Bonhoeffer, Dietrich, Ethik, hg. v. Tödt, Ilse u. a. (DBW 6), München 1992.

Brunn, Frank Martin, Sportethik. Theologische Grundlegung und exemplarische Ausführung, TBT 169, Berlin / New York 2014.

Busch, Eberhard, Die grosse Leidenschaft. Einführung in die Theologie Karl Barths, Darmstadt [2]2001.

Buschmann, Rafael u. a., Gefangene einer Nacht, in: Der Spiegel 16/2017, 72–78.

Caioli, Luca, Ronaldo. Die Geschichte eines Besessenen, Göttingen [5]2015.

Dembowski, Hermann, Einführung in die Christologie, Darmstadt [3]1993.

Eckstein, Hans-Joachim, Gott wird Mensch. Vom menschlichen Gottesbild zum christlichen Menschenbild, in: Eckstein, Hans-Joachim, Glaube als Beziehung. Von der menschlichen Wirklichkeit Gottes (Grundlagen des Glaubens 2), Holzgerlingen 2006, 9–31.

Elias, Norbert, Der Fußballsport im Prozeß der Zivilisation, in: Lindner, Rolf (Hg.), Der Satz „Der Ball ist rund" hat eine gewisse philosophische Tiefe, Berlin 1983, 12–21.

Engels, Friedrich, Herrn Eugen Dührings Umwälzung der Wissenschaft (Anti-Dühring), in: Marx, Karl / Engels, Friedrich, Über Religion, hg. v. Institut für Marxismus-Leninismus beim ZK der SED, Berlin 1958.

Gärtner, Christel, Fußball – (k)ein Spiel für die Götter. Die systematische Differenz von Religion und Sport, in: ZGP 30/3 (2012), 6–8.

Gebauer, Gunter, Fernseh- und Stadionfußball als religiöses Phänomen. Idole, Heilige und Ikonen am „Himmel" von Fangemeinden, in: Herzog, Markwart (Hg.), Fußball als Kulturphänomen. Kunst – Kult – Kommerz (Irseer Dialoge 7), Stattgart 2002, 305–314.

Habermas, Jürgen, Glaube und Wissen, Die Rede des diesjährigen Friedenspreisträgers des Börsenvereins des deutschen Buchhandels, FAZ vom 15.10.2001 (Nr. 239/2001), 9.

Habermas, Jürgen, Vorpolitische Grundlagen des demokratischen Rechtsstaates?, in: ders. / Ratzinger, Joseph (Hg.), Dialektik der Säkularisierung. Über Vernunft und Religion, Bonn 2005, 15–37.

Hansen, Klaus, Gott ist rund und der Rasen heilig, in: RL. Zeitschrift für Religionsunterricht und Lebenskunde 1/2004, 3–8.

Heppe, Heinrich, Die Dogmatik der evangelisch-reformierten Kirche. Dargestellt und aus den Quellen belegt, hg. v. Bizer, Ernst, Neukirchen 1958.

Herlyn, Okko, Da ist „ein anderer im Spiele". Fußball als Religion führt zur Selbstentfremdung, in: EvKomm 8/1998, 466.

Herlyn, Okko, Fußball ist Fußball (Predigt zu Psalm 121,2), zit. nach: Kirchenamt der EKD (Hg.), Ein starkes Stück Leben, EKD-Broschüre zur WM 2006, Hannover 2006.

Hofheinz, Marco, Gezeugt, nicht gemacht. In-vitro-Fertilisation in theologischer Perspektive (EThD 15), Münster 2008.

Hofheinz, Marco, Wider die Nostrifikation Gottes. Religionskritik als bleibend wichtige theologische Aufgabe, in: Hofheinz, Marco / Paprotny, Thorsten (Hg.), Religionskritik interdisziplinär. Multiperspektivische Annäherung an eine bleibend wichtige Thematik, Leipzig 2015, 15–42.

Hofius, Otfried, Der Christushymnus Philipper 2,6–11. Untersuchungen zu Gestalt und Aussage eines urchristlichen Psalms (WUNT 17), Tübingen ²1991.

Hofius, Otfried, Jesu Tischgemeinschaft mit den Sündern, in: Hofius, Otfried, Neutestamentliche Studien (WUNT 132), Tübingen 2000, 19–37.

Hoping, Helmut, Einführung in die Christologie, Darmstadt 2004.

Jülicher, Adolf, Gleichnisreden I, Tübingen ²1910 (= ND Darmstadt 1963).

Kapperer, Thorsten, Leidenschaft und Fußball. Ein pastoral-theologisches Lernfeld (Studien zur Theologie und Praxis der Seelsorge 98), Würzburg 2017.

Kehlbreier, Dietmar, Ein Tor zum Leben?, in: Stadt Frankfurt a.M. / Bauer, Snejanka (Hg.), Helden – Heilige – Himmelsstürmer. Fußball und Religion, Frankfurt a.M. 2006, 124–130.

Kraus, Hans-Joachim, Systematische Theologie im Kontext biblischer Geschichte und Eschatologie, Neukirchen-Vluyn 1983.

Kraus, Thomas J. / Nicklas, Tobias, Der Titan. Wie Fußballer zu Götter und wieder zu Menschen werden, in: Merkt, Andreas (Hg.), Fußballgott. Elf Einwürfe, Köln 2006, 200–218.

Krechting, Tim, Fest-Zeiten. Wie Fußball der Theologie zu denken gibt, in: Unimagazin: Zeitschrift der Leibniz-Universität Hannover 1/2 (2006), 18–21.

Kreck, Walter, Die Versöhnungslehre Karl Barths als kritische Anfrage an den Heidelberger Katechismus, in: Theologische Beilage zur RKZ 2/1989, 2–7.

Kretzschmar, Gerald, Religion und Sport. Eine praktisch-theologische Verhältnisbestimmung, in: Deutsches Pfarrerblatt 6/2010, 1–7.

Kropaç, Ulrich, Gewinnen und verlieren. Warum es im Fußball zugeht wie „im richtigen Leben“, in: Merkt, Andreas (Hg.), Fußballgott. Elf Einwürfe, Köln 2006, 160–179.

Krückemeier, Nils, Der zwölfjährige Jesus im Tempel (Lk 2,40–52) und die biografische Literatur der hellenistischen Antike, in: NTS 50 (2004), 307–319.

Link, Christian, Die Spur des Namens. Wege zur Erkenntnis Gottes und zur Erfahrung der Schöpfung. Theologische Studien, Neukirchen-Vluyn 1997.

Link, Christian, In welchem Sinne sind theologische Aussagen wahr? Zum Streit zwischen Glaube und Wissen. Theologische Studien II, Neukirchen-Vluyn 2003.

Lück, Christhard, „Ich hoffe, dass man auch im Himmel Fußball spielen kann!“ Kommunikation des Evangeliums im Umfeld des modernen Fußballs, in: Domsgen, Michael / Schröder, Bernd (Hg.), Kommunikation des Evangeliums. Leitbegriff der Praktischen Theologie (APT 57), Leipzig 2014, 201–229.

Luz, Antje, Fußballgötter und ihre Philosophien. Mit einem Vorwort von Jürgen Klinsmann, Stuttgart 2011.

Luz, Ulrich, Theologische Hermeneutik des Neuen Testaments, Neukirchen-Vluyn 2014.

Mathwig, Frank, Kritische Kirche. Praktische Ethik zwischen christlicher Freiheit und gesellschaftlicher Liberalität, unveröffentlichte Habilitationsschrift, Siegen 2008.

Marx, Karl, Zur Kritik der Hegelschen Rechtsphilosophie. Einleitung, in: Marx, Karl, Frühe Schriften I, hg. v. Lieber, Hans-Joachim / Furth, Peter, Stuttgart 1962, 488–505.

Menke, Karl-Heinz, Das unterscheidend Christliche. Beiträge zur Bestimmung seiner Einzigkeit, Regensburg 2015.

Metz, Detlef, Gießen gewinnt Profil. Der Kenosis-Streit in der Theologie, in: Lexutt, Athina (Hg.), Diversität und Universität: historische und theologische Aspekte einer theologischen Kontroverse und ihrer Folgen, Leipzig 2009, 47–54.

Mokrosch, Reinhold, Fußball- und Gottesdienstritual. Zufällige oder konstitutive Analogien?, in: Stolt, Peter u. a. (Hg.), Kulte – Kulturen – Gottesdienste. Öffentliche Inszenierung des Lebens, Göttingen 1996, 63–69.

Moltmann, Jürgen, Kirche in der Kraft des Geistes. Ein Beitrag zur messianischen Ekklesiologie, München ^{2}1989.

Nebgen, Christoph, „Den Fritz sein Wetter“. Religioide Elemente im Massenkulturphänomen Fußball, in: Delgado, Mariano / Waldenfels, Hans (Hg.), Evangelium und Kultur. Festschrift für Michael Sievernich SJ (Studien zur Religions- und Kulturgeschichte 12), Fribourg / Stuttgart 2010, 473–483.

Neumann, Nils, Lukas und Menippos. Hoheit und Niedrigkeit in Lk 1,1–2,40 und in der menippeischen Literatur (NTOA 68), Göttingen 2008.

Noormann, Harry, Armut in Deutschland. Christen vor der neuen Sozialen Frage, Stuttgart 1991.

Plasger, Georg, Einladende Ethik. Zu einem neuen evangelischen Paradigma in einer pluralen Gesellschaft, in: KuD 51 (2005), 126–156.

Ricoeur, Paul, Stellung und Funktion der Metapher in der biblischen Sprache, in: Ricoeur, Paul / Jüngel, Eberhard, Metapher. Zur Hermeneutik religiöser Sprache (Sonderheft EvTh), München 1974, 45–79.

Ricoeur, Paul, Die lebendige Metapher, übers. v. Rochlitz, Rainer, München 1986.

Ritschl, Dietrich / Hailer, Martin, Diesseits und jenseits der Worte. Grundkurs christliche Theologie, Neukirchen-Vluyn 2006.

Roloff, Jürgen, Neues Testament. Neukirchener Arbeitsbücher, Neukirchen-Vluyn ^{7}1999.

Rosa, Hartmut, Resonanz. Eine Soziologie der Weltbeziehung, Berlin ^{4}2016.

Schmid, Heinrich, Die Dogmatik der evangelisch-lutherischen Kirche. Dargestellt und aus Quellen belegt, hg. v. Pöhlmann, Hans Georg, Gütersloh ^{9}1979.

Schmidt, Jörg, Der Fan. Anmerkungen zum Phänomen des „Göttinger Single-Fan“, in: Bizer, Christoph u. a. (Hg.), Theologisches geschenkt. FS für Manfred Josuttis, Bovenden 1996, 432–441.

Schümer, Dirk, Gott ist rund. Die Kultur des Fußballs, Berlin 1996.

Sellmann, Matthias, Die Gruppe – Der Ball – Das Fest. Die Erfahrung des Heiligen im Fußballsport, in: Noss, Peter (Hg.), fußball ver-rückt: Gefühl, Vernunft und Religion im Fußballsport. Annäherungen an eine besondere Welt, Münster 2004, 35–57.

Sellmann, Matthias, Lachen. Heulen. Jubeln. Beten. Fußball als Gleichnis und Schule des Glaubens, in: Erwachsenenbildung 52/1 (2006), 12–15.

Sellmann, Matthias, 10 Stichwortartikel zum Thema „Fußball als Gleichnis des Glaubens“ in: DOM 19–28 (2006).

Sellmann, Matthias, Kugel-Kult. Das Fußballspiel als die begehrteste Parallelwelt der Gegenwartskultur, in: Hafner, Johann Ev. / Valentin, Joachim (Hg.), Parallelwelten. Christliche Religion und die Vervielfachung von Wirklichkeit (Reihe Religionskulturen 6), Stuttgart 2009, 299–316.

Sloterdijk, Peter, „Wie ein Abendmahl – ohne Jesus und Judas“, in: Die Zeit Nr. 53 (21. Dezember) 2016, in: http://www.zeit.de/2016/53/peter-sloterdijk-fussball-zynismus (Zugriff: 01.04.2017).

Soosten, Joachim von, Heiliger Ernst und geballte Lust, in: Chrismon 05/2006, 28–29.

Soosten, Joachim von, Heilige Spiele – Fußball und Religion, in: Schönberger Hefte. Beiträge zur Religionspädagogik aus der EKHN Heft 2/2006, 2–3.

Soosten, Joachim von, Kraftfelder des Begehrens. Religiosität – Arenakult – Religion, in: Noss, Peter (Hg.), fußball ver-rückt: Gefühl, Vernunft und Religion im Fußball. Annäherungen an eine besondere Welt (Religion & Sozialkultur 15), Münster 2004, 21–34.

Spragg, Iain, Christiano Ronaldo, Das große Fanbuch, Göttingen 2016.

Thaidigsmann, Edgar, Religiös unmusikalisch. Aspekte einer hermeneutischen Problematik, in: ZThK 108 (2011), 490–509.

Thielicke, Helmut, Glauben und Denken in der Neuzeit. Die großen Systeme der Theologie und Religionsphilosophie, Tübingen 1983.

Vollenweider, Samuel, Der „Raub“ der Gottgleichheit. Ein religionsgeschichtlicher Vorschlag zu Phil 2,6(-11), in: Vollenweider, Samuel, Horizonte neutestamentlicher Christologie (WUNT 144), Tübingen 2002, 263–284.

Weder, Hans, Zugang zu den Gleichnissen Jesu. Zur Theorie der Gleichnisauslegung seit Jülicher, in: EvErz 41 (1989), 384–396.

Weiser, Jutta, Art. Adonis, in: Moog-Grünewald, Maria (Hg.), Mythenrezeption. Die antike Mythologie in Literatur, Musik und Kunst von den Anfängen bis zur Gegenwart, Der Neue Pauly. Supplemente Bd. 5, Stuttgart / Weimar 2008, 15–26.

Woyke, Johannes, „Ein Mensch aus Fleisch und Blut – und nicht Gottes Sohn!“ Herausforderungen einer elementarisierenden biblischen Didaktik in der gymnasialen Oberstufe, in: Bachmann, Michael / Woyke, Johannes (Hg.), Erstaunlich lebendig und bestürzend verständlich? Studien und Impulse zur Bibeldidaktik. FS Ingo Baldermann zum 80. Geburtstag, Neukirchen-Vluyn 2009, 333–356.

Zimmermann, Ruben, „Deuten“ heißt erzählen und übertragen. Narrativität und Metaphorik als zentrale Sprachformen historischer Sinnbildung zum Tod Jesu, in: Frey, Jörg / Schröter, Jens (Hg.), Deutungen des Todes Jesu im Neuen Testament (UTB 2953), Tübingen 2007, 315–373.

Zimmermann, Ruben, Die Gleichnisse Jesu. Eine Leseanleitung zum Kompendium, in: Zimmermann, Ruben (Hg.), Kompendium der Gleichnisse Jesu, Gütersloh 2007, 3–46.

Zimmermann, Ruben, Parabeln – sonst nichts! Gattungsbestimmung jenseits der Klassifikation in „Bildwort“, „Gleichnis“, „Parabel“ und „Beispielerzählung“, in: Zimmermann, Ruben (Hg.), Hermeneutik der Gleichnisse Jesu. Methodische Neuansätze zum Verstehen urchristlicher Parabeltexte (WUNT 231), Tübingen 2008, 383–419.

Online-Quellen:

http://hollowverse.com/cristiano-ronaldo/ (Zugriff: 01.04.2017).

http://www.clickon.co/35762/cristiano-ronaldo-euro-2016-religion/ (Zugriff: 16.10.2017).

http://www.focus.de/sport/videos/genau-wie-jesus-christus-gelitten-nach-auswechslung-im-em-finale-ronaldo-schwester-zieht-wirren-vergleich_id_5729476.html (Zugriff: 01.04.2017).

http://www.krone.at/uefa-euro/jetzt-wirds-skurril-ronaldo-wie-jesus-christus-heiligenverehrung-story-519850 (Zugriff: 01.04.2017).

http://www.n-tv.de/sport/fussball-em/Ronaldo-erlebt-EM-Finaldrama-mit-Happy-End-article18165676.html (Zugriff: 01.04.2017).

https://commons.wikimedia.org/wiki/File:Cristiano_Ronaldo_2,_2010.jpg (Zugriff: 16.10.2017).

https://commons.wikimedia.org/wiki/File:Redentor.jpg (Zugriff: 16.10.2017).

https://de.wikipedia.org/wiki/Cristiano_Ronaldo (Zugriff: 03.04.2017).

https://de.wikipedia.org/wiki/Isenheimer_Altar#/media/File:Mathis_Gothart_Gr%C3%BCnewald_023.jpg (Zugriff: 20.10.2017).

https://www.domradio.de/nachrichten/2010-06-23/matthias-sellmann-ueber-die-parallelen-von-fussball-und-religion (Zugriff: 04.04.2017).

https://www.welt.de/sport/fussball/article157013929/Ronaldo-soll-genau-wie-Jesus-Christus-gelitten-haben.html (Zugriff: 01.04.2017).

https://www.welt.de/sport/fussball/em-2016/article156922623/Ronaldo-laedt-Witwe-von-Fussballer-zum-EM-Finale-ein.html (Zugriff: 01.04.2017).

Umwelttechnik – eine apokalyptische Praxis?

Axel Siegemund

1. Krisenintervention

Unsere Zeit ist durch zwei epochale Trends geprägt, die Globalisierung und die ökologische Krise. Beide sind präzise Konstellationen, die sich aus unserer Befähigung zum technischen Handeln ergeben. So stellt uns die Umweltkrise vor die konkrete Frage, wie wir die technischen Mittel, die zu ihrer Verschärfung und zu ihrer Linderung gleichermaßen beitragen können, einsetzen. Allerdings markiert sie auch einen radikalen Wandel in unserem Verhältnis zur Technik. Bis zum Ende des 19. Jahrhunderts wurde die Technik als Teil einer kontinuierlichen Fortschrittsgeschichte wahrgenommen. Im 20. Jahrhundert hingegen wandelte sie sich zum Symbol eines epochalen Bruchs.[1] Das Bevölkerungswachstum, die Industrialisierung, die Urbanisierung und steigender Wohlstand haben zu globalen Umweltveränderungen wie der Verknappung des Süßwasserangebots und der Übernutzung der Weltmeere geführt. Bereits in den 1920er Jahren erschien die Technik den Theologen als die Vergegenständlichung des Sündenfalls. Hanns Lilje schrieb 1928: „Die Stadt vor hundert Jahren bietet das Bild einer in sich ruhenden Sicherheit und eines ungestörtes Gleichmaßes.“ Dann aber ändert sich alles. „Zunächst wie das dumpfe Grollen eines fernen Erdbebens sich ankündigend, dann in immer heftigeren Stößen sich entladend, ..., ja, endlich auch die sicheren Ordnungen jahrhundertealter festgefügter sozialer Schichtung in den gewaltigen Umsturz hineinziehend.“[2]

Heute spielt Technik eine widersprüchliche Rolle. Die Kernkraft und die Gentechnologie sind zum Symbol eines Unbehagens geworden; Solar- und Wasserkraft hingegen zu Insignien des ökologischen Umbaus der Gesellschaft. Die heutige Umwelttechnik geht über die klassischen, additiven End-of-pipe-Technologien weit hinaus. Es geht um integrative produkt- bzw. produktionsintegrierte Verfahren und damit um die Gesamtheit von Artefakten, Prozessen und Systemen, die der Vermeidung, Verminderung und Beseitigung von Umweltbeeinträchtigungen sowie der Wiederherstellung bereits geschädigter Umweltfunktionen dienen. Umwelttechnik umfasst also alle Technik, die einen Beitrag zu einem nachhaltigen Umgang mit natürlichen

---

1 Vgl. Lilje, Hanns, Das technische Zeitalter. Versuch einer biblischen Deutung, Berlin 1928.

2 Lilje, Das technische Zeitalter, 15.

Ressourcen leisten. Diese weite Definition macht deutlich, dass sich Umwelttechnologien weder einem Kernbereich noch bestimmten Branchen zuordnen lassen. Sie betreffen das gesamte Spektrum von Produktion und Konsumtion, von der Bereitstellung von Rohstoffen und Energie über den Herstellungsprozess und die Nutzung bis hin zur Entsorgung bzw. Wiederverwertung. Auf jeder Stufe des Produktlebenszyklus kann Umwelttechnik zur Anwendungen kommen. Umwelttechnologien haben Querschnittcharakter. Sie stellen bestimmte Eigenschaften oder Bestandteile von Technologien dar, durch deren gezielten Einsatz die Auswirkungen auf die natürliche Umwelt nachhaltig verändert werden sollen.

Heutige Umwelttechnologien sind Antworten auf die Umweltkrise und insofern Techniken zur Krisenintervention. Die Art und Weise, wie wir über die ökologische Krise sprechen und welche Instrumente wir zu ihrer Bewältigung für möglich erachten, sagt sehr viel über die Grundbefindlichkeit unserer Zeit aus. Umwelttechniken beeinflussen unser Lebensgefühl genau so wie die Umwelt selbst, indem sie bestimmte Aspekte unserer Existenz integrieren und verstärken und andere negieren. Deutlich wird dies durch zwei gegenläufige Beobachtungen:

1. In der Industrialisierung waren Umweltverschmutzungen Insignien des Fortschritts und Ausweis einer mustergültigen Industriekultur. Dafür steht etwa der schwarze Rauch der Schornsteine in Manchester, Chemnitz und dem Rheinland. Wo die Schornsteine rauchten, war die Welt in Ordnung. Dafür stehen aber auch braun-schwarze oder rötlich-braune Flussläufe. Die Flüsse hatten gerade als sie ihre natürliche Klarheit verloren hatten, ihren Sinn erfüllt. Helmut Thielicke zitiert in diesem Zusammenhang einen Roman über eine Wuppertaler Industriellen-Familie. Darin heißt es: „Klatschend sausten die roten, blauen und schwarzen Abwässer der Färberei in den Fluss, der, seit er in den Bereich der Wuppertaler Industrie getreten war, keinen einzigen reinen Quelltropfen mehr mit sich führte … Die schwarze Wupper ist der Segen des Tales. Gott sei Dank, daß sie schwarz ist. … Wenn die Wupper klar und rein wär′, wären die Menschen im Tal faul und liederlich. Die schwarze Farbe ist das Ehrenkleid, das die Menschen sich und ihr gegeben haben.“[3] Das war 1905 – die Sehnsucht nach einer industriellen Abwasserreinigung hielt sich offenbar noch deutlich in Grenzen.
2. Ein gegenteiliges Ideal hatte sich aber auch entwickelt. Dieses ging vor allem auf die Landschaftsmalerei im 19. Jahrhundert zurück. So hat keine Künstlergruppe das Bild von der amerikanischen Natur tiefer geprägt als Thomas Cole (1801–1848) und die Hudson River School.[4] Auf den

3 Thielicke, Helmut, Theologische Ethik, Bd. 2. Entfaltung, Teil 1. Mensch und Welt, Tübingen [5]1986, 58.

4 Vgl. Mauch, Christof, Bilder, die die Umwelt bewegten: Naturwahrnehmung und Politik in der US-amerikanischen Geschichte, in: Masius, Patrick u. a. (Hg.), Um-

Leinwänden und Staffeleien von Cole, seinen Künstlerkollegen und Schülern findet sich eine Natur, in der Hügel und dichte Wälder, unberührte Bergseen und wilde Wasserfälle, knorrig alte Bäume und eine Furcht und Ehrfurcht einflößende Wildnis regieren. Die Landschaft war für Cole ein Raum mit religiöser Bedeutung. Es war ein Ort der Kontemplation und ein Spiegel göttlicher Präsenz, vergleichbar den romantischen Bildern eines Ludwig Richter oder Caspar David Friedrich in Deutschland. Die Natur, die diese Romantiker malten, zeichnete sich durch eine Ländlichkeit und Wildheit aus, in der der Mensch kaum Spuren hinterließ, in der er nicht als Bewohner, sondern allenfalls als Besucher auftauchte. Diese Landschaften waren Gegenbilder zur Urbanisierung. Wie anti-realistisch dies war, zeigen die Niagarafälle. Als Frederic Church, Thomas Coles berühmtester Schüler, im Jahr 1857 die Niagarafälle zeichnete, gab es dort Sägemühlen, Brücken, Kanäle und ein hydraulisches Kraftwerk, das Getreidemühlen und Gerbereien mit Energie versorgte. Doch auf seinem Bild sind die Fälle jeglicher industriellen Nutzung enthoben. Die Ausgrenzung aller Spuren menschlichen Einflusses wurde zur Signatur der Hudson River School. In den 1860er Jahren stellte sich der Maler Church mit dem Landschaftsarchitekten Frederick Law Olmsted an die Spitze des Free Niagara Movement, das den Staat New York dazu veranlasste, das Land um die Niagarafälle von den Unternehmern zurückzukaufen und den dramatischen Anblick der Wasserfälle vor der drohenden Industrialisierung zu bewahren.[5]

Die Technologien, mit denen wir unsere Umwelt umgestalten, nehmen also genau die Sehnsüchte auf, die wir in die Natur hinein projizieren. Zugleich verstärken sie unsere Einstellung gegenüber der Umwelt. Wer das Ideal in einer industriell umgestalteten Natur erblickt, der kann einen pechschwarzen Fluss als Ausdruck der Vollendung ansehen. Wer hingegen die Wildnis als Verwirklichung aller Sehnsüchte ausmacht, der muss die Natur von jeglicher Beeinträchtigung frei halten. Daher wird in der Umweltethik vor allem die Zerstörung der Natur thematisiert, die Konstruktion dieser „Gegebenheiten" hingegen kaum gewürdigt. Stellt man hingegen die Gleichursprünglichkeit von Umweltkrise und Umwelttechnik in Rechnung, zeigt sich eine komplexe gegenseitige Abhängigkeit.

---

weltgeschichte und Umweltzukunft. Zur gesellschaftlichen Relevanz einer jungen Disziplin. Graduiertenkolleg Interdisziplinäre Umweltgeschichte, Universitätsverlag Göttingen 2009, 51–68.

5 Vgl. Gilbert, Grove Karl, Niagara Falls and their history, New York / Cincinnati 1896; Dow, Charles Mason, The State Reservation at Niagara. A History, Albany / New York 1914 und die neuere Darstellung zur Geschichte der Niagarafälle von Strand, Ginger, Inventing Niagara. Beauty, Power, and Lies, New York 2008.

2. Umwelttechnik – ein abendländisches Kulturgut

Der amerikanische Mittelalter-Historiker Lynn White Jr. hat 1967 einen weithin beachteten Aufsatz mit dem Titel „Die historischen Wurzeln unserer ökologischen Krise" veröffentlicht.[6] Die Kernthese des Aufsatzes war, dass die Umweltkrise eine direkte Folge des jüdisch-christlichen Weltverständnisses ist. Die Umweltkrise sei aus dem Zusammenwachsen der Naturwissenschaften und der Technik hervor gegangen, diese beiden gründeten aber im spezifisch christlichen Verhältnis zwischen Mensch und Natur. Das Christentum ist nach White die anthropozentrischste Religion, die es jemals auf Erden gegeben hat. Es etabliere einen Dualismus zwischen dem Menschen und der Natur und behaupte zudem, dass die Herrschaft über die Natur dem Willen Gottes entspräche. In seiner Analyse verlagert White die Ursachen für die Umweltkrise in eine Zeit, in der es weder eine globale Welt noch interkontinentale Zusammenarbeit gegeben hat. Er sieht nämlich bereits die technischen Innovationen des Hoch- und Spätmittelalters als Ausdruck der Ausbeutung der Natur an. Konkret benennt er die ökonomische Nutzung der Wasserkraft, die Entwicklung von Windmühlen und die Erfindung mechanischer Uhren als Insignien dieser Herrschaft.

Ein zweiter prominenter Vorschlag, der in dieselbe Richtung geht, stammt von Carl Amery. Er veröffentlichte 1972 „Das Ende der Vorsehung. Die gnadenlosen Folgen des Christentums."[7] Amery interpretiert darin die negative Utopie des Club of Rome, der im gleichen Jahr festgestellt hatte, dass die Welt angesichts des enormen Ressourcenverbrauchs auf ihr unausweichliches Ende zusteuert. Carl Amery deutet die biblischen Schöpfungsberichte und die nachfolgenden Vätergeschichten als eine Anleitung zur Beherrschung der Welt und als eine Anstiftung zur systematischen Ausbeutung der Natur. Die Wurzeln der heutigen planetarischen Krise lägen demnach in der Bundestheologie des Alten Testaments. Bereits die alttestamentliche Religion habe die Natur der Heiligkeit entrissen und dem Menschen alles erlaubt, was ihm möglich ist. Die besondere Auserwähltheit des Menschen hätte dazu geführt, dass er sich um die Endlichkeit der Ressourcen keine Gedanken machen müsse. Das biblische Zeichen des Regenbogens deutet Amery als Zeichen dafür, dass der Mensch endgültig aus dem ökologischen System heraus genommen ist.

Die These, dass das Christentum Ursache der Umweltkrise ist, wurde später vor allem von Eugen Drewermann – ebenfalls durch den direkten Bezug zwischen biblischem Befund und der Gegenwart, also unter Umgehung

---

6 White Jr., Lynn, The Historical Roots of Our Ecologic Crisis, in: Science Vol. 155, No. 3767 (1967), 1203–1207.

7 Amery, Carl, Das Ende der Vorsehung. Die gnadenlosen Folgen des Christentums, Reinbek 1972.

historischer Zusammenhänge – weiter popularisiert.[8] Es ist nicht Aufgabe dieses Aufsatzes, die These zu widerlegen, dies ist hinreichend unternommen worden.[9] Jedoch muss die Technik, die White und Amery zum Instrument der Krise machen, näher betrachtet werden. Aus heutiger Perspektive ist vor allem interessant, dass gerade diejenigen Techniken, die wir als ökologische Antworten auf die Umweltkrise ansehen, als Einfallstor der Naturzerstörung gebrandmarkt werden. Die Nutzbarmachung von Wasser- und Windkraft gelten White nicht als umweltverträglicher Einsatz erneuerbarer Energien, sondern als anthropozentrischer Zugriff auf natürliche Ressourcen. Auffällig ist zudem die ungebrochene Kontinuität christlichen Denkens, von der sie ausgehen und die es in der westlichen Welt jahrhundertelang gegeben haben müsste.[10] Von den spätmittelalterlichen Apparatebauern bis zu den Stahlkochern des 20. Jahrhunderts müssen sämtliche Handlungsmuster der europäischen und der nordamerikanischen Welt von christlichem Gedankengut geprägt gewesen sein.

Ein anderes Verständnis ergibt sich aus einer umweltgeschichtlichen Sicht.[11] Die erste entscheidende Epoche ist die Jungsteinzeit, in der die Menschen anfangen, sesshaft zu werden und Pflanzen und Tiere zu domestizieren. Ein Ergebnis dieser neolithischen Revolution war die Abholzung der mitteleuropäischen Urwälder, die ihren Höhepunkt in der linearbandkeramischen Kultur, also ca. 5700 bis 4100 v. Chr. hatte. Die Steinzeithistoriker urteilen, dass der Mensch durch größere technische Effizienz bereits am Ende der Jungsteinzeit in der Lage war, seine Umwelt in den Hauptsiedlungsgebieten vollständig und intensiv in Anspruch zu nehmen und irreversible Veränderungsprozesse auszulösen.

> „[Die] neue Art der Umweltbeeinflussung [in der Jungsteinzeit, A.S.] hat sich in der folgenden Zeit nicht mehr prinzipiell geändert, sondern nur noch graduell verstärkt. … Der Zugriff auf die Umwelt war umfassend und aktiv. Eine ›natürliche‹ Umwelt hat es seither stets nur am Rande der jeweiligen agrarischen Ökumene gegeben.“[12]

Massive Umweltbeeinträchtigungen hat es in Mitteleuropa also schon 5000 Jahre vor der Ankunft der ersten christlichen Missionare gegeben. Die Um-

---

8 Drewermann, Eugen, Der tödliche Fortschritt. Von der Zerstörung der Erde und des Menschen im Erbe des Christentums, Regensburg ^{4}1986.

9 Vgl. Münk, Hans Joachim, Umweltkrise – Folge und Erbe des Christentums? Historisch-systematische Überlegungen zu einer umstrittenen These im Vorfeld ökologischer Ethik, in: Jahrbuch für christliche Sozialwissenschaften 28 (1987), 133–206.

10 Münk, Umweltkrise, 136f.

11 Ich nutze auch zur Beschreibung vormoderner Phänomene den Umweltbegriff, der ein Begriff des 20. Jahrhunderts ist. Auch der Begriff „Umweltschutz“, der aus dem englischen „environmental protection“ erst in den 1960er Jahren nach Deutschland gekommen ist, ist sehr neu. Die Umweltgeschichte zeigt aber, dass die Phänomene, die gemeint sind, lange vor der Begriffsbildung fassbar sind.

12 Lüning, Jens, Leben in der Steinzeit, in: Natur und Geschichte, hg. v. Hubert Markl, München 1983, 129–145, Zitate 140, 144.

gestaltung der Natur ist ein Wesensmerkmal unserer Existenz. Umweltveränderungen sind keine extremen Merkmale des Handelns, sondern ihr integraler Bestandteil.

Hinzu kommt der Versuch, Umweltzerstörungen zu vermeiden bzw. zu kompensieren. Diese zweite Seite des technischen Zugriffs auf die Umwelt ist für Deutschland vor allem als Begleittechnologie des Bergbaus seit dem 15. Jahrhundert nachweisbar. Der Bergbau übernahm im Frühkapitalismus eine Leitfunktion; er war mit dem Hüttenwesen praktisch identisch. Seit dem beginnenden 15. Jahrhundert mehrten sich in Deutschland die Auseinandersetzungen um den Hüttenrauch.[13] Die Goslarer Hütten verpflichteten sich 1407, Erze nicht mehr in der Nähe der Stadt zu rösten. In Lübeck und Augsburg wurden die Hütten ebenfalls vor die Stadttore verlagert. Auch in Köln gab es eine breite Diskussion um die Verlagerung der Hütten des Kupfer- und Bleischmelzers Thomas Venrath. Hier begann die Konkurrenz um Arbeitsplätze und den Immissionsschutz. Bis zur Mitte des 16. Jahrhunderts blieb die Verlagerung der Emissionen die einzige Strategie, mit Hüttenrauch umzugehen.

Ein theoretischer Wandel stellte sich mit Georgius Agricola ein, dem „Vater der Mineralogie“ und Begründer der modernen Geologie und Bergbaukunde. Agricola wirkte vor allem in Chemnitz, wo er in die reichste Familie eingeheiratet hatte und mehrfach Bürgermeister gewesen ist. Mit seinem Hauptwerk – De re metallica libri XII – begründete er das Bergwesen als Forschungsgebiet.[14] Es handelt sich um die erste systematische Untersuchung des Berg- und Hüttenwesens. Sie blieb zwei Jahrhunderte lang das maßgebliche Werk zu diesem Thema. Agricola beschrieb darin aber nicht nur die Verfahrenstechnik der Verhüttung, sondern auch Möglichkeiten, den Rauch im Produktionsprozess zu minimieren. So wurden Rauchkammern zum Stand der Technik und blieben es letztlich als Flugstaubkammern bis in das 19. Jahrhundert hinein. Agricola beschrieb Umweltzerstörungen zum ersten Mal mit dem Ziel, sie auf technischem Weg zu minimieren. Er war damit noch kein Umwelttechniker, aber er schuf ein grundlegendes Problembewusstsein:

> „Durch das Schürfen nach Erz werden die Felder verwüstet; deshalb ist einst in Italien durch ein Gesetz dafür gesorgt worden, dass niemand um der Erze willen die Erde aufgrabe und jene überaus fruchtbaren Gefilde und die Wein- und Obstbaumpflanzungen verderbe. Wälder und Haine werden umgehauen; denn man bedarf zahlloser Hölzer für die Gebäude und das Gezeug sowie um die Erze zu schmelzen. Durch das Niederlegen der Wälder und Haine aber werden die Vögel und andern Tiere ausgerottet, von denen sehr viele den Menschen als feine und angenehme Speise dienen. Die Erze werden gewaschen; durch dieses Waschen

---

13 Vgl. Zückert, Johann Friedrich, Die Naturgeschichte und Bergwercksverfassung des Ober-Hartzes. Bey Friedrich Nicolai, 1762.

14 Agricola, Georgius (1556), De re metallica libri XII, Basel; dt. Übersetzung von Carl Schiffner u. a.: Georg Agricola vom Berg- und Hüttenwesen, Düsseldorf 1977, 1928.

> aber werden, weil es die Bäche und Flüsse vergiftet, die Fische entweder aus ihnen vertrieben oder getötet."[15]

Für Francis Bacon, der das Werk von Agricola studiert hatte, war die Natur nicht mehr der Bereich theoretischer Erkenntnis, ihm ging es vielmehr um ganz neue Zwecksetzungen durch den technischen Eingriff in die Natur. Bacon assoziierte das Verhältnis Mensch-Natur im Zusammenhang der Aufgabenstellung für die Wissenschaft in bezeichnender Weise mit dem Begriffsfeld von Macht und Herrschaft.[16] Auch wenn Bacon nicht der Begründer der neuzeitlichen Naturwissenschaft wurde, so hat doch die durch ihn hergestellte Verbindung zwischen dem Wissen um die Naturzusammenhänge und ihrer technischen Verwertbarkeit wesentlich zur Entstehung der „arbeitsteiligen und technikorientierten Vorstellung der Naturwissenschaft" beigetragen, „die nach ihm zunehmend an Geltung gewonnen hat".[17] Bacon verband mit seinem wissenschaftstheoretischen Ansatz auch ein theologisches Programm. Wissenschaft war für ihn ebenso wenig Selbstzweck wie die Natur. Durch Wissenschaft und Technik versuchte er, einen Rückweg ins Paradies zu finden. Mit dieser Zielvorstellung vertritt Bacon eine Position, die sich in die Vielheit gnostischen Denkens einordnen lässt. Hier spielt der Aspekt der Selbsterlösung eine Rolle. Es ist der Versuch, die Macht über die Natur als Weg ins Heil zu etablieren und die Technik als Mittel zur Errichtung dieser Macht zu nutzen. In eine ähnliche Richtung dachte Mitte des 17. Jahrhunderts René Descartes. Die cartesianische Unterscheidung zwischen Geist und Materie spitzt den Baconschen Dualismus zwischen Mensch und Natur noch weiter zu.

Die kritischen Anfragen, die White, Amery und Drewermann an das Christentum richten, betreffen sehr viel mehr die säkularisierte, instrumentelle Vernunft als die Anthropozentrik, die sich nicht auf einen Dualismus reduzieren lässt, sondern innerhalb eines Beziehungsgeflechts beschrieben werden muss.[18] Doch auch historisch lässt sich zeigen, dass ein anderer Gedanke, der dem lutherisch geprägten Pietismus entspringt und uns bis heute prägt, hinzukam. Er geht zurück auf Hans Carl von Carlowitz. Dieser war 1677, mit 32 Jahren, zum Vizeberghauptmann in Freiberg im Erzgebirge ernannt worden. 1711 stieg er zum Oberberghauptmann auf und war einer der einflussreichsten Männer des deutschen Bergwesens. 1713 veröffent-

---

15 Schiffner, Georg Agricola, 6.

16 Bacon, Francis, Novum Organum 11, § 129, in: The Works of Francis Bacon. Faksimile. Neudruck der Ausgabe von Spedding, Ellis und Heath, London 1857–1874 in 14 Bänden, Bd. 1, Stuttgart / Bad Canstatt 1963, 222.

17 Münk, Umweltkrise, 186.

18 Vgl. Irrgang, Bernhard, Zur Problemgeschichte des Topos „christliche Anthropozentrik" und seine Bedeutung für eine Umweltethik, in: Münchener Theologische Zeitschrift 37 (1986), 185–203.

lichte er die „Sylvicultura Oeconomica“[19], das erste forstwissenschaftliche Werk überhaupt.

Der Bergbau hatte sämtliche Gebirge kahl gefressen. Der junge Carlowitz kannte den Holzmangel aus den Tagesgeschäften seines Vaters in den Forsten des Erzgebirges. Auf einer langen Reise durch Europa lernte er, dass die Knappheit an der primären Ressource Holz überall als eines der akuten Probleme der Zeit galt. Seine genaue Kenntnis der europäischen Forstpolitik führt Carlowitz an vielen Stellen seines Buches vor – mit Beispielen aus England und der Republik Venedig, sogar aus der von Spanien kolonisierten Silberminenstadt Potosi in Peru. Die wertvollste Erfahrung machte er in Frankreich. Carlowitz hatte 1667 einige Zeit in Paris verbracht und die Provinzen des Landes durchreist. Um diese Zeit trieb Jean Baptiste Colbert, der allmächtige Minister Ludwigs XIV., höchstpersönlich eine große Wiederbewaldung voran. Deren Ausgangspunkt war die Flottenpolitik des Sonnenkönigs. Die Arsenale von Brest und Cherbourg benötigten große Mengen von Hölzern zum Bau der Kriegsschiffe und Galeeren für die neue Marine. Die königlichen Forste jedoch waren aufgrund von Raubbau und Korruption in einem desolaten Zustand. Colbert griff energisch durch. Nach einer gründlichen Inventur der Wälder und einer umfassenden Reorganisation des Forstwesens schloss er sein Reformprojekt 1669 ab. Er reduzierte den Holzeinschlag und schrieb Maßnahmen zur Wiederherstellung und Erhaltung von Hochwald vor.

Carlowitz begründete das Dreieck der Nachhaltigkeit. Die Ökonomie hat der „Wohlfahrt“ des Gemeinwesens zu dienen. Sie ist zu einem schonenden Umgang mit der „gütigen Natur“ verpflichtet und an die Verantwortung für künftige Generationen gebunden.[20] Carlowitz plädiert für ein ganzes Bündel von Maßnahmen. Eine Effizienzrevolution durch die Verbesserung der Wärmedämmung beim Hausbau und die Verwendung von energiesparenden Schmelzöfen und Küchenherden, die planmäßige Aufforstung durch Säen und Pflanzen und nicht zuletzt die Suche nach Ersatzstoffen für das Holz.

Das Nachhaltigkeitskonzept breitete sich global aus. Alexander von Humboldt, Absolvent der Bergakademie zu Freiberg, der während seiner Dienstzeit bei der preußischen Bergbehörde in Bayreuth auch mit den Anfängen der nachhaltigen Forstwirtschaft zu tun hatte, entwickelte später mit seinen Forschungen zur Pflanzengeografie und -soziologie die Grundlagen für den heutigen Ökologiebegriff. Das neue Design des Konzepts entstand 1992 in Rio. Die Agenda 21, das damals von 180 Staaten verabschiedete Aktionsprogramm, machte es zum Leitbild. Seitdem wird Nachhaltigkeit auf unzähligen Konferenzen, in Denkfabriken und an runden Tischen elaboriert

---

[19] Von Carlowitz, Hans, Sylvicultura Oeconomica oder Hauswirthliche Nachricht und Naturmäßige Anweisung zur wilden Baum-Zucht, Leipzig 1732, 1713.

[20] Carlowitz, Sylvicultura Oeconomica, 30f.

und operationalisiert. Die Agenda 2030 der Vereinten Nationen und die sog. Social Development Goals fußen ebenfalls auf ihm.

Diese kurze Ideengeschichte zeigt, dass das Christentum keineswegs nur als Quelle eines Dualismus von Mensch und Natur gelten kann. Es ist ebenso Ursprungsort des modernen Nachhaltigkeitskonzepts. Von einem direkten Zusammenhang zwischen der Umweltkrise und dem biblischen Zeugnis kann somit weder in religionsgeschichtlicher noch in systematischer Hinsicht die Rede sein. Vielmehr hat erst die säkulare Vernunft zu einem einseitig instrumentellen Naturverständnis geführt.[21] Dennoch ist die These von Lynn White bemerkenswert, weil sie den Beitrag des jüdisch-christlichen Weltverhältnisses zur Entstehung der modernen Welt neu akzentuiert hat. Die Entstehung von Naturwissenschaft und Technik wurde üblicherweise gegen die christliche Religion gewendet, indem das Christentum als rückständig und antimodernistisch gezeichnet wurde. Hier wird das Christentum zur Triebkraft des Modernismus. In beiden Fällen fällt das Urteil über die christliche Religion und die ihr entsprungene Kultur jedoch pauschal und kaum differenziert aus.

3. Technik für die Umwelt der Zukunft

Unter der Voraussetzung, dass Umweltkrise und Umwelttechnik, ihrem gemeinsamen Ursprung folgend, als komplexes Zusammenspiel beschrieben werden können, sind beide ambivalente Phänomene unserer Kultur. Die Industrialisierung ging mit der Konstruktion einer neuen Form naturnaher Umwelt einher. Der Zugriff auf sie hat insofern immer ihre Bewahrung zur Voraussetzung. Um einer Übernutzung entgegen zu wirken, wurde die Natur deshalb vom Narrativ eines schützenswerten Idylls umgeben. Naturschutz geschieht heute jedoch nicht allein durch passives Belassen, sondern vor allem durch direkte Intervention. Dabei wird auf technischem Weg versucht, eine bestimmte Form von Natur zu rekonstruieren. Dieses Ziel verfolgt die Umwelttechnik, wenn sie antritt, die Auswirkungen der ökologischen Krise zu kompensieren. Das zeigt ein Zitat aus der Roadmap Umwelttechnologien 2020, die im Auftrag des Bundesministeriums für Bildung und Forschung erstellt worden ist:

> „Obwohl ein Großteil der heutigen Umweltprobleme direkt oder indirekt durch Technik verursacht wird, beinhalten moderne Technologien gleichzeitig das Potential zu ihrer Bewältigung. … Erforderlich ist eine Entkopplung von Wirtschaftswachstum und Umweltverbrauch durch die Abkehr von der Wegwerfgesellschaft und die Hinwendung zu einer Kreislaufwirtschaft. … Dieses Ziel ist nur mit Hilfe weitreichender technologischer Entwicklungen sowie produktbe-

[21] Vgl. Irrgang, Problemgeschichte, 198.

zogener, verfahrensbezogener und organisatorischer Innovationen zu erreichen.“[22]

Heutige Umwelttechnik geht über die mittelalterlichen und frühneuzeitlichen Ursprünge hinaus. Sie ist nicht nur graduell anders geformt als die Beile und Äxte, die den Beginn der Landwirtschaft im Neolithikum kennzeichnen. Unsere Umwelttechnik konstituiert sich anders als die Flugstaubkammern Agricolas, sie ist keine bruchlose Fortsetzung der Entwicklung seit dem Spätmittelalter. Vielmehr ist für die heutige Technik das Zusammenwirken der experimentell arbeitenden Naturwissenschaften und der empirischen Ingenieurwissenschaften entscheidend. Die Kontinuität der technologischen Entwicklung, die Lynn White und Carl Amery unterstellen, ist ebenso wenig gegeben wie die Kontinuität der christlichen Prägung der globalen Gesellschaft.

Heute haben wir die Technik, die einmal die primäre Instanz des gesellschaftlichen Fortschritts gewesen ist, entmythologisiert. Sie ist uns weiter als rettende Instanz willkommen, wir wissen aber um ihre Ambivalenz. Wir wissen, dass das Ozonloch und viele der aktuell immer wieder ausbrechenden Naturkatastrophen wie Hochwässer und Zyklone keine Naturgegebenheiten, sondern Technikfolgen sind. Zugleich sind in den vergangenen Jahrzehnten große Fortschritte auf dem Gebiet der Luftreinhaltung, der Abwasserbehandlung und der Abfallbeseitigung erzielt worden. Gerade angesichts der Umweltkrise lassen wir das technologische Paradigma nicht fallen. Die Technik bleibt unsere Kultur, die Krise verstärkt das Paradigma sogar.

Ohne Umwelttechnik können wir nicht mehr leben, mit ihr wird es aber auch nicht leichter. So prognostizieren wir einen Klimawandel für das kommende Jahrhundert und haben gleichzeitig vor, diesen gezielt zu beeinflussen. Dafür steht etwa die Forsightforschung, also eine zukunftsgerichtete Form der Technikfolgenabschätzung. Der Forsightforschung geht es um die Umwelttechnik von morgen. Sie reflektiert die Chancen und Perspektiven unterschiedlicher Umwelttechnologien, die heute nur in Ansätzen bekannt sind. Damit wird die Umwelttechnik zur Kultur unserer Zukunft und die Umwelt der Zukunft zu einer durch diese Technik rekonstruierten Natur. Die Wildnis entsteht immer nur dort, wo wir ihre Entstehung zulassen. Wir sagen, welche Natur wir für schützenswert halten. So stehen der ökologische Umbau der Gesellschaft und die Energiewende nicht für technische Askese, sondern sie sind Zeichen eines Wandels. Das heißt aber auch, dass wir nicht darauf verzichten, uns die Erde untertan zu machen. Die Frage ist nur, wie wir dies tun. Behandeln wir sie als unser Imperium oder als dominium terrae? Wir können auf die Begriffe Herrschaft, Leistung und Fortschritt nicht verzichten, das wäre Resignation. Aber ohne das dominium wird es keine

---

22 Schippel, Jens / Jörissen, Juliane, Foresight für die Umwelttechnik von morgen, Einführung in den Schwerpunkt, in: Technikfolgenabschätzung Theorie und Praxis 19 (2010), 4–12, 4.

befriedete Erde geben.[23] Wir befinden uns mitten in einem Lernprozess, unsere Herrschaft zu begrenzen und dem technischen Fortschritt eine andere Richtung zu geben. Die Selbstbegrenzung entspricht dabei dem Nachhaltigkeitskonzept, das im Kern ein Naturnutzungskonzept ist. Es geht ja um die Frage, wie die vielfältigen Ressourcen langfristig nutzbar bleiben. Der Schutz der Umwelt geschieht nicht auf der Grundlage einer philosophischen Spekulation, die der Natur einen Eigenwert zuschreibt, sondern aufgrund eines rationalen Prinzips. Alles andere wäre in einer globalen Gesellschaft weder ethisch begründbar noch politisch durchsetzbar, sondern schlicht Wunschdenken.

4. Katastrophe – Krise – Chance

Die Selbstbegrenzung von Herrschaft und Macht ist allerdings nichts, was über Nacht umgesetzt werden kann. Der Technikphilosoph Bernhard Irrgang schreibt:

> „Die sittliche Indienstnahme von Forschung, Wirtschaft, Technik und Gesellschaft zur Überwindung der ökologischen Krise, wie sie von einer christlichen Umweltethik im Geiste der Anthropozentrik gefordert wird, braucht Zeit. Daß wir diese Zeit nicht mehr haben, behauptet eine säkulare Unheilsphilosophie globalen Ausmaßes, die … den modernen Anthropozentrismus pervertiert und … in sein Gegenteil verkehrt."[24]

Diese „Unheilsphilosophie" resultiert aus einer im Kern säkularisierten Interpretation des Zusammenhangs zwischen Christentum und Umweltkrise. Das Bewusstsein, dass wir uns in einem Zeitalter einer umfassenden globalen Krise befinden, die zum Untergang unserer Zivilisation führen könnte, kann als eine Reformulierung der jüdisch-christlichen Apokalyptik verstanden werden. Der Politiker und Umweltschützer Herbert Gruhl hat dies in Aufnahme der Thesen von Carl Amery 1975 getan: „Ein Planet wird geplündert – Die Schreckensbilanz unserer Politik"[25] – so der Titel seines Buches. Darin schreibt er:

> „Sobald die ersten Zusammenbrüche gemeldet werden, wird uns nichts mehr möglich sein als pausenlose Katastropheneinsätze jahraus und jahrein. … Wenn

23 Vgl. Jüngel, Eberhard, Der menschliche Mensch. Die Bedeutung der reformatorischen Unterscheidung der Person von ihrem Werk für das Selbstverständnis des neuzeitlichen Menschen, in: Ders., Wertlose Wahrheit. Zur Identität und Relevanz des christlichen Glaubens, Tübingen [2]2003, 194–213, 202.

24 Irrgang, Bernhard, Christliche Umweltethik. Eine Einführung, München / Basel 1992, 305.

25 Gruhl, Herbert, Ein Planet wird geplündert. Die Schreckensbilanz unserer Politik, Frankfurt/M. 1975.

> es auch höchst unwahrscheinlich scheint, … die Katastrophen noch zu verhindern, so wollen wir doch wenigstens die Rettungsmaßnahmen vorbereiten.“[26]

Dieses Zitat ist Ausdruck eines Schwankens zwischen der Ökologie des Weltuntergangs und der Antizipation der Katastrophe. Entweder geben wir uns der Katastrophe hin oder wir setzen uns mit ihr tätig auseinander – so wie Noah in den Tagen vor der Flut. Bauen wir an einer Arche oder geben wir die Hoffnung auf?

Eine wesentliche Triebfeder der apokalyptischen Umweltdebatte war die Befreiungstheologie. Exemplarisch steht dafür Rubem Alves, der 1973 eine Rede auf der Weltmissionskonferenz in Bangkok gehalten hat, die einen Wandel einläutete. Der Vortrag trägt den programmatischen Titel „Mission in einem apokalyptischen Zeitalter“:

> „Technik, so wurde gesagt ist die säkularisierte Form des Christus in der heutigen Welt. Sie verspricht unter anderem, eine Welt des Überflusses zu schaffen. Das Gespenst der Unterentwicklung und des Hungers ist nicht mehr so bedrohlich. Diese Redeweise war von einem unbeschwerten Optimismus beherrscht, der ganz nach dem Geschmack westlichen Denkens war. … In Bangkok begegneten wir jedoch einer völlig anderen Stimmung. Optimismus? Davon habe ich nichts bemerkt. Die Konferenz war gekennzeichnet von dem Refrain ‹Aus der Tiefe rufe ich, Herr, zu dir›, der bei fast jeder gottesdienstähnlichen Gelegenheit wiederholt wurde. … Die raschen sozialen Wandlungen haben das kulturelle Gefüge der nicht-westlichen Völker zerstört … Die Urbanisierung als Kind der Industrialisierung hat die Großstädte zur Hölle gemacht. Die Technik bedroht die Welt mit einer ökologischen Katastrophe und hat den Mächtigen neue und teuflische Mittel der Zerstörung in die Hand gegeben.“[27]

Rubem Alves erinnert deutlich an White, der mit dem Christentum ja ebenfalls den Westen als Schuldigen für die globale Krise ausgemacht hat. Die Krisenrhetorik ist bis heute apokalyptisch geblieben. Insofern muss auch die Technik, mit der wir auf die Krise reagieren, als apokalyptische Technik, gelten. Apokalyptisch handeln heißt demnach nicht, den Untergang kommentarlos zu erwarten, sondern es heißt, die Katastrophe als Krise zu deuten und die Krise als Chance zu begreifen.[28] Solange wir in der Umweltkrise verharren, verfinstert sich der Horizont. Nun aber nehmen wir Werkzeuge zur Hand, mit deren Hilfe wir uns tätig mit ihr auseinander-setzen. Umwelttechnische Prozesse und Verfahren richten sich auf die gezielte Modifikation der Luft, des Wassers, des Bodens. Das sind aber genau jene Entitäten, von denen uns Gefahr droht. Die Umwelttechnik wird zum Werkzeug unserer Suche nach einer weltimmanenten (Er-)Lösung. Sie ermöglicht uns die Anti-

---

[26] Gruhl, Ein Planet wird geplündert, 26.

[27] Alves, Rubem, Mission in einem apokalyptischen Zeitalter, in: Potter, Philipp (Hg.), Das Heil der Welt heute. Ende oder Beginn der Weltmission? Dokumente der Weltmissionskonferenz Bangkok 1973, dt. Ausg. v. Wiesner, Th., Stuttgart/Berlin 1973, 244.

[28] Körtner, Ulrich H. J., Weltangst und Weltende. Eine theologische Interpretation der Apokalyptik, Göttingen 1988, 248.

zipation der Katastrophe. Inmitten der Drohung des ökologischen Untergangs formulieren wir noch einmal das Ziel, die Natur unschädlich zu machen und unsere Innovationen speisen sich aus diesem Ziel. Wir wollen die Drohung der ökologischen Katastrophe in eine Chance verwandeln, also vollziehen wir eine Umkehr. Wir schalten bußfertig die Kernkraftwerke ab und voller Hoffnung die Offshore-Windparks an und kultivieren dabei das Gefühl einer grundsätzlichen Lebenswende. Gegen die Unheilsphilosophie bestehen Menschen, die ihr Leben verändern, darauf, die Erde auch weiterhin aktiv bebauen und bewahren zu wollen. Naturnutzung und Naturbewahrung bleiben konkurrierende Zielvorstellungen.

Die Umwelttechnik, die wir zu Hilfe nehmen, durchdringt uns jedoch als eine Befindlichkeit, die allem ethisch motivierten Handeln voraus geht. Sie ist mehr als ein bloßes Mittel, unser Leben ökogerecht und nachhaltig zu gestalten. Sie ist Ausdruck einer epochalen Befindlichkeit. Umwelttechnik berührt die Möglichkeit der Entgrenzung gerade angesichts der Grenzen, die uns die Krise vor Augen stellt. Wir begegnen den Grenzen des Wachstums nicht durch weniger, sondern durch größeres Vertrauen in technische Lösungen. Begrenzte Ressourcen sind für uns nicht Anlass zu weniger, sondern zu mehr technologischer Raffinesse. Wir haben gezeigt, dass wir das globale Klima ungewollt verändern können, jetzt wollen wir dasselbe gezielt erreichen. Das eben heißt, die Krise zur Chance zu machen. Ulrich Körtner definiert Apokalyptik in diesem Sinn:

> „Die Gegenwart wird als Krise erlebt, welche mithilfe apokalyptischer Denkmuster gedeutet und auf diese Weise bewältigt werden soll. Apokalyptik wäre demnach weniger Zukunftserforschung als vielmehr ein Versuch der Gegenwartsbewältigung."[29]

Insofern die Umweltkrise eine Grenzsituation markiert, reformuliert sie grundsätzliche Fragen. Aus welchen Quellen leben wir, was fürchten wir und worauf können wir hoffen? Die Technik erfüllt partiell, woran unsere säkulare Zeit glaubt und was sie hofft. Sie erfüllt damit nicht nur den priesterschriftlichen Schöpfungsauftrag, sondern auch den jahwistischen, in dem der Mensch aufgefordert wird, die Erde zu bebauen und zu bewahren (Gen 2,15). Die Theologie muss an dieser Stelle darauf hinweisen, dass der ökologische Umbau der Gesellschaft nicht mit einem Heilsweg verwechselt werden darf, sondern zunächst nur die Umkehrung von Werten bedeutet. In den 1960er Jahren war es eine gesellschaftlich anerkannte Leistung, einen Fluss zu begradigen. Heute besteht die Leistung darin, die Mäander wieder herzustellen. Die Renaturierung von Ökosystemen wird so zum Ausdruck unseres zeitspezifischen Leistungsdenkens, das Lösungen generiert.

Dem lösungsorientierten Leistungsdenken stellt die Religion den Glauben insofern entgegen als dass dieser der Welt einen Sinn unterstellt, der un-

---

29 Körtner, Ulrich H. J., Glaube, Angst und Hoffnung, in: Gegenworte 10 (2002), 80–83, 81.

abhängig von unserem Handeln existiert. Lösungen sind keine Erlösungen. Wir mögen darauf hinwirken, die Krise in eine Chance zu verwandeln, aber die Verstrickung in Ambivalenzen bleibt uns erhalten. In diesem Sinne sind Solarzellen nicht weniger problematisch als Kernreaktoren, auch sie haben unerwünschte Nebenwirkungen, die wir heute noch nicht kennen. Die Richtung, die die ökologische Umkehr weist, ist vom Richtungssinn des Glaubens, der von einer Wahrheit jenseits des Tun-Ergehens-Zusammenhangs ausgeht, zu unterscheiden. Insofern bleibt es wichtig, die Selbstbegrenzung unseres Handelns nicht mit der elementaren Unterbrechung des Tat- und Leistungsdenkens, die den Glauben definiert und erlösenden Charakter hat, zu verwechseln. Eberhard Jüngel führt diese Differenzierung aus:

> „Die Stimmen mehren sich, die, z.B. die Industrienationen, die reichen Volker mahnen, zugunsten anderer Völker Opfer zu bringen. Und dabei fehlen die Hinweise nicht, dass die Verweigerung des Opfers für die reichen, aber opferunwilligen Völker selbst schlimme und schlimmste Folgen haben würde. ... So hört man z.B. in der Bundesrepublik Deutschland immer häufiger die Behauptung, ungewöhnliche moralische Anstrengungen seien nötig, wenn die gegenwärtige Menschheit ihren selbstverschuldeten Untergang abwenden können soll. Insofern sei gerade die *Beschränkung menschlichen Tuns* die dem sich als Werk-Meister verstehenden neuzeitlichen Menschen abzuverlangende Leistung.“[30]

Die damit verbundene Kritik an der Interpretation von Innovationen als Erlösungsphantasien bleibt angesichts der großen Hoffnungen, die auf der Umwelttechnik heute lasten, hoch aktuell. Der Technikphilosoph Bernhard Irrgang geht auf diesen Zusammenhang ebenfalls ein:

> „Der Glaubende weiß, daß sich auch durch kollektiven Selbstmord die Menschheit Gott nicht entziehen kann. Die ‚Lösung‘ im Konflikt des Menschen mit sich selbst durch Selbstvernichtung ist einer christlichen Umweltethik versperrt. ... Eine Selbsterlösung der Menschheit in welcher Form auch immer ist nicht nötig, denn der Christ lebt aus der Hoffnung, darauf, daß die gesamte Schöpfung ohne menschliche Erlösungsphantasien gerettet wird. Daher darf ein Christ die Apokalypse nicht inszenieren wollen.“[31]

Dem christlichen Glauben geht es vielmehr darum, Gottes Präsenz inmitten unserer Suche nach immanenten Lösungen zu bezeugen. Diese göttliche Präsenz inmitten unserer Autonomie hat Philip Hefner konkret auf die Technikkultur bezogen:

> „Gott ist Teilhaber am technologischen Prozess, denn die Absichten Gottes sind nun in der Technik und der Technikkultur eingebettet.“[32]

---

30 Jüngel, Eberhard, Das Opfer Jesu Christi als Sacramentum et exemplum, in: Ders., Wahrheit, 161.

31 Irrgang, Umweltethik, 306.

32 Hefner, Philip, Technology and Human Becoming, Minneapolis 2003, 79 (Übers. A.S.).

Die Einbettung der Absichten Gottes in unser Handeln ändert zwar nichts an der Unterscheidung zwischen Lösungen und der Erlösung. Sie könnte aber darauf verweisen, dass Umwelttechnik positiv zur Verkündigung hinzu tritt, etwa als Teil diakonischen Handelns, das die Verkündigung ergänzt, ohne mit ihr identisch zu sein.

Literatur

Agricola, Georgius (1556), De re metallica libri XII, dt. Übersetzung von Carl Schiffner u. a.: Georg Agricola vom Berg- und Hüttenwesen, Düsseldorf 1977, 1928.

Alves, Rubem, Mission in einem apokalyptischen Zeitalter, in: Potter, Philipp (Hg.), Das Heil der Welt heute. Ende oder Beginn der Weltmission? Dokumente der Weltmissionskonferenz Bangkok 1973, dt. Ausg. v. Wiesner, Th., Stuttgart/Berlin 1973.

Amery, Carl, Das Ende der Vorsehung. Die gnadenlosen Folgen des Christentums, Reinbek 1972.

Bacon, Francis, Novum Organum 11, § 129, in: The Works of Francis Bacon. Faksimile. Neudruck der Ausgabe von Spedding, Ellis und Heath, London 1857–1874 in 14 Bänden, Stuttgart / Bad Canstatt 1963.

Dow, Charles Mason, The State Reservation at Niagara. A History, Albany / New York 1914.

Drewermann, Eugen, Der tödliche Fortschritt. Von der Zerstörung der Erde und des Menschen im Erbe des Christentums, Regensburg [4]1986.

Gilbert et al., Niagara Falls and their history, New York / Cincinnati 1896.

Gruhl, Herbert, Ein Planet wird geplündert. Die Schreckensbilanz unserer Politik, Frankfurt/M. 1975.

Hefner, Philip, Technology and Human Becoming, Minneapolis 2003.

Irrgang, Bernhard, Zur Problemgeschichte des Topos „christliche Anthropozentrik" und seine Bedeutung für eine Umweltethik, in: Münchener Theologische Zeitschrift 37 (1986), 185–203 .

Ders., Christliche Umweltethik. Eine Einführung, München/Basel 1992.

Jüngel, Eberhard, Das Opfer Jesu Christi als Sacramentum et exemplum, in: Ders., Wertlose Wahrheit. Zur Identität und Relevanz des christlichen Glaubens, Tübingen [2]2003, 161–182.

Ders., Der menschliche Mensch. Die Bedeutung der reformatorischen Unterscheidung der Person von ihrem Werk für das Selbstverständnis des neuzeitlichen Menschen, in: Ders., Wertlose Wahrheit. Zur Identität und Relevanz des christlichen Glaubens, Tübingen [2]2003, 194–213.

Körtner, Ulrich H. J., Glaube, Angst und Hoffnung, in: Gegenworte 10 (2002), 80–83.

Ders., Weltangst und Weltende. Eine theologische Interpretation der Apokalyptik, Göttingen 1988.

Lilje, Hanns, Das technische Zeitalter. Versuch einer biblischen Deutung, Berlin 1928.

Lüning, Jens, Leben in der Steinzeit, in: Natur und Geschichte, hg. v. Hubert Markl, München 1983, 129–145.

Mauch, Christof, Bilder, die die Umwelt bewegten: Naturwahrnehmung und Politik in der US-amerikanischen Geschichte, in: Masius, Patrick u. a. (Hg.), Umweltgeschichte und Umweltzukunft. Zur gesellschaftlichen Relevanz einer jungen Disziplin. Graduiertenkolleg Interdisziplinäre Umweltgeschichte, Universitätsverlag Göttingen 2009, 51–68.

Münk, Hans Joachim, Umweltkrise – Folge und Erbe des Christentums? Historisch-systematische Überlegungen zu einer umstrittenen These im Vorfeld ökologischer Ethik, in: Jahrbuch für christliche Sozialwissenschaften 28 (1987), 133–206.

Schippel, Jens / Jörissen, Juliane, Foresight für die Umwelttechnik von morgen, Einführung in den Schwerpunkt, in: Technikfolgenabschätzung Theorie und Praxis 19 (2010), 4–12.

Strand, Ginger, Inventing Niagara. Beauty, Power, and Lies, New York 2008.

Thielicke, Helmut, Theologische Ethik, Bd. 2. Entfaltung, Teil 1. Mensch und Welt, Tübingen [5]1986.

von Carlowitz, Hans, Sylvicultura Oeconomica oder Hauswirthliche Nachricht und Naturmäßige Anweisung zur wilden Baum-Zucht, Leipzig 1732, 1713.

White Jr., Lynn, The Historical Roots of Our Ecologic Crisis, in: Science Vol. 155, No. 3767 (March 1967), 1203–1207.

Zückert, Johann Friedrich, Die Naturgeschichte und Bergwercksverfassung des Ober-Hartzes. Bey Friedrich Nicolai, 1762.

Theologie und Religionswissenschaft oder „Wer nur eine Religion kennt, kennt keine.“

Peter Antes

1975 sagte Gustavo Gutiérrez, der gemeinhin als Vater der südamerikanischen ‚Theologie der Befreiung‘ gilt, in einem Interview der spanischen Zeitschrift *Vida Nueva*, dass jede Theologie im Kontext ihrer Zeit und Adressaten gesehen werden muss. Für die neuzeitliche europäische Theologie ist seiner Meinung nach der Adressat der Atheismus und Humanismus, für die südamerikanische Theologie die Befreiung des Menschen in Lateinamerika, der sich tagtäglich als „Nobody“ in der Gesellschaft erlebt, als Nicht-Mensch am Rande der Gesellschaft und dem es nicht nur durch die liturgische Formel zu sagen, sondern durch die Predigt glaubhaft zu vermitteln gilt, dass er bzw. sie Kind Gottes ist.[1]

Bezogen auf die neuzeitliche europäische Theologie ist daher ihre Verortung im Kreis der Wissenschaften konstitutiv. Sie will und muss sich – wie die *Empfehlungen zur Weiterentwicklung von Theologien und religionsbezogenen Wissenschaften an deutschen Hochschulen* zeigen, die der Wissenschaftsrat im Jahre 2010 vorgelegt hat – im Dialog mit den anderen Wissenschaften als eine von ihnen behaupten und dies trotz ihrer Bekenntnisgebundenheit, wodurch sie sich von anderen religionsbezogenen Wissenschaften, insbesondere von der Religionswissenschaft unterscheidet.[2] Besonders deutlich wird dieser Unterschied, wenn es um die Behandlung von Wundern (vgl. dazu den Beitrag von Kai-Ole Eberhardt und Michael Rothmann in diesem Band) geht, sei es in der Bibel oder in der Geschichte der Kirche. Wissenschaftlich verantwortbar sind diesbezüglich nur Aussagen, die auf keine unmittelbare göttliche oder satanische Einwirkung als Grund für das Geschehen rekurrieren und somit eine gewisse Distanz zur Volksfrömmigkeit und deren Wunderglaube aufweisen, die in bestimmten religiösen Kreisen zu dem Vorwurf geführt hat und teilweise noch heute führt, die moderne Theologie habe den Glauben aufgegeben, um sich den Erfordernissen der modernen Welt anzupassen und von ihren (nicht glaubenden) Gesprächspartnern ernst genommen zu werden. Mehrere Beiträge in diesem Band belegen diese Problematik durch konkrete Beispiele.

---

1 Vgl. Gutiérrez, Gustavo, El evangelio no es neutral. Entrevista con Gustavo Gutiérrez, teólogo de la liberación, in: Vida Nueva 992, 31.

2 Vgl. Antes, Peter, Religionswissenschaft und Theologie. Abgrenzung – aber wie?, in: BThZ 29 (2012), 20–31.

Durch den interreligiösen Dialog steht nun die Theologie – zumindest was die Dialogpartner angeht – vor einem Paradigmenwechsel. Die neue Herausforderung ist nicht die durch Atheismus und Humanismus, sondern die durch Glaube und Religion.[3] Die Dialogpartner erwarten von den christlichen Gesprächspartnern kein distanziertes Sprechen über Glaube und Religion, sondern ein engagiertes Bekenntnis zu den eigenen Glaubensinhalten in einer Sprache, die auch den nichtchristlich Sozialisierten verständlich ist. Die Religionswissenschaft kommt hierbei „als eine Art Simultandolmetscherin in Sachen Religion(en) und Kultur(en)"[4] insofern ins Spiel, als sie wie die anderen religionsbezogenen Wissenschaften, etwa die Judaistik oder die Islamwissenschaft, helfen kann zu verstehen, worauf es bei dieser Profilbildung in Abgrenzung zu den anderen Religionen ankommt. Da die Religionswissenschaft bekenntnisungebunden ist, klammert sie die Wahrheitsfrage aus und bringt dadurch die Anliegen der jeweiligen Religionen ohne Präferenzen in die Diskussion ein. Sie will dadurch daran mitwirken, dass die anderen Religionen mit ihren Anliegen ernst genommen werden und auf sie eingegangen wird.

An zwei konkreten Beispielen soll im Folgenden die Herausforderung der christlichen Theologie durch andere Religionen gezeigt werden: Mit Blick auf Judentum und Islam an der Frage der Christologie und über den monotheistischen Kontext hinaus am Glauben an die Einmaligkeit des Lebens auf dieser Erde im Vergleich mit dem Glauben an die Wiedergeburt. So wird konkret deutlich: „Nur an den anderen lernen wir uns selbst wahrhaft kennen."[5] Diesen Gedanken äußerte bereits auf seine Weise der Altmeister der europäischen Religionswissenschaft, der aus Deutschland stammende Oxforder Professor Friedrich Max Müller (1823–1900), indem er den Spruch Goethes in Bezug auf die Sprachen, nämlich: „Wer eine kennt, kennt keine", aufnahm und ihn auf die Religionen übertrug.[6]

Wichtig ist schließlich zu betonen, dass diese Beispiele kein Sondergut für Spezialisten darstellen, sondern für alle Bereiche des interreligiösen Dialoges gelten: Von der Schule im Religionsunterricht über die Gesprächs-

---

3 Vgl. Antes, Peter, Der interreligiöse Dialog. Eine Herausforderung des Christentums in der Religionsgeschichte, in: Delgado, Mariano u. a. (Hg.), Das Christentum in der Religionsgeschichte. Perspektiven für das 21. Jahrhundert. FS Hans Waldenfels (ScRK 16), Stuttgart 2011, 32–43.

4 Antes, Peter, Religionswissenschaft als Fach an der Universität, in: Ders., Religionen im Brennpunkt. Religionswissenschaftliche Beiträge 1976–2007, Stuttgart 2007, 9–14, 10.

5 Gadamer, Hans-Georg, Das Problem des historischen Bewusstseins, Tübingen 2001, 4. Zit. nach Noormann, Harry (Hg.), Arbeitsbuch Religion und Geschichte. Das Christentum im interkulturellen Gedächtnis 1, Stuttgart 2009, 14, dem ich diesen Hinweis verdanke.

6 Vgl. dazu Klimkeit, Hans-Joachim, Friedrich Max Müller (1823–1900), in: Michels, Axel (Hg.), Klassiker der Religionswissenschaft. Von Friedrich Schleiermacher bis Mircea Eliade, München 1997, 29–40, 35.

kreise in den Gemeinden bis hin zur universitären Auseinandersetzung mit dieser Thematik.

1. Christologie in der Begegnung mit Judentum und Christentum

1.1 Jesus – der neue Moses

Die Parallele zwischen der Darstellung Jesu im Matthäusevangelium und der des Moses im Zweiten Buch Mose, Exodus, gehört zu den Binsenweisheiten heutiger Exegese. Es wird dabei darauf verwiesen und soll hier als Beispiel und Beleg dienen, dass Jesus nach der Geburt in Palästina von der Verfolgung durch König Herodes ebenso lebensbedrohlich verfolgt wurde wie Moses als jüdischer Knabe durch den Pharao. Beide wurden jedoch nicht umgebracht, sondern wunderbar errettet – im Falle Jesu durch die Flucht nach Ägypten, so dass beide aus Ägypten kommen und später an einem Berg die Satzung Gottes empfangen (Moses am Sinai) bzw. verkünden (Jesus in der Bergpredigt).

Heinz-Günther Schöttler hat im Blick auf den Dialog mit dem Judentum den Vergleich Jesus-Moses noch stärker akzentuiert. Er betont in diesem Zusammenhang, dass Moses im hebräischen Text an zwei Stellen als „*elohim*", also „*göttlich*" bezeichnet wird: In Ex 4,16, wo die jüdische Übersetzung der Hebräischen Bibel ins Griechische, die Septuaginta das nach ihrer Meinung missverständliche Wort in der Übersetzung tilgt, und in Ex 7,1, wo es durch das artikellose „*theós*" wiedergegeben wird, so dass der Text lautet:

> „Und Kyrios sagte zu Mose: Siehe ich habe dich zu einem Gott für Pharao gemacht, und Aaron, dein Bruder, wird dein Prophet sein."

Damit ist weder eine Vergöttlichung noch der Besitz göttlicher Eigenschaften, sondern lediglich metaphorisch „*die besondere Beziehung zu Gott* in seiner Rolle dem Pharao gegenüber"[7] gemeint. Damit ist weder eine Vergöttlichung gemeint, noch, dass er göttliche Eigenschaften habe, sondern lediglich metaphorisch „*die besondere Beziehung zu Gott* in seiner Rolle dem Pharao gegenüber" zum Ausdruck gebracht. Ähnlich ist die Aussage Jesu in Joh 10,30: „Ich und der Vater sind eins" (griech.: *hén*, nicht*: heis*) zu verste-

---

[7] Schöttler, Heinz-Günther, Re-Visionen christlicher Theologie aus der Begegnung mit dem Judentum, Würzburg 2016, 171f., 172.

hen, nämlich dass der Gott des Neuen Testamentes allein der Gott Israels ist und Jesus ihm nicht als ein zweiter Gott zugesellt wird.[8]

Ganz in diesem Sinne argumentiert an vielen Stellen der Koran und nimmt damit zur internen Auseinandersetzung des Christentums um die Christologie – vor allem nach dem Konzil von Chalkedon (451) – konkret Stellung, wenn wir ihn in Anlehnung an das Forschungsprojekt von Angelika Neuwirth „als Text der Spätantike“[9] lesen und verstehen.

Anders als für die Juden ist Jesus für die Muslime jedoch ein Prophet, aber nicht der Sohn Gottes im ontologisch-metaphysischen Sinne. Der interreligiöse Dialog mit Juden und Muslimen wird daher unweigerlich zu der Frage führen, wie die Christen selbst ihre Christologie heute verstehen und damit auch zu der Frage, was dies mit Blick auf die Trinität bedeutet.

1.2 Jesus und die Trinität

Der Jude Michael Wolffsohn hat am 12.1.2017 in einem Interview mit Andreas Main in der Sendung *Tag für Tag* im Deutschlandfunk gesagt:

> „Man muss sich hineinversetzen in die Art von Literatur, welche sowohl das Alte Testament, die Hebräische Bibel, bietet – als auch das Neue Testament. Wir haben es weitgehend mit einer bildhaften Literatur zu tun. Das heißt, die Botschaft ist in Bildern zu suchen. Die Bilder müssen wir verstehen. Gleiches gilt auch für die Dreifaltigkeit, die Trinität. *‚Dreiheit als Einheit könnte auch eine Vierheit, Fünfheit sein.‘*“[10]

Und etwas weiter im Interview:

> „Vater, Sohn, Heiliger Geist. Das ist eine Dreiheit, aber – so der Grundgedanke der Trinität – die Dreiheit ist eine Einheit. Was bedeutet das? Dieses Bild ist von tiefer Symbolik. Man darf es eben nicht wortwörtlich interpretieren und dann auch gleich dagegen polemisch argumentieren.
> Damit wird gesagt – in aller Kürze und stark vereinfacht: Gott ist in allem, Gott ist alles, er ist Schöpfer der Welt, er ist allgegenwärtig. Das heißt, die Dreiheit als Einheit, könnte im Grunde genommen auch eine Vierheit, Fünfheit sein.
> Das ist symbolisch für alles – Vater, Sohn, Heiliger Geist. Das ist die Grundbotschaft. Dann muss man darüber nachdenken. Hier unterscheiden sich dann Gläubige von Ungläubigen, aber nicht konfessionell gedacht Christen von Juden, Juden von Christen oder Muslimen. Wer das Bild versteht, wird es in dieser Bot-

---

8 Vgl. dazu Schöttler, Re-Visionen, 180f. Zur Erläuterung kann diesbezüglich auch dienen: Schäfer, Peter, Zwei Götter im Himmel. Gottesvorstellungen in der jüdischen Antike, München 2017.

9 Neuwirth, Angelika, Der Koran als Text der Spätantike. Ein europäischer Zugang, Berlin 2010. Und ähnlich: Berger, Lutz, Die Entstehung des Islam. Die ersten hundert Jahre von Mohammed bis zum Weltreich der Kalifen, München 2016.

10 Main, Andreas, Dreifaltigkeit Gottes. Trinität als Politikum, in: http://www.deutschlandfunk.de/dreifaltigkeit-gottes-trinitaet-als-politikum.886.de.html?dram:article_id=375988 (12.01.2017, Zugriff 28.04.2017).

> schaft verstehen – unter der Voraussetzung, dass er oder sie ein gläubiger Mensch ist. Das ist die trennende Perspektive. ‚*Ich halte dieses Bild für ein ganz grandioses Bild.*'"[11]

Wolffsohn sieht die eigentliche Problematik hinsichtlich der Entwicklung des christlichen Dogmas nach den Konzilien von Nikaia (325), Konstantinopel (381), Ephesus (431) und Chalkedon (451) folglich darin, dass bildliche Ausdrücke wortwörtlich verstanden und damit zu ontologischen bzw. metaphysischen Wirklichkeiten erklärt wurden. Und Wolffsohn schließt in dieses bildliche Verständnis religiöser Sprache auch die Muslime mit ein und akzeptiert so deren grundsätzliche Kritik an der christlichen Trinitätslehre, die ihrerseits, aus dieser Sicht gesehen, auf einer Fehlinterpretation bzw. einem Missverständnis des ursprünglich Intendierten beruhen würde. Eindeutig ist diesbezüglich der Koran, wenn Sure 112 lautet: „Sprich: Er ist der eine Gott, der ewige Gott. Er zeugt nicht und hat nicht gezeugt, und keiner ist ihm gleich." Damit wird im ersten Teil der Aussage, das jüdische Bekenntnis zum einen Gott aus dem Schma Jisrael (Dtn 6,4: „Höre Israel! Der Herr [YHWH] {ist} unser Gott, der Herr [YHWH] {ist} eins {ein einziger}") aufgegriffen und im zweiten Teil eindeutig gegen die entsprechende Formulierung des christlichen Glaubensbekenntnisses, wie es in Nikaia und Konstantinopel formuliert wurde, Stellung bezogen, wenn es dort heißt: „Gezeugt, nicht geschaffen, eines Wesens mit dem Vater."[12] Zugespitzt bedeutet dies schon 1981 für Günter Lüling, „*daß der Prophet Muhammad* hinsichtlich seines Verständnisses der Person Christi *nicht schlecht informiert war*, – wie die abendländische Theologie und Islamwissenschaft immer noch zu unterstellen versucht, *sondern daß der Prophet Muhammad der bestens informierte letzte Kämpfer für die* vom hellenistisch-christlichen Abendland um imperialistischer Interessen *willen verlassene urchristliche Vorstellung von Christus und Propheten gewesen ist.*"[13]

Ontologisierungen von Metaphern sind für die Spätantike typisch. Dazu gehört im Christentum wie im Islam auch die Vorstellung von Maria, der Mutter Jesu als einer Jungfrau im biologischen Sinne.

1.3 Jungfrauengeburt

Nach Harry Noormann sind die Anfänge der Evangelien des Matthäus (Mt) und Lukas (Lk)

---

[11] Main, Dreifaltigkeit Gottes.

[12] Neuwirth, Der Koran als Text der Spätantike, 763f.

[13] Lüling, Günter, Die Wiederentdeckung des Propheten Muhammad. Eine Kritik am „christlichen" Abendland, Erlangen 1981, 89. Teile dieser Christentumskritik finden sich heute – wie gezeigt – bei Angelika Neuwirth wieder.

> „für die Frage nach den jeweiligen christologischen Aspekten besonders aufschlussreich. Beide stellen dem öffentlichen Auftreten Jesu Geburts- und Kindheitsüberlieferungen voran. Beiden ist es ein offenkundiges Anliegen, den exklusiv-singulären, göttlichen Charakter von Zeugung und Geburt Jesu zum Ausdruck zu bringen. Sie verwenden dafür das in der hellenistischen Antike bekannte Motiv einer wunderbaren Zeugung und Geburt durch eine Jungfrau (wenngleich der Begriff nur zweimal auftaucht: Lk 1,27; Mt 1,23), wobei sie sich allerdings jeder Ausmalung einer heiligen Vereinigung von Gottheit und Mensch enthalten (‚heilige Hochzeit'). "[14]

Die Vorstellung einer Geburt durch eine Jungfrau kommt uns heute merkwürdig vor, sie gehörte damals aber wie das Wirken von Wundern zu den Charakteristika berühmter Persönlichkeiten. Nicht nur von Jesus wird eine solche Geburt erwähnt. Historische Vorbilder dafür waren Platon als Sohn des Apollo, Alexander der Große als Sohn des Zeus und Augustus als Sohn des Apollo. All dies zeigt, „dass der glaube an die liebe von göttern zu menschentöchtern und an die persönliche beiwohnung derselben im althertum allgemeine verbreitung hatte."[15] So steht es auch in nahezu allen Kommentaren zum Matthäusevangelium, weshalb Ulrich Luz mit Recht fragt: „Wer wäre bereit, die Nachricht von der übernatürlichen Zeugung Platons durch Apollon für historisch zu halten, obwohl sie sich u. a. auf Nachrichten aus der Familie Platons beruft (Diog Laert 3,2: Speusippos, Neffe und Nachfolger Platons, im Enkomion, einer im Jahr nach Platons Tod gehaltenen Rede)? Die Quellenlage ist hier besser als bei Jesus."[16]

Möglicherweise kann man diese antike Vorstellung besser verstehen, wenn man in Rechnung stellt, dass auch wir metaphorische Sprechweisen benutzen, ohne sie ontologisch misszuverstehen. So etwa bezieht sich die Rede von einem Fußballgott (vgl. den Beitrag von Marco Hofheinz in diesem Band) nicht auf einen Gott im ontologischen Sinne. Ein Gleiches gilt vom Popstar, der ebenso wenig beinhaltet, dass wir einem Sternenkult huldigen, wie die Rede von der Filmdiva meint, dass wir sie für eine Göttin halten. Hinzu kommt, dass manche traditionelle Glaubensformel wie die von der „Mutter Gottes" auch nicht wortwörtlich zu verstehen ist, wenn daraus folgt – wie es ein türkischer Fremdenführer auf Deutsch im Frühjahr 2016 in Ephesus einer deutschen Reisegruppe erklärte –, dass 431 die Bischöfe beim Konzil von Ephesus erklärt hätten, dass Gott eine Mutter habe.

---

14 Noormann, Harry, Der christologische Prozess schreitet voran. Der Gottessohn Christus und der „Armeleutegeruch" in der Lebenswelt des Menschen Jesus, in: Ulrich Becker u. a. (Hg.), Neutestamentliches Arbeitsbuch für Religionspädagogen, Stuttgart [3]2005, 148–153, 149.

15 Usener, Hermann, Das Weihnachtsfest. Kapitel I–III (Religionsgeschichtliche Untersuchungen 1), Bonn [2]1911, 71–77, 75f.

16 Luz, Ulrich, Das Evangelium nach Matthäus, 1. Teilband: Mt 1–7 (Evangelisch-Katholischer Kommentar zum Neuen Testament), Düsseldorf/Zürich [5]2002, 125–156, insbesondere 145ff., hier Anm. 30 (145).

Die hier ausgeführten Probleme mit bildhaft-metaphorischer religiöser Sprache zeigen, dass auf die christliche Theologie im interreligiösen Dialog mit Juden und Muslimen eine neue, sehr ernste Herausforderung durch Glaube und Religion zukommt, die im Augenblick noch durch die Religionswissenschaft artikuliert wird. In Zukunft wird sie im konkreten Dialog unmittelbar greifbar und dies in den Schulen[17], in den religiösen Gemeinden und auf universitärer Ebene. Es ist zu befürchten, dass die christliche Theologie den Ernst der Stunde noch nicht erkannt hat, der erforderlich macht, wozu im Neuen Testament der erste Brief des Petrus auffordert: „Seid stets bereit, jedem Rede und Antwort zu stehen, der nach der Hoffnung fragt, die euch erfüllt“ (1 Petr 3,15), und diese Rede und Antwort muss im Gespräch mit Atheismus und Humanismus im Konzert der Wissenschaften anders aussehen als im Dialog mit Juden und Muslimen.

2. Einmaligkeit des Lebens und Wiedergeburt im Vergleich[18]

Für die meisten Menschen in unserem Kulturkreis ist klar, dass wir – Menschen wie Tiere – nur einmal auf dieser Welt leben. Das menschliche Leben beginnt mit der Zeugung und Geburt, und es endet mit dem Tod.

2.1 Geburt und Tod als Anfang und Ende

Grunddogma bei der Einmaligkeit des Lebens ist, dass dieses Leben das erste und zugleich das letzte und damit das einzige Leben ist, das Menschen auf dieser Erde führen. Der Start ins Leben, von dem bekanntlich sehr viel abhängt, ist folglich mehr oder weniger zufällig, allenfalls als von Gott so gewollt erklärbar, in keinem Falle aber irgendwie den Neugeborenen selbst anzulasten. Ob jemand als Kind reicher oder armer Eltern, in einem freien Land oder in einer Diktatur, mit psychologischer Unterstützung durch die

[17] Vgl. dazu z. B. S. 33 (Kompetenzbereich: Religion unter dem Leitthema 7/8: Den Islam kennenlernen) im Niedersächsische Kerncurriculum Evangelische Religion für das Gymnasium, Schuljahrgänge 5–10, das zum 1. August 2016 in Kraft getreten ist. Dort heißt es: „Schülerinnen und Schüler lernen Glaubensformen und zentrale Lehren des Islam kennen und setzen diese in Beziehung zu christlichen und jüdischen Glaubensvorstellungen“. So in: Niedersächsisches Kultusministerium, Kerncurriculum für das Gymnasium Schuljahrgänge 5–10, in: http://db2.nibis.de/1db/cuvo/datei/kc_evrel_gym_i.pdf. (2009, Zugriff 28.04.2017).

[18] Die folgenden Ausführungen orientieren sich – oft bis in die Formulierung hinein – an: Antes, Peter, Lebt der Mensch nur einmal? Einmaligkeit des Lebens und Wiedergeburt im Vergleich, in: Ders., Religionen im Brennpunkt, 66–77.

Eltern oder unter deren psychologischen Verklemmungen leidend aufwächst, ist – wie man heute besser als in früheren Generationen weiß – für die Entwicklung des Kindes und seine Zukunft von äußerster Bedeutung. Dennoch ist das Baby diesen Rahmenbedingungen total ausgeliefert. Niemand hat das Kind je gefragt, ob es unter diesen oder anderen Bedingungen sein Leben antreten will oder vielleicht stattdessen eine ganz andere Wahl treffen möchte.

Das Aufwachsen in der Vorstellung der Einmaligkeit des Lebens auf dieser Erde hat zur Folge, dass dieses Leben einen besonderen, unwiederholbaren Stellenwert bekommt, denn – um es mit der Bibel zu sagen – wir müssen wirken, solange es Tag ist, „es kommt die Nacht, in der niemand mehr etwas tun kann“ (Joh 9,4). Somit liegt auf der Jetztzeit ein besonderer Druck, eine unwiederbringliche Verantwortung. Alles kann ja schon bald zu Ende sein. Dann bleibt das, was bis dahin nicht getan wurde, ungetan, und schlimm ist es, wenn dies aus eigener Schuld so gekommen ist. Das Leben, das der Mensch zur eigenen Gestaltung zur Verfügung hat, umfasst somit eine unbekannte Anzahl von Erdenjahren. Danach ist es definitiv im Diesseits zu Ende.

Grunddogma für die Wiedergeburtslehre ist, dass jede Geburt eine Folge von früheren Taten aus früheren Leben ist. Dass das eine Kind unter sehr ärmlichen Verhältnissen auf die Welt kommt und ein anderes im Luxus groß wird, dass das eine Kind in Freiheit sein Leben gestalten darf, ein anderes dagegen unter einer Schreckensherrschaft seinen Platz in der Gesellschaft finden muss, dass das eine Kind von liebevollen Eltern umsorgt und das andere sadistischen Erziehungspraktiken ausgesetzt wird, all dies ist weder ein Zufall noch naturgegeben oder durch einen Gott vorherbestimmt, sondern ausschließlich die Frucht von Taten (in Sanskrit: *karma*), die für diese und keine andere Wiedergeburt verantwortlich sind. Auf diese Weise erklärt die Wiedergeburtslehre, warum ich Kind meiner Eltern bin, weshalb es gerade diese sein mussten und keine anderen sein konnten. In jeder Geburt wird eine individuelle *karma*-Kette zum Vorschein gebracht, die auf diese Daseinsbedingungen genau passt. Nichts ist hierbei zufällig, alles ist allein die Folge des *karma*. Jeder ist im wahrsten Sinne des Wortes seines Glückes Schmied. Die jetzige Existenz knüpft auf diese Weise an eine lange Reihe voraufgehender Daseinsformen an. Sie ist im Übrigen ihrerseits wiederum eine Übergangsstufe zu weiteren neuen Daseinsformen, die auf dieses Leben folgen werden. Ohne Ausnahme gilt:

> „So wie der Töpfer seinen Lehm
> Zu mannigfacher Form gestaltet,
> So schaffst du heute das Geschick,
> Das sich in Zukunft erst entfaltet.“[19]

[19] Glasenapp, Helmuth von (Hg.), Das Spiel des Unendlichen. Gott, Welt und Mensch in der Dichtung der Hindus, Basel 1953, 101.

Diese Perspektive sukzessiver Existenzen nimmt dem gegenwärtigen Leben nicht nur seine Einmaligkeit, es schenkt ihm damit auch eine Gelassenheit, die es möglich macht, über den Tod hinaus zu planen, denn nichts an Gutem und nichts an Bösem wird verloren gehen, wenn die jetzige Existenzform abgebrochen wird. Die karmische Existenzkette ist dann nicht zu Ende, sondern wird in jedem Falle fortgesetzt, von der Geburt über den Tod in die Wiedergeburt mit erneutem Tod und sich anschließender Wiedergeburt. Damit verliert der Tod seinen schrecklichen Aspekt, er ist nur der Übergang in eine neue Daseinsform. Tod und Geburt sind gewissermaßen wie die zwei Seiten ein und derselben Zäsur, vergleichbar mit einer Türe auf deren einer Seite Ausgang und auf deren anderer Eingang steht. Ob es sich im konkreten Falle um den Ausgang oder den Eingang handelt, ist eine Frage der Perspektive und nicht ein Problem von zwei verschiedenen Realitäten. Dementsprechend ist das, was aus der Perspektive des voraufgehenden Lebens Tod genannt wird, aus der Sicht des folgenden die Geburt, wobei die Theorien, wie viel Zeit zwischen beiden liegt, von Richtung zu Richtung variieren. Was hier abläuft, ist in den Worten eines berühmten indischen Textes dies:

> „Gleichwie der Mime die Kostüme
> Entsprechend seiner Rolle um sich legt,
> So auch der Geist, gemäß der Frucht der Taten,
> Bald diesen und bald jenen Körper trägt.“[20]

Menschliche Existenz ist folglich eingebettet in eine lange Reihe voraufgehender und nachfolgender Existenzen. Wer daher dieses Leben für das einzige hält, ist in seiner Vorstellung begrenzt, borniert im eigentlichen Sinne des Wortes (abgeleitet von französisch *borne* = *Grenze*), weil nur die unmittelbar sichtbare Wirklichkeit für das Ganze genommen wird, statt dass erkannt wird, dass sie lediglich ein Ausschnitt aus einer viel größeren Wirklichkeit ist, nämlich dem Strom des Lebens, d. h. dem Kreislauf der Wiedergeburten (in Sanskrit: *sansara*). Dieser Kreislauf umfasst mehr als nur die menschliche Existenz. In ihm finden sich gleichermaßen sichtbare wie unsichtbare Daseinsformen, kurz alles, was Geburt und Tod unterliegt. Dazu gehören in jedem Falle in der sichtbaren Welt die verschiedenen Tierarten. Umstritten ist, inwieweit auch Pflanzen und sogar Mineralien darunter zu rechnen sind. Im Bereich der unsichtbaren Lebewesen gehören gute (Götter) ebenso dazu wie böse (Dämonen, Teufel). Alle diese Lebewesen sind folglich karmisch miteinander verbunden und nur als jeweils unterschiedliche Daseinsformen in der karmischen Existenzkette zu sehen.

---

20 Glasenapp, Spiel des Unendlichen, 102.

2.2 Hoffnungen und Erwartungen

Die unterschiedliche Sichtweise: Nur einmal zu leben oder eingebettet zu sein in den Strom des Lebens mit vielen Existenzformen, beeinflusst auch die Hoffnungen und Erwartungen. Wer glaubt, dass dieses jetzige Leben das einzige ist, befürchtet oft, dass mit dem Tod alles zu Ende ist und fände es tröstlich und eine gute Nachricht, wenn das Leben weiterginge. Wer dagegen vom Immer-Wieder-Geborenwerden, Sterben und Wiedergeborenwerden überzeugt ist, kann dieses ewigen Kreislaufes so überdrüssig werden, dass sich die Hoffnung und Erwartung darauf richtet, endlich aus diesem Kreislauf auszusteigen, daraus gelöst, ja erlöst zu werden.

Die gute Nachricht lautet daher für manche Juden und die meisten Christen und Muslime, dass der Tod nicht das letzte Wort hat, sondern dass das Leben weitergeht, wenn auch unter anderen Rahmenbedingungen, dafür aber ewig. Am Anfang dieses anderen, jenseitigen Lebens steht das Gericht Gottes. Hier müssen die Toten Rechenschaft ablegen über das, was sie während ihres Lebens getan haben. Im Koran heißt es vom Letzten Allgemeinen Gericht am Ende der Zeiten: „An jenem Tag werden die Menschen in Haufen hervorkommen, um ihre Werke zu schauen; und wer auch nur Gutes im Gewicht eines Stäubchens getan hat, wird es sehen. Und wer Böses im Gewicht eines Stäubchens getan hat, wird es sehen" (Sure 99,6–8).

Das danach folgende Gericht ist dann mit Blick auf das voraufgegangene Leben wie eine Art Abschlussprüfung, die man bestehen kann (christlich: Himmel, islamisch: Paradies), bei der man auch durchfallen kann (traditionell christlich wie islamisch: Hölle). Allerdings kann auch Gnade vor Recht ergehen, indem Gott einem den Himmel bzw. das Paradies gewährt, obwohl das Prüfungsergebnis dem nicht entspricht. Eines aber ist auf jeden Fall ausgeschlossen, was sonst bei nahezu allen Prüfungen vorgesehen ist: Man kann die Prüfung nicht wiederholen. Hindus und Buddhisten finden eine solche Sicht des Lebens grausam, weil sie sich nicht vorstellen können, dass einige wenige Lebensjahre darüber entscheiden sollen, wie das ewige Heil aussehen wird. Sie glauben stattdessen, dass alle Lebewesen viele Male wiedergeboren werden und damit immer wieder neu die Chance haben, Gutes zu tun und Böses wettzumachen. Wie tief jemand auch gesunken sein mag, nie ist alles verspielt, immer noch geht das Leben weiter und bietet neue Möglichkeiten des Aufstiegs, wenn oft auch unter sehr eingeengten Bedingungen.

Wer aus dem Kreislauf der Wiedergeburt ausscheidet, hat das positive Ziel erreicht, wird folglich vom Kreislauf der Wiedergeburten loskommen, d.h. erlöst sein. Diese Erlösung (hinduistisch: *moksha*, buddhistisch: *nirvana*) ist das höchste Gut, in welcher konkreten Form man sich auch ihre Realisierung vorstellt. Sie ist möglich, wenn das *karma* seine Wirkkraft verliert. Da das *karma* zugleich das ist, was mich unverwechselbar als mich konstituiert, also als Individuationsfaktor wirkt, da nur über das *karma* meine Startbedingungen ins Dasein erklärbar sind, bedeutet der Wegfall des *karma* eine Befreiung aus der individuellen Enge, indem entweder – wie in der *Atman-Brahman*-Spekulation des Hinduismus – der gute Kern in mir (*Atman*) ohne karmische Einengung zum Vorschein kommt und sich als wesensgleich mit dem Kern der Welt (*Brahman*) erweist bzw. – wie in der Bhakti-Frömmigkeit des Hinduismus – der Gott *Krishna* sich in mir wiederfindet oder – wie im Theravada-Buddhismus – die Selbstlosigkeit bzw. – wie in einigen Schulen des Mahayana-Buddhismus – die Leere aller Weltlinge offenbar wird. Alles bedeutet ein Wegfallen von Individualität, wie es bildhaft in einem Hindu-Text aus der *Atman-Brahman*-Spekulation beschrieben ist:

> „Wie die Ströme, die ins Weltmeer fließen,
> Sich von Name und Gestalt befrein,
> Geht gestalt- und namenlos der Weise
> Zu dem göttlich-höchsten Geiste ein."[21]

Demgegenüber bleibt im Christentum, wie im Islam, die Individualität erhalten, so dass – um das Beispiel aus dem Lukasevangelium (Lk 16,19–31) zu zitieren – der reiche Prasser den armen Lazarus im Jenseits noch als den erkennt, der einst vor seiner Türe gebettelt hat.

2.3 *Das Göttliche und der Kosmos*

Obwohl – wie oben bezüglich der Trinitätsmetaphorik festgestellt wurde – Gott in allem ist, durchzieht die Theologie von Judentum, Christentum und Islam ein Bestehen auf der Differenz und damit verbunden eine Dichotomie zwischen Gott auf der einen Seite und der Schöpfung auf der anderen Seite.

Diese Dichotomie wird in vielen Schulen des Hinduismus durch die Lehre von der Nicht-Zweiheit (*Advaita*) ebenso aufgehoben wie in der mahayanistischen Lehre von der Leere, die in allem anwesend ist. Durch die Wiedergeburtslehre wird zudem die kosmische Verwandtschaft aller Wesen betont, denn der Bereich der möglichen Wiedergeburten ist für den Menschen – wie gesagt – nicht auf den des Menschen begrenzt, er umfasst neben unsichtbaren Wesen auch die ganze Tierwelt. Wer folglich einem Tier einen Schaden zufügt – und dies wird bei den Jainas geradezu auf die Spitze getrieben, wenn ihre Mönche mit Besen jeden Wurm vor dem Zertreten bewahren –, kann nicht ausschließen damit einem verstorbenen Verwandten etwas zuleide getan haben. Zudem ist der Glaube weit verbreitet, dass das Göttliche sich in bestimmten Tieren manifestiert. Bekannt sind in diesem Zusammenhang aus dem Hinduismus der Affengott *Hanuman* und der Elefantengott *Ganesha*. Umberto Eco erstaunt dabei, dass sich Christen darüber wundern, dass „Inder einen hingekauerten Herrn mit Elefantenkopf ernst nehmen, ohne sich bewusst zu machen, dass sie selber nichts dabei finden, wenn eine göttliche

21 Glasenapp, Spiel des Unendlichen, 122.

Person durch eine Taube dargestellt wird.“[22] Wieder scheint es so, dass wir mit Metaphern konfrontiert sind, die wir vielleicht vorschnell für ontologische Wirklichkeiten halten.

Die voraufgehenden Ausführungen haben deutlich gemacht, dass Einmaligkeit des Lebens und Wiedergeburt die irdische Existenz auf unterschiedliche, sich jeweils gegenseitig ausschließende Weise deuten. Die Religionswissenschaft kann hierbei zeigen, dass beide Denkweisen in sich logisch und konsistent sind, sodass man in beiden wohlbegründet leben und sich bewegen kann. Dabei beantwortet die Wiedergeburtslehre von vornherein die Frage, weshalb der jeweilige Start ins Leben so und nicht anders gewesen ist, und sie gewährt Sicherheit anzunehmen, dass das Leben mit dem Tode nicht endet, ja vielleicht langfristig so beschwerlich wird, dass der Wunsch entsteht, davon erlöst zu werden, während bei der Vorstellung von der Einmaligkeit des Lebens auf dieser Erde der Wunsch im Vordergrund steht, dass das Leben doch weitergehen möge.

Beide Vorstellungen sind ein Glaube, denn, wenn Wiedergeburt, dann sind wir alle Wiedergeborene, ob wir daran glauben oder nicht und wenn Einmaligkeit des Lebens, dann gilt auch dies für alle, ob sie glauben Wiedergeborene zu sein oder nicht. Das hier ausgewählte Beispiel soll mit Blick auf den Unterricht deutlich machen, dass Vorstellungen wie die vom Leben und Tod keineswegs in der Weise selbstverständlich sind, dass sie von selbst verständlich sind. Dass den meisten dies dennoch so vorkommt, hat seinen Grund in der traditionellen Gewöhnung an dieses Denken infolge einer Entscheidung, die der Kulturkreis, in dem wir aufwachsen, für uns gefällt hat. Erst der Vergleich mit anderen Vorstellungen zeigt dieses Denken in seiner kulturellen Bedingtheit. Dazu verhilft im vorliegenden Falle die Religionswissenschaft. In anderen Fällen übernehmen andere Wissenschaften diese Aufgabe. Ziel dieser Ausführungen war es, an diesem konkreten Beispiel nachzuweisen, dass die Religionswissenschaft dadurch einen wichtigen Beitrag zur christlichen Theologie im interreligiösen Dialog leisten kann, der im Übrigen auch für die Religionspädagogik von großer Bedeutung ist, nachdem das Niedersächsische Kerncurriculum Evangelische Religion für das Gymnasium, Schuljahrgänge 5–10[23], das zum 1. August 2016 in Kraft getreten ist, den Vergleich mit dem Buddhismus fordert.

---

22 Eco, Umberto, Die drei Könige, wer sind denn die?, in: Ders., Pape Satàn. Chroniken einer flüssigen Gesellschaft oder Die Kunst, die Welt zu verstehen, München 2017, 144–147, 146.

23 Vgl. dazu z. B. den Kompetenzbereich: Religionen, wo S. 33 unter dem Leitthema 9/10: Der Weg des Buddhismus, zu lesen ist: „Schülerinnen und Schüler lernen Lehre und Frömmigkeitsformen des Buddhismus in Grundzügen kennen und setzen sie in Beziehung zu monotheistischen Vorstellungen, um zu einem sachkundig geführten interreligiösen Dialog befähigt zu werden.“, so in Niedersächsisches Kultusministerium, Kerncurriculum für das Gymnasium Schuljahrgänge 5–10, in: http://db2.nibis.de/1db/cuvo/datei/kc_evrel_gym_i.pdf. (2009, Zugriff 28.04.2017).

3. Fazit

Das Verhältnis von Theologie und Religionswissenschaft ist seit Bestehen der Religionswissenschaft ein zentrales Thema dieser Disziplin und wurde daher vielfach und unter unterschiedlichsten Aspekten diskutiert.[24] Hier wurde diese Diskussion nicht fortgeführt. Statt dessen wurde – ausgehend von der Überzeugung, dass der interreligiöse Dialog eine neue Herausforderung für die christliche Theologie ist und zwar eine durch Glaube und Religion im Unterschied zu der bisherigen durch Atheismus und Humanismus im Konzert der Wissenschaften – an zwei konkreten Beispielen gezeigt, welche Herausforderungen für die Theologie damit verbunden sind. Das erste Beispiel behandelte die Christologie im Gespräch mit der Religionswissenschaft und anderen religionsbezogenen Wissenschaften als Vorbereitung auf das Gespräch mit Judentum und Islam und zeigte, dass die christologischen Debatten des frühen Christentums eine auskunftsfähige Theologie des Glaubensbekenntnisses erforderlich machen, die vor allem mit Blick auf Jesus und Moses, Trinität und Jungfrauengeburt Grundlegendes zum Verhältnis von Metapher und ontologischer Wirklichkeit sagt. Das zweite Beispiel ging über den monotheistischen Kontext hinaus und zeigte, wie im Vergleich von Einmaligkeit des Lebens und Wiedergeburt die Begrifflichkeiten von Leben und Tod, die Hoffnungen und Erwartungen und schließlich das Göttliche und der Kosmos neue Verstehenshorizonte bekommen. Beide Vorstellungen vom Leben des Menschen beruhen auf Glaubensentscheidungen, die unmittelbare Konsequenzen für die Bewältigung des Alltags haben und prägend für die Lebensgestaltung sind. Erst der religionswissenschaftliche Vergleich ließ das Eigene durch die Begegnung mit dem Fremden klare Strukturen bekommen gemäß der Devise: Wer nur eine Religion kennt, kennt keine. Insofern wurde hier wie schon beim ersten Beispiel deutlich, dass die damit aufgeworfenen Fragen nicht auf den Kreis von Spezialisten beschränkt sind, sondern alle angehen, die in den Schulen ebenso wie die in den religiösen Gemeinden und im universitären Bereich tätig sind, weshalb somit auch die Religionspädagogik und Didaktik in diesen Dialog eingebunden sein müssen.

---

24 Wie vielfältig die Aspekte diesbezüglich sind, wird u. a. deutlich in Ceylan, Rauf / Sağlam, Coşkun (Hg.), Die Bedeutung der Religionswissenschaft und ihrer Subdisziplinen als Bezugswissenschaften für die Theologie (Reihe für Osnabrücker Islamstudien 26), Frankfurt/M. 2016.

Literatur

Antes, Peter, Religionswissenschaft als Fach an der Universität, in: ders., Religionen im Brennpunkt. Religionswissenschaftliche Beiträge 1976–2007, Stuttgart 2007, 9–14.

Antes, Peter, Lebt der Mensch nur einmal? Einmaligkeit des Lebens und Wiedergeburt im Vergleich, in: Ders., Religionen im Brennpunkt. Religionswissenschaftliche Beiträge 1976–2007, Stuttgart 2007, 66–77.

Antes, Peter, Der interreligiöse Dialog. Eine Herausforderung des Christentums durch Religion, in: Delgado, Mariano u. a. (Hg.), Das Christentum in der Religionsgeschichte. Perspektiven für das 21. Jahrhundert. FS Hans Waldenfels (ScRK 16), Stuttgart 2011, 32–43.

Antes, Peter, Religionswissenschaft und Theologie. Abgrenzung – aber wie?, in: BThZ 29 (2012), 20–31.

Berger, Lutz, Die Entstehung des Islam. Die ersten hundert Jahre von Mohammed bis zum Weltreich der Kalifen, München 2016.

Ceylan, Rauf / Sağlam, Coşkun (Hg.), Die Bedeutung der Religionswissenschaft und ihrer Subdisziplinen als Bezugswissenschaften für die Theologie (Reihe für Osnabrücker Islamstudien 26), Frankfurt/M. 2016.

Eco, Umberto, Die drei Könige, wer sind denn die?, in: Ders., Pape Satàn. Chroniken einer flüssigen Gesellschaft oder Die Kunst, die Welt zu verstehen, München 2017, 144–147.

Gadamer, Hans-Georg, Das Problem des historischen Bewusstseins, Tübingen 2001.

Glasenapp, Helmuth von (Hg.), Das Spiel des Unendlichen. Gott, Welt und Mensch in der Dichtung der Hindus, Basel 1953.

Gutiérrez, Gustavo, El evangelio no es neutral. Entrevista con Gustavo Gutiérrez, teólogo de la liberación, in: Vida Nueva 992, 31.

Klimkeit, Hans-Joachim, Friedrich Max Müller (1823-1900), in: Axel Michels (Hg.), Klassiker der Religionswissenschaft. Von Friedrich Schleiermacher bis Mircea Eliade, München 1997, 29–40.

Lüling, Günter, Die Wiederentdeckung des Propheten Muhammad. Eine Kritik am „christlichen" Abendland, Erlangen 1981.

Luz, Ulrich, Das Evangelium nach Matthäus, 1. Teilband: Mt 1–7 (Evangelisch-Katholischer Kommentar zum Neuen Testament), Düsseldorf/Zürich ^{5}2002, 125–156.

Main, Andreas, Dreifaltigkeit Gottes. Trinität als Politikum, in: http://www.deutschlandfunk.de/dreifaltigkeit-gottes-trinitaet-als-politikum.886.de.html?dram:article_id=375988, (12.01.2017, Zugriff: 28.04.2017).

Neuwirth, Angelika, Der Koran als Text der Spätantike. Ein europäischer Zugang, Berlin 2010.

Niedersächsisches Kultusministerium, Kerncurriculum für das Gymnasium Schuljahrgänge 5–10, in: http://db2.nibis.de/1db/cuvo/datei/kc_evrel_gym_i.pdf. (2009, Zugriff: 28.04.2017).

Noormann, Harry, Der christologische Prozess schreitet voran. Der Gottessohn Christus und der „Armeleutegeruch" in der Lebenswelt des Menschen Jesus, in: Ulrich Becker u. a. (Hg.), Neutestamentliches Arbeitsbuch für Religionspädagogen, Stuttgart ^{3}2005, 148–153.

Noormann, Harry (Hg.), Arbeitsbuch Religion und Geschichte. Das Christentum im interkulturellen Gedächtnis 1, Stuttgart 2009.

Schäfer, Peter, Zwei Götter im Himmel. Gottesvorstellungen in der jüdischen Antike, München 2017.

Schöttler, Heinz-Günther, Re-Visionen christlicher Theologie aus der Begegnung mit dem Judentum, Würzburg 2016, 171f.
Usener, Hermann, Das Weihnachtsfest. Kapitel I-III (Religionsgeschichtliche Untersuchungen 1), Bonn ²1911, 71–77.

Die ‚Sache' des Textes – Systematische Theologie und Exegese im Gespräch

Carsten Jochum-Bortfeld

„*Kritischer* müßten mir die Historisch-Kritischen sein!"[1] Dieser häufig zitierte Satz Karl Barths aus dem Vorwort der 2. Auflage seines Römerbriefs von 1922 verweist auf eine zentrale und wirkmächtige Diskussion zwischen Systematischer Theologie und den exegetischen Disziplinen. Mit seiner Fundamentalkritik an der historisch-kritischen Wissenschaft seiner Zeit eröffnet Barth einen durchaus fruchtbaren Dialog zwischen Systematik und Exegese.

1. Karl Barth und seine Kritik an der historisch-kritischen Exegese

Karl Barths Buch „Der Römerbrief" kam 1919[2] gewissermaßen aus dem Nichts. Niemand hatte damit gerechnet, dass der Pfarrer aus Safenwil / Kanton Aargau mit seiner Auslegung des Römerbriefs des Paulus ein theologisches Buch vorlegen könnte, das die theologische Diskussion damals völlig veränderte und auf den Kopf stellte, eine Veränderung, die bis heute durch das umfängliche Gesamtwerk Barths nachwirkt.

Die 2. Auflage der Auslegung des Römerbriefes, die bereits 1922 erschien, stellt eine gründliche Überarbeitung der Erstfassung dar. Im Vorwort setzt sich Barth, mit einer für ihn typisch werdenden Polemik, mit Kritikern aus der exegetischen Zunft auseinander, die sein Buch alles andere als freundlich aufgenommen haben. Barth reagiert u.a. auf den Vorwurf, dass er die historisch-kritische Methode grundsätzlich ablehne.[3]

„Aber nicht die historische Kritik mache ich ihnen zum Vorwurf, deren Recht und Notwendigkeit ich vielmehr noch einmal ausdrücklich anerkenne, sondern ihr Stehenbleiben bei einer Erklärung des Textes, die ich keine Er-

---

1 Barth, Karl, Der Römerbrief (Zweite Fassung) 1922, Zürich [15]1989, XVIII.

2 Barth, Karl, Der Römerbrief (Erste Fassung) 1919, Zürich 1985.

3 Einen solchen Vorwurf erhebt u. a. Wernle, Paul, Der Römerbrief in neuer Beleuchtung, in: KBRS 34 (1919), 163–164.167–169. Vgl. Stegemann, Ekkehard W., „Kritischer müssten mir die Historisch-Kritischen sein!" Karl Barth als Exeget in der zweiten Auflage des Römerbriefs, in: TuK 134–136 (2012), 142–158, 142f.

klärung nennen kann, sondern nur den ersten primitiven Versuch einer solchen."[4]

Das Stehenbleiben bei einer Erklärung des Textes, die für Barth keine Erklärung darstellt: Das ist der Punkt, den Barth den Exegeten seiner Zeit vorwirft. Sie beschreiben lediglich mittels philologischer Arbeit das, was da steht und versuchen nur in Ansätzen darzustellen, wie das, was da steht, „gemeint sein könnte."[5]

Wie etwas gemeint sein könnte – das will Barth herausarbeiten, wenn er sich biblischen Texten zuwendet. Es kann für Barth nicht darum gehen, nur die historische Gestalt eines Textes möglichst genau zu beschreiben. Vielmehr muss die Aussage eines Textes im Auslegungsprozess erarbeitet werden. Historische Vorbilder findet Barth bei den reformatorischen Bibelauslegern, insbesondere Calvin.[6]

„Wie energisch geht der Letztere (Calvin, CJB) zu Werk, seinen Text, nachdem er gewissenhaft festgestellt hat, was da steht, nach zu denken, d.h. sich solange mit ihm auseinander zu setzen, bis die Mauer zwischen dem 1. und 16. Jahrhundert transparent wird, bis Paulus dort redet und der Mensch des 16. Jahrhunderts hier hört, bis das Gespräch zwischen Urkunde und Leser ganz auf die Sache (die hier und dort keine verschiedene sein kann!) konzentriert ist."[7]

Barth bezeichnet hier die Aussage eines Textes als „die Sache". Es ist der zentrale Inhalt des biblischen Textes, der die Menschen in der Vergangenheit und in der Gegenwart gleichermaßen angeht. Der zentrale Inhalt verbindet die heutigen Leser des Textes mit dem Glaubenstext der Vergangenheit. Dieser Inhalt hat, so Barths Annahme hier, auch für heutige Menschen zentrale Bedeutung. Barth verwendet zwar das Wort ‚Gespräch', um die Beziehung zwischen Leser und Text zu beschreiben, der Schwerpunkt liegt für ihn aber auf dem ‚Hören' der zentralen Botschaft des biblischen Textes.

Danach kommt Barth zu dem bereits zitierten Ausruf: „*Kritischer* müßten mir die Historisch-Kritischen sein!" Barth führt kurz aus, was für ihn „kritisch" bedeutet:

„Κρίνειν heißt für mich einer historischen Urkunde gegenüber: das Messen aller ihr enthaltenen Wörter und Wortgruppen an der Sache, von der sie, wenn nicht alles täuscht, offenbar reden".[8]

Es geht für Barth um das Erklären und Verstehen der Sache, von der biblische Texte handeln. Das leisten die Exegeten seiner Zeit in seinen Augen kaum. Sie geben sich mit historischem Detailwissen zufrieden oder deuten

---

4 Barth, Römerbrief 1922, XVI.

5 Barth, Römerbrief 1922, XVII.

6 Zur Bedeutung Calvins für die Theologie Barths vgl. Barth, Karl, Die Theologie Calvins, 1922, hg. v. Reinstädtler, Achim / Scholl, Hans (GA II/23), Zürich 1993.

7 Barth, Römerbrief 1922, XVII.

8 Barth, Römerbrief 1922, XVIIIf.

die biblischen Texte mit „Kategorien des eigenen religiösen Denkens (Gefühl, Erlebnis, Gewissen, Überzeugung etwa)“,[9] die Barth als banal bewertet. Worin besteht aber diese ‚Sache‘, von der biblische Texte handeln? Im Römerbrief von 1922 überschreibt Barth seine Auslegung von Röm 1,16–17 als „Die Sache“.[10] Gott begegnet den Menschen in Christus „als der ganz andere“.[11] Diese Begegnung macht den qualitativen Unterschied zwischen Gott und der Welt (nebst dem Menschen), wie sie ist, in aller Schärfe deutlich. Das Gottsein Gottes zeigt sich gerade in der Verneinung der gegenwärtigen Welt.[12] Wie die Menschen „in Ehrfurcht“[13] Gott gegenüber diesem Nein Gottes begegnen, und wie Gott trotz und wegen seines Neins in Treue an den Menschen festhält – das ist für Barth die Sache, von der Paulus im Römerbrief schreibt.[14]

E. W. Stegemann hat in einem zentralen Aufsatz zu Barths Kritik der Historisch-Kritischen folgendes gezeigt: Die exegetische Kritik an Barth entzündete sich an seinem Umgang mit der Eschatologie der paulinischen Texte.[15] Für Barth ist in der Römerbrieffassung von 1919 Paulus der Apostel des Gottesreiches.[16] Gegen die neutestamentliche Theologie seiner Zeit hält er an der zentralen Bedeutung der apokalyptischen Eschatologie für das Verständnis des Paulus fest. Theologen wie Johannes Weiß[17] hatten zwar gezeigt, wie sehr neutestamentliche Texte von der Erwartung, dass das Reich Gottes kommen wird, geprägt sind. Diese historische Erkenntnis hatte jedoch für theologische Aussagen der biblischen Texte, die die eigene Gegenwart betreffen, kaum eine Relevanz. Die Hoffnung auf das Reich Gottes ist ein historischer Fakt, der in den Texten empirisch nachweisbar ist. Allerdings hat sich diese Hoffnung als irrig erwiesen. Das Reich Gottes ist eben nicht gekommen. Das frühe Christentum arbeitete sich in seinen Texten daran ab. Dieses wurde von den Exegeten historisch eingeordnet, als historisch zeitgebunden und damit in das Archiv des Christentums verwiesen. Für das heutige Christentum hatte das, gerade mit Verweis auf die sog. Parusieverzögerung, keine Bedeutung.[18]

---

9 Barth, Römerbrief 1922, XVIII.

10 Barth, Römerbrief 1922, 11.

11 Barth, Römerbrief 1922, 18.

12 Vgl. Barth, Römerbrief 1922, 17.

13 Barth, Römerbrief 1922, 18.

14 Im Römerbrief 1919 betont Barth stark den Aspekt der schöpferischen Kraft Gottes in der Auferstehung Jesu Christi (vgl. Barth, Römerbrief 1919, 119).

15 Vgl. Stegemann, Historisch-Kritischen, 143.

16 Barth, Römerbrief 1919, 3. Vgl. Stegemann, Historisch-Kritischen, 143.

17 Vgl. Weiß, Johannes, Die Predigt Jesu vom Reich Gottes, hg. v. Hahn, Ferdinand, Göttingen [3]1964.

18 So fasst Bultmann die neutestamentliche Diskussion zur Eschatologie Jesu zu Beginn des 20. Jahrhunderts zustimmend zusammen. Für Bultmann selbst ist die Erwartung des kommenden Reiches Gottes Mythologie, die vom „Lauf der Geschichte […] wi-

Bei der Neuausgabe von 1922 arbeitet Barth die Ergebnisse seiner Lektüre von Texten Franz Overbecks ein, für den Eschatologie das zentrale Merkmal des Christentums ist.[19] Barth übernimmt das Stichwort Eschatologie von Overbeck, er füllt es aber inhaltlich anders. Er spricht nicht von der Wiederkehr Christi am Ende der Zeiten. Ihm geht es um die, wie Stegemann es formuliert, „Konfrontation des unendlichen Unterschieds, des Zeitlichen mit dem Ewigen, von Gott und Mensch. Und dies ist konzentriert in der Auferstehung Christi."[20]

Genau diesen unendlichen Unterschied ebneten Exegeten lange Zeit ein. So hat Johannes Weiß zwar Albrecht Ritschls Konzept vom Reich Gottes als innerweltliche und sittliche Größe[21] von der Exegese her kritisiert:[22] Jesu lebte in einer direkten Naherwartung des Reiches Gottes als eine von jenseits der Welt kommenden Größe. Das Reich Gottes stellte er in den Mittelpunkt seiner Verkündigung.[23] Das göttliche Gericht über die Welt bringt der Menschensohn. Jesus sieht sich „in enger Beziehung"[24] zu dieser Gestalt aus Dan 7. Die Bedeutung einer derartigen Reich-Gottes-Predigt Jesu für die heutige Zeit ist bei Weiß jedoch gering. Die christliche Gemeinde wird bei Weiß (unter Hinweis auf Kol 1,13 und 1 Kor 15,25f.) zum Ort der Verwirklichung des Reiches Gottes. Dies wird zur innerweltlichen Größe. Das Reich Gottes tritt der Welt nicht mehr als andere Größe gegenüber.[25] Damit nähert er sich wieder den Bahnen A. Ritschls an.[26]

E. W. Stegemann formuliert den Vorwurf Barths an die Historisch-Kritischen so, dass sie „die Alterität zwischen den eschatologischen Wirklichkeitsannahmen des Paulus und den Zukunftsvorstellungen der Moderne in ihrer Radikalität nicht an sich herangelassen, sie historisiert und damit verharmlost haben im simplen historischen Feststellen des Unterschieds von Kulturen und Zeiten."[27]

Das Beharren Barths, dic Sache des Bibeltextes wirklich verstehen zu wollen, führt dazu, dass das Fremde und Andere des Bibeltextes nicht historisch weg erklärt wird. Der rein historisierende Zugriff auf die biblischen Texte erklärt die fremden, sperrigen und störenden Elemente biblischer Texte aus der Vergangenheit heraus und macht sie so zu vergangenen Bestandteilen der Bibel. Damit werden sie auch als erledigt angesehen. Für Barth bleiben der

derlegt" wurde. (Bultmann, Rudolf, Jesus Christus und die Mythologie, in: Ders., Glauben und Verstehen, Bd. 4, Göttingen 1965, 141–189, 142).

19 Vgl. Stegemann, Historisch-Kritischen, 144–147.

20 Stegemann, Historisch-Kritischen, 146.

21 Vgl. Ritschl, Albrecht, Unterricht in der christlichen Religion. Studienausgabe der 1. Auflage von 1875 nebst Abweichungen der 2. und 3. Auflage, Tübingen 2002.

22 Vgl. u. a. Weiß, Predigt, 74.

23 Vgl. Weiß, Predigt, 69–73.175f.

24 Weiß, Predigt, 175.

25 Vgl. Weiß, Predigt, 176–178.

26 So Weiß selbst im Vorwort der 2. Aufl. seines Buches. Vgl. Weiß, Predigt, IXf.

27 Stegemann, Historisch-Kritischen, 147.

Anspruch und der Widerspruch, die in den Texten formuliert wurden, in der Gegenwart bestehen. Sie gelten auch jetzt noch. Barths Sicht resultiert natürlich aus den Erfahrungen seiner Zeit. Diese theologische Deutung der Texte des Paulus entstammt theologischen Umbrüchen und Neuorientierungen in der 1. Hälfte des 20. Jahrhunderts. Die Ereignisse zweier Weltkriege und das millionenfache Sterben von Menschen haben das Vertrauen in menschliche Handlungs- und Gestaltungsfähigkeit nachhaltig erschüttert. Im 19. Jahrhundert glaubten viele Theologen, „dass das Menschengeschlecht durch Gott langsam, aber doch stetig ‚erzogen' wird zur größeren Humanität".[28] Theologen wie Barth und Bultmann verabschiedeten sich nach dem 1. Weltkrieg von diesem Fortschrittsoptimismus.[29] Die Menschen, das hatten Barth, Bultmann und andere im unheilvollen Krieg gerade gelernt, sind nicht dazu fähig, die Welt zum Guten zu verbessern. Das Heil kann nur von Gott allein kommen – das ist die theologische Reaktion auf das Erlebte. Die Briefe des Paulus werden aus dieser Situation heraus gelesen. Mit der Theologie des Paulus wird diese grundlegende Krise des 20. Jahrhunderts theologisch gedeutet.

Die Synthese von moderner Kultur und Christentum (hier u. a. die biblischen Texte mit ihren antiken Inhalten), die Theologie im 19. Jahrhundert erreichen wollte,[30] ist für Barth so nicht möglich. In den Texten offenbart sich Gott als der ganz andere. Im Hinblick auf die menschengemachten Katastrophen des frühen 20. Jahrhunderts macht Barth deutlich, was geschieht, wenn Gott nicht der ganz andere ist, sondern der, „der der Ungerechtigkeit den Lauf läßt":[31] Das ist ein „Nicht-Gott",[32] eine Pervertierung Gottes, eine völlige Entleerung der Rede von Gott. Von der Vorstellung angetrieben, dass der Bibeltext etwas zu sagen hat, was der Leser noch nicht weiß, was seinen Erwartungen zuwiderläuft, was neue Perspektiven eröffnet, kann Barth den Text in seiner Fremdheit und Andersartigkeit wahrnehmen, wertschätzen und trotz (oder besser: wegen) dieser Fremdheit in Beziehung zu den Menschen und ihrer Gegenwart setzen. Gerade in der Fremdheit hat der Bibeltext etwas zu sagen, allerdings nicht nur etwas, Barth würde hier deutlich widersprechen, sondern die ‚Sache'.

Darin zeigt sich ein zweiter wichtiger Punkt: In Barths Auslegung löst sich der Text nicht in viele historische Einzelheiten auf. Er geht davon aus, dass Paulus von einer zentralen Botschaft angetrieben wurde, die er den Menschen seiner Zeit weitergeben wollte – als frohe Botschaft. Diese gilt für den heutigen Menschen nach wie vor. Sie hat sich nicht historisch erledigt, sodass die biblischen Texte revidiert und den historischen Gegebenheiten angepasst werden müssen.

---

28 Sölle, Dorothee, Gott denken (Gesammelte Werke 9), Stuttgart 2009, 139.

29 Vgl. Sölle, Gott, 139–141.

30 Vgl. u. a. Nipperdey, Thomas, Religion im Umbruch. Deutschland 1870–1918, München 1988, 67–74.

31 Barth, Römerbrief 1922, 17.

32 Barth, Römerbrief 1922.

Die Bedeutsamkeit dieser Art und Weise, Bibel zu lesen und zu interpretieren, zeigte sich spätestens im Mai 1934, in der Ausformulierung und Verabschiedung der Barmer theologischen Erklärung, einem Text, der maßgeblich von Barth und seiner Theologie geprägt ist.[33]
Barmen grenzt sich scharf von dem in Kirche und Theologie übermächtig werdenden Trend ab, sich in Ausgestaltung des Glaubens und der Theologie dem herrschenden nationalen und völkischen Zeitgeist anzupassen.
Barmen benennt schon mit den ersten Worten der 1. These, was die ‚Sache' ist, von der die biblischen Texte sprechen: „Jesus Christus, wie er uns in der Heiligen Schrift bezeugt wird, ist das eine Wort Gottes, das wir zu hören, dem wir im Leben und im Sterben zu vertrauen und zu gehorchen haben."
An Barmen kann man sehr gut zeigen, dass Barth kein Biblizist ist, wie ihm nach Erscheinen seines Römerbriefes vorgeworfen wurde.[34] Die biblischen Schriften sind nicht, und das würde ein waschechter Biblizist sagen, Wort Gottes, sondern Zeugnis vom Wort Gottes. Damit macht Barth deutlich, dass diese Texte menschliche Werke sind, die allen möglichen menschlichen Unzulänglichkeiten unterworfen sind. Ein Zeuge stellt etwas so dar, wie er es gesehen und erlebt hat. Und das ist in hohem Maße von subjektiven Bedingungen geprägt.
Gleichzeitig macht Barmen deutlich, wovon die Schriften zeugen: Jesus Christus, der die vollgültige und einzige Offenbarung Gottes darstellt. Das Beharren Barths, die zentrale Botschaft der biblischen Schriften herauszuarbeiten, die biblischen Schriften gerade auch in ihrer Andersartigkeit ernst zu nehmen und nicht historisch zu relativieren, bewahrt davor, eine inhaltliche Leerstelle in der eigenen Theologie durch herrschende Ideologien oder ähnliches aufzufüllen. Barths Zugriff auf das biblische Zeugnis und seine Ausformulierung, was die Sache dieser Texte ist, ermöglicht es in herausfordernden Zeiten zu sagen, woran man glaubt, wofür man steht und einsteht.
Barth hat im exegetischen Bereich immense Spuren hinterlassen, wobei gerade seine Rezeption im alttestamentlichen Bereich besonders bemerkenswert ist. Hans-Walter Wolffs Propheteninterpretation[35] oder Hans-Joachims Kraus' Theologie der Psalmen[36] sind exegetische Meilensteine, über die es sich zu schreiben lohnte.
Hier soll ein anderer Punkt angesprochen werden: Das Beharren und damit Konzentrieren auf die ‚Sache' ist einer der Gründe, warum innerhalb der alttestamentlichen Forschung die Frage nach der „Mitte des Alten Testaments" aufkam. Verschiedene Exegeten machten unterschiedliche „Mitten"

33 Jüngel, Eberhard, Einleitung: Die Barmer Theologische Erklärung als Bekenntnis der Kirche, in: Karl Barth, Texte zur Barmer Theologischen Erklärung, hg. von Rohkrämer, Martin, Zürich 1984, VII–XXII.

34 So der Vorwurf von Wernle, Römerbrief, 169.

35 Wolff, Hans Walter, Dodekapropheton 2: Joel und Amos (BK XIV/2), Neukirchen-Vluyn ^{3}1985.

36 Kraus, Hans–Joachim, Theologie der Psalmen (BK XV/3), Neukirchen-Vluyn ^{2}1989.

aus.[37] Die langanhaltende Diskussion zeigte, dass die Suche nach der Mitte des Alten Testaments nicht zielführend ist und gerade die Vielfalt alttestamentlicher Überlieferung verkürzt. Hier setzt exegetische Sachkritik an der Fokussierung auf die zentrale Botschaft an. Sie ist in besonderer Klarheit und Schärfe von Rainer Albertz in der Einleitung seiner Religionsgeschichte Israels vorgetragen worden. Für Albertz „entzieht sich das Alte Testament offenbar erfolgreich dem gedanklich-systematischen Zugriff."[38]
Albertz sieht in Zugängen, die sich unter der Überschrift „Theologie des Alten Testaments" an die biblischen Texte wenden, die Gefahr, dass die Texte und ihre religiösen Aussagen vom historischen (und das meint eben gerade auch den sozialgeschichtlichen) Hintergrund abgelöst werden. Die religiösen Aussagen sind in einem bestimmten Zusammenhang entstanden und reagieren genau auf ihn. Gerade die Suche nach einer Mitte oder zentralen Themen des Alten Testaments kann dazu führen, dass die Differenz zwischen unterschiedlichen Aussagen und Texten abgeschliffen oder gar negiert wird.
Albertz favorisiert ein Modell von Religionsgeschichte, dass die Geschichte des Volkes Israel als „eine(n) lebendige(n) Prozess ständiger Auseinandersetzung, ein dauerndes Streitgespräch unterschiedlicher Gruppen der israelitischen Gesellschaft" versteht.[39] Dieser religiöse Diskurs, der Konflikte z. T. eben nicht auflösen kann, sondern Strittiges nebeneinander stehen lässt, bekommt hier selbst einen theologischen Stellenwert. Während Barth klare Aussagen und Positionen herausarbeiten kann, sieht Albertz gerade in dem Diskurs über den Glauben an den Gott Israels ein zentrales Element für gegenwärtiges christliches Leben in der multireligiösen oder säkularisierten Gesellschaft: Die Geltung bestimmter Elemente des Christentums steht nicht von vornhinein fest, sondern muss, wenn nötig, in einem diskursiven Prozess immer wieder neu erarbeitet werden.[40]
In der neutestamentlichen Forschung hatte Barths Ernstnehmen der eschatologischen Grundausrichtung der neutestamentlichen Texte äußerst produktive Auswirkungen. Ernst Käsemann sprach von der Apokalyptik als Mutter urchristlicher Theologie.[41] Ein wichtiger Vertreter der Bultmann-Schule

---

37 Vgl. Albertz, Rainer, Religionsgeschichte Israels in alttestamentlicher Zeit, Teil 1: Von den Anfängen bis zum Ende der Königszeit (GAT 8/1), Göttingen 1992, 35f. Albertz verweist hier auf die in der Forschung wirkmächtigen Versuche, diese Mitte zu bestimmen. Als Mitte des Alten Testaments werden hier u. a. der Bund bzw. die Bundesformel, der offenbarte Name Gottes oder Gottes erwählendes Handeln genannt.

38 Vgl. Albertz, Religionsgeschichte, 36.

39 Vgl. Albertz, Religionsgeschichte, 39.

40 Zur Kritik an Albertz vgl. Crüsemann, Frank, Religionsgeschichte oder Theologie? Elementare Überlegungen zu einer falschen Alternative, in: Baldermann, Ingo u. a. (Hg.), Religionsgeschichte Israels oder Theologie des Alten Testaments (JBTh 10), Neukirchen-Vluyn 1995, 69–77.

41 Käsemann, Ernst, Die Anfänge christlicher Theologie, in: Ders., Exegetische Versuche und Besinnungen. Auswahl, Göttingen 1986, 133–159, 128.

schlägt hier Brücken ins andere theologische Lager.[42] Für Käsemann sind zentrale Teile des Neuen Testaments durch und durch von futurischer Eschatologie geprägt. Damit wendet er sich gegen Bultmanns Fokussierung auf die präsentische Eschatologie in den paulinischen und johanneischen Texten.[43] In einigen neueren und wirkmächtigen Studien zu Paulus wird allerdings kaum mehr diskutiert, ob Paulus eine apokalyptische Theologie vertrat. Man könnte hier fast von einer Apokalyptik-Vergessenheit sprechen. Um das Problemfeld besser ausleuchten zu können, muss hier nach den Zielen der Auslegung biblischer Texte gefragt werden. Für Schnelle ist die Hauptaufgabe der Arbeit am Neuen Testament, die Auseinandersetzung und die Interpretation neutestamentlicher Schriften „als Akt historischer Sinnbildung" zu verstehen und zu erkennen, „worin ihre Kraft in der weltanschaulichen Argumentation und den praktischen Lebensvollzügen liegt".[44] Die Suche nach Sinn oder die Konstruktion von Sinn stellt für Schnelle eine Grundform menschlichen Lebens dar.[45] Er greift dabei auf geschichtstheoretische Diskussionen[46] zurück, in denen die sprachliche Rekonstruktion von Geschichte verstanden wird „als ein sinnstiftender Vorgang, der sowohl dem Vergangenen als auch dem Gegenwärtigen Sinn, d. h. Deutungskraft zur Orientierung innerhalb der Lebenszusammenhänge verleihen soll."[47] Eine Reflexion des eigenen Standpunktes, von dem aus Geschichte rekonstruiert wird, findet bei Schnelle nicht statt. Die Fremdheit neutestamentlicher Texte und deren Beziehung zur Situation des Auslegers stellen keine theologischen Aufgaben dar. Gerade die apokalyptische Ausrichtung der paulinischen Texte sperrt sich in vielem der sinnstiftenden historischen Rekonstruktion für die Gegenwart. Die Konfrontation mit dem gänzlich anderen, die in den neutestamentlichen Texten zur Sprache kommt, zielt auf die radikale Infragestellung menschlicher Grundgegebenheiten ab. Erst dadurch kann es zu Überlegungen bezüglich der orientierenden Kraft biblischer Texte kommen. Genau dieser Punkt der grundlegenden Infragestellung wird bei Schnelle übersprungen. Barths Einsprüche gegen eine bestimmte Form historisch-kritischer Exegese sind hier völlig aus dem Blick geraten.

---

42 Dies betont Eberhard Busch im Hinblick auf ein Gespräch zwischen Barth und Käsemann im Mai 1960 (Busch, Eberhard, Karl Barths Lebenslauf, München ^{4}1986, 464).

43 Bultmann, Rudolf, Theologie des Neuen Testaments, Tübingen ^{8}1980, 330f.389–392.422–426.

44 Schnelle, Udo, Paulus. Leben und Denken, Berlin 2003, 13f.

45 Vgl. Schnelle, Udo, Theologie des Neuen Testaments, Göttingen 2007, 22.

46 Vgl. u. a. Goertz, Hans-Jürgen, Unsichere Geschichte. Zur Theorie historischer Referentialität, Stuttgart 2001.

47 Schnelle, Paulus, 6f.

2. Lateinamerikanische Befreiungstheologie, ihr Ansatz und antijüdische Fehlschlüsse

Ein weiterer theologischer Neuaufbruch mit globaler Reichweite, der stärker im Bereich der Systematischen Theologie vorangetrieben wurde, ist die Befreiungstheologie. Befreiungstheologien entstanden ab den 1960er Jahren im Kontext der antikolonialen Befreiungskämpfe und im Zusammenhang von sozialen Bewegungen in nachkolonialen Gebieten. In diesem Text liegt der Schwerpunkt auf der lateinamerikanischen Befreiungstheologie. Sie hatte für die verschiedenen Formen von Befreiungstheologie eine Vorreiterrolle. Ihre literarische Produktivität ist immens. Die zunächst eher systematisch ausgerichtete Befreiungstheologie zog recht schnell bibelwissenschaftliche Arbeiten mit befreiungstheologischer Perspektive nach sich. Diese basierte aber auf Grundannahmen, die in systematisch-theologischen Zusammenhängen entwickelt worden sind.

Gustavo Gutiérrez gibt zu Beginn seines epochemachenden Werkes „Theologie der Befreiung" eine Klärung des Begriffes ‚Befreiungstheologie': „Die vorliegende Arbeit versucht, eine Reflexion zu entwerfen, die zugleich vom Evangelium und von den Erfahrungen der Menschen ausgeht, die sich in diesem von Unterdrückung und Beraubung beherrschten lateinamerikanischen Kontinent dem Prozeß der Befreiung verpflichtet haben. Es handelt sich um eine theologische Reflexion, die aus dieser Erfahrung entsteht, denn sie teilt das Bemühen, die gegenwärtige von Ungerechtigkeit gekennzeichnete Lage zu beseitigen und eine andere, freiere und menschlichere Gesellschaft zu schaffen."[48]

Theologie ist für Gutiérrez eine reflexive Tätigkeit, die sich auf das Evangelium, die Offenbarung Gottes, und die konkrete Situation der Menschen, in diesem Fall Lateinamerika, bezieht. Die wissenschaftliche Reflexion beginnt – so Gutiérrez – „beim Anruf durch das Wort Gottes".[49] Theologie reflektiert, wie Menschen auf diesen Ruf reagieren. Damit wendet er sich nicht radikal von traditionellen Positionen, was Theologie ist, ab. Theologie kann als Bestandteil des geistigen Lebens verstanden werden. Darüber hinaus ist Theologie als Wissenschaft dem rationalen Denken verpflichtet. Grundlegend für die Neuausrichtung der Befreiungstheologie war die Betonung „der anthropologischen Aspekte der Offenbarung".[50] Die konkrete Welt im Licht der Offenbarung kam in den Blick. Die befreiungstheologische Wendung solcher Grundgedanken ist folgende: Befreiungstheologie fragt danach, worin für genau diese Gesellschaft, für diese konkreten Menschen die frohe Botschaft Gottes besteht. Mit Blick auf die Sehnsucht nach Befreiung in La-

[48] Gutiérrez, Gustavo, Theologie der Befreiung, Mainz [10]1992, 61.
[49] Gutiérrez, Theologie, 61. Anm. a.
[50] Gutiérrez, Theologie, 72.

teinamerika entdeckten Theologen die Traditionen des Christentums und die biblischen Texte neu, die Gottes befreiendes Handeln in den Mittelpunkt stellen.

Gleichzeitig ging es um die kritische Reflexion kirchlicher Praxis, die Befreiung verdunkelt oder gar negiert. Gutiérrez spricht hier von der Bewahrung vor Götzendienst.[51]

Um diese geforderte Ausrichtung auf die eigene Gegenwart kritisch-reflexiv gestalten zu können, muss man auch im Bereich der Theologie in der Lage sein, die Gesellschaft mit sozialwissenschaftlichen Theoriemodellen und Herangehensweisen analysieren zu können. Dies waren und sind in der Regel marxistisch ausgerichtete Ansätze aus dem Bereich der Sozialwissenschaften.[52] Befreiungstheologie will Gesellschaft verstehen, um sagen zu können: So muss das Evangelium für genau diese Menschen, die in diesen bestimmten Zuständen leben, konkret aussehen und ausgesprochen werden. Aus befreiungstheologischer Perspektive werden viele theologische Ansätze als zu unkonkret bewertet, da sie die sie umgebende Wirklichkeit zu wenig in ihre theologischen Überlegungen miteinbeziehen.

Zu der Reflexion von gesellschaftlichen Gegebenheiten gehört auch das kritische Nachdenken über Praxis, konkret über das Handeln von Menschen im Rahmen des Christentums, über das Handeln von Kirche in lokaler und globaler Perspektive. Das theologische Bedenken von Praxis, die konkrete Analyse der je eigenen Gegenwart, führt innerhalb der Befreiungstheologie zu einer veränderten Praxis.[53]

Auf die exegetische Wissenschaft hatte dieser Neuansatz immense Auswirkungen: Befreiung wurde als ein großes Thema biblischer Texte neu entdeckt und herausgearbeitet. Dabei standen die Reich-Gottes-Botschaft Jesu und die alttestamentlichen Propheten hoch im Kurs.[54] Paulinische Texte kamen erst spät dazu. Elsa Tamez legte 1998 in deutscher Übersetzung eine befreiungstheologische Auslegung des Römerbriefes vor.[55]

---

51 Vgl. Gutiérrez, Theologie, 79.

52 Vgl. Boff, Clodovis, Wissenschaftstheorie und Methode der Theologie der Befreiung, in: Ellacuría, Ignacio / Sobrino, Jon (Hg.), Mysterium Liberatinonis. Grundbegriffe der Theologie der Befreiung Bd. 1, Luzern 1995, 63–98; Dussel, Enrique D., Theologie der Befreiung und Marxismus, in: Ellacuría, Ignacio / Sobrino, Jon (Hg.), Mysterium Liberatinonis. Grundbegriffe der Theologie der Befreiung Bd. 1, Luzern 1995, 99–130.

53 Vgl. Sölle, Gott, 14f.

54 Vgl. u. a. Schwantes, Milton, Das Recht der Armen (BET 4), Frankfurt a. M. u. a. 1977; Bravo, Carlos, Jesus von Nazaret, der befreiende Christus, in: Ellacuría, Ignacio / Sobrino, Jon (Hg.), Mysterium Liberatinonis. Grundbegriffe der Theologie der Befreiung Bd. 1, Luzern 1995, 543–566.

55 Tamez, Elsa, Gegen die Verurteilung zum Tod. Paulus oder die Rechtfertigung durch den Glauben aus der Perspektive der Unterdrückten und Ausgeschlossenen, Luzern 1998.

Ein Punkt, der bei befreiungstheologischen Studien und Texten häufig auffällt, ist der z. T. in hohem Maße unreflektierte Umgang mit dem antiken Judentum. Befreiungstheolog_innen mussten sich in den letzten Jahrzehnten massiv mit kirchlichen Autoritäten auseinandersetzen. Einzelne Theolog_innen wurden für ihre befreiungstheologischen Positionen mit kirchlichen Zwangsmaßnahmen drangsaliert. Teilweise wurden diese auch nur angedroht. Die Amtskirche wurde im Laufe der Jahre zum Gegner im theologischen Diskurs.

Genau diesen Konflikt übertragen Befreiungstheolog_innen auf ihre Darstellung und Bewertung des antiken Judentums, insbesondere auf deren Repräsentanten: Jesus wendet sich, so die weit verbreitete Sicht in der Befreiungstheologie, gegen das jüdische Reinheitsgesetz, da Menschen von diesen Gesetzen ausgegrenzt werden. Der Sabbat schadet eher den Menschen, als dass er hilft. Deswegen wenden sich jüdische Repräsentanten wie Pharisäer und Schriftgelehrte gegen Jesus. Das wird als Konflikt mit dem Judentum gedeutet, und zwar als religiöser Konflikt im Gegensatz zu den politischen Aussagen Jesu. Der Höhepunkt dieses Konfliktes wird z. B. von Carlos Bravo[56] in der endgültigen Konfrontation mit dem Judentum im Tempel gesehen. Der Tempel wird als das Zeichen für eine völlig fehlgelaufene Religion angesehen, ein Ort, an dem eigentlich gebetet werden soll, der aber in den Händen einer korrupten religiösen Clique ist, die sich an den Gläubigen bereichert. Für Bravo „ist die Entstellung Gottes und seines Projektes durch die religiösen Führer das Haupthindernis für die Hoffnung des Volkes."[57]

Auch Jon Sobrinos Darstellung der jüdischen Gruppen ist nachhaltig von Bildern einer erstarrten und um ihre Macht fürchtenden Amtskirche geprägt: Er stellt ein jüdischen Sabbatverständnis dar, wo die Sabbatfeier der Menschen als Teilhabe an der himmlischen Sabbatfeier Gottes gesehen wird.[58] Von hier aus schlägt er eine Brücke zu einem bestimmten christlichen d. h. katholischen Verständnis von Liturgie. Liturgie ist hier ein Geschenk Gottes, dessen Übernahme ins Leben „die höchste Form"[59] christlichen Lebens ist. Sobrino sieht die Gefahr, in der Feier der Liturgie die einzige Form zu sehen, Gott zu loben.

Die lateinamerikanische Befreiungstheologie ist mit solchen Einschätzungen und Bewertungen nicht allein – das macht es aber nicht besser. Gerade innerhalb der feministischen Theologie kam es aber zu einer grundlegenden Reflexion dieses Problemzusammenhangs. Es geht hier um die Formulierung einer nichtantijudaistischen feministischen Theologie.[60]

---

56 Vgl. Bravo, Jesus, 557–563.

57 Bravo, Jesus, 558.

58 Vgl. Sobrino, Jon, Christologie der Befreiung. Bd. 1, Mainz 1998, 230f.

59 Sobrino, Christologie, 231 Anm. 7.

60 Vgl. Schottroff, Luise / Wacker, Marie-Theres (Hg.), Von der Wurzel getragen. Christlich-feministische Exegese in Auseinandersetzung mit Antijudaismus, Leiden 1996.

Genauere historische Untersuchungen in neutestamentlichen Studien konnten gerade in Bezug auf den Sabbat zeigen: Jesu Position zum Sabbat bewegt sich innerhalb der antiken jüdischen Toraauslegung. Seine Haltung zu den Reinheitsgeboten entspricht jüdischen Charismatikern seiner Zeit, wie z. B. Chanina ben Dossa und Choni der Kreiszieher.[61] Den Tempel als rein religiöses Zentrum zu verstehen, widerspricht antiker Kultur. Die Anbetung der Götter gehört zum öffentlichen Leben. Im Tempel zeigte sich die Verbindung von römischer Herrschaft und der von ihr abhängigen jüdischen Selbstverwaltung in Israel. Jesus attackiert nicht das religiöse Zentrum, sondern einen Ort, an dem man mit Händen greifen kann, wie stark eine imperiale Macht den Glauben an den Gott Israels beeinflusst hat, wie sehr die jüdische Selbstverwaltung Bestandteil des imperialen Systems gewesen ist.

Genauere historische Kenntnisse bewahren vor Fehlschlüssen. Im Hinblick auf Jahrhunderte der Judenfeindschaft sind Verzeichnungen des Judentums und die Übertragung von gegenwärtigen Feindbildern auf das Judentum keine Kleinigkeit. Gerade eine Theologie, die Befreiung zum großen Ziel erhoben hat, sollte das Judentum nicht mit Feindbildern aus anderen Zusammenhängen belasten.

3. „Bibel in gerechter Sprache" in der Kritik

Dieses Thema führt nahtlos zum letzten Punkt, die Diskussion um die Bibelübersetzung „Bibel in gerechter Sprache". In dieser Debatte ist gerade in einer Grundsatzkritik aus systematischer Perspektive die Fremdheit des Bibeltextes wieder zum Thema geworden. In diesem Zusammenhang zeigt sich dann aber wieder die Problematik der fehlenden Sachkenntnis vom antiken Judentum und der Einbindung der neutestamentlichen Schriften in diesen Kontext.

Unter der Überschrift „Gott ist meine Gärtnerin" erschien Mitte November 2006 eine Kritik der Anfang Oktober desselben Jahres veröffentlichten Bibelübersetzung „Bibel in gerechter Sprache". Diese Bibelübersetzung erschien am 4. Oktober 2006. Nur wenige Wochen später sah sich der Systematische Theologe Dalferth aus Zürich in der Lage, eine grundlegende und umfassende Kritik zu verfassen, deren Gehalt hier an einem Punkt geprüft werden soll.

Grundvorwurf von Dalferth ist, dass diese Übersetzung die historische Distanz zu den Bibeltexten nicht wahrt und sich nicht auf die fremden theo-

61 Vgl. Wengst, Klaus, Jesus zwischen Juden und Christen, Stuttgart 1999, 46–57.

logischen Vorstellungen der biblischen Schriften einlässt.[62] Stattdessen lesen die Übersetzer_innen die von ihnen bevorzugten theologischen Themen in die Bibeltexte hinein. Damit wird dann an vielen Stellen der Sinn des Textes verbogen. Einer solchen Kritik muss sich jede Übersetzung, aber auch jede Interpretation, biblischer Texte stellen.

Unter der Zwischenüberschrift „Textentstellungen" kommt Dalferth auf die Übersetzung von Mt 5 zu sprechen: „Doch der Tiefpunkt dieser Übersetzung ist die durchgehende Tendenz, sachliche Differenzen innerhalb der Bibel zu verharmlosen und theologische Entwicklungen aus ideologischen Gründen zu verdunkeln. In den sogenannten Antithesen der Bergpredigt setzt Jesus nicht mehr sein ‚Ich aber sage euch' der Toraüberlieferung entgegen, sondern macht nur noch einen freundlichen Auslegungsvorschlag: ‚Ihr habt gehört, dass Gott gesagt hat: du sollst nicht ehebrechen. Ich lege euch das heute so aus: …' (Mt 5,27f.) Heute so und morgen anders. Nur eines darf es auf keinen Fall geben: einen wirklichen Widerspruch zwischen Tora und Lehre Jesu."[63]

Die von Dalferth als Tiefpunkt gekennzeichnete Übersetzung stellt aus neutestamentlicher Perspektive einen durchaus gelungenen Versuch dar, die Toraauslegung Jesu im Matthäusevangelium aus der jahrhundertelangen dogmatischen Überformungen zu befreien.[64]

Dalferth postuliert einen Widerspruch zwischen Tora und Lehre Jesu. W. Stegemann hat in seiner umfänglichen Monografie zu Jesus und seinem historischen Kontext eines klar gezeigt:[65] Eine solche Deutung ist nicht haltbar, wenn man sich die Mühe macht, den näheren Kontext in Mt 5 wahrzunehmen. Jesus macht direkt vor Mt 5,21ff. deutlich, dass er nicht gekommen ist, um die Tora abzuschaffen (5,17). Jedes noch so kleine Gebot bleibt in Geltung. Der Kontext zeigt, mit wem sich Jesus hier auseinandersetzt. Es sind die Pharisäer und Schriftgelehrten. Es geht um deren Verständnis der Tora und die Schlüsse, die sie aus ihrer Auslegung für das Alltagsleben ziehen. Damit sind wir dann bei dem, was Dalferth kritisiert und was seiner Meinung nach nichts in der Übersetzung zu suchen hat: bei der Auslegung.

Zu der traditionellen Übersetzung „ich aber" ist im Bereich der neutestamentlichen Wissenschaft einiges geschrieben worden: Dalferth hätte sich nur einmal die Mühe machen müssen, den im Frühjahr 2006 erschienen Matthäus-Kommentar von Peter Fiedler zur Kenntnis zu nehmen.[66] Fiedler

---

62 Dalferth, Ingolf U., Gott ist meine Gärtnerin, in: Ders. / Schröter, Jens (Hg.), Bibel in gerechter Sprache? Kritik eines misslungenen Versuchs, Tübingen 2007, 113–119, 115. Der Text ist Wiederabdruck seiner Kritik aus der NZZ vom 18.11.2006.

63 Dalferth, Gott, 117.

64 Vgl. Wengst, Klaus, Das Regierungsprogramm des Himmelreichs. Eine Auslegung der Bergpredigt in ihrem jüdischen Kontext, Stuttgart 2010, 81.

65 Vgl. Stegemann, Wolfgang, Jesus und seine Zeit (Biblische Enzyklopädie 10), Stuttgart 2010, 273–276.

66 Vgl. Fiedler, Peter, Das Matthäusevangelium (THKNT 1), Stuttgart 2006, 130f.

macht deutlich, dass die matthäische Formulierung Parallelen in der antiken jüdischen Literatur hat, die die heiligen Schriften Israels auslegen. Matthäus zitiert hier also jüdisches Auslegungsvokabular. Damit werden die Worte Jesu in Mt 5 als Auslegungen der Tora im jüdischen Kontext gekennzeichnet. Jesus tritt hier so auf, wie es auch andere Ausleger der jüdischen Traditionen getan haben. Gleichzeitig findet sich zu jeder Position Jesu innerhalb der antiken jüdischen Literatur eine parallele oder zumindest ähnliche Vorstellung. Zu vergleichbaren Ergebnissen kommt Klaus Wengst in seiner Auslegung der Rede auf dem Berg, die 2010 erschien.[67]

Bezüglich des „ich aber" (griech.: *lego de*) gibt es noch ein nicht gerade zu vernachlässigendes Übersetzungsproblem: Das griechische *de* kann einen Gegensatz formulieren. Das altgriechische Lexikon Gemoll z. B. weist daraufhin, dass *de* z. T. nur eine einfache Gegenüberstellung zur Sprache bringt. *De* verbindet aber Aussagen und reiht sie aneinander. Teilweise wird das Wort aber auch gar nicht übersetzt.[68] Die Frage, ob hier ein klarer und trennender Gegensatz vorliegt, muss auf der inhaltlichen Ebene entschieden werden. Das ist somit eine Frage der Interpretation des Textes. Dass Dalferth die Prägung der Übersetzung biblischer Texte durch deren Interpretation als theologisches Problem kennzeichnet, ist zunächst einmal sachgemäß. Allerdings übersieht er völlig, dass die Übersetzung eines Textes, und gerade eines antiken Textes, immer auch Ergebnis seiner Interpretation ist. Hier in Mt 5 muss im Zusammenhang einer historisch fundierten Auslegung geklärt werden, wie *de* zu übersetzen ist. Die verschiedenen Übersetzungsmöglichkeiten des griechischen Wortes zeigen die Notwendigkeit einer historisch basierten Interpretation an. Die grundsätzliche Kritik Dalferths nimmt solche gewichtigen Probleme des Übersetzens und Interpretierens biblischer Texte nicht einmal wahr.

Dalferth polemisiert weiter gegen das „heute" in der Übersetzung von „Bibel in gerechter Sprache" – und hält es für einen Ausweis der Beliebigkeit: heute so, morgen so – jeden Tag anders.

Hier zeigt sich, dass fundierte Bibelkenntnisse vor nicht unerheblichen theologischen Fehlschlüssen bewahren können. Das „heute" ist gerade im Alten Testament eine theologisch bedeutsame Vokabel:

Ps 95,7: „Heute, wenn ihr Gottes Stimme hört, verhärtet eure Herzen nicht […]."

Dtn 11,26f.: „Siehe, Segen und Fluch lege ich euch heute vor: den Segen, wenn ihr auf die Gebote Adonajs hört, die ich euch heute gebiete".

Dtn 26,17–18: „Adonaj lässt du heute erklären, dass sie deine Gottheit sein will. Das bedeutet, dass du auf ihren Wegen gehst, ihre Bestimmungen, Gebote und Rechtssätze bewahrst und auf ihre Stimme hörst. Adonaj lässt dich

---

[67] Vgl. Wengst, Regierungsprogramm, 77–39.

[68] Gemoll, Wilhelm, Griechisch-Deutsches Schul- und Handwörterbuch, München/Wien [9]1954, 184.

heute erklären, dass du das Volk bist, das dieser Gottheit Eigen ist. So hat sie es dir zugesagt. Darum halte dich an alle ihre Gebote."[69]
Das „heute" ist ein theologisch qualifizierter Zeitpunkt.[70] Gott spricht sein Volk Israels an. Heute, jetzt gilt es, dass Israel antwortet, mit dem Tun der Tora Gottes. Um nichts anderes geht es in der Rede auf dem Berg. Jesus legt die Tora aus. Seine Auslegung soll seiner Gemeinschaft Weisung für die Zukunft sein. Jesus partizipiert hier an alttestamentlicher und jüdischer Auslegungspraxis. Im Alten Testament können wir feststellen, dass die Geltung der biblischen Texte nicht auf ewig und zeitlos feststand. Die Texte mussten in neuen historischen Situationen neu ausgelegt werden, damit sie in Geltung blieben.[71] Das „heute" in der Übersetzung macht deutlich, dass der biblische Text hier und jetzt gilt, und zwar in der Interpretation Jesu und mit deren Hilfe.
Wenn man in den umfangreichen Veröffentlichungen Dalferths nach den Grundlagen für seine theologische Bewertung der Übersetzung sucht, stößt man auf Folgendes: In Mt 5,21 zeigt sich das besondere Verhältnis Gottes zu Jesus. Jesus bringt in Mt 5,21ff. „Gottes Wort und Wille ohne Rekurs *auf irgendeine Autorität*"[72] zu Gehör. Dalferth betont, dass es Jesus nicht um eine Gesetzesauslegung geht, die er anderen Schriftgelehrten entgegensetzt. Er ignoriert hier völlig die konkrete literarische Gestalt des Textes und seine literarischen Vorlagen und Parallelen. Das Matthäusevangelium zeigt Jesus als jemanden, der den in der Tora offenbarten Gotteswillen auslegt. Welker wirft in seiner Christologie Dalferth einen radikalen historischen Reduktionismus vor.[73] Es findet gewissermaßen „eine historische Entleerung der Offenbarung"[74] statt. Dalferth fragt nicht danach, wie das „Gott mit uns" (Mt 1,23) in Jesus Christus im Neuen Testament, im Matthäusevangelium erzählt wird. Diese Form der Erzählung ist nicht bloße Verpackung des Inhalts, sondern Bestandteil des Evangeliums. Völlig zu Recht wird deswegen z. B. in der Befreiungstheologie von narrativer Christologie gesprochen. Das Evangelium ereignet sich bei Matthäus auch und gerade in der Schriftauslegung Jesu. Damit wird am jüdischen Profil der neutestamentlichen Texte festgehalten. Ein Ansatz, wie Dalferth ihn vertritt, ignoriert die Verortung der neutestamentlichen Texte im Judentum. Es reicht eben nicht, seitenlange

---

69 Übersetzungen jeweils aus Bibel in gerechter Sprache, hg. von Bail, Ulrike u. a., Gütersloh [4]2011.

70 Vgl. u. a. Crüsemann, Frank, Das Alte Testament als Wahrheitsraum des Neuen. Die neue Sicht der christlichen Bibel, Gütersloh 2011, 315–324.

71 Vgl. für das Deuteronomium Geiger, Michaela, Fiktionalität und die Notwendigkeit der Auslegung, in: Jochum-Bortfeld, Carsten / Kessler, Rainer (Hg.), Schriftgemäß. Die Bibel in Konflikten der Zeit, Gütersloh 2015, 53–76, 73f.

72 Dalferth, Ingolf U., Der auferweckte Gekreuzigte. Zur Grammatik der Christologie, Tübingen 1994, 109. Vgl. auch ders., Gott, 65.

73 Vgl. Welker, Michael, Gottes Offenbarung: Christologie, Neukirchen-Vluyn 2012, 170f.

74 Welker, Gottes Offenbarung, 170.

traditionsgeschichtliche Herleitungen zu referieren.[75] Das ersetzt nicht die Frage, wie sich die neutestamentlichen Texte im jüdischen Diskurs ihrer eigenen Gegenwart verorten, wie sie also den Glauben an den Gott Israels und seinen Messias zur Sprache bringen. Der Theologe, der Theologie als Interpretationspraxis versteht,[76] hat kaum bis gar kein Interesse an den reichen historischen Interpretationspraktiken des antiken Judentums.[77] Das ist ein nicht sachgemäßer Umgang mit neutestamentlichen Texten und deren jüdischen Profil. Ein historisch fundiertes Verständnis neutestamentlicher Texte kann nur erreicht werden, wenn zeitgenössische jüdische Texte mit berücksichtigt werden. Mt 5 präsentiert sich als ein Text, der an der jüdischen Auslegungskultur[78] teilhat und sich in den theologischen Debatten der damaligen Zeit positioniert.

Zum Verhältnis von Systematik und Exegese lässt sich an diesem Punkt meiner Meinung nach folgendes lernen: Die historische Untersuchung biblischer Texte versucht, ein Bild davon zu bekommen, wie man sich das, wovon die Texte erzählen, wohl möglichst begründet vorstellen kann. Es kann nicht darum gehen, dem Ranke'schen Ziel von Geschichtsschreibung nachzueifern und darzustellen, wie es eigentlich gewesen ist. Dafür ist leider viel zu häufig die Quellenlage zu unsicher. Aber das, was man herausarbeiten kann (und das ist für den konkreten Fall von Mt 5,21ff. doch eine Menge), sollte dann auch für die theologische Deutung wahr und ernst genommen werden. Die exegetische Wissenschaft steht dafür ein, zu zeigen, wie sich das Reden und Nachdenken über Gott *konkret* ereignet hat, in welcher Wirklichkeit sich das abgespielt hat und wie sich die Texte mit dieser Wirklichkeit auseinandersetzen, sich an ihr abarbeiten und sie so nicht einfach ignorieren. Damit leisten die exegetischen Fächer einen wichtigen Beitrag für die Theologie. Sie helfen, die historische Gestalt unserer zentralen Glaubensurkunde zu erkennen. Gerade auch der ständige Verweis auf die ‚Sache‘ des Textes kann dazu führen, den zentralen Inhalt des biblischen Textes unabhängig von seiner historischen Situation zu verstehen und so eine überzeitliche Wahrheit zu postulieren. Das Evangelium, die frohe Botschaft

---

75 So immer wieder bei Dalferth, Gekreuzigte, 112–124. Die dortigen Bezüge auf außerbiblische Quellen und jüdische Theologie sind schon für den Zeitpunkt der Veröffentlichung des Buches arg wenig.

76 Vgl. Dalferths wichtiges Buch: Evangelische Theologie als Interpretationspraxis. Eine systematische Orientierung (ThLZ.F 11/12), Leipzig 2004.

77 Von jüdischer Seite werden neutestamentliche Texte mittlerweile ganz selbstverständlich als zur Erforschung des antiken Judentums herangezogen und damit als Bestandteil des pluralen antiken Judentums verstanden. Vgl. z. B. Homolka, Walter, Jesus von Nazareth im Spiegel jüdischer Forschung, Berlin ^{3}2011; Eisenbaum, Pamela, Paul Was Not a Christian. The Original Message of a Misunderstood Apostle, New York 2009.

78 Amos Oz / Fania Oz-Salzberger (Juden und Worte, Berlin ^{3}2015) sprechen mit Verweis auf Rachel Elior für die Zeit des Zweiten Tempels von „einer veritable[n] Diskussions- und Interpretationsdemokratie“ (Oz / Oz-Salzberger, Juden und Worte, 23).

der biblischen Texte, ist eine Botschaft, die in eine konkrete Situation hineingesprochen wird. Durch diese geschichtlichen Kontexte erhält aber auch das Evangelium, ‚die Sache', eine konkrete und unverwechselbare Gestalt. Es ist Evangelium für genau diese Menschen in genau dieser Situation.[79] Diesem Anliegen der Befreiungstheologie wird mittlerweile in vielfacher Weise in den exegetischen Wissenschaften Rechnung getragen. Dies ist ein wichtiger Ansatz, den Systematische Theologie durch die Fokussierung auf den einen zentralen Inhalt der Schrift nicht aus dem Blick verlieren darf.

Die Interpretation der Schrift darf sich aber nicht damit zufrieden geben, den konkreten historischen Kontext eines biblischen Textes genauer zu beleuchten, die geschichtlich geprägte Gestalt herauszuarbeiten und sprachliche Gegebenheiten zu klären. Albertz hat vollkommen Recht, wenn er die Pluralität in den alttestamentlichen Schriften herausstellt. Aber es gibt nicht wenige Situationen, in denen man bei der Pluralität nicht stehen bleiben kann, in denen man sagen muss, was ‚Sache' ist. Da gilt es sich zu entscheiden, was in der pluralen biblischen Landschaft handlungsleitend ist. Das ist genau der Punkt, an dem ein systematisierender und auswählender Umgang mit den biblischen Texten und den historisch gewachsenen Traditionen der verschiedenen Christentümer wichtig wird. Ein solcher Umgang bedarf der theologischen Begründung und das ist der Punkt, wo Systematische Theologie zum notwendigen und höchst produktiven Gesprächspartner für die Exegese wird. Beide theologische Disziplinen können auf dieses innertheologische Gespräch nicht verzichten, ansonsten droht ein gefährlicher Substanzverlust.

Die beiden dargestellten theologischen Aufbrüche im 20. Jahrhundert zeigen, wie sehr sich die beiden Disziplinen gegenseitig positiv beeinflussen können. Diese Aufbrüche können da geschehen, wo nicht penibel auf die Grenzen des eigenen Faches geachtet wird, sondern der theologische Nachbar als wirklicher Gesprächspartner wertgeschätzt wird.

Literatur

Albertz, Rainer, Religionsgeschichte Israels in alttestamentlicher Zeit, Teil 1: Von den Anfängen bis zum Ende der Königszeit (GAT 8/1), Göttingen 1992.

Barth, Karl, Der Römerbrief (Erste Fassung) 1919, Zürich 1985.

Barth, Karl, Der Römerbrief (Zweite Fassung) 1922, Zürich [15]1989.

Barth, Karl, Die Theologie Calvins, 1922, hg. von Reinstädtler, Achim / Scholl, Hans (GA II/23), Zürich 1993.

---

[79] Ein hervorragendes Beispiel für ein Durchbuchstabieren, was Evangelium in einer konkreten Lage heißen kann, hat Andreas Bedenbender für das Markusevangelium vorgelegt (Bedenbender, Andreas, Frohe Botschaft am Abgrund. Das Markusevangelium und der Jüdische Krieg [SKI 5], Leipzig 2013).

Bedenbender, Andreas, Frohe Botschaft am Abgrund. Das Markusevangelium und der Jüdische Krieg (SKI 5), Leipzig 2013. Bibel in gerechter Sprache, hg. von Bail, Ulrike u. a., Gütersloh [4]2011.

Boff, Clodovis, Wissenschaftstheorie und Methode der Theologie der Befreiung, in: Ellacuría, Ignacio / Sobrino, Jon (Hg.), Mysterium Liberationis. Grundbegriffe der Theologie der Befreiung Bd. 1, Luzern 1995, 63–98.

Bravo, Carlos, Jesus von Nazaret, der befreiende Christus, in: Ellacuría, Ignacio / Sobrino, Jon (Hg.), Mysterium Liberationis. Grundbegriffe der Theologie der Befreiung Bd. 1, Luzern 1995, 543–566.

Bultmann, Rudolf, Jesus Christus und die Mythologie, in: Ders., Glauben und Verstehen, Bd. 4, Göttingen 1965, 141–189.

Bultmann, Rudolf, Theologie des Neuen Testaments, Tübingen [8]1980.

Busch, Eberhard, Karl Barths Lebenslauf, München [4]1986.

Crüsemann, Frank, Religionsgeschichte oder Theologie? Elementare Überlegungen zu einer falschen Alternative, in: Baldermann, Ingo u. a. (Hg.), Religionsgeschichte Israels oder Theologie des Alten Testaments (JBTh 10), Neukirchen-Vluyn 1995, 69–77.

Crüsemann, Frank, Das Alte Testament als Wahrheitsraum des Neuen. Die neue Sicht der christlichen Bibel, Gütersloh 2011.

Dalferth, Ingolf U., Der auferweckte Gekreuzigte. Zur Grammatik der Christologie, Tübingen 1994.

Dalferth, Ingolf U., Evangelische Theologie als Interpretationspraxis. Eine systematische Orientierung (ThLZ.F 11/12), Leipzig 2004.

Dalferth, Ingolf U., Gott ist meine Gärtnerin, in: Ders. / Schröter, Jens (Hg.), Bibel in gerechter Sprache? Kritik eines misslungenen Versuchs, Tübingen 2007, 113–119.

Dussel, Enrique D., Theologie der Befreiung und Marxismus, in: Ellacuría, Ignacio / Sobrino, Jon (Hg.), Mysterium Liberationis. Grundbegriffe der Theologie der Befreiung Bd. 1, Luzern 1995, 99–130.

Eisenbaum, Pamela, Paul Was Not a Christian. The Original Message of a Misunderstood Apostle, New York 2009.

Fiedler, Peter, Das Matthäusevangelium (THKNT 1), Stuttgart 2006.

Geiger, Michaela, Fiktionalität und die Notwendigkeit der Auslegung, in: Jochum-Bortfeld, Carsten / Kessler, Rainer (Hg.), Schriftgemäß. Die Bibel in Konflikten der Zeit, Gütersloh 2015, 53–76.

Gemoll, Wilhelm, Griechisch-Deutsches Schul- und Handwörterbuch, München/Wien [9]1954.

Goertz, Hans-Jürgen, Unsichere Geschichte. Zur Theorie historischer Referentialität, Stuttgart 2001.

Gutiérrez, Gustavo, Theologie der Befreiung, Mainz [10]1992.

Homolka, Walter, Jesus von Nazareth im Spiegel jüdischer Forschung, Berlin [3]2011.

Jüngel, Eberhard, Einleitung: Die Barmer Theologische Erklärung als Bekenntnis der Kirche, in: Karl Barth, Texte zur Barmer Theologischen Erklärung, hg. von Rohkrämer, Martin, Zürich 1984, VII–XXII.

Käsemann, Ernst, Die Anfänge christlicher Theologie, in: Ders., Exegetische Versuche und Besinnungen. Auswahl, Göttingen 1986, 133–159.

Kraus, Hans–Joachim, Theologie der Psalmen (BK XV/3), Neukirchen-Vluyn [2]1989.

Nipperdey, Thomas, Religion im Umbruch. Deutschland 1870–1918, München 1988.

Oz, Amos / Oz-Salzberger, Fania, Juden und Worte, Berlin [3]2015.

Ritschl, Albrecht, Unterricht in der christlichen Religion. Studienausgabe der 1. Auflage von 1875 nebst Abweichungen der 2. und 3. Auflage, Tübingen 2002.

Schnelle, Udo, Paulus. Leben und Denken, Berlin 2003.

Schnelle, Udo, Theologie des Neuen Testaments, Göttingen 2007.

Schottroff, Luise / Wacker, Marie-Theres (Hg.), Von der Wurzel getragen. Christlich-feministische Exegese in Auseinandersetzung mit Antijudaismus, Leiden 1996.

Schwantes, Milton, Das Recht der Armen (BET 4), Frankfurt a. M. u. a. 1977.

Sobrino, Jon, Christologie der Befreiung. Bd. 1, Mainz 1998.

Sölle, Dorothee, Gott denken (Gesammelte Werke 9), Stuttgart 2009.

Stegemann, Wolfgang, Jesus und seine Zeit (Biblische Enzyklopädie 10), Stuttgart 2010.

Stegemann, Ekkehard W., „Kritischer müssten mir die Historisch-Kritischen sein!“ Karl Barth als Exeget in der zweiten Auflage des Römerbriefs, in: TuK 134–136 (2012), 142–158.

Tamez, Elsa, Gegen die Verurteilung zum Tod. Paulus oder die Rechtfertigung durch den Glauben aus der Perspektive der Unterdrückten und Ausgeschlossenen, Luzern 1998.

Weiß, Johannes, Die Predigt Jesu vom Reich Gottes, hg. von Hahn, Ferdinand, Göttingen ^{3}1964.

Welker, Michael, Gottes Offenbarung: Christologie, Neukirchen-Vluyn 2012.

Wengst, Klaus, Jesus zwischen Juden und Christen, Stuttgart 1999.

Wengst, Klaus, Das Regierungsprogramm des Himmelreichs. Eine Auslegung der Bergpredigt in ihrem jüdischen Kontext, Stuttgart 2010.

Wernle, Paul, Der Römerbrief in neuer Beleuchtung, in: KBRS 34 (1919), 163–164.167–169.

Wolff, Hans Walter, Dodekapropheton 2: Joel und Amos (BK XIV/2), Neukirchen-Vluyn ^{3}1985.

Theologie und Ökonomie – Zur aktuellen Debatte um die „moralischen Grenzen des Marktes“

Alexander Dietz

1. Einleitung

In seinem Aufsatz „Geld und Gott – ökonomische Alphabetisierung in religiöser Bildung“ aus dem Jahr 2008 schreibt Harry Noormann: „Geld umgibt eine Aura des Geheimnisvollen, ja Göttlichen. Das ist keineswegs neu, wie ein Blick in die Kultur- und Religionsgeschichte zeigen kann. Neu ist die Unterwerfung aller Lebensbereiche unter die hegemoniale Macht des Geldes“.[1] Einer der Väter der Sozialen Marktwirtschaft, der Ökonom Alexander Rüstow, sprach in diesem Zusammenhang vom „Evangelium des Vulgärliberalismus“, das lautet: „Trachtet am ersten nach dem Reiche der freien Wirtschaft und nach ihrer Marktgerechtigkeit, so wird euch alles andere zufallen“.[2] Damit wies er auf den pseudoreligiösen Charakter marktradikaler Anschauungen hin.[3] Theologie beschäftigt sich mit dem, woran Menschen „ihr Herz hängen“[4], mit dem, von dem Menschen erwarten, dass es sie „unbedingt angeht“[5], mit dem, von dem Menschen hoffen, dass es „allem seine Bestimmung gibt“[6] und mit dem, was Menschen „anzieht und bestrickt“.[7] Theologen wissen, dass es weder ein gott- bzw. götzenfreies menschliches Leben geben kann noch eine weltanschauungsfreie Wissenschaft, Politik oder Wirtschaft. Darum liegt in der Ideologiekritik nicht nur die Kernaufgabe, sondern auch die spezifische Kompetenz der Theologie. So kann sie eine wichtige Funktion nicht nur für Gläubige und Kirche, sondern auch für Wissenschaft und Gesellschaft erfüllen – eine Chance, die mittlerweile sogar

---

1 Noormann, Harry, Geld und Gott. Ökonomische Alphabetisierung in religiöser Bildung, in: Bolscho, Dietmar u. a. (Hg.), Ökonomische Bildung mit Kindern und Jugendlichen, Frankfurt 2008, 94–106, 95.

2 Rüstow, Alexander, Das Versagen des Wirtschaftsliberalismus, Marburg 2001, 90.

3 Vgl. Rüstow, Versagen, 138; 143.

4 Luther, Martin, Der große Katechismus, in: Die Bekenntnisschriften der evangelisch-lutherischen Kirche, Göttingen [12]1998, 543–733, 560.

5 Tillich, Paul, Systematische Theologie (Bd. 1), Berlin u. a. [8]1987, 247.

6 Härle, Wilfried, Dogmatik, Berlin u. a. [3]2007, xv.

7 Otto, Rudolf, Das Heilige, München 1997, 42.

Jürgen Habermas ausdrücklich würdigt.[8] In diesem Sinne sollte sich die Theologie auch am wirtschaftsethischen Diskurs beteiligen. Dies möchte ich am Beispiel der aktuellen Debatte um die moralischen Grenzen des Marktes veranschaulichen.

2. Problemanzeigen

Manchmal sind Zeichentrickfiguren inspiriert durch reale Personen; so auch Mr. Burns von den Simpsons. Mehrere Drehbuchautoren dieser Serie haben – man höre und staune – Philosophie in Harvard studiert; und zwar bei Michael Sandel, der so etwas wie ein „Popstar" der Ethik ist. Die Plätze in seinen Vorlesungen werden verlost, weil „nur" elfhundert Studierende im Vorlesungssaal Platz haben. Die Videos seiner Vorlesungen werden im Internet millionenfach heruntergeladen. An seine Frisur und an seine typische Fingergeste haben die Simpsons-Macher gedacht, als sie die Figur des Mr. Burns kreierten. Sie betonen jedoch zum Glück, dass ihr ehemaliger Professor und die Figur *innerlich* rein gar nichts gemeinsam haben. Vor wenigen Jahren hat Michael Sandel wieder einmal einen Bestseller veröffentlicht. Dieses Mal geht es um Wirtschaftsethik. Der Titel lautet: „Was man für Geld nicht kaufen kann – Die moralischen Grenzen des Marktes". Sandel ist berühmt für seine anschaulichen Beispiele. Zwei davon will ich kurz erwähnen: Atommüll und Walrossjagd.

Die Frage danach, wo atomare Endlager eingerichtet werden sollen, ist ein klassisches Sankt Florians-Problem: „Heiliger Sankt Florian, verschon' mein Haus, zünd' andre an." Wenn ein Projekt das Gemeinwohl steigert, aber die Kosten dafür, beispielsweise in Form von Gesundheitsrisiken, einer kleinen lokalen Minderheit aufbürdet, dann will natürlich niemand diese Minderheit sein. Ökonomen schlagen in solchen Fällen als Problemlösung finanzielle Ausgleichszahlungen vor. Alles hat einen Preis. Der Markt kann es richten. Stimmt das? Schon vor einigen Jahren führte der Verhaltensökonom Bruno Frey ein Experiment mit den Einwohnerinnen und Einwohnern des Schweizer Bergdorfes Wolfenschiessen durch. Zunächst fragte er sie, ob sie *dafür* stimmen würden, wenn die Regierung beschlösse, ein atomares Endlager in ihrer Gemeinde einzurichten. Eine knappe Mehrheit von 51 Prozent erklärte sich dazu bereit, die Einrichtung zu akzeptieren. Die Bürgerpflicht überwog die Bedenken bezüglich der Risiken. Anschließend fragte der Ökonom nach der Zustimmung zum Endlager, wenn die Regierung ihren Vorschlag mit dem Angebot von Entschädigungszahlungen – immerhin 7.500 Franken pro Einwohner – verbindet. Überraschenderweise stieg

[8] Vgl. Habermas, Jürgen, Zwischen Naturalismus und Religion. Philosophische Aufsätze, Frankfurt 2005, 115.

dadurch die Zustimmung nicht, sondern sie sank auf 25 Prozent. Wenn die staatsbürgerliche Frage zu einer finanziellen wird, verdrängt die Marktlogik den Sinn für Bürgerpflichten.[9]

Auch im zweiten Beispiel Sandels geht es um die Grenzen der Marktlogik im Blick auf ethische Fragen. Seit dem frühen zwanzigsten Jahrhundert gibt es nicht mehr viele Walrosse. Darum verbot Kanada 1928 die Walrossjagd. Aber die Regierung erlaubte den Inuit, deren Lebensweise sich seit 4.500 Jahren um die Walrossjagd dreht, eine kleine Anzahl jährlich zu schießen – aus Respekt vor ihrer Kultur. In den neunziger Jahren baten die Inuit um das Recht, ihre Abschussquote an Trophäenjäger verkaufen zu dürfen. Sie würden das Fleisch und die Felle behalten. Die Zahl der getöteten Tiere bliebe gleich. Die Trophäenjäger würden sich freuen und 6.500 Dollar pro Abschuss bezahlen. Mit diesem Geld könnten die Inuit ihre Lebenssituation verbessern. Aus ökonomischer Sicht eine klare Win-win-Situation: Erwachsene Menschen gehen freiwillig einen Vertrag ein, der beide Seiten besser stellt. Was sollte dagegen sprechen? Die kanadische Regierung war einverstanden. Aber ist tatsächlich jede Handlung schon allein dadurch ethisch gerechtfertigt, dass Menschen bereit sind, dafür zu bezahlen? Müsste nicht zumindest darüber diskutiert werden, ob die Tötung eines schwerfälligen, wehrlosen Säugetiers aus nächster Nähe ein Wunsch ist, der es wert ist, erfüllt zu werden? Und vor allem: Wird nicht durch die Umwandlung des Rechts zur Jagd in ein Recht auf den Verkauf der Lizenz zum Töten der ursprüngliche Sinn der Ausnahmeregelung ad absurdum geführt, nämlich der Respekt vor der Kultur der Inuit?[10]

Sandel vertritt in seinem Buch folgende Thesen: Seit etwa dreißig Jahren lässt sich in westlichen Gesellschaften eine bestimmte Entwicklung verstärkt beobachten: Wirtschaftliche Denkweisen dringen in Lebensbereiche vor, in denen sie früher aus guten Gründen als unangemessen galten. Dinge werden käuflich, die früher aus guten Gründen nicht käuflich waren. Die Marktlogik wird in Bereichen eingeführt, in denen früher aus guten Gründen andere Logiken vorherrschten. Diese Entwicklung ist aus zwei Gründen ethisch problematisch. Erstens ist es unfair, wenn die Zahlungsfähigkeit zum Hauptkriterium der Verteilung *aller* Güter wird. Dies befördert das Wachsen der Kluft zwischen Arm und Reich, schränkt die Freiheit der Armen immer weiter ein und gefährdet letztlich die Demokratie. Zweitens sollte man manche Dinge nicht in Waren verwandeln, weil sie das in ihrem Wesen korrumpieren könnte (zum Beispiel politischer Einfluss) oder weil es falsche Einstellungen befördert (zum Beispiel handelbare Umweltverschmutzungsrechte) oder weil es die Personwürde verletzt (zum Beispiel Aufnahme *der* Flüchtlinge, die am meisten dafür bezahlen). Darum brauchen wir – so Sandel – eine öffentliche

---

9 Vgl. Sandel, Michael, Was man für Geld nicht kaufen kann, Berlin 2014, 143–145. Vgl. Frey, Bruno, Unerwünschte Projekte. Kompensation und Akzeptanz, in: Analyse & Kritik 19 (1997), 3–14.

10 Vgl. Sandel, Geld, 104–106.

ethische Debatte darüber, in welchen Gesellschaftsbereichen wir der Marktlogik vertrauen wollen und in welchen nicht. Die Wirtschaftswissenschaft muss sich stärker auf ethische Fragestellungen einlassen und darf nicht so tun, als seien ihre Empfehlungen ethisch neutral.[11]

Solche kritischen Anfragen sind nichts Neues. Die Kritik an einem ideologischen Ökonomismus gibt es schon, seit Menschen darüber nachdenken, was im Leben wirklich wichtig ist. Die Kritik an Gefahren der Kommerzialisierung gibt es schon, seit es Korruption gibt. Und die Kritik an ideologischer Marktgläubigkeit gibt es schon, seit Menschen über Gerechtigkeit nachdenken. Natürlich hat sich die Brisanz des Themas seit dem Siegeszug der Marktwirtschaft im achtzehnten und neunzehnten Jahrhundert verschärft – und noch einmal seit dem Ende des Kalten Kriegs und dem damit verbundenen Ende des Rechtfertigungsdrucks der westlichen Lebens- und Wirtschaftsweise.

Die Wahrnehmung offensichtlicher Missstände hat stets kluge Menschen zum Nachdenken gebracht. So beschrieb zum Beispiel schon Adam Smith, der Vater der Marktwirtschaft, im Jahr 1776 den ökonomischen Nutzen der Arbeitsteilung. Aber er forderte auch vom Staat, dafür zu sorgen, dass die Arbeitsteilung nicht dazu führt, dass die geistigen und sozialen Fähigkeiten von Arbeitern verkümmern, wenn diese tagtäglich nur noch dieselben einfachen Handgriffe ausführen.[12] Wilhelm Röpke, einer der Väter der Sozialen Marktwirtschaft, stellte im Jahr 1958 fest: „Es ist der wahre Fluch der Kommerzialisierung, dass hier das Überquellen des Marktes und seiner Maßstäbe auf Bereiche, die jenseits von Angebot und Nachfrage liegen sollten, die eigentlichen Ziele, Würden und Würzen des Lebens in einer Weise opfert, die das Leben unerträglich hässlich, würdelos und langweilig machen muss".[13] Max Weber sprach von einer „Entzauberung der Welt"[14] als Folge der fortschreitenden Rationalisierung aller Lebensbereiche. Daran anknüpfend warnte Theodor Adorno beispielsweise vor einer durch ökonomische Interessen gleichgeschalteten Kulturindustrie, welche die Menschen vom kritischen Nachdenken abhalten soll.[15] Daran wiederum anknüpfend sprach Jürgen Habermas von einer „Kolonialisierung der Lebenswelt" [16] durch Macht und Geld. Und daran anknüpfend vertritt der berühmte Wirtschaftsethiker Peter Ulrich die These, dass die Wirtschaft erst dann wieder lebensdienlich werden kann, wenn ökonomische Rationalität, Kosten-Nutzen-Den-

---

11 Vgl. Sandel, Geld, 15–17.

12 Vgl. Smith, Adam, Der Wohlstand der Nationen, München ^{9}2001, 662f.

13 Röpke, Wilhelm, Jenseits von Angebot und Nachfrage, Bern u. a. ^{5}1979, 190.

14 Weber, Max, Wissenschaft als Beruf, in: Weber, Max, Gesammelte Aufsätze zur Wissenschaftslehre, hg. v. Winckelmann, Johannes, Tübingen ^{5}1982, 582–613, 594.

15 Vgl. Horkheimer, Max / Adorno, Theodor W., Dialektik der Aufklärung, Frankfurt 1998.

16 Habermas, Jürgen, Die neue Unübersichtlichkeit, Frankfurt 1985, 189.

ken und Marktlogik durch andere Konzepte ethischer Vernunft begrenzt werden.[17]

Aktuell wird das Thema Ökonomisierung im deutschsprachigen Raum insbesondere im Blick auf zwei Bereiche intensiv diskutiert: Bildung und Gesundheit. Der Abwechslung halber wähle ich meine Beispiele im Folgenden einmal nicht aus Deutschland, sondern aus der Schweiz. Man bemerkt sofort: Die Diskussionen sind die gleichen. Zunächst zum Thema Bildung: Zwischen 2010 und 2014 hat die Deutschschweizer-Erziehungsdirektoren-Konferenz einen neuen gemeinsamen Lehrplan für die Grundschule erarbeitet – den „Lehrplan 21“. Dieser Lehrplan führte aus sehr unterschiedlichen Gründen zu hitzigen Diskussionen. Viele Kritiker weisen darauf hin, dass die geplante stärkere Orientierung an Kompetenzen und messbaren Lernergebnissen auf eine Verzweckung der Bildung im Sinne ökonomischer Interessen und Denkweisen hinauslaufe. Besorgte Eltern diskutierten in Internetforen, ob den Kindern in der Grundschule künftig traditionelle Bildungsinhalte vorenthalten würden und ob das nicht die Kinder aus bildungsfernen Schichten zusätzlich benachteilige. Von der Volksschule zur Universität: In den letzten Jahren veröffentlichte der Schweizerische Wissenschafts- und Innovationsrat mehrere Stellungnahmen, in denen Ökonomisierungstendenzen problematisiert werden, beispielsweise zum Schweizerischen Hochschulförderungs- und -koordinationsgesetz.[18] Werden hier quantitative Evaluationen zur Leistungsmessung als Grundlage der Mittelzuweisung dem Geist wissenschaftlichen Arbeitens gerecht? Gefährdet die zunehmende Abhängigkeit von Drittmittel-Gebern die wissenschaftliche Freiheit? Im vergangenen Jahr sorgte die Leistungsvereinbarung zwischen der Universität St. Gallen und ihrem Kanton für Diskussionen. Es gibt weniger Geld vom Staat und dafür mehr unternehmerische Freiheiten für die Universität: Budgetplanung, Kapitalbildung, Sponsoringverträge, kommerzielle Weiterbildungsangebote. Der Berner Staatsrechtsprofessor Markus Müller bemerkte dazu: „Die neue Regelung in St. Gallen ist ein klares Signal für die hemmungslose Ökonomisierung der Wissenschaft. Als Professor muss ich mir dann bald überlegen: Schreibe ich einen Aufsatz, oder konzipiere ich in der Zeit nicht lieber einen lukrativen Weiterbildungsgang?“[19]

Nun zum Thema Gesundheit: Damit Schweizer Spitäler sparsamer mit ihren Ressourcen umgehen, wurde im Jahr 2012 eine Finanzierung über Fallpauschalen eingeführt. Das bedeutet für die Praxis aber auch: Mehr Verwaltungsaufwand und weniger Spielraum für eine gute Pflege. Eine der profi-

---

17 Vgl. Ulrich, Peter, Integrative Wirtschaftsethik, Bern u. a. ^{3}2001, 127.

18 Vgl. SWTR (Hg.), Empfehlungen des SWTR zur Umsetzung von Artikel 51 HFKG, Bern 2012.

19 Zitiert nach: Burri, Anja, Art. „Ein Signal für die hemmungslose Ökonomisierung der Wissenschaft“, in: Tagesanzeiger vom 24.02.2015, in: http://www.tagesanzeiger.ch/schweiz/Ein-Signal-fuer-die-hemmungslose-Oekonomisierung-der-Wissenschaft/story/20578027 (Zugriff: 14.03.2017).

liertesten Kritikerinnen, die Gesundheitsökonomin Mascha Madörin, spricht von einer „Umkrempelung“ und Ökonomisierung des Schweizer Gesundheitswesens durch marktwirtschaftliche Steuerungsmechanismen, die zwar in der Güterindustrie funktionieren, nicht aber in Krankenhäusern.[20] Pflegeleistungen werden infolgedessen standardisiert, so dass nicht mehr situationsgerecht gepflegt werden kann. Der Druck auf die Pflegekräfte steigt, die Qualität sinkt. Denn Patienten abzuspritzen ist effizienter, als sie sorgsam zu Duschen.

3. Theologische Zugänge

Die kritische Auseinandersetzung mit tatsächlichen oder vermeintlichen ökonomischen Ideologien hat in der theologischen Tradition einen festen Platz. Lassen Sie mich beispielhaft das bekannte Gedicht „Hunger nach Sinn“ von Dorothee Sölle zitieren:

> *„Ich werde manchmal gefragt,*
> *warum ich denn ‚immer noch‘ für Gerechtigkeit,*
> *Friede und die gute Schöpfung eintrete.*
> *‚Immer noch?‘ frage ich zurück,*
> *wir fangen doch gerade erst an,*
> *aus der Verbundenheit mit dem Leben heraus,*
> *zu kämpfen, zu lachen, zu weinen.*
> *Wir können uns doch nicht auf das geistige Niveau*
> *des Kapitalismus zurückschrauben*
> *und ständig ‚Sinn‘ mit ‚Erfolg‘ verwechseln.*
> *Das ist eine lebensgefährliche Verwechslung,*
> *wenn wir das Leben zurückrechtstutzen*
> *auf das Machbare und das,*
> *was sich konsumieren lässt.*
> *Meine Tradition hat uns wirklich mehr versprochen!*
> *Ein Leben vor dem Tod, gerechtes Handeln*
> *und die Verbundenheit mit allem, was lebt,*
> *die Wölfe neben den Lämmern und Gott nicht oben*

---

20 Vgl. Madörin, Mascha, Ökonomisierung des Gesundheitswesens. Erkundungen aus der Sicht der Pflege, Zürich 2014, in: https://www.zhaw.ch/storage/gesundheit/institute-zentren/ipf/%C3%BCber_uns/studie-mad%C3%B6rin-%C3%B6konomisierung-gesundheitswesen-version-215-zhaw-gesundheit.pdf (Zugriff: 14.03.2017).

und nicht später, sondern jetzt und hier.
Bei uns, in uns.“[21]

Je nachdem, ob man Sölle mag oder nicht, wird man jetzt vielleicht denken: klare Worte, aktueller denn je, auf zur Antiglobalisierungs-Demo. Oder vielleicht denken manche auch: Ob *ihr* Verständnis von Gerechtigkeit dasselbe ist wie meines? Ist die Kapitalismus-Kritik nicht etwas zu pauschal? Steckt in den Formulierungen nicht möglicherweise auch eine gewisse Arroganz? Vielleicht die Art von Arroganz, die uns theologischen Ethikerinnen und Ethikern oft nachgesagt wird, vor allem, wenn wir moralistisch und mit vereinfachendem Schwarz-Weiß-Denken daherkommen. Oder wenn wir vergessen, unseren Aussagen ein bescheidenes „nach evangelischem Verständnis“ voranzustellen. Oder wenn wir so tun, als gehörten unsere ethischen Urteile zur gleichen Kategorie wie empirische Forschungsergebnisse in den Naturwissenschaften. Solche Vorwürfe treffen natürlich nicht nur Theologinnen und Theologen. Ich erinnere mich an eine interdisziplinäre wirtschaftsethische Tagung: Ein Ökonom und Homann-Schüler stellte unumwunden Markt und Wettbewerb als Lösung für alle gesellschaftlichen Probleme dar. Auf meine Frage, ob man nicht differenzieren müsse, antwortete er, dass er solch eine Differenzierung auf keinen Fall vornehmen wolle, denn in der Physik könne man ja auch nicht sagen, dass die Schwerkraft in einem Fall gelte und in einem anderen nicht. Offensichtlich hatten wir ein vollkommen unterschiedliches Verständnis von Ethik. Nach meinem Verständnis muss es in der Ethik um eine differenzierte Situationswahrnehmung, um Verständigung und um Abwägung gehen. In meinen ethischen Schulungen für Führungskräfte diakonischer Unternehmen, die täglich ganz real die Spannungen zwischen Leitbild, fachlichen Ansprüchen und ökonomischen Rahmenbedingungen aushalten müssen, spreche ich gerne von Ethik als einem Prozess des täglich neuen Balancierenlernens.

Als theologischer Ethiker ist die Grundlage dieses Balancierenlernens für mich ein christliches Ethos im Sinne einer umfassenden Ausrichtung des ganzen Lebens bzw. eines Wirklichkeitsverständnisses, das sich aus der christlichen Tradition speist. Für die hier behandelten Themen – Ökonomismus, Kommerzialisierung, Marktgläubigkeit – hält diese Tradition einige Anknüpfungspunkte bereit. So entscheidet sich schlechterdings alles an der Frage, vor die uns das erste Gebot stellt, ob ein Mensch, eine Gesellschaft oder eine Kirche ihr Herz an Gott oder an einen Götzen hängt. Darum ist Theologie ihrem Wesen nach Ideologiekritik. Kritik am Götzendienst, bei dem etwas Geschaffenes an die Stelle Gottes gesetzt wird, ist ein Motiv, das die Bibel wie ein roter Faden durchzieht: Von der prophetischen Kritik an

[21] Sölle, Dorothee, Hunger nach Sinn, in: Sölle, Dorothee, Den Rhythmus des Lebens spüren, Freiburg u. a. 2001, 195.

Götzenbildern aus Holz bis zur Warnung Jesu vor dem Mammonismus.[22] So betonte Karl Barth das antiideologische „Wächteramt" der Kirche nach innen und nach außen.[23] Er interpretierte Ideologien als Götzen im Sinne „geistiger Selbständigkeiten und Einseitigkeiten, von denen das Leben beherrscht wird".[24] Eine theologische Richtung, die diesen Aspekt besonders ernst nimmt, ist die Theologie der Befreiung. Hier wird auch besonders deutlich erkannt, dass es der Theologie kaum möglich ist, ihren ideologiekritischen Anspruch einzulösen, ohne auch auf die ökonomische Ordnung zu schauen.[25] In diesen Kontext ist auch die Kapitalismuskritik in Sölles Gedicht einzuordnen. Der kritisch-emanzipatorische Anspruch der Theologie der Befreiung ist mir persönlich sehr sympathisch. Es darf jedoch auch nicht übersehen werden, dass der Marxismus, an dem sich diese Theologie orientiert, eine ebenso ökonomistische Ideologie darstellt wie der Marktradikalismus. Auch hier werden Ursache und Lösung aller Probleme in *ökonomischen* Grundentscheidungen verortet.

Das vielleicht wichtigste Symbol der christlichen Tradition gegen ökonomistische Ideologien ist der Sabbat bzw. der sabbattheologisch gedeutete Sonntag. Er steht für die notwendige Begrenzung des Bereichs der Ökonomie bzw. ökonomischer Denkkategorien sowie Verfügungs- und Verwertungsansprüche. Er steht für ein egalitäres Recht auf Ruhe vor dem Hintergrund eines Bewusstseins um den Zusammenhang von Arbeit und Ruhe. Und er steht für ein Wirtschaften, das auf Gottvertrauen, Bedarfsdeckung und Freude am Erreichten basiert anstatt auf einem grenzenlosen Streben nach immer mehr.[26] Der Sonntag als Wochenauftakt – nach dem traditionellen christlichen liturgischen Kalender – erinnert uns daran, dass der Mensch nicht erst durch Arbeit zum Menschen wird, dass er sich sein Lebensrecht und seine Personwürde nicht erst erarbeiten bzw. verdienen muss. Die Diskussion um den Sonntagsschutz wird in Deutschland immer wieder geführt. Wie nimmt man die Kirchen in dieser Diskussion wahr? Als rückwärtsgewandte Nörgler, die den Menschen autoritäre Vorschriften machen und den Spaß verderben wollen, um ihr Problem des schlechten Gottesdienstbesuchs zu lösen? Leider nehmen wohl viele sie so wahr. Stattdessen müsste es den Kirchen gelingen, als Botschafter einer menschenfreundlichen Alternative zu selbst-zerstörerischen Formen des Wirtschaftens gesehen zu werden – zu solchen Formen, die wirtschaftlichen Interessen alles andere unterordnen, die Menschen zum bloßen Mittel machen, sie ihrer Selbstbestimmung berauben, ihnen Teilhabe verwehren.

---

22 Vgl. z. B. Jer 10,1–6 sowie Mt 6,19–24.

23 Barth, Karl, Brechen und Bauen. Eine Diskussion, in: Barth, Karl, Der Götze wackelt, hg. v. Karl Kupisch, Berlin 1961, 108–123, 122f.

24 Barth, Karl, Erklärung des Epheser- und des Jakobusbriefes 1919–1929, Zürich 2009, 40.

25 Vgl. Kern, Bruno, Theologie der Befreiung, Tübingen u. a. 2013, 15.

26 Vgl. Becker, Uwe, Kirchliche Zeitpolitik, in: ZEE 54 (2010), 89–104, 94f.

Nach Max Webers einflussreicher These hatten die Reformatoren, insbesondere Calvin, einen maßgeblichen Anteil an der Entstehung solcher lebensfeindlicher Formen des Wirtschaftens. Um sich ihres Erwähltseins äußerlich zu vergewissern, hätten die Anhänger Calvins nach wirtschaft-lichem Erfolg getrachtet. Sie hätten darum ihr ganzes Leben Effizienzgesichtspunkten untergeordnet und dadurch – verbunden mit einem asketischen Lebensstil – immer mehr Kapital angehäuft.[27] Heute ist man sich weitgehend darüber einig, dass Weber lediglich eine bestimmte Variante des Puritanismus beschrieben hat, die in vielen Aspekten von der Lehre Calvins abwich.[28] Tatsächlich vertrat Calvin keinen ausbeuterischen Frühkapitalismus, sondern ein Konzept sozial verantwortlichen Wirtschaftens. Und er war auch keiner ökonomistischen Ideologie verfallen. Eine Verherrlichung des Marktes lag ihm fern. Vielmehr betrachtete er den Markt lediglich als einen von mehreren Bewährungsorten christlicher Existenz. Es geht für Calvin um die Verherrlichung Gottes durch praktischen Gottesgehorsam in Form eines anständigen Verhaltens der Wirtschafts-akteure. Ökonomischer Erfolg ist eine häufige *Nebenfolge* anständigen Wirtschaftens, aber kein Selbstzweck.[29] Luther ist ebenso immun gegen ökonomistische Ideologien – aus anderen theologischen Gründen. Im Rahmen seiner Zwei-Regimente-Lehre kann die Wirtschaft für ihn niemals ein Beitrag zur Erlösung, sondern immer nur zur Welterhaltung sein. Und zwar keinesfalls nach eigenen Gesetzen, sondern stets im Dienst an der gesellschaftlichen Gerechtigkeit. Er warnt immer wieder eindringlich vor der Gefahr einer Vergötzung des Mammons. Eine solche Gefahr sieht Luther übriges schon im Zinsnehmen, weil er dahinter den Wunsch nach materieller Sicherheit zur Überwindung der Abhängigkeit von Gott vermutet.[30]

In Anlehnung entweder an Calvin oder an Luther haben auch die drei wichtigsten Vertreter evangelischer Wirtschaftsethik im deutschsprachigen Raum allesamt klar Position gegen Ökonomismus und Marktradikalismus bezogen: Georg Wünsch, Arthur Rich und Eilert Herms. Georg Wünsch, der Autor der ersten „Evangelischen Wirtschaftsethik" von 1927, sieht die Hauptaufgabe theologischer Wirtschaftsethik im Kampf gegen Wirtschaftsdämonie.[31] Wirtschaftsdämonie liegt nach Wünsch dann vor, wenn wirtschaftliches Handeln zum Selbstzweck gemacht oder verabsolutiert wird;

---

27 Vgl. Weber, Max, Die protestantische Ethik und der „Geist" des Kapitalismus, München 2006, 142; 176.

28 Vgl. Stückelberger, Christoph, John Calvin und Calvin Klein. Reformierte Wirtschaftsethik im globalen Kapitalismus, in: Pfleiderer, Georg u. a. (Hg.), Wirtschaft und Wertekultur(en). Zur Aktualität von Max Webers „Protestantischer Ethik", Zürich 2008, 241–258.

29 Vgl. Oermann, Nils Ole, Anständig Geld verdienen. Protestantische Wirtschaftsethik unter den Bedingungen globaler Märkte, Gütersloh 2007, 118–120.

30 Vgl. Prien, Hans-Jürgen, Luthers Wirtschaftsethik, Göttingen 1992, 220.

31 Vgl. Wünsch, Georg, Evangelische Wirtschaftsethik, Tübingen 1927, 355.

wenn alle anderen gesellschaftlichen Funktionen dem Wirtschaften nachgeordnet oder in dessen Dienst gestellt werden; wenn Menschen sich restlos den Wirtschaftsprozessen hingeben und in ihnen aufgehen; wenn die Arbeit alle übrigen personalen Bedürfnisse verschlingt; wenn Menschen glauben, die Forderungen einer Wirtschaft erfüllen zu müssen, die einem sinnlosen Streben nach Immer-mehr-Produzieren, Immer-mehr-Konsumieren und Immer-mehr-Besitzen verfallen ist und dabei außerdem die natürlichen Grenzen des Wachstums ignoriert.[32] Es sind erstaunlich aktuelle Überlegungen wenn man bedenkt, dass das Werk bereits im Jahr 1927 erschienen ist; daran ändert auch die berechtigte Kritik an dessen wertethischem Ansatz nichts. Auch Arthur Rich wendet sich in seiner Wirtschaftsethik von 1984 gegen einen Ökonomismus, der die Wirtschaft nicht mehr als Instrument zur Befriedigung menschlicher Lebensbedürfnisse bzw. zur Förderung der menschlichen Bestimmung ansieht, sondern sie zum Selbstzweck erhebt.[33] Dadurch wird die Maximierung des Gewinns bzw. des Bruttosozialprodukts zum Zweck der Wirtschaft. Das führt zu einer maßlosen Expansion der Ökonomie, die dadurch einen irrationalen Charakter erhält, der Sinnlosigkeit verfällt und nicht mit den Ansprüchen des Menschengerechten sowie des Ökologiegerechten vereinbar ist.[34] Schließlich setzt auch Eilert Herms in seinen wirtschaftsethischen Aufsätzen einen inhaltlichen Akzent auf die Kritik am Ökonomismus. Auf der Grundlage seines Gesellschaftsmodells – dem allerdings ein nicht ganz unproblematischer Handlungsbegriff zugrunde liegt – bestreitet Herms einen Vorrang der Wirtschaft und *ihrer* Maßstäbe vor anderen Gesellschafts-bereichen und deren Maßstäben.[35] Außerdem fordert er eine Selbst-zurücknahme der Ökonomen im Zusammenspiel der Wissenschaften anstelle eines mitunter behaupteten „Allzuständigkeitsanspruchs" für alle gesellschaftlichen Probleme.[36] Natürlich muss eine theologische Ethik, die sich Ideologiekritik auf ihre Fahnen schreibt, sich an diesem Anspruch auch selbst messen lassen.

4. Notwendige Differenzierungen

Die bisherigen Überlegungen haben gezeigt, dass die Kritik an Ökonomismus, Kommerzialisierung und Marktgläubigkeit verschiedenste Ethikerinnen

---

32 Vgl. Wünsch, Wirtschaftsethik, 389; 392–394; 397f.; 552.

33 Vgl. Rich, Arthur, Wirtschaftsethik (Bd. 2), Gütersloh 1990, 15; 23–25.

34 Vgl. Rich, Arthur, Wirtschaftsethik (Bd. 1), Gütersloh [3]1987, 221 sowie vgl. Rich, Wirtschaftsethik (Bd. 2), 31; 38; 80.

35 Vgl. Herms, Eilert, Die Wirtschaft des Menschen. Beiträge zur Wirtschaftsethik, Tübingen 2004, 28.

36 Herms, Wirtschaft, 9; 72; 78.

und Ethiker seit langer Zeit immer wieder beschäftigt – als jüngstes Beispiel hierfür sei an die anschaulichen Ausführungen des Harvard-Philosophen Michael Sandel (alias Mr. Burns) zu den Themen Atommüll und Walrossjagd erinnert. Es wurde deutlich, dass es in der christlichen Tradition durchaus sinnvolle Anknüpfungspunkte zu diesem Thema gibt. Insofern ist es naheliegend, dass sich auch die theologische Wirtschaftsethik am Diskurs beteiligt, und ich möchte im Folgenden einzelne Streitpunkte in der aktuellen Debatte um die moralischen Grenzen des Marktes exemplarisch beleuchten.

Auf den ersten Blick könnte es so scheinen, als sei die ganze Sache ethisch klar: Auf der einen Seite stehen die Ideologen, die Ökonomisten und Marktradikalisten, die blind sind für ethische Argumente. Auf der anderen Seite stehen die Ethikerinnen und Ethiker, die „Guten“, und an vorderster Front natürlich die Theologinnen und Theologen. Ganz so einfach ist es freilich nicht. Es *gibt* die Ideologen, die sich jeder Differenzierung verschließen. Aber es gibt sie auf *beiden* Seiten. Und es gibt auch auf beiden Seiten Diskussionsteilnehmerinnen und -teilnehmer, die auf einem hohen ethischen Reflexionsniveau argumentieren. Das wahrzunehmen und unterschiedliche Positionen zu respektieren sollte ein Kennzeichen gerade evangelischer Ethik sein.

Nehmen wir noch einmal Sandels Beispiel der Walrossjagd. Daran lassen sich ausgewählte Argumente beider Seiten gut veranschaulichen. Wir erinnern uns: Kanada verbot die Walrossjagd, aber erlaubte den Inuit aus Respekt vor ihrer Kultur, eine kleine Anzahl jährlich zu schießen. In den 1990er-Jahren baten die Inuit um das Recht, ihre Abschussquote an Trophäenjäger verkaufen zu dürfen. Die kanadische Regierung war einverstanden. Sandel und seine Sympathisanten argumentieren: Ist das nicht ein eindeutiges Beispiel für Ökonomismus bzw. Ökonomisierung im schlechtesten Sinne des Wortes? Die Marktlogik dringt in einen Bereich vor, in dem sie nichts zu suchen hat. Und prompt ereignet sich ein sinnzerstörender Wertewandel. Durch die Umwandlung des Rechts zur Jagd in ein Recht auf den Verkauf der Lizenz zum Töten wird der ursprüngliche Sinn der Ausnahmeregelung ad absurdum geführt, nämlich der Respekt vor der Kultur der Inuit. Aber Sandels Kritiker halten dagegen: Eure Position wirft anderen Sichtweisen vor, ideologisch zu sein. Aber in Wahrheit ist sie selbst ideologisch, nämlich wirtschaftsfeindlich und marktfeindlich. Schon die Verwendung der Kampfbegriffe Ökonomismus und Ökonomisierung ist Ausdruck dieser Ideologie. Die wirtschafts-feindlichen Ideologen, die meist wenig Ahnung von Ökonomie haben, zählen gerne Negativbeispiele für einen Wertewandel durch Märkte auf. Ebenso gut könnte man Positivbeispiele aufzählen, wenn man tatsächlich an einer differenzierten Auseinandersetzung interessiert wäre. Die Entwicklung von Märkten hat in der Geschichte beispielsweise zur Förderung von Frieden, zum Abbau von Vorurteilen sowie zur

Emanzipation der Landbevölkerung und der Frauen beigetragen.[37] Der Vorwurf einseitiger Wirtschafts- und Markt-feindlichkeit wird mitunter auch in innerkirchlichen Debatten erhoben. Im Jahr 2004 veröffentlichte der Reformierte Weltbund die Erklärung von Accra. Darin wird mit relativ radikalen Worten – teils aus der biblischen Apokalyptik – der gegenwärtigen marktwirtschaftlichen Weltwirtschaftsordnung sowie einer imperial gesteuerten Globalisierung eine Absage erteilt.[38] Der Schweizer Evangelische Kirchenbund, als Mitglied des Reformierten Weltbundes, reagierte darauf mit einer eigenen, differenzierteren Stellungnahme. Darin werden eine politisch gestaltete Marktwirtschaft sowie Globalisierung positiv bewertet, solange verschiedene wirtschaftsethische Werte in einer Balance gehalten werden.[39]

Sandel und seine Sympathisanten argumentieren weiterhin: Am Beispiel der Walrossjagd wie an vielen anderen Beispielen sieht man, dass es fatal ist, auf Ökonomen und einseitig ökonomisch denkende Ethiker zu hören, wenn es um die Lösung gesellschaftlicher Probleme geht. Seit einiger Zeit glauben viele Ökonominnen und Ökonomen, dass man mit ihrem methodischen Ansatz menschliches Verhalten am besten erklären und über Anreize auch steuern könne. Und zwar nicht nur im Bereich der Wirtschaft, sondern in allen Bereichen. Dieser ökonomische Imperialismus, der übrigens methodisch hoch problematisch ist, führt dazu, dass die politische Empfehlung zur Lösung jedes Problems lautet: mehr Markt – egal, um was es geht; auch wenn es um Abschussquoten für Walrosse geht. Der Markt mehrt vermeintlich in jedem Fall das Gemeinwohl. Gerechtigkeitsprobleme und andere ethische Fragen werden ignoriert. Aber Sandels Kritiker halten wieder dagegen: Diese Position ignoriert vollständig das Problemlösungspotenzial und die wohlfahrts-steigernden Chancen von Märkten. Warum sollte es für die in Armut lebenden Inuit besser sein, die Walrosse selbst zu schießen und auf die zusätzlichen Einnahmen zu verzichten? Niemand wird durch das Arrangement schlechter gestellt, nicht einmal die Walrosse. Vielleicht hatten die Inuit bisher wegen fehlender Kunden Schwierigkeiten, „die von ihnen seit Tausenden von Jahren eingeübte Lebensweise zu verändern und [wurden] damit im Grunde daran gehindert, Anschluss an die moderne Zivilisation zu finden".[40] Man kann auch noch grundsätzlicher feststellen: Viele Wirtschaftsethiker haben keine Antwort auf die Frage nach der praktischen Umsetzbarkeit ihrer

---

37 Vgl. Pies, Ingo, Textlektüre – Textbearbeitung – Textkritik, in: Ders. (Hg.), Die moralischen Grenzen des Marktes, Freiburg u. a. 2016, 82–116, 103–105.

38 Vgl. Generalversammlung des Reformierten Weltbundes (Hg.), Bekenntnis des Glaubens im Angesicht von wirtschaftlicher Ungerechtigkeit und ökologischer Zerstörung, Accra 2004, in: http://www.reformiert-info.de/124-0-56-3.html (Zugriff: 19.03.2017).

39 Vgl. SEK (Hg.), Globalance, Bern 2005, in: http://www.kirchenbund.ch/sites/default/files/publikationen/pdf/SEK-Position-5.pdf (Zugriff: 19.03.2017).

40 Engel, Gerhard, Die moralischen Grenzen der Moral, in: Pies, Ingo (Hg.), Die moralischen Grenzen des Marktes, Freiburg u. a. 2016, 170–182, 179.

Ideen. So bleibt es bei wirkungslosen Appellen an einzelne Akteure. Unser Ansatz ist effektiver. Über Anreize auf Märkten können ethische Ziele tatsächlich realisiert und das Gemeinwohl erhöht werden.[41] Indem jeder sich für die Option entscheidet, die ihm den höchsten Nutzen bringt, ist am Ende auch der Gesamtnutzen am höchsten.

Sandel und seine Sympathisanten argumentieren schließlich: Manche Dinge sollten nicht als Waren auf Märkten gehandelt werden. Zum Beispiel Abschussquoten für Walrosse. Warum? Weil das Bedürfnis, Walrosse zum Vergnügen zu schießen, ein Bedürfnis ist, das es aus ethischen Gründen nicht wert ist, befriedigt zu werden, und weil dadurch ein fragwürdiger Umgang mit Lebewesen bzw. der Mitwelt befördert wird. Indem Ökonomen empfehlen, alles auf Märkten zu verkaufen, wofür irgendjemand bereit ist zu bezahlen, sind sie keineswegs auf so ethisch neutralem Boden, wie sie behaupten. Sie sollten akzeptieren, dass es sich um ethisch relevante Fragestellungen handelt und sich der ethischen Diskussion stellen. Neuerlich halten Sandels Kritiker auch hier dagegen: Merkt ihr denn nicht, dass ihr ein autoritäres, objektivistisches Verständnis von Ethik vertretet? Weil *ihr* Jagd nicht mögt, soll keiner jagen dürfen? Wo fängt das an und wo hört das auf? Wer entscheidet darüber, welche Bedürfnisse legitim sind und welche nicht? Die Politik? Dann wollt ihr eine Ökonomisierung verhindern, indem ihr eine Politisierung und eine Moralisierung vorantreibt. Die große Stärke von Marktlösungen liegt doch gerade darin, dass sie dem Grundcharakter offener pluralistischer Gesellschaften mit einem breiten Spektrum an Wertorientierungen gerecht wird. Marktlösungen verzichten auf den Anspruch ethischer Bevormundung und Erziehung. Dadurch ermöglichen sie individuelle Freiheit und befördern Toleranz. Und sie sparen den Verwaltungsaufwand von Behörden, die ansonsten diskutieren müssten, welche Bedürfnisse die Menschen haben und welche davon es wert sind, befriedigt zu werden. Sandel fragt in seinem Beispiel weder die Inuit noch die Jäger, was *ihre* Interessen sind. Er glaubt auch so am besten zu wissen, was für alle gut ist. Dass auch das Moralempfinden, auf das er sich bezieht, sich wandeln könnte, scheint außerhalb seines Denkhorizonts zu liegen.

Abschließend können wir festhalten, dass beide Seiten gute Argumente haben. Ökonomismus-Kritiker tendieren tatsächlich manchmal dazu, in eine ebenso ideologische Ökonomie- oder Marktfeindlichkeit abzugleiten. Sie stehen in der Gefahr, die Chancen von Marktlösungen nicht ausreichend zu würdigen. Sie stehen auch in der Gefahr, sich die Karikatur eines oberflächlichen Ökonomen als Feindbild aufzubauen, anstatt die Differenzierungen, mit denen in der Ökonomik und vor allem der Marktsoziologie längst gearbeitet wird, wahrzunehmen. Auf der anderen Seite zeigen die Reaktionen der

41 Vgl. Homann, Karl, Ökonomik. Fortsetzung der Ethik mit anderen Mitteln, in: Siebeck, Georg (Hg.), Artibus ingenuis. Beiträge zu Theologie, Philosophie, Jurisprudenz und Ökonomik, Tübingen 2001, 85–110.

Ökonominnen und Ökonomen sowie der marktaffinen Ethiker, dass in der Tat ein meist uneingelöster Reflexionsbedarf im Blick auf die ethischen Implikationen ökonomischer Urteile und Empfehlungen besteht. Außerdem muss man fairerweise feststellen, dass viele Argumente gegen Sandel ins Leere laufen, da sie unterstellen, er würde Märkte prinzipiell ablehnen. Das tut er jedoch keineswegs. Was er fordert, ist eine differenzierte ethische Diskussion darüber, wo genau Marktlösungen vorzugswürdig sind und wo nicht. Dahinter stehen für ihn die Fragen: In was für einer Gesellschaft wollen wir leben? Und: Wie wollen wir unsere Gesellschaft bewusst gestalten? Es sieht am Schluss so aus, als könne Sandel zufrieden sein. Denn die ethischen Diskussionen sind offensichtlich im vollen Gange – auch in der theologischen Wirtschaftsethik.

Literatur

Barth, Karl, Brechen und Bauen. Eine Diskussion, in: Barth, Karl, Der Götze wackelt, hg. v. Karl Kupisch, Berlin 1961, 108–123.

Barth, Karl, Erklärung des Epheser- und des Jakobusbriefes 1919–1929, Zürich 2009.

Burri, Anja, Art. „Ein Signal für die hemmungslose Ökonomisierung der Wissenschaft", in: Tagesanzeiger vom 24.02.2015, in: http://www.tagesanzeiger.ch/schweiz/Ein-Signal-fuer-die-hemmungslose-Oekonomisierung-der-Wissenschaft/story/20578027 (Zugriff 14.03.2017).

Becker, Uwe, Kirchliche Zeitpolitik, in: ZEE 54 (2010), 89–104.

Engel, Gerhard, Die moralischen Grenzen der Moral, in: Pies, Ingo (Hg.), Die moralischen Grenzen des Marktes, Freiburg u. a. 2016, 170–182.

Frey, Bruno, Unerwünschte Projekte. Kompensation und Akzeptanz, in: Analyse & Kritik 19 (1997), 3–14.

Generalversammlung des Reformierten Weltbundes (Hg.), Bekenntnis des Glaubens im Angesicht von wirtschaftlicher Ungerechtigkeit und ökologischer Zerstörung, Accra 2004, in: http://www.reformiert-info.de/124-0-56-3.html (Zugriff 19.03.2017).

Habermas, Jürgen, Die neue Unübersichtlichkeit, Frankfurt 1985.

Habermas, Jürgen, Zwischen Naturalismus und Religion. Philosophische Aufsätze, Frankfurt 2005.

Härle, Wilfried, Dogmatik, Berlin u. a. ^{3}2007.

Herms, Eilert, Die Wirtschaft des Menschen. Beiträge zur Wirtschaftsethik, Tübingen 2004.

Homann, Karl, Ökonomik. Fortsetzung der Ethik mit anderen Mitteln, in: Siebeck, Georg (Hg.), Artibus ingenuis. Beiträge zu Theologie, Philosophie, Jurisprudenz und Ökonomik, Tübingen 2001, 85–110.

Horkheimer, Max / Adorno, Theodor W., Dialektik der Aufklärung, Frankfurt 1998.

Kern, Bruno, Theologie der Befreiung, Tübingen u. a. 2013.

Luther, Martin, Der große Katechismus, in: Die Bekenntnisschriften der evangelisch-lutherischen Kirche, Göttingen ^{12}1998, 543–733.

Madörin, Mascha, Ökonomisierung des Gesundheitswesens. Erkundungen aus der Sicht der Pflege, Zürich 2014, in: https://www.zhaw.ch/storage/gesundheit/institute-

zentren/ipf/%C3%BCber_uns/studie-mad%C3%B6rin-%C3%B6konomisierung-gesundheitswesen-version-215-zhaw-gesundheit.pdf (Zugriff 14.03.2017).
Noormann, Harry, Geld und Gott. Ökonomische Alphabetisierung in religiöser Bildung, in: Bolscho, Dietmar u. a. (Hg.), Ökonomische Bildung mit Kindern und Jugendlichen, Frankfurt 2008, 94–106.
Otto, Rudolf, Das Heilige, München 1997.
Oermann, Nils Ole, Anständig Geld verdienen. Protestantische Wirtschaftsethik unter den Bedingungen globaler Märkte, Gütersloh 2007.
Pies, Ingo, Textlektüre – Textbearbeitung – Textkritik, in: Ders. (Hg.), Die moralischen Grenzen des Marktes, Freiburg u. a. 2016, 82–116.
Prien, Hans-Jürgen, Luthers Wirtschaftsethik, Göttingen 1992.
Rich, Arthur, Wirtschaftsethik (Bd. 1), Gütersloh [3]1987.
Rich, Arthur, Wirtschaftsethik (Bd. 2), Gütersloh 1990.
Röpke, Wilhelm, Jenseits von Angebot und Nachfrage, Bern u. a. [5]1979.
Rüstow, Alexander, Das Versagen des Wirtschaftsliberalismus, Marburg 2001.
Sandel, Michael, Was man für Geld nicht kaufen kann, Berlin 2014.
SEK (Hg.), Globalance, Bern 2005, in: http://www.kirchenbund.ch/sites/default/files/publikationen/pdf/SEK-Position-5.pdf (Zugriff 19.03.2017).
Smith, Adam, Der Wohlstand der Nationen, München [9]2001.
Sölle, Dorothee, Den Rhythmus des Lebens spüren, Freiburg u. a. 2001.
Stückelberger, Christoph, John Calvin und Calvin Klein. Reformierte Wirtschaftsethik im globalen Kapitalismus, in: Pfleiderer, Georg u. a. (Hg.), Wirtschaft und Wertekultur(en). Zur Aktualität von Max Webers „Protestantischer Ethik“, Zürich 2008, 241–58.
SWTR (Hg.), Empfehlungen des SWTR zur Umsetzung von Artikel 51 HFKG, Bern 2012.
Tillich, Paul, Systematische Theologie (Bd. 1), Berlin u. a. [8]1987.
Ulrich, Peter, Integrative Wirtschaftsethik, Bern u. a. [3]2001.
Weber, Max, Die protestantische Ethik und der „Geist“ des Kapitalismus, München 2006.
Weber, Max, Wissenschaft als Beruf, in: Weber, Max, Gesammelte Aufsätze zur Wissenschaftslehre, hg. v. Winckelmann, Johannes, Tübingen [5]1982, 582–613.
Wünsch, Georg, Evangelische Wirtschaftsethik, Tübingen 1927.

Von Gott reden angesichts des Anderen – Zur Bedeutung der praktischen Philosophie für die christliche Theologie

Jürgen Manemann

In den folgenden Überlegungen werde ich die These vertreten, dass christliche Theologie als „Rede von Gott in dieser Zeit" (Johann Baptist Metz) um ihrer selbst willen auf das Gespräch mit der praktischen Philosophie angewiesen ist.

1. Die Exoterik der Theologie

Aufgabe der Theologie ist es, Rechenschaft zu geben über den Grund der christlichen Hoffnung. Aber wo und wie soll man heute beginnen, wenn man Rechenschaft über die christliche Hoffnung geben will?

Kein Geringerer als Thomas von Aquin hat die Perspektive vorgegeben: „Ein Irrtum über die Welt wirkt sich aus in einem falschen Denken über Gott."[1] Folglich forderte Thomas von Aquin eine „conversio ad phantasmata", eine Konversion hin zu den Dingen, den Erscheinungen.[2] Wer also Rechenschaft geben will über den Grund christlicher Hoffnung, der muss von Gott reden, und wer von Gott reden will, der muss sich zur Welt hinwenden. Wer nämlich von der Welt nichts versteht, der versteht auch von Gott nichts.

Der katholische Theologe Karl Rahner hat diese basale theologische Erkenntnis weiterentwickelt, indem er – sich auf die Einheit von Gottes- und Nächstenliebe beziehend – an die Theologie die Forderung stellte, mit dem Menschen zu beginnen. Wer nämlich vom Menschen nichts weiß, der weiß auch nichts von Gott. Vom Menschen reden heißt aber, vom Menschen in seiner konkreten Erfahrungsgeschichte, mithin in seinen konkreten sozio-politischen und sozio-kulturellen Kontexten, zu sprechen. Eine Theologie, die hier ansetzt, darf sich aber nicht damit begnügen, bloß zu beschreiben, was ist. Ihr Auftrag ist es, sich als eine Theorie der Geschichte und Gesell-

---

1 Aquin, Thomas von, Summa contra gentiles 2,3, zitiert nach: Peters, Tiemo Rainer, Unterbrechung des Denkens. Oder: Warum Politische Theologie?, in: Manemann, Jürgen (Hg.), Demokratiefähigkeit (Jahrbuch Politische Theologie 1), Münster 1995, 24–38, 26.

2 Vgl. dazu: Peters, Unterbrechung des Denkens, 26.

schaft zu begreifen, die einen Beitrag zur Subjektwerdung des Menschen leisten will. Aus diesem Grund muss Theologie sich als eine aktivierende Disziplin ausarbeiten. Dabei geht es jedoch nicht um bloße Anwendungsfragen und -probleme – das wäre ein Missverständnis. Die praktische Dimension ist für die Theologie fundamental. Das heißt: Erst in der aktiven Auseinandersetzung mit geschichtlich-gesellschaftlichen Situationen erkenne ich als Theologe, worum es der Theologie in ihrem Ureigensten geht.

Eine solche Theologie als Rede von Gott in dieser Zeit besitzt ein Wissen davon, dass theologische Fragen ihre geschichtliche, gesell-schaftliche und kulturelle Unschuld verloren haben. Die Konstitutionsfrage der Theologie lautet nun: „Wer redet – wann und wo – für wen und in welcher Absicht – von Gott?“ (Johann Baptist Metz). Theologie versteht sich als Zeitansage: „Zeitansage, zu sagen, was *ist*, war einmal Sinn und Auftrag der Apokalyptiker. ‚Schreib, was ist [...]‘, lautet der Befehl in der sog. Joh-Apokalpyse (1,9) [...].“[3] Wobei der Begriff Apokalypse bereits die Dimension des Aufdeckens und Offenbarmachens beinhaltet.[4] Dementsprechend besteht die Aufgabe der Theologie im öffentlichen Aufweis des Grundes der Hoffnung. Jesus hat ja nicht im Privaten gelebt und gelitten, er ist nicht im Familienkreis oder zurückgezogen, für sich allein gestorben, und seine Auferweckung war kein Privatgeheimnis im Sinne eines esoterischen, nur Auserwählten vorbehaltenen Wissens. Die Offenbarung Gottes ist eine öffentliche Angelegenheit.

Dabei ist der Bezug zu Anderen nicht etwas, das nachträglich zur Rede von Gott hinzukommt. Die Gottesrede ist in ihrem Kern mit dem Anderen verwoben. Nicht Esoterik gibt also die Richtung theologischen Denkens an, es geht nicht um eine immer tiefere Versenkung des Individuums in sich durch einen Rückzug aus der Welt. Exoterik ist der Fluchtpunkt der Theologie. Theologie ist nach außen, auf Andere und Anderes gerichtet. Der Mensch als ein auf Gott Verwiesener wird nicht in skandalöser Abgeschiedenheit von der Welt gedacht, sondern als ein auf die Welt Verwiesener. Deshalb bedarf es einer „Theologie mit dem Gesicht zur Welt“ (Johann Baptist Metz), die ihre Aufgabe als Arbeit an Weltwerdung versteht, als Mitarbeit an dem Entwurf, das Leben menschlicher zu machen und zu erhalten. Einer solchen Theologie geht es aber nicht um eine Hominisierung der Welt, also um eine weitere Anpassung der Welt an die Bedürfnisse des Menschen. Angezielt ist eine Humanisierung des Menschen, die den Menschen kritisch als Verursacher und Gestalter in den Vordergrund rückt und so den Blick für und auf Anderes und Andere öffnet.[5] Nach Aristoteles ist das bereits Politik, denn politisches Handeln zielt auf das Gemeinwohl. In diesem Sinne ist auch

---

3 Metz, Johann Baptist, Memoria passionis. Ein provozierendes Gedächtnis in pluralistischer Gesellschaft, Freiburg u. a. 2006, 69.

4 Vgl. Metz, Memoria passionis, 69.

5 Vgl. dazu: Manemann, Jürgen, Kritik des Anthropozäns. Plädoyer für eine neue Humanökologie, Bielefeld 2014.

das Handeln Gottes Politik. Nur so wird verhindert, dass aus der Gottesrede ein Gottesgerede wird. Theologie in dem hier skizzierten Sinn besitzt ein Bewusstsein ihrer eigenen Verstrickungen. Aus diesem Grund muss sie immer auch eine ideologiekritische Dimension beinhalten.

Theologie hat also die Aufgabe, in dieser Zeit Rechenschaft zu geben vom Grund ihrer Hoffnung. Aber wie ist es heute um diese Hoffnung bestellt? Sind unsere Theologien noch Theologien der Hoffnung? Wenn theologisch von Hoffnung gesprochen wird, handelt es sich dann nicht eher um eine Hoffnung, die einem geglaubten Glauben entspringt, aber nicht einem Glauben? Leidet Theologie an einer Hoffnungsvergessenheit, verursacht durch einen Mangel an Exoterik, an Hinwendung zum Anderen? Besitzt sie noch genügend Situationsempfindlichkeit, um die Zeit anzusagen und vom konkreten Menschen zu sprechen? Theologien wirken allzu häufig als Interpretationsmaschinerien, aber sie sind allzu selten Veränderungspraktiken.

Wie findet die Theologie hierzulande aus dieser Situation heraus? Vielleicht, indem sie einen Rat des pragmatistischen Philosophen John Dewey befolgt, den dieser der Philosophie gegeben hat:

> „Die Philosophie entdeckt sich neu, wenn sie aufhört, ein Werkzeug für den Umgang mit Problemen von Philosophen zu sein und zu einer von Philosophen kultivierten Methode wird, mit den Problemen von Menschen umzugehen.“[6]

Es könnte sein, dass wir TheologInnen uns zu sehr als Lehrende und zu wenig als Lernende verstehen. Um mit Harry Noormann zu sprechen: Wir müssen uns als diakonisch Lernende begreifen, die ein Bewusstsein davon haben, dass „Lernprozesse […] von elementaren menschlichen Grunderfahrungen und Grenzsituationen angestoßen [werden, J.M.] und […] Fragen nach fundamentalen und letzten Gewissheiten [evozieren, J.M.], die das Leben tragen und halten“[7]. Dazu bedarf es aber der Erkenntnis, dass diese diakonische Dimension nicht bloß zum sozialen Außendienst der Theologie gehört, sondern auch zum spirituellen Innendienst.[8] Die Auseinandersetzung mit der praktischen Philosophie kann der Theologie helfen, aus dem Schlummer der Hoffnungsvergessenheit zu erwachen, weil sie die Theologie wieder in die exoterische Spur führt.

---

6 Dewey, John, „The Need for a Recovery of Philosophy“, in: Ders., The Middle Works of John Dewey. 1899–1924: Journal articles, essays, and miscellany published in the 1916–1917 period (10), Southern Illinois 2008, 3–49, 46.

7 Noormann, Harry, Die Angst überwinden, Grenzen zu verletzen, die Sehnsucht nähren, sie zu überschreiten, in: Rupp, Horst F. (Hg.), Lebensweg, religiöse Erziehung und Bildung. Religionspädagogik als Autobiographie Bd. 5, Würzburg 2013, 195–210, 208.

8 Siehe zu diesen Begrifflichkeiten: Metz, Johann Baptist, Mystik der offenen Augen. Wenn Spiritualität aufbricht, Freiburg u. a. 2011, 206.

2. Praktische Philosophie

2.1 Praktische Philosophie als Sozialphilosophie

Die praktische Philosophie teilt sich in verschiedene Unterdisziplinen auf, von denen die Sozialphilosophie von besonderer Bedeutung ist. Sie

> „[…] fragt, warum und wie Menschen überhaupt in Gesellschaften zusammenleben, in welchen Institutionen sie ihr Zusammenleben organisieren und wie das Verhältnis von Individuum und Gemeinschaft verstanden werden kann. Dabei stehen basale Formen des Sozialen wie Kommunikation, Anerkennung, Macht, Vertrauen oder Tausch ebenso im Zentrum wie komplexere gesellschaftliche Systeme und Strukturen.“[9]

Die Sozialphilosophie beschreibt aber nicht nur verschiedene Weisen des Zusammenlebens, sondern bewertet diese auch:

> „Fast alle Positionen der Sozialphilosophie gehen mit einem Idealbild gelingender Sozialität oder Lebenspraxis bzw. wünschenswerter gesellschaftlicher Zustände einher. Um eine gelingende Sozialität von einer pathologischen unterscheiden zu können, benötigt die Sozialphilosophie normative Kriterien, die sie allerdings, und das unterscheidet sie von einer Vielzahl ethischer Ansätze, nicht von außen an das Soziale heranträgt, sondern aus diesem selbst abzulesen sucht.“[10]

Die Sozialphilosophie hat ein besonderes Bewusstsein davon, dass das Soziale den Charakter des Mediums hat. Das bedeutet, dass wir „[…] immer schon mitten in ihm [sind, J.M.], jeder Versuch, das Soziale theoretisch zu konzeptualisieren, erfolgt […] selbst von einer sozialen Position aus. Das Soziale kann von keinem Ort aus als Ganzes objektiv beobachtet oder auf den Begriff gebracht werden.“[11]

2.2 Sozialphilosophie als Zeitdiagnose

Sozialphilosophie ist seit ihrer Geburtsstunde eine Philosophie der Krise. Es gibt sie erst, seitdem das Soziale aus den Fugen geraten ist. Die Sozialphilosophie borgt sich ihre Empirie aus Soziologie und Ethnologie aus. Im Vergleich zu diesen verfährt sie jedoch nicht-empirisch, d.h., sie ist methodisch „freier“. Sie analysiert nicht, sondern sie diagnostiziert die Gesellschaft.[12] Deshalb ist Sozialphilosophie Zeitdiagnose.

---

9 Hetzel, Andreas, Positionen der Sozialphilosophie. Studienbrief Fernuniversität Hagen, Hagen 2014, 6.

10 Hetzel, Positionen der Sozialphilosophie, 6–7.

11 Hetzel, Positionen der Sozialphilosophie, 16–17.

12 Vgl. Hetzel, Positionen der Sozialphilosophie, 7.

Zeitdiagnose – das ist, in Absetzung von einer Analyse, eine Symptomatik, die versucht, anhand gegenwärtiger Vor- bzw. Anzeichen eine provisorische Beschreibung, ein Szenarium der Gegenwart zu entwerfen. Anders als die Analyse, die häufig nur noch eine vergangene Gegenwart beschreibt, ist die Zeitdiagnose aktuell. Sie wird erst im Laufe der Zeit durch die Analyse falsifiziert. Zur Zeitdiagnose bedarf es weniger des erklärenden Verstehens als einer Art dechiffrierender Mantik. Die Methode der Dechiffrierung ist assoziativ und konstruierend. Kaleidoskopisch schießen Konstellationen zusammen, die bei der kleinsten Veränderung auch das Gesamtbild wieder neu erscheinen lassen. Eine solche Zeitdiagnose zehrt von sich wechselseitig erhellenden Plausibilitäten, die am Ende zu einem verketteten Netzwerk zusammenschießen.

Sozialphilosophie muss situationsempfindlich sein. Die Zeit zu diagnostizieren, setzt daher in irgendeiner Form ein Involviertsein voraus. Involviertsein bedeutet immer auch Fühlen. Und Fühlen beinhaltet Schmerz- und Leidempfindlichkeit.

2.3 Der Sozialphilosoph als interner Gesellschaftskritiker

Sozialphilosophien enthalten ein Idealbild wünschbarer Lebensumstände, mit dem sie die Gegenwart abgleichen. Deshalb sind sozialphilosophische Gesellschaftstheorien immer auch Gesellschaftskritiken, die die „Pathologien des Sozialen" (Axel Honneth) aufzeigen. Die Aufgabe einer kritischen Sozialphilosophie ließe sich in Anlehnung an Theodor W. Adorno folgendermaßen formulieren: Das Bedürfnis, Leiden beredt werden zu lassen, ist Bedingung aller Sozialphilosophie.[13]

Die US-amerikanischen Sozialphilosophen Michael Walzer und Cornel West arbeiten an einer Gesellschaftskritik, die auf bestimmten Tugenden beruht.[14] Die erste Tugend ist die des Mutes. Der Mut der KritikerInnen besteht darin, „Leute zu kritisieren, mit denen sie eine Menge zu tun haben."[15] Die zweite Tugend kann mit Johann Baptist Metz als „Mitleidenschaft" bezeichnet werden. „Ein gutes Auge haben", so nennt Walzer die dritte Tugend. Damit ist eine „(relativ) unvermittelte Erfahrung der Realität"[16] gemeint.

Im Allgemeinen wird Kritik mit einer distanzierten Stellung verbunden. Gerade diese Ansicht stellt Walzer in Frage:

---

13 Vgl. Adorno, Theodor W., Negative Dialektik, Frankfurt [3]1983, 29.

14 Vgl. Walzer, Michael, Gesellschaftskritik und Gesellschaftstheorie, in: Forst, Rainer u. a. (Hg.), Sozialphilosophie und Kritik, Frankfurt 2009, 588–607, 601.

15 Walzer, Gesellschaftskritik und Gesellschaftstheorie, 600.

16 Walzer, Gesellschaftskritik und Gesellschaftstheorie, 604.

> „Nach der herkömmlichen Auffassung spaltet die kritische Distanz das Selbst des Kritikers; wenn wir (im Geiste) Abstand von unserem alltäglichen, in die Gesellschaft involvierten Selbst nehmen, so erschaffen wir ein *doppeltes Selbst*. Das erste Selbst bleibt weiterhin involviert, es hat seine Verpflichtungen und seine bornierten Ansichten, es empört sich wie jede(r) von uns; das zweite Selbst hingegen ist abgehoben, leidenschaftslos, unparteilich und beobachtet dann aus dieser ruhigen Position sein erstes Selbst. Nun behauptet die konventionelle Auffassung, daß das ‚Selbst Nr. 2' dem ‚Selbst Nr. 1'" überlegen ist – jedenfalls in dem Sinne, daß seine Kritik verläßlicher und objektiver ist und uns mit höherer Wahrscheinlichkeit die moralische Wahrheit über die Welt verkünden kann, in der der Kritiker ebenso lebt wie wir alle. (Gäbe es ein noch objektiveres ‚Selbst Nr. 3'", wäre das noch besser)."[17]

Walzer kritisiert die Idee einer externen Gesellschaftskritik, die aus der Perspektive eines „Selbst Nr. 2" oder „Selbst Nr. 3" erfolgt, und plädiert stattdessen für eine interne Gesellschaftskritik. Den Unterschied zwischen externer und interner Kritik markiert er durch Rekurs auf zwei bedeutende prophetische Gestalten der Bibel: den Propheten Amos und den Propheten Jona.

Jona ist ein Prophet, der die Gesellschaft von außen betrachtet, der keine Beziehung zu den Menschen hat, die er kritisiert. Er wird von Gott regelrecht gezwungen, nach Ninive zu gehen, um das Urteil Gottes, die Vernichtung, zu verkünden. Jona hat keinen Bezug zu den Einwohnern von Ninive. Er hat auch gar kein Interesse an der Rettung der Stadt. Als wider Erwarten die Einwohner umkehren und die Stadt der Zerstörung entgeht, freut Jona sich nicht, sondern ist verzweifelt, da er doch nun als falscher Prophet dasteht. Er sieht nur sich selbst, aber nicht diejenigen, die er kritisiert hat. Jonas Prophetie beinhaltet Gleichgültigkeit. Er fühlt sich nicht zugehörig.[18]

Wie anders verhält sich Amos: Er bangt mit dem Volk, er hofft, er leidet, ja er fiebert geradezu für seine Gemeinschaft. Er fühlt mit, sieht sich als Teil der Gemeinschaft, die er kritisiert. Und nicht nur das: Die Kritik, die er dem Volk Israel entgegenschleudert, kommt nicht von außen. Der Prophet als Kritiker ist hier nicht jemand, der ein besseres Verständnis von der Moral besitzt als diejenigen, die er kritisiert. Im Gegenteil! Er erinnert das, was alle wissen, neu. Es ist die Erinnerung, die ihn zur Empörung führt. Er klagt also eine Moral ein, die bereits existiert.

Anders als viele heutige Gesellschaftskritiker will Amos als Gesellschaftskritiker nicht originell sein. Er verkündet nichts radikal Neues. Er bezieht sich auf bereits Gehörtes: „Es ist dir gesagt, Mensch, was gut ist." – so heißt es bei Micha (6,8).[19] Amos ist kein Esoteriker, der ein Wissen hat, das andere nicht haben und das ihn von anderen abhebt. Er geht davon aus, dass die Menschen, zu denen er spricht, ihn verstehen. Er kennt das Volk, war er doch Teil desselben. Und noch etwas ist entscheidend: Amos ent-

17 Walzer, Michael, Kritik und Gemeinsinn. Drei Wege der Gesellschaftskritik, Berlin 1990, 61.

18 Vgl. Walzer, Kritik und Gemeinsinn, 90 f.

19 Vgl. Walzer, Kritik und Gemeinsinn, 85.

wickelt keine Utopie einer besten Regierungsform. Er ist so sehr, gerade in seiner Wut, in der Gemeinschaft verwurzelt, dass er keinen Nicht-Ort, keine Utopie, sucht.[20] Des Weiteren hat er kein Interesse an sich selbst. Der Prophet beruft sich auf Werte, die auch die Kritisierten teilen. Wenn er die Reichen kritisiert, dann kritisiert er nicht deren Wohlleben, sondern ihr Wohlleben auf Kosten der Armen.[21]

Interne Gesellschaftskritik ist demgemäß eine „Kritik des Bestehenden […], die […] mit Grundsätzen [beginnt, J.M.], die dem Bestehenden bereits innewohnen“[22]. Nicht Abstand bestimmt also die Haltung des Kritikers, sondern Opposition.[23] Gesellschaftskritik – so gesehen – setzt deshalb nicht Distanz voraus, sondern Nähe.

2.4 Sozialphilosophische Vernunftkritik

Es sind gerade die Sozialphilosophen, die den Logozentrismus der westlichen Philosophie hinterfragen. Michael Walzer, Cornel West und Emmanuel Lévinas haben hier Grundlegendes geleistet. Für Hegel war Philosophie ja bekanntlich das Ergründen des Vernünftigen.[24] Als solches bedeutete Philosophieren „das Erfassen des Gegenwärtigen und Vernünftigen“[25]. Die Philosophie hat die Aufgabe, „[d]as was ist zu begreifen, […] denn das was ist, ist die Vernunft.“[26]

Sozialphilosophisch betrachtet ist Vernunft nur Vernunft, wenn sie kritische Vernunft ist, wenn sie den so genannten Tatsachen immer auch zuwiderläuft und sich weigert, die Normativität des Faktischen anzuerkennen.[27] Vernunft muss deshalb immer auch die bloße Sphäre des Daseins überschreiten. Sie darf weder an Vergangenheit noch an Gegenwart gekettet sein. Der Mensch kann mit der Vernunft auch Neues, Zukunft, antizipieren.[28]

Bekanntlich befassen sich PhilosophInnen hierzulande mit den Fragen von Immanuel Kant:

– Was kann ich wissen?

---

20 Vgl. Walzer, Kritik und Gemeinsinn, 94 f.

21 Vgl. Walzer, Kritik und Gemeinsinn, 99.

22 Walzer, Kritik und Gemeinsinn, 31.

23 Vgl. Walzer, Kritik und Gemeinsinn, 67.

24 Hegel, Georg Wilhelm Friedrich, Grundlinien der Philosophie des Rechts oder Naturrecht und Staatswissenschaft im Grundrisse, Frankfurt 1970, 24.

25 Hegel, Grundlinien der Philosophie des Rechts oder Naturrecht und Staatswissenschaft im Grundrisse, 24.

26 Hegel, Grundlinien der Philosophie des Rechts oder Naturrecht und Staatswissenschaft im Grundrisse, 26.

27 Vgl. Taubes, Jacob, Vier Zeitalter der Vernunft. Gesammelte Aufsätze zur Religion- und Geistesgeschichte, in: Ders., Vom Kult zur Kultur. Bausteine zu einer Kritik der historischen Vernunft, München 1996, 305–318, 317.

28 Vgl. Taubes, Vier Zeitalter der Vernunft, 317.

- Was soll ich tun?
- Was darf ich hoffen?

„Philosophie ist eine Exegese dieser drei Fragen.“[29] Aber die letzte ist kaum – sieht man einmal von Ernst Bloch ab – und wird heute so gut wie gar nicht behandelt. Cornel Wests Philosophie kämpft dafür, dass die dritte Frage „Was darf ich hoffen?“ wieder Eingang in den Diskurs der Vernunft findet. Aus der Perspektive von Lévinas muss aber die Fragerichtung geändert werden, da die Frage nicht darauf reduziert werden darf, was ich hoffen darf, sondern vom Anderen ihren Ausgang nehmen muss: Was darf ich für den Anderen hoffen?

2.5 Die humane Dimension der Sozialphilosophie

Um zu philosophieren, müssen wir – so die Forderung von Cornel West – mit der Erkenntnis beginnen, dass wir Menschen federlose, zweibeinige, sprachbegabte und mit Bewusstsein ausgestattete Kreaturen sind, versehen mit der Fähigkeit, zu begehren und zu wünschen, von Geburt an alt genug zum Sterben, aber dennoch mit Einfallsreichtum und Neugierde begabt, die es uns ermöglichen, Visionen und Hoffnungen für eine bessere und gerechtere Gesellschaft zu entwickeln. All das tun wir in einer Umwelt, die wir nicht selbst gewählt haben. Wir sind kontingente und fragile Organismen, die ihr Leben angesichts der Schrecken der Natur, des Terrors der Geschichte, der Grausamkeiten des Schicksals und des Glücks leben müssen.[30] Zum Philosophieren bedarf es deshalb des Mutes: des Mutes, zu denken, zu lieben, zu hoffen.[31]

Philosophieren, das sich mit den Problemen von Menschen befasst, muss bei dem ansetzen, was wir Humanität nennen. „Humanität“ stammt von „humare“: bestatten, beerdigen, begraben. Jedes Mal, wenn wir über humanes Leben, über Humanität nachdenken, dann sind wir mit Erde, mit Humus, mit Schmutz, mit Bestattung konfrontiert. Humanes Leben gibt es nicht losgelöst von der Einsicht, dass wir Staub sind. Aber humanes Leben gibt es auch nicht losgelöst von der Bestattung. Damit ist eine besondere Fähigkeit bezeichnet. Humanität bezeichnet die Fähigkeit, den Anderen begraben zu können und sich seiner zu erinnern.[32] Humanität bedeutet, der Tragik des Lebens standzuhalten, das herausgefordert ist durch das Staubsein des Menschen, dem niemand entrinnt, und den einzigartigen Kampf um Würde, der

---

29 Taubes, Vier Zeitalter der Vernunft, 317.

30 Vgl. hier das etwas abgewandelte Zitat in: West, Cornel, Afterword. Philosophy and the Funk of Life, in: Yancy, George (Hg.), Cornel West. A Critical Reader, Malden, Malden, MA 2001, 347.

31 Vgl. West, Cornel, in: Taylor, Astra, Examined Life, Berlin 2010 (DVD).

32 Vgl. Manemann, Jürgen, Rettende Erinnerung an die Zukunft. Essay über die christliche Verschärfung, Mainz 2005, 35.

darin besteht, gerade auch im Letzten die Würde des Anderen zu reklamieren – und zwar durch die Bestattung und das Gefühl der Trauer.

Wer wissen will, wie es um unsere Humanität bestellt ist, muss den Blick auf diese Trauer und auf unseren Umgang mit Tieren werfen. Denn wie es um unsere Humanität bestellt ist, zeigt sich am Umgang mit denen, die vollends auf unsere Barmherzigkeit angewiesen sind: den Tieren. Und gerade hier, so Milan Kundera, „ist es zum grundlegenden Versagen des Menschen gekommen, zu einem so grundlegenden Versagen, dass sich alle anderen aus ihm ableiten lassen.“[33]

3. Nihilistische Tendenzen in der Gegenwart

Welche Zeitdiagnose ergibt sich aus einer solchen Sozialphilosophie? Cornel West diagnostiziert in westlichen Gesellschaften nihilistische Tendenzen. Wenn er mit Blick auf die Gegenwart von Nihilismus spricht, dann bedeutet Nihilismus für ihn „ein Leben in erschreckender Sinnlosigkeit, Hoffnungslosigkeit und Lieblosigkeit“[34]. Auch Axel Honneth diagnostiziert gesellschaftliche Fehlentwicklungen, die auf Pathologien des Sozialen hinweisen. Gesellschaften sind normal, wenn in ihnen kulturabhängig Bedingungen gelten, „die ihren Mitgliedern eine unverzerrte Form der Selbstverwirklichung erlauben“[35]. Hingegen gelten Gesellschaften als krank, wenn Lebensmöglichkeiten in ihnen deformiert werden.

In ihrem zunächst verbotenen, dann mit Preisen ausgezeichneten Jugendbuch erzählt die dänische Schriftstellerin Janne Teller von einem hassgeladenen Ressentiment in westlichen Gesellschaften. Das Buch trägt den Titel „Nichts“. Die Autorin – vormals tätig als Makroökonomin – beschreibt eine Gruppe von Siebtklässlern, die durch einen Mitschüler provoziert werden, der ihnen, auf einem Pflaumenbaum hockend, tagaus tagein den Satz entgegenschleudert, dass nichts irgendetwas bedeute.[36] Um das Gegenteil zu beweisen, zwingen sich die SchülerInnen, einander abzuliefern, was für sie von Bedeutung ist: Sandalen, ein Fahrrad, Zöpfe, einen Goldhamster, einen Gebetsteppich, Flagge, Kruzifix, einen Kindersarg mit den Überresten des kleinen Bruders, einen rechten Zeigefinger und so weiter und so fort. So entsteht

---

[33] Kundera, Milan, Die unerträgliche Leichtigkeit des Seins, Frankfurt [44]2013, 336.

[34] West, Cornel, Democracy Matters. Winning the Fight against Imperialism, New York 2004, 26.

[35] Honneth, Axel, Pathologien des Sozialen. Tradition und Aktualität der Sozialphilosophie, in: Ders. (Hg.), Pathologien des Sozialen. Die Aufgaben der Sozialphilosophie, Frankfurt 1994, 9–70, 51.

[36] Vgl. Teller, Janne, Nichts. Was im Leben wichtig ist, München 2010. Siehe dazu: Sprekelsen, Thomas, Wie man zum Fanatiker wird, Frankfurter Allgemeine v. 23.09.2010.

ein Berg aus Bedeutung. Als dieser schließlich zerstört wird, kippt die Aggression der Kinder, die sich bei der Herstellung des Berges der Bedeutung aufgestaut hat, ins Mörderische um. Voller Hass wird der Provokateur umgebracht. Die Erzählerin, eines der involvierten Mädchen, fasst die Situation folgendermaßen zusammen: „Es war sinnvoll, Pierre Anthon zu schlagen. Sinnvoll, ihn zu treten. Das hatte Bedeutung. Selbst als er am Boden lag und sich nicht mehr wehren konnte und es irgendwann auch nicht mehr versuchte.“[37] Aber die Worte des Ermordeten „Nichts bedeutet irgendetwas“ konnten durch die Vernichtung des Provokateurs nicht aus dem Gedächtnis der Kinder getilgt werden.

Immer wieder ist in dem Buch von der Ignoranz der Erwachsenen die Rede, die permanent verdrängen, dass die Kinder doch schon lange erkannt hätten, dass in ihrer Welt nichts wirklich etwas bedeute, dass die Erwachsenen nur so täten, als ob irgendetwas etwas bedeuten würde. Bedeutung entdecken die Kinder schließlich in dem, was keine Bedeutung haben sollte: Aggression, Gewalt, Mord. Wie gesagt, das Buch trägt den Titel „Nichts“. Es handelt vom Nihilismus der Kinder, der das Produkt des Lebens der Erwachsenen und der Schule ist.

Diese nihilistische Gestimmtheit ist alles andere als eine literarische Fiktion. Auch wenn jugendliche Gewalt in den letzten Jahren abgenommen hat, warnen Soziologen, Psychologen, Polizeipräsidenten, Schriftsteller und Künstler gegenwärtig dennoch vor neuen Formen der Gewalt, die aus einem destruktiven Begehren in der Gesellschaft zu resultieren scheinen. Sie sprechen von absoluter, leerer und blinder Gewalt, von Gewalt um ihrer selbst willen.[38] Diese Gewalttaten sind Ausdruck von Sinnlosigkeit bzw. von pervertiertem Sinn. Die neuen Gewalttäter scheinen durch ihre Tat einen Ersatz für das zu erhalten, was in der Gesellschaft zu fehlen scheint: Sinn. Die Zerstörung könnte ihnen somit ein Ultimum an Sinn bereiten. Dieser Sinn besteht aber nicht mehr im Ja zum Leben, sondern im Ja zum Nichts.

Solche Gewalt tritt meist individuell auf, sie kann allerdings auch im Namen einer Gruppe bewusst ausgelöst werden. Sie resultiert nicht nur aus ökonomischen Krisen, sondern ist vor allem verursacht durch echte psychische, geradezu spirituelle Not.

Explosiv-ressentimentgeladen mutiert die Erfahrung des Nichts zum Hass, zu einem aktiven Nihilismus, der in seinem Hass auf den Tod anderer zielt. Der Hass auf den Anderen scheint wichtiger zu sein als das eigene Leben. Man denke hier an Amokläufer oder Dschihadisten.[39]

---

37 Teller, Nichts, 134.

38 Marneros, Andreas, Blinde Gewalt. Rechtsradikale Gewalttäter und ihre zufälligen Opfer, Frankfurt 2005.

39 Vgl. dazu: Manemann, Jürgen, Der Dschihad und der Nihilismus des Westens. Warum ziehen junge Europäer in den Krieg?, Bielefeld 2015.

Neben dem geschilderten „explosiven Ressentiment" gibt es auch Anzeichen „implosiver Resignation"[40]. Dieser passive Nihilismus breitet sich als „Seelenlähmung" aus. Damit ist vor allem die Seelenlage vieler junger Menschen benannt, die unfähig sind, „Ja" zu ihrem Leben zu sagen. Die Folgen sind Suizide und Depressionen.

Man mag nun fragen, wie sich die Rede vom Nihilismus zur jüngsten Shell-Studie verhält, die doch, so ihre Adepten, zu dem Ergebnis komme, dass es schon lange nicht mehr eine so gute Jugend gegeben hätte: Die Jugendlichen seien leistungsbereit, ehrgeizig und optimistisch. Dass die Gesellschaft von dieser Jugend begeistert ist, verwundert nicht, handelt es sich doch um Werte, die von der Gesellschaft prämiert werden. Diese Werte sind Werte, die für erfolgsorientiertes Handeln stehen. Dagegen ist erst einmal nichts einzuwenden. Wenn aber Jugendliche in erster Linie diese von der Gesellschaft prämierten Vor- und Einstellungen bloß übernehmen, dann läuft etwas falsch. Jugend steht für Zukunft, und Zukunft muss immer auch etwas anderes sein als das, was die Gegenwart ist. Eine Jugend ohne Wünsche, ohne den Gedanken, es möge doch anders, vielleicht auch ganz anders werden, ist eine Jugend, der der Gedanke der Zukunft abhandengekommen ist. Eine solche Jugend hat ihre Jugendlichkeit verloren. Dieser Verlust der Jugendlichkeit steht aber mitnichten für Reife, dafür, dass Jugendliche bereits erwachsen geworden sind. Im Gegenteil, es ist zu befürchten, dass die Jugendlichen im Kindsein steckenbleiben. Man muss sich darüber im Klaren sein, dass die o.g. Werte keine Primärwerte sind, die sich in der Auseinandersetzung mit der Frage eingestellt haben, was es heißt, ein humanes Leben zu führen.[41]

Leistungsbereitschaft, Ehrgeiz und Optimismus stehen für Erfolg. Erfolg kann nur in einer – wie Cornel West in Anlehnung an Henry James formuliert – „Hotel-Zivilisation" zu einem Primärwert aufsteigen. In einer Hotel-Zivilisation leuchten die Lichter zu jeder Zeit. Hat man sein Zimmer verlassen und kommt zurück, ist das Zimmer sauber. Man braucht nicht darüber nachzudenken, wer das Zimmer vom eigenen Dreck gereinigt hat. Hotel-Zivilisation ist charakterisiert durch Komfort, Bequemlichkeit, Zufriedenheit. Eine Hotel-Zivilisation erzieht Menschen nicht zur Reife, sondern erzeugt Infantilität. Infantilität führt letztlich in den Nihilismus. Menschen gelangen erst dann zur Reife, wenn sie sich der Frage aussetzen, was es heißt, ein humanes Leben zu führen.

---

40 Vgl. Polednitschek, Thomas, ‚Wunschloses Unglück', in: Theologie der Gegenwart 49 (2006), 104–117.

41 Die beiden folgenden Abschnitte beruhen im Wesentlichen auf: Manemann, Jürgen u. a., Prophetischer Pragmatismus. Eine Einführung in das Denken von Cornel West, München ²2012, 91–92.

4. Unterwegs zu einer neuen Theologie der Hoffnung

4.1 Wider die Alternativlosigkeit

Wodurch wurde dieser Gesellschaftszustand verursacht? Unser Verständnis von der Welt und ihren Möglichkeiten baut sich im Laufe unseres Lebens auf. Meine Weltsicht ist das Resultat meiner Lebenserfahrungen. Die Sinn- und Hoffnungslosigkeit junger Menschen in nachmodernen Gesellschaften verdankt sich bestimmten Weltverständnissen, die wiederum nicht zuletzt durch unser eigenes mitbestimmt sind. Es geht hier also nicht darum, jungen Menschen den Verlust von Werten vorzuwerfen. Der Vorwurf richtet sich an uns Erwachsene. Es ist doch unsere Welt, die maßgeblich die Welt der jungen Menschen mitgeprägt hat.

Aber was kennzeichnet unsere Welt? Unsere Welt ist wesentlich durch die moderne, aufgeklärte Welt beeinflusst. Diese aufgeklärte Welt hat einen eigenen Mythos geschaffen, den von der Zeit als einer leeren, überraschungsfreien Unendlichkeit.[42] Die Zukunft, von der wir reden, ist nicht mehr Zukunft. Sie hat nichts mit dem Neuen zu tun, sondern bedeutet für uns lediglich die Verlängerung unserer Gegenwart in die Zukunft. Und so verwundert es nicht, dass der moderne Zukunftsoptimismus längst in eine „Prozessmelancholie“ übergegangen ist.[43] Mit dem Begriff „Prozessmelancholie“ wird ein sich ausbreitendes Prozessgefühl bezeichnet, das den Empfindungen von Passanten auf einer Rolltreppe entspricht. Die Bewegungen auf der Rolltreppe stehen dafür, dass man ohne eigenes Zutun automatisch weiterkommt. Es geht also immer weiter, auch ohne unser Zutun, so empfinden wir es jedenfalls.[44]

Um dieser Gestimmtheit der Alternativlosigkeit zu widerstehen, wählt Cornel West zunächst einen pragmatistischen Weg. Er betrachtet das Individuum als Teil einer aktiven Gemeinschaft und lenkt den Blick auf heroische Handlungen gewöhnlicher Menschen in einer Welt radikaler Kontingenzerfahrungen. Seine Philosophie ist voluntaristisch, da sie von einem menschlichen Willen, von menschlicher Macht und menschlichem Handeln ausgeht. Im Zentrum stehen für ihn soziale Praktiken. Pragmatismus ist für ihn der Versuch, Wissen, Realität und Wahrheit so vorzustellen, dass der Mensch in seiner Individualität unter den Bedingungen der Demokratie aufblühen und

---

42 Metz, Johann Baptist, Der Kampf um die verlorene Zeit. Thesen zur Apokalyptik, in: Manemann, Jürgen (Hg.), Befristete Zeit (Jahrbuch für Politische Theologie 3), Münster 1999, 212–221, 215.

43 Vgl. Sloterdijk, Peter, Eurotaoismus. Zur Kritik der politischen Kinetik, Frankfurt 1989, 269.

44 Vgl. Sloterdijk, Eurotaoismus, 269.

wachsen kann.[45] West zufolge muss Demokratie radikaler und das heißt für ihn, dezidierter von unten her gedacht werden. Aus dieser Perspektive wird deutlich, dass Demokratie mehr ist als eine Regierungsform, dass sie eine Lebensform ist, die den Menschen viel abverlangt. Deshalb stellt West auch das Thema Bildung ins Zentrum seiner sozialphilosophischen Reflexionen. Immer wieder spricht er von der *Paideia*. In die heutige Sprache übertragen ist damit eine tiefgehende Erziehung gemeint, die die Aufmerksamkeit vom Oberflächlichen hin zum Substanziellen, vom Frivolen zum Ernsten bezeichnet: „Paideia betrifft die Kultivierung des Selbst, die Wege, wie man in seine eigene Geschichte eingreift, in seine eigenen Erinnerungen, seine eigene Sterblichkeit, seinen eigenen Sinn für das, was es heißt, lebendig zu sein als ein kritisches, liebendes, denkendes menschliches Wesen."[46]

4.2 Voraussetzungen eines sinnvollen Lebens

An dieser Stelle tritt das Potential hervor, das die Theologie für die praktische Philosophie bietet. Theologie, die sich in dem o.g. Verständnis als diakonische begreift, besitzt ein Bewusstsein davon, dass ein humanes Leben auf Hoffnungen basiert.[47] Diese stammen aus Erfahrungen, nicht aus Abstraktionen. Sie werden im Diesseits geboren. Aber sie entstehen, wie Dietrich Bonhoeffer so eindringlich formuliert hat, nicht in der „platten und banalen Diesseitigkeit [...] der Betriebsamen, der Bequemen [...]". Erst in der „vollen Diesseitigkeit des Lebens", „nämlich in der Fülle der Aufgaben, Fragen, Erfolge und Misserfolge, Erfahrungen und Ratlosigkeiten", lernt man, was Sich-Aneinander-Binden, was Vertrauen, was Hoffen und was Glauben heißt.[48]

Nihilistische Tendenzen entstehen aus dem Mangel an tiefer und dem Überfluss an platter Diesseitigkeit. Ist die Erfahrung zerstört, so der Psychoanalytiker Ronald D. Laing, wird das Verhalten zerstörerisch. Sowohl der aktive als auch der passive Nihilismus haben hier ihren Ursprung. Derjenige, dessen Erfahrung zerstört ist, verliert nicht nur sein Selbst, er partizipiert sogar an diesem Verlust, indem er sich schließlich selbst durchstreicht. Für beide nihilistischen Tendenzen gilt: Sie sind wesentlich durch einen Erfahrungsmangel und im schlimmsten Fall durch einen Erfahrungsverlust verursacht. Vergleichbar sind beide Nihilismen aber nur im analogen Sinne, das heißt, es gibt Ähnlichkeiten, jedoch sind die Unähnlichkeiten größer. Es

---

45 Vgl. West, Cornel, Prophetic Thought in Postmodern Times, Monroe 1993, 32.

46 West, Cornel / Ritz, David, Brother West. Living and Loving out Loud. A Memoir, New York 2009, 22.

47 Vgl. Noormann, Harry, Die Angst überwinden, Grenzen zu verletzen, die Sehnsucht nähren, sie zu überschreiten, 195–210.

48 Bonhoeffer, Dietrich, Widerstand und Ergebung. Briefe und Aufzeichnungen aus der Haft, München [12]1983, 192.

macht schließlich einen großen Unterschied, ob ich aktiv den anderen hasse oder passiv die Kontrolle über mein Leben verliere und mein Leben durchstreiche, aber nicht das des anderen. Aktiver Nihilismus basiert auf massiven Identitäts- und Persönlichkeitsstörungen, passiver Nihilismus ist vorwiegend ein Erschöpfungssyndrom.

Gerade die Sozialphilosophie kann uns helfen, den Blick für das zu schärfen, was Menschen für ein gutes Leben benötigen. Zum Leben benötigen wir zunächst einmal Güter, die unser Überleben sichern helfen: Nahrungsmittel, Wohnung, medizinische Versorgung, ein Recht, das Leib und Leben schützt usw. Leben bedeutet aber mehr, als bloß zu überleben: Wir wollen auch ein gutes, ein glückliches Leben führen. Dazu benötigen wir einen gesellschaftlichen Zustand, in dem wir Grundfähigkeiten und Dispositionen erwerben, die wir brauchen, um unsere Vorstellung eines guten, eines sinnvollen Lebens erstreben zu können. Der gesellschaftliche Zustand muss Räume bereitstellen, in denen Menschen Selbstvertrauen, Selbstachtung und Selbstwertgefühl ausbilden können. Voraussetzung dafür ist, dass Menschen Anerkennung erfahren, und nur wer Anerkennung erfährt, dem wird eine Ahnung zuteil, was ein sinnerfülltes Leben heißen kann.

4.3 Aktive Hoffnung

Durch die Auseinandersetzung mit der Sozialphilosophie wird Theologie in neuer, radikaler Weise an ihre Aufgabe erinnert, nach dem Grund von Hoffnung zu fragen. Es gibt keine Hoffnung ohne Möglichkeitssinn. Theologie sollte ihre Aufgabe darin sehen, deutlicher als bisher, Religion als Kontingenzeröffnungspraxis zu begreifen. Das heißt: Der Gedanke, dass alles hätte ganz anders sein können und ganz anders werden kann, muss mit einer Praxis einhergehen. Diese Kontingenzerfahrung ist Veränderungserfahrung. Nur durch Veränderungserfahrung stellt sich Möglichkeitssinn ein: „Nur wenn, was ist, sich ändern läßt, ist das, was ist, nicht alles." (Theodor W. Adorno) Durch Veränderungserfahrung machen Menschen die Erfahrung von Selbstwirksamkeit und diese ist wiederum die Voraussetzung dafür, dass Möglichkeitssinn entstehen kann.

Überdies bilden religiöse Narrative Metaphorisierungskompetenz aus: Für einen religiösen Menschen kann bspw. eine kleine Tat Bedeutung für das Große haben, ja durch sie kann sogar das Ganze radikal verändert werden. Man denke nur an folgende religiöse Leitsätze: „Wer einen Menschen rettet, rettet die ganze Welt." oder „Mit jedem Kind wird die Welt neu geboren." Religiosität ist eine sinnliche Erkenntnis, die es nicht erlaubt, dass das Einzelne durch das Ganze nivelliert wird. So widersteht sie auch dem völligen Auseinanderfallen von individueller Lebenszeit und Weltzeit. Mein kleines Leben ist in irgendeiner Weise mit der Welt und ihrer Zeit verbunden, hat darauf Einfluss. Religiosität vermag aber nicht nur das Große im Kleinen zu sehen, sondern auch, dass das Große aus Kleinem besteht. Religiosität vermittelt diese Metaphorisierungskompetenz.

Theologie sollte ausgearbeitet werden als eine besonders „passionierte Weltwahrnehmung“ (Tiemo Rainer Peters), die sich um der Hoffnungslosen willen nicht von Hoffnung abbringen lässt. Sie muss den Versuchen widerstehen, Hoffnung durch Optimismus zu ersetzen. Heiner Müller hat dies treffsicher formuliert: „Optimismus ist Mangel an Information.“ Anders als Optimismus lässt Hoffnung Angst nicht nur zu, sie ist ohne Angst gar nicht. Wie will man für den Anderen hoffen, wenn man nicht gleichzeitig Angst um den Anderen hat? Wer hofft, besitzt auch eine Erkenntnis davon, dass Hoffnungen scheitern können. Dennoch: Wer hofft, der hofft nicht weniger als alles. Hoffnungen sind Garanten dafür, dass die großen Fragen, die Menschheitsfragen – Was ist Gerechtigkeit? Was ist Freiheit? Was ist Glück? –, nicht vergessen werden. Vaclav Hável hat es auf den Punkt gebracht: „Hoffnung ist eben nicht Optimismus. Es ist nicht die Überzeugung, daß etwas gut ausgeht, sondern die Gewißheit, daß etwas Sinn hat – ohne Rücksicht darauf, wie es ausgeht.“[49] Das aufzuzeigen ist Aufgabe einer diakonisch-narrativen Theologie.[50]

Johann Baptist Metz warnt vor der Gefahr, dass wir Erwachsenen uns aus der Welt der Zukunft heimlich verabschieden.[51] Diese Tendenz hat nämlich Folgen, sie fatalisiert die jungen Menschen.[52] Damit Theologie diese Aufgabe nicht aus dem Auge verliert, ist sie gut beraten, sich immer wieder neu von der praktischen Philosophie herausfordern zu lassen, aber nicht nur das: Theologie könnte es gelingen, im Feld der Praktischen Philosophie das zu finden, worum es ihr in ihrem Ureigensten gehen sollte.

Literatur

Adorno, Theodor W., Negative Dialektik, Frankfurt ³1983.

Bonhoeffer, Dietrich, Widerstand und Ergebung. Briefe und Aufzeichnungen aus der Haft, München ¹²1983.

Dewey, John, „The Need for a Recovery of Philosophy“, in: Ders., The Middle Works of John Dewey. 1899–1924: Journal articles, essays, and miscellany published in the 1916–1917 period (10), Southern Illinois 2008, 3–49.

Hável, Vaclav, Fernverhör. Ein Gespräch mit K. Hvížd'ala, Reinbek 1987.

Hegel, Georg Wilhelm Friedrich, Grundlinien der Philosophie des Rechts oder Naturrecht und Staatswissenschaft im Grundrisse, Frankfurt 1970.

---

[49] Hável, Vaclav, Fernverhör. Ein Gespräch mit K. Hvížd'ala, Reinbek 1987, 220.

[50] Vgl. Noormann, Die Angst überwinden, Grenzen zu verletzen, die Sehnsucht nähren, sie zu überschreiten, 195–210.

[51] Vgl. Metz, Mystik der offenen Augen, 205.

[52] Vgl. Metz, Mystik der offenen Augen, 205.

Hetzel, Andreas, Positionen der Sozialphilosophie. Studienbrief Fernuniversität Hagen, Hagen 2014.
Honneth, Axel, Pathologien des Sozialen. Tradition und Aktualität der Sozialphilosophie, in: Ders. (Hg.), Pathologien des Sozialen. Die Aufgaben der Sozialphilosophie, Frankfurt 1994, 9–70.
Kundera, Milan, Die unerträgliche Leichtigkeit des Seins, Frankfurt [44]2013.
Manemann, Jürgen, Rettende Erinnerung an die Zukunft. Essay über die christliche Verschärfung, Mainz 2005.
Manemann, Jürgen u.a., Prophetischer Pragmatismus. Eine Einführung in das Denken von Cornel West, München [2]2012.
Manemann, Jürgen, Kritik des Anthropozäns. Plädoyer für eine neue Humanökologie, Bielefeld 2014.
Manemann, Jürgen, Der Dschihad und der Nihilismus des Westens. Warum ziehen junge Europäer in den Krieg?, Bielefeld 2015.
Marneros, Andreas, Blinde Gewalt. Rechtsradikale Gewalttäter und ihre zufälligen Opfer, Frankfurt 2005.
Metz, Johann Baptist, Der Kampf um die verlorene Zeit. Thesen zur Apokalyptik, in: Manemann, Jürgen (Hg.), Befristete Zeit (Jahrbuch für Politische Theologie 3), Münster 1999, 212–221.
Metz, Johann Baptist, Memoria passionis. Ein provozierendes Gedächtnis in pluralistischer Gesellschaft, Freiburg u. a. 2006.
Metz, Johann Baptist, Mystik der offenen Augen. Wenn Spiritualität aufbricht, Freiburg u. a. 2011.
Noormann, Harry, Die Angst überwinden, Grenzen zu verletzen, die Sehnsucht nähren, sie zu überschreiten, in: Rupp, Horst F. (Hg.), Lebensweg, religiöse Erziehung und Bildung. Religionspädagogik als Autobiographie (5), Würzburg 2013, 195–210.
Peters, Tiemo Rainer, Unterbrechung des Denkens. Oder: Warum Politische Theologie?, in: Manemann, Jürgen (Hg.), Demokratiefähigkeit (Jahrbuch Politische Theologie 1), Münster 1995, 24–38.
Polednitschek, Thomas, ‚Wunschloses Unglück', in: Theologie der Gegenwart 49 (2006), 104–117.
Sloterdijk, Peter, Eurotaoismus. Zur Kritik der politischen Kinetik, Frankfurt 1989.
Sprekelsen, Thomas, Wie man zum Fanatiker wird, Frankfurter Allgemeine v. 23.09.2010.
Taubes, Jacob, Vier Zeitalter der Vernunft. Gesammelte Aufsätze zur Religion- und Geistesgeschichte, in: Ders. (Hg.), Vom Kult zur Kultur. Bausteine zu einer Kritik der historischen Vernunft, München 1996, 305–318.
Teller, Janne, Nichts. Was im Leben wichtig ist, München 2010.
Walzer, Michael, Kritik und Gemeinsinn. Drei Wege der Gesellschaftskritik, Frankfurt 1993.
Walzer, Michael, Gesellschaftskritik und Gesellschaftstheorie, in: Forst, Rainer u.a. (Hg.), Sozialphilosophie und Kritik, Frankfurt 2009, 588–607.
West, Cornel, Prophetic Thought in Postmodern Times, Monroe 1993.
West, Cornel, Afterword. Philosophy and the Funk of Life, in: Yancy, George (Hg.), Cornel West. A Critical Reader, Malden, MA 2001.
West, Cornel, Democracy Matters. Winning the Fight against Imperialism, New York 2004.
West, Cornel / Ritz, David, Brother West. Living and Loving out Loud. A Memoir, New York 2009.
West, Cornel, in: Taylor, Astra, Examined Life, Berlin 2010 (DVD).

Wahrnehmung als neues Prinzip dogmatischen Denkens. Das Lehrstück der Prolegomena im Diskurs zwischen Soziologie und Theologie

Ralf Hoburg

Jenseits der Praktischen Theologie und der Religionspädagogik den Ort zu finden, an dem die Soziologie als wissenschaftliche Disziplin in der Theologie und ihrem dogmatischen Lehrgebäude beheimatet werden kann, scheint nicht einfach. Diese Beobachtung mag vor dem Hintergrund der heutigen Relevanz der Religionssoziologie in Kirche und Theologie zunächst erstaunen. Als eigenständiges Fachgebiet war diese bereits in der Entstehungszeit der Soziologie von Emil Durkheim inspiriert und wurde schon damals in der Theologie – etwa von Gerhard Uhlhorn – rezipiert. Bereits Uhlhorn kam zu interessanten Zuordnungen von Theologie und Soziologie, indem er die Soziologie als *Wahrnehmungsschule* der Theologie zuordnete. Die Religionssoziologie, die sich dann im 20. Jh. eigenständig weiterentwickelte, weist allerdings aus sich selbst heraus wenige Bezüge zur dogmatischen Theologie auf. Sie hat in den letzten ca. 40 Jahren ein expandierendes Eigenleben zu führen begonnen und bleibt mit der klassischen Dogmatik oft unverbunden.[1] Von ihr zu unterscheiden ist wiederum die Kirchensoziologie, die als sozialwissenschaftliche Arbeitsweise eine „methodische Untersuchung von bestehenden Formen kirchlichen Verhaltens und kirchlicher Organisationen“[2] darstellt und vor allem empirisches Wissen generiert.

Der Blick in gängige Lehrbücher der Dogmatik zeigt, dass in der Darstellung dogmatischer Topoi die Rezeption soziologischer Theorien eher selten Einzug gehalten hat und die theologische Dogmatik die Tradierung der reformatorischen Lehrstücke weitgehend ohne Zuhilfenahme von Bezugswissenschaften betreibt. Die Gestalt und Darstellungsform der christlichen Dogmatik hat sich – so der Eindruck – seit den „Loci Communes“ Phillip Melanchthons von 1522 als Urform einer protestantischen Lehrgestalt – von einigen Umstellungen im System und verschiedenen „Updates“ abgesehen – als transformationsresistent erwiesen. Der theologiegeschichtliche Überblick überwiegt in der Darstellung der dogmatischen Lehr- und Studienbücher, auch wenn vereinzelt beschrieben wird, dass es das Ziel sei „die Leserin bzw. den Leser bei ihren eigenen Fragen ‚abzuholen‘ und in eigene Denk-

---

1 Vgl. Krech, Volkhard, Religionssoziologie, Bielefeld 1999.

2 Rössler, Dietrich, Grundriss der Praktischen Theologie, Berlin / New York 1994, 106.

handlungen hineinzuziehen.“[3] Allerdings befasst sich die Dogmatik in der Gegenwart deutlich mehr als noch bis in die 80er Jahre mit dem Phänomen des religiösen Pluralismus als einer „Signatur unserer Lebenswelt“, wie Christoph Schwöbel beschreibt und nimmt den von der Soziologie beschriebenen Religionsbegriff auf.[4] Damit sei dann aber auch genug der Bezugnahme, obwohl Gunda Schneider-Flume im Vorwort ihres Grundkurs Dogmatik schreibt: „Für einen fruchtbaren Dialog zwischen biblischer Tradition und modernen oder postmodernen Lebensdeutungen müssen die dogmatischen Großbegriffe allerdings […] ‚zerbrochen‘ werden, damit die Bedeutung dieser Begriffe […] neu erhoben werden kann.“[5] Auch wenn die Bemühung um eine Lebens- und Realitätsnähe der Dogmatik zur Gegenwart hier mit Händen zu greifen ist, bleibt dennoch klar: Die Theologie „nimmt in ihrer Arbeit bewusst keine erkenntnistheoretische Außenperspektive ein.“[6]

Trotz einer Enthaltsamkeit der Dogmatik in Bezug auf die Soziologie scheint das Thema auf der aktuellen Agenda wissenschaftlicher Bemühung zu stehen, wie der auf katholischer Seite 2014 publizierte Band von Magnus Striet mit dem Titel: „Nicht außerhalb der Welt. Theologie und Soziologie“[7] zu bekunden scheint. Karl Gabriel und Martin Laube diskutierten in Münster ebenfalls 2014 unter der Fragestellung: „Von der Kirchensoziologie zur Christentums-forschung“.[8] Und ebenfalls 2014 erschien der Sammelband „Religionspädagogik in der Transformationskrise“.[9] Eine Koinzidenz von Zufällen oder was verbirgt sich hinter dem neu erwachten Grundlagen-Diskurs der beiden Disziplinen?

Zumindest der Sammelband über die „Religionspädagogik in der Transformationskrise“ zeigt, dass sich die Theologie – und das bereits seit längerem – selbst in der Transformationsbewegung befindet. Dies hat Falk Wagner bereits schon 1998 angedeutet: „Die christliche Religion der Moderne wird sich daher auf eine enttheologisierte Deutung ihrer Gehalte ein-

---

3 Stosch, Klaus von, Einführung in die dogmatische Theologie, Paderborn 2006, 7.

4 Schwöbel, Christoph, Christlicher Glaube im Pluralismus. Studien zu einer Theologie der Kultur, Tübingen 2003, 1–3. Vgl. Graf, Friedrich Wilhelm, Die Wiederkehr der Götter. Religion in der modernen Kultur, München 2004.

5 Schneider-Flume, Gunda, Grundkurs Dogmatik. Nachdenken über Gottes Geschichte, Göttingen 2004, 15.

6 Schneider-Flume, Dogmatik, 36.

7 Striet, Magnus, „Nicht außerhalb der Welt“. Theologie und Soziologie, München 2014.

8 Westfälische Wilhelms-Universität Münster (Hg.), Von der Kirchensoziologie zur Christentumsforschung? Vergewisserungen und Perspektiven nach Luckmann. Mit Beiträgen von Karl Gabriel und Martin Laube in: https://www.uni-muenster.de/imperia/md/content/religion_und_moderne/preprintsdeckblaetter/crm_working_paper_5_christentumsforschung_neu.pdf. (Zugriff: 16.8.2017).

9 Englert, Rudolf u. a. (Hg.), Religionspädagogik in der Transformationskrise. Ausblick auf die Zukunft religiöser Bildung (Jahrbuch für Religionspädagogik 30), Neukirchen-Vluyn 2014.

zustellen haben."[10] Notger Slenczka spricht etwa in einem Beitrag in der Monatszeitschrift „Zeitzeichen" aus dem Jahr 2013 von der „Flucht aus den dogmatischen Loci"[11] und Ulrich Körtner schränkt den Geltungsbereich der Dogmatik ein: „Die menschgewordene Wahrheit Gottes besteht nicht in Aussagesätzen oder Dogmen[...]" und lehnt den Ansatz einer „metaphysischen Letztbegründungstheorie" ab.[12] Mit der These einer notwendigen, weil der Zeit entsprechenden Transformation wird die Unwandelbarkeit theologischer Lehrsätze hinterfragbar und theologische Transformation denkbar. Insgesamt wird ein offensichtlicher werdender systemischer Bruch erkennbar: Der dogmatisch tradierten Selbstevidenz theologischer Lehrsätze auf der einen Seite tritt die Erkenntnis der Notwendigkeit einer Transformation dogmatischer Inhalte gegenüber, die eine Folge von Pluralisierungsphänomenen und der Entstehung von Synkretismen einer Alltagsreligiosität darstellt. Daraus entsteht unweigerlich die Frage, ob sich Dogmatik noch „dogmatisch" lehren lässt oder nicht eventuell die zeitgemäße Form der Explikation theologischer Inhalte in einer eher *undogmatischen Dogmatik* besteht? An welchen Kriterien neben Schrift und Bekenntnis richtet sich dann aber die Dogmatik der Gegenwart aus? An dieser Stelle – d. h. der Transformationsproblematik – öffnet sich die Möglichkeit eines erneuten Dialoges von Soziologie und Theologie und zwar unter einer epistemologischen Perspektive.

Im Folgenden soll das Thema der Zuordnung der Disziplinen von Theologie und Soziologie bewusst in der Zuspitzung von *Dogmatik und Soziologie* betrachtet werden, wobei natürlich auch von der Religionssoziologie gesprochen werden muss. Dennoch geht es um etwas anderes als der Bedeutung von Religion auf der Strukturebene von Individuum und Gesellschaft. Aus der Perspektive von theologischer Transformation interessiert vielmehr das Verhältnis zwischen theologischer Lehre bzw. ihrer Lehrgestalt und der Prinzipienlehre der Soziologie. Damit bewegen sich die Überlegungen auf das Feld wissenschaftlicher Axiomata zu. Wenn denn zutrifft, dass gesellschaftliche Pluralisierung zu Legitimationseinbußen normativer Aussagen führt, bedarf es einer hermeneutischen und epistemologischen Grundlagenreflexion, damit theologische Lehrsätze und soziologische Aussagen miteinander kompatibel gemacht werden können.[13]

---

10 Wagner, Falk, Gott – ein Wort unserer Sprache?, in: Faulhaber, Thomas / Elazzar, Ben-Yoets (Hg.), Wenn Gott verloren geht. Die Zukunft des Glaubens in der säkularisierten Gesellschaft, Freiburg 1998, 222–240, 239.

11 Slenczka, Notger, Flucht aus den dogmatischen Loci, in: Zeitzeichen 8 (2013), 45–48, 45.

12 Körtner, Ulrich, Verletzliche Wahrheit. Die Pluralisierung religiöser Wahrheitsansprüche und der Verlust der Deutungshoheit des Christentums, in: Englert, Rudolf u. a. (Hg.), Religionspädagogik in der Transformationskrise. Ausblick auf die Zukunft religiöser Bildung (Jahrbuch für Religionspädagogik 30), Neukirchen-Vluyn 2014, 33–42, 40f.

13 Vgl. Barth, Ulrich / Gräb, Wilhelm, Gott im Selbstbewusstsein der Moderne. Zum neuzeitlichen Begriff der Religion, Gütersloh 1993.

Nach Emile Durkheim besteht der Wahrheitsanspruch soziologischer Sätze in der Analytik und Offenlegung sozialer Tatsachen – der Wahrheitsanspruch theologischer Sätze erschließt sich hermeneutisch aus Glauben. Hier treffen zwei ganz unterschiedliche Semantiken aufeinander, deren Verhältnis eher die Diastase ist. Die Verhältnisbestimmung von Dogmatik und Soziologie betritt abseits von der Ebene der Religions-soziologie die etwas angestaubte Bühne von Wissenschafts- und Erkenntnistheorie und nimmt in gewisser Weise einen alten, teilweise heute vernachlässigten Faden wieder auf.

1. Vom Offenbarungsbegriff zum Erfahrungsbezug der Theologie

Karl Barth bekannte in seinem letzten veröffentlichten Buch „Die Einführung in die evangelische Theologie“, dass er vom Ende her gesehen den Weg der Dogmatik auch ganz anders hätte beschreiten können und anstatt beim Begriff der Offenbarung im sog. Dritten Artikel hätte einsetzen können. Mit seinem Votum verdeutlicht Barth durchaus die prinzipielle systemische Offenheit der Dogmatik in ihrer Form und Struktur und signalisiert, dass man Dogmatik letztlich auch ganz anders machen kann.

Die Ausgangsposition, von der Barth von Anfang an in seinen dogmatischen Überlegungen her denkt, ist die Vorfindlichkeit. Die Offenbarung Gottes ist das erste – und insofern ist es ein „Axiom“ –, dem folgt dann als notwendige Konsequenz die Verkündigung der Kirche. Diese „Vorfindlichkeit“ nennt Barth in dem 1927 erschienenen Band – „Die christliche Dogmatik im Entwurf“ (CD) – die „Wirklichkeit des Wortes Gottes“.[14] Die christliche Rede bzw. Verkündigung ist das Faktum, von dem aus alle Dogmatik denken muss. Weil diese Verkündigung sowohl „auftragsgemäß“[15] wie auch „glaubwürdig“[16] zu sein hat, muss sie sich auf einen Gegenstand, nämlich die Selbstoffenbarung Gottes, beziehen. Für Barth besteht eben darin das Faktum des Gegebenen. Der Vorwurf eines Offenbarungs-positivismus[17] lag hier nahe, denn Barth präjudiziert erkenntnistheoretisch, was der kritisch rationalen Vernunft zunächst verschlossen bleibt und deren Evidenz *sola fide* erkannt werden kann.

---

[14] Barth, Karl, Die christliche Dogmatik im Entwurf, hg. v. Sauter, Gerhard (Gesamtausgabe. II. Akademische Werke 14), Zürich 1982, 33.

[15] Barth, Die christliche Dogmatik im Entwurf, 34.

[16] Barth, Die christliche Dogmatik im Entwurf, 35.

[17] So Wüstenberg, Ralf K., Der Einwand des Offenbarungspositivismus – Was hat Bonhoeffer an Barth eigentlich kritisiert, in: ThLZ 120 (1996), 997–1004, 997–999.

Barth verwendet für die dogmatische Kriteriologie einen noetischen oder auch ontologischen Begriff von Wirklichkeit, der von der Unhinterfragbarkeit des Vorfindlichen ausgeht und der dieses Vorfindliche in dem „Apriori" der Existenz Gottes bzw. der kirchlichen Verkündigung angesiedelt sein lässt. Von diesem Ausgangspunkt aus beschreibt er dann die dogmatische Aufgabe: „Die Dogmatik fragt nach dem Was der christlichen Rede. [...] Sie übt Besinnung auf ihren Inhalt."[18] Die Wirklichkeit, von der Barth redet, ist also die Sache selbst, „nämlich die Beziehung von Gott und Mensch, von der die christliche Rede redet."[19] Dieser Begriff der Wirklichkeit ist seinem Wesen nach „unempirisch" und stellt gleichsam eine *Wirklichkeit höherer Ordnung* dar. Er basiert zwar scheinbar durch das Faktum des „Gegebenen" und „Vorfindlichen" auf Annahmen der Phänomenologie, entzieht sich aber als Tatsache sui generis dem in den Sozialwissenschaften verwendeten Begriff von Wirklichkeit.

Dennoch kommt Barth auf einer anderen Ebene das Verdienst zu, durch die hervorgehobene Stellung der Prolegomena auf das Faktum einer notwendigen dogmatischen Kriteriologie und dogmatischen Methodenlehre bzw. eigenen Erkenntnistheorie aufmerksam gemacht zu haben. Es kann konstatiert werden, dass die Dogmatik der letzten Jahrzehnte einer nachbarthianischen Phase die Evidenz der Prolegomena zur Dogmatik eher als nachrangig zu betrachten scheint, obwohl Gunda Schneider-Flume diesem Aspekt wieder einen eigenen Abschnitt widmet. Noch 2006 beginnt Michael Weinrich seine Vorlesung zu den Grundfragen der Dogmatik in den Prolegomena mit dem Begriff der Offenbarung.[20]

Eine Kehrtwende vom radikalen Offenbarungsbegriff als Erkenntnisprinzip der Theologie vollzog Gerhard Ebeling, der mit dem Erscheinen seiner Dogmatik den Begriff der Erfahrung zum Ausgangspunkt der Glaubenserkenntnis machte.[21] Ohne explizit auf humanwissenschaftliche Forschung Bezug zu nehmen, rückt bei ihm mit dem Begriff der Erfahrung die Wirklichkeit in den Vordergrund, die der Mensch erlebt und erfährt. Ausgehend von Luther will Ebeling ein fünftes „sola-Prinzip" ergänzen, das er dann das Prinzip „sola experiencia" nennt.[22] Mit dem Erfahrungsbegriff wendet sich Ebeling der Lebensevidenz von Glauben zu. Gleichzeitig hebt er sie aber auch wiederum von anderer weltlicher Erfahrung ab, wie Eberhard

---

18 Barth, Die christliche Dogmatik im Entwurf, 55.

19 Barth, Die christliche Dogmatik im Entwurf, 48.

20 Vgl. Weinrich, Michael, Grundfragen der Dogmatik, 2006, in: http://www.ruhr-uni-bochum.de/oikumene/Downloads/Microsoft%20Word%20-%20grundfrdogmatikgliederungliteratur.pdf (Zugriff: 16.8.2017).

21 Vgl. Ebeling, Gerhard, Dogmatik des christlichen Glaubens. Bd. 1: Prolegomena; Teil 1. Der Glaube an Gott den Schöpfer der Welt, Tübingen ^{4}2012.

22 Vgl. Ebeling, Gerhard, Die Klage über die Erfahrungsdefizite in der Theologie als Frage nach ihrer Sache, in: Ebeling, Gerhard, Wort und Glaube, Bd. 3: Beiträge zur Fundamentaltheologie, Soteriologie und Ekklesiologie, Tübingen 1975, 3–28, 12.

Jüngel in seiner Darstellung der Theologie Ebelings formuliert: „Christlicher Glaube ist aus keiner weltlichen Erfahrung ableitbar. Aber er ist von sich her etwas wie eine durch Gott eröffnete Erfahrung mit der Erfahrung".[23] Auch hier bleibt letztlich der Erfahrungsbegriff in der Offenbarung begründet und stellt eine Wirklichkeit „sui generis" dar.

Grundsätzlich weiter geht bei der Suche nach einem Erfahrungsbegriff als heuristischer Prämisse für die Dogmatik Eilert Herms, der in der Reihe der Theologischen Existenz heute einen kleinen Band mit dem programmatischen Titel: „Theologie – eine Erfahrungswissenschaft"[24] vorgelegt hat und dabei einen erweiterten Erfahrungsbegriff verwenden möchte mit dem Ziel, dass „die Theologie im interdisziplinären Gespräch der Wissenschaften dadurch dialogfähig werden solle".[25] Deutlicher als andere knüpft Herms mit der erweiterten Kategorie der Erfahrung an die soziologische Theorie der Phänomenologie an, wie mit der dann zum Programmbegriff gewordenen Formel „Theologie als Phänomenologie" deutlich wird.[26] Damit wechselt Herms vom transzendentalen zu einem empirischen Begriff von Wirklichkeit. Hier öffnet sich über die Phänomenologie ein Fenster zur Soziologie, in dem der Wirklichkeit als subjektive Realität und ihrer Deutung eine theologische Relevanz zugesprochen werden.[27] Es ist indes interessant, dass diese – vor allem von Eilert Herms beschrittenen Wege – heute nicht primär von der Dogmatik, sondern eher in der Praktischen Theologie verfolgt werden, aber aktuell in die religionswissenschaftliche Debatte einfließen.[28]

23 Jüngel, Eberhard, Gott – um seiner selbst willen interessant, in: Jüngel, Eberhard, Entsprechungen: Gott – Wahrheit – Mensch. Theologische Erörterungen München 1980, 193–197, 196.

24 Herms, Eilert, Theologie – eine Erfahrungswissenschaft (Theologische Existenz heute 199), München 1978.

25 Linde, Gesche, Zeichen und Gewißheit. Semiotische Entfaltung eines theologischen Begriffs, Tübingen 2013, 552.

26 Vgl. Track, Joachim, Theologie als Phänomenologie?, in: Bausenhart, Guido u. a. (Hg.), Phänomenologie und Theologie im Gespräch, Freiburg 2013, 474–515. 474f. An die Konzeption von Eilert Herms schließt ausdrücklich Heimbrock, Hans Günter (Rekonstruktion gelebter Erfahrung als Aufgabe Empirischer Theologie, in: Petzold, Martin / Gräb-Schmidt, Elisabeth (Hg.), Theologie im Gespräch mit empirisch arbeitenden Wissenschaften, Gütersloh 2012, 118–143; (Religiöse) Erfahrung und Theologie. Vortrag auf der Jahrestagung des SI, 2013, in: https://www.si-ekd.de/download/ [Zugriff: 1.8.2017]) wieder an.

27 So dann vor allem auch Heimbrock, Rekonstruktion, 118–125.

28 Vgl. Böhnke, Michael, „Weg zu Gott ohne Gott?" Zur Phänomenologie der Gotteserfahrung bei Klaus Hemmerle und Paul Ricoeur, in: Bausenhart, Guido u. a. (Hg.), Phänomenologie und Theologie im Gespräch, Freiburg 2013, 451–473, 451–455.

2. Theoreme der Soziologie

Vom Gegenstandsbereich der Soziologie aus gedacht handelt die soziologische Theorie eher weniger vom Inhalt der Dinge selbst, die in ihrer ontologischen bzw. essentiellen Dimension durchdrungen und reflektiert werden müssten, sondern von Verhältnissen und Beziehungen, Strukturen, Formen und Systemen.[29] Die typisch soziologische Fragerichtung entbehrt somit zunächst der inhaltlich normativen Richtung, die der Philosophie und auch der Theologie bereits mit der Frage des Pilatus (Joh 18,38) inhärent ist, etwa in der Weise: „Was ist Leben"?, „Was ist der Tod?" bzw. auch: „Was oder Wer ist Gott?" Obwohl der Abstraktionsgrad der Theoriebildung sowohl in der Soziologie als auch der Theologie vergleichbar ist, verfügen beide Wissenschaften über eine differente Heuristik. Aufschlussreich ist hier ein Zitat von Max Weber, der in Bezug auf die soziologische Methodologie folgendes feststellte:

> „Interessen (materielle und ideelle), nicht: Ideen beherrschen unmittelbar das Handeln der Menschen. Aber: Die ‚Weltbilder', welche durch Ideen geschaffen wurden, haben sehr oft als Weichensteller die Bahnen bestimmt, in denen die Dynamik der Interessen das Handeln fortbewegte."[30]

Die Theologie stellt für die Soziologie ein „ideologisches Weltbild" dar, dessen Kern in Ideen besteht. Diese Ideen betrachtet die Soziologie nicht in Bezug auf ihre inhaltlichen Bedeutungsgehalte, sondern unternimmt den Versuch einer Deutung von „außen". Die soziologische Zugangsweise liegt demnach in der Phänomenologie. Sie ist von Emil Durkheim ausgehend primär den sozialen Tatsachen (fait sociale) verpflichtet, die die Grundlage lebensweltlicher Analyse bilden.[31] Bei aller Vielfalt der Konzepte, die von der Systemtheorie, dem Strukturalismus und dem Funktionalismus inzwischen ausgehen, steht in der Mitte soziologischer Theorie die Erforschung von Wirklichkeit.[32] Dabei wendet sich die moderne soziologische Theorie kritisch gegen eine transzendentallogische Begründung von Wirklichkeit. Für Ulrich Oevermann etwa ist jede „Annahme eines synthetischen apriori"[33] der

---

29 Vgl. Luhmann, Niklas, Soziale Systeme. Grundriss einer allgemeinen Theorie, Frankfurt 1984.

30 Max Weber, zitiert nach Barlösius, Eva, Religiöse Prämissen soziologischer Klassiker, in: Johannsen, Friedrich (Hg.), Postsäkular? Religion im Zusammenhang gesellschaftlicher Transformationsprozesse (Religion im kulturellen Kontext 1), Stuttgart 2010, 75–86, 82.

31 Vgl. Srubar, Ilja, Phänomenologie und Soziologie. Aufsätze zur pragmatischen Lebenswelttheorie, Wiesbaden 2007, 225–230.

32 Vgl. Bock, Michael, Soziologie als Grundlage des Wirklichkeitsverständnisses. Zur Entstehung des modernen Weltbildes, München 1980.

33 Oevermann, Ulrich, Wissen – Glauben – Überzeugung. Ein Vorschlag zu einer Theorie des Wissens aus krisentheoretischer Perspektive, in: Tänzler, Dirk u. a. (Hg.),

Wirklichkeit nicht statthaft. Oevermann geht in seiner Begründung des Wirklichkeitsbegriffes von einer wissenssoziologischen Struktur der Wirklichkeit selbst aus. Alle Wissensbestände einer Gesellschaft schaffen für ihn den äußeren Horizont der Wirklichkeit. Damit bildet die Phänomenologie eindeutig die Basis des soziologischen Begriffes von Wirklichkeit. Ihr systemischer Referenzrahmen bilden nach Georg Simmel das Individuum, die Gesellschaft und ihre Strukturen.

In kritischer Perspektive dieses, bei Ulrich Oevermann ins Extreme gezogene soziologischen Theorems lässt sich aus der Perspektive der Dogmatik durchaus anmerken, dass der konsequente sozialwissenschaftliche Wirklichkeitsrahmen der Gesellschaft in gewisser Weise selbst wiederum quasi-transzendentale Züge anzunehmen droht. In moderierender Weise weist darauf der Bielefelder Soziologe Franz-Xaver Kaufmann mit der Bemerkung hin: „Wer von Gesellschaft spricht, verweist auf einen allgemein verbindlichen Horizont der Verständigung, der stets schon als gegeben vorausgesetzt ist.[…] Ist demzufolge ‚Gesellschaft‘ vielleicht letztlich ein religiöser Begriff […]?“[34] Somit entkommt auch die Soziologie letztlich nicht metaphysischen Gefahren oder transzendental anmutenden Kriterien. Aus der hermeneutischen Lücke führt am ehesten die Annahme, dass erkenntnistheoretisch universale Begriffe immer den Charakter einer „Konstruktion“ aufweisen. Dies verweist seinerseits auf die fundamentale Kategorie der *Deutung von Phänomenen* und der sich daraus ergebenden Perspektivik, die im Blickfeld des Subjekts liegt.[35] Diese Feststellung ist insofern interessant, da sich Dogmatik und Soziologie in diesem einen Punkt unterscheiden, nämlich der Hinzuziehung oder Auslassung transzental-philosophischer Kategorien, aber beide der Kategorie der Deutung eine erkenntnis-theoretische Funktion zuweisen: Die Dogmatik vom Glauben aus – die Soziologie von der Phänomenologie her. Irgendwann muss die Theologie in der Dogmatik von Gott reden. Es fragt sich allerdings, wo und an welcher Stelle der Dogmatik der transzendentalphilosophische Überschlag erfolgen muss. Eduard Thurneysen sprach in Bezug auf die Seelsorge von der „Bruchlinie“ des Gespräches. Nach neuerer Auffassung ist damit eine „‚Um-codierung‘ des Wirklichkeitsverständnisses“[36] als hermeneutischer Kategorie gemeint. Existiert eine solche Bruchlinie erkenntnistheoretisch vielleicht auch in Bezug auf eine zu entwickelnde moderne Darstellungsform dogmatischer Loci, die erkenntnistheoretisch zuerst von der empirischen Wahrnehmung der Lebenswelt ausgehen sollte?

Neue Perspektiven der Wissenssoziologie (Erfahrung – Wissen – Imagination. Schriftenreihe zur Wissenssoziologie 8), Konstanz 2006, 79–118, 79.

34 Kaufmann, Franz Xaver, Religion und Modernität. Sozialwissenschaftliche Perspektiven, Tübingen 1989, 17.

35 Diesen Weg geht in Bezug auf Religion: Lauster, Jörg, Religion als Lebensdeutung. Theologische Hermeneutik heute, Darmstadt 2005.

36 Meyer-Blank, Michael, Theologie der Seelsorge, in: Kunz, Ralf (Hg.), Seelsorge. Grundlage – Handlungsfelder – Dimensionen, Göttingen 2016, 29–40, 39.

Dies verweist letztlich auf die Notwendigkeit einer Neukonstruktion dogmatischer Prolegomena zur Dogmatik.

3. Zwischenbilanz – Alte Diskurse neu beleuchtet…

Der Diskurs von Soziologie und Theologie reicht in die 1960er und 70er Jahre zurück, wo er von beiden Seiten über den Wirklichkeitsbegriff geführt wurde. In einer Phase eines konstruktiven Dialogs wich das gegenseitige „Mißtrauen“[37] dem Ansatz, dass beide Seiten sich als „kritische orientierende“ Betrachtungen von Wirklichkeit verstehen. Zeugnis dieser Bemühung legt der Band „Theologie und Soziologie“ von 1970 ab, der als eine gewisse Positionsbeschreibung der Zeit gelten kann. Die Publikationen dieses Diskurses scheinen heute in Vergessenheit geraten zu sein. In seinem Vorwort bemerkt Hans-Norbert Janowski, dass sich die Theologie „dem Dialog und der kritischen Kooperation mit den Humanwissenschaften öffnen muss, will sie nicht, an den Lebensbedürfnissen der Menschen unter den Bedingungen unseres gesellschaftlichen Lebens vorbeigehend, naiv eine ideologische Rechtfertigung der bestehenden Verhältnisse liefern oder einem ebenso naivem sozialrevolutionären Utopismus verfallen.“[38] Die Eruptionen des Jahres 1968 und ihre Relevanz für die Theologie sind hier spürbar. Soziologie und Theologie sehen sich beide vor der Herausforderung – so der Cantus firmus des Bandes – „den Prozess der globalen Vergesellschaftung“ [39] zu verstehen. Mehrere soziologische Positionen erhalten dabei in der Reflexion von Hans-Norbert Janowski über „Theologie als kritisch orientierende Wissenschaft“ Raum:

– Janowski bezieht sich auf den Soziologen Ralf Dahrendorf, für den Theologie und Soziologie zeitbezogene „Selbstdeutungen“ historischer Epochen darstellen.[40] Die Aufgabe der Soziologie kann es demnach für Dahrendorf nur sein, „Religion und Theologie auf ihre faktische gesellschaftliche Rolle und ihre Abhängigkeit von bestehenden sozialen Bedingungen hin“[41] zu befragen. Soziologie fungiert hier als kritische Wissenschaft. Wenn man so will deckt die Soziologie die hermeneutische

---

37 Janowski, Hans-Norbert, Vorwort, in: Geyer, Hans-Georg u. a. (Hg.), Theologie und Soziologie, Stuttgart u. a. 1970, 7–8, 7.

38 Janowski, Vorwort, 7.

39 Janowski, Vorwort, 8.

40 Dort benannt Dahrendorf, Ralf, Pfade aus Utopia. Arbeiten zur Theorie und Methode der Soziologie (Gesammelte Abhandlungen 1), München 1967. Siehe zu Dahrendorf: Strasser, Hermann / Nollmann, Gerd, Ralf Dahrendorf. Grenzgänger zwischen Wissenschaft und Politik, in: Soziologie heute 3 (2010), 32–36.

41 Janowski, Hans-Norbert, Theologie als kritisch orientierende Wissenschaft, in: Geyer, Hans-Georg u. a. (Hg.), Theologie und Soziologie, Stuttgart u. a. 1970, 50–92, 70.

„*Relevanz*" von Theologie/Religion für die Gestaltung von Alltag in der Gesellschaft auf.
- In einem zweiten Punkt geht Janowski auf Karl Popper ein und benennt dessen Konzept eines analytischen Kritizismus.[42] Die Soziologie habe nach Popper die Aufgabe, „verlässliche Informationen über empirische Regelmäßigkeiten des sozialen Verhaltens zu beschaffen."[43] Damit wird der „*empirische Test*" zum methodologischen Kriterium.
- Als drittes Konzept nennt Janowski das Modell von Jürgen Habermas, der sich eher kritisch mit dem empirisch-positivistischen Ansatz auseinandersetzt. Der Soziologie habe es vielmehr um die hermeneutische Klärung des „Selbstverständnisses handelnder Subjekte" [44] zu gehen. Es geht Habermas – so schreibt Janowski – um die „Klärung des Selbstverständnisses handelnder Subjekte und sozialer Gruppen" mit dem Ziel, zu „einer Auslegung des objektiven Sinnzusammenhanges der sozialen Lebenswelt zu verhelfen."[45] Habermas verweist in seinem Ansatz auf die „*subjektive Evidenz*" als einem entscheidenden wissenssoziologischen Kriterium.

Der Fortgang der Diskussion zeigt, dass der hier begonnene methodologische bzw. erkenntnistheoretische Diskurs über erkenntnisleitende Kriterien einer Lebenswelt- und alltagsrelevanten Dogmatik, die über „Relevanz" und „subjektive Evidenz" als theologische Kategorien nachdenkt, in der dogmatischen Theologie nur vereinzelt weiterverfolgt wurden.[46] In der Absicht beide Felder von Dogmatik und Soziologie epistemologisch aufeinander zu beziehen, läge genau an dieser Stelle der Anknüpfungspunkt zwischen der durch die Soziologie konstatierten Alltagsrelevanz und den dogmatischen Lehraussagen, der in die Prolegomena zur Dogmatik zu integrieren wäre.

4. Religionssoziologie: Hermeneutischer Brückenkopf oder Engführung?

Aus dem Bisherigen wurde deutlich, dass trotz diverser Anknüpfungspunkte die Bezugsfelder von Dogmatik und Soziologie in ihrem Verständnis von Wirklichkeit weit voneinander entfernt liegen. Letztlich ist der Diskurs über das Wirklichkeitsverständnis zwischen Soziologie und dogmatischer Theologie wissenschaftstheoretisch bis heute stecken geblieben. Das Desiderat,

---

42 Janowski, Theologie, 73.
43 Janowski, Theologie, 73.
44 Janowski, Theologie, 77.
45 Janowski, Theologie, 78.
46 Vgl. den Diskurs bei Pannenberg, Wolfhart, Wissenschaftstheorie und Theologie (Suhrkamp-Taschenbuch Wissenschaft 676), Göttingen 1987, 7–24.

das Franz-Xaver Kaufmann 1973 auf der katholischen Seite konzediert hat – was aber auch für die protestantische Seite gilt – besteht aus meiner Sicht bis heute: „Wie stellen sich das kirchliche Lehramt, die kirchliche Hierarchie und die Theologie zu den latenten, d. h. nicht beabsichtigten Wirkungen ihres normierenden Handelns? Das Aufzeigen latenter Wirkungen institutionengebundenen Handelns darf als eine der zentralen praktischen Funktionen der Soziologie gelten."[47]

Betrachtet man das Feld der Soziologie, so sieht diese selbst primär ihre Stärke in der phänomenologischen Analytik bzw. der Betrachtung und Deutung von Phänomenen. Hierbei nimmt die empirische Erforschung von Strukturen und Verhältnissen auf der Ebene der Gesellschaft einen wichtigen Stellenwert ein. An dieser Stelle knüpft die moderne Religionssoziologie an. So konstatierte bereits 1973 Franz-Xaver Kaufmann: „Die Religionssoziologie hat sich als von der Theologie unabhängige empirische Wissenschaft [...] weitgehend Anerkennung verschafft."[48] Gleichzeitig grenzt sich Kaufmann von einer Position ab, die behauptet, dass Religionssoziologie nur von einer theologischen Position her – d. h. aus der Innenperspektive – betrachtet werden kann.[49] Seiner Meinung nach bildet die Religionssoziologie erst dann einen ernstzunehmenden Brückenkopf zwischen den Systemen, wenn die Fachdisziplin der Soziologie selbst den Gegenstand der Religion in den Blick nimmt und zwar in Form einer „wertfreien Analyse". So gesehen bezieht sich die Religionssoziologie dann auf die äußere Betrachtung des Phänomens Religion, allerdings unter Anerkennung ihres normativen Kerns und ordnet diese zwischen Individuum, Institution und Gesellschaft ein.

Die empirische Kirchensoziologie stellte lange Zeit das beherrschende Modell soziologischer Betrachtung dar, das bereits vor 1960 in der älteren soziologischen Literatur anzutreffen war. Thomas Luckmann kritisierte dieses Modell in einem Aufsatz von 1960 als eine gegenüber den Ansätzen von Durkheim und Weber deutliche „verengte Religionssoziologie", weil sie Religiosität mit Kirchlichkeit gleichsetze und sich in dieser Weise die Soziologie durch die kirchlich-institutionelle Koppelung instrumentalisieren lasse.[50] Damit wurde Thomas Luckmann Wegbereiter einer neuen Form der Religionssoziologie, die sich deutlicher mit religiöser Haltung und Mentalität befasst. Sein Buch „Die unsichtbare Religion" von 1967, das erst 1991 in deutscher Übersetzung vorlag, vollzog endgültig die Wende von der engeren Kirchensoziologie hin zur modernen Religionssoziologie.[51] Im Zentrum der Überlegungen von Thomas Luckmann und auch Peter L. Berger steht der Ansatz einer präsenten individualisierten Religiosität. Damit betrat das The-

---

47 Kaufmann, Franz Xaver, Theologie in soziologischer Sicht, Freiburg u. a. 1973, 18.
48 Kaufmann, Theologie, 13.
49 Vgl. Kaufmann, Theologie, 12.
50 Vgl. Gabriel / Laube, Kirchensoziologie, 6.
51 Vgl. Luckmann, Thomas, Die unsichtbare Religion. Mit einem Vorwort von Hubert Knoblauch (Suhrkamp-Taschenbuch Wissenschaft 947), Frankfurt 1991.

ma der Religiosität die Bühne in der Religionssoziologie, die sich in der Folgezeit erneut weiter von den wissenschaftstheoretischen und kriteriologischen Fragen entfernte und sich als „funktionaler Religionsbegriff" im Gegenüber zum „substantiellen Religionsbegriff" vor allem auf zwei Ebenen verlagerte:

- *Makrosoziologisch* orientierte Arbeit über die Funktion von Religion in einer säkularisierten Gesellschaft
- *Mikrosoziologisch* orientierte Arbeit über die Funktion individueller Religiosität

Von diesem Konzept abweichend, aber in empirischer Hinsicht auch wiederum anknüpfend, wurden dann die mit dem Namen von Joachim Matthes ab 1973 erfolgenden Mitgliedschaftsuntersuchungen der EKD verbunden, die inzwischen solide Daten und Fakten zum Mitgliedschaftsverhalten aufzeigen. Karl Gabriel verweist in einem aktuellen Beitrag zur Entwicklung der Religionssoziologie darauf, dass Matthes in der Religionssoziologie keine eigenständige soziologische Disziplin begründet wissen wollte.[52] Nicht die Wirkung von Religion allgemein, sondern nur speziell religiöse Wirkungen einer „historisch bestimmten Religion" – etwa des Christentums – seien empirisch zu untersuchen. So entwickelt er ein mehrstufiges Modell soziologischer Arbeit:[53]

- Kirchensoziologie als eine Soziologie der „expliziten Religion"
- „Christentumssoziologie als Kulturanalyse gelebter Religion im Kontext christlicher Tradition und Gegenwart"
- Allgemeine Religionssoziologie

Die „religiöse Signatur" in der Alltagskultur wurde seitdem unter Anwendung soziologischer Kategorien erforscht. Damit wurden soziologische Deutungskategorien eingeführt, die vor allem das religiöse Verhalten des Individuums in Bezug auf Gesellschaft und Institution kennzeichnen. Hierin liegt der Beitrag der modernen Religionssoziologie, zugleich aber auch ihre Grenze.

5. „Wirklich" in der Wirklichkeit von Gott reden…

Was passiert, wenn die Soziologie ein Teilstück moderner Prolegomena in der dogmatischen Theologie wird? Kann die Dogmatik methodologisch den Weg weitergehen, den sie nach wie vor geht, nämlich vom Primat des Vorgegebenen bzw. der tradierten Lehre auszugehen? Die Richtung zeigt der Religionssoziologe Klaus-Peter Jörns an, der einen Buchtitel provokativ benannte: „Notwendige Abschiede. Auf dem Weg zu einem glaubwürdigen

[52] Vgl. Luckmann, unsichtbare Religion, 9.
[53] Vgl. Gabriel / Laube, Kirchensoziologie, 10.

Christentum".[54] Benötigt die Dogmatik neue Kriterien im Rahmen der Prolegomena, die ein „Relaunch" der christlichen Lehre ermöglichen?

Deutlich progressiver in Bezug auf einen transformativen Ansatz in der Theologie sind die auf dem Gebiet der Praktischen Theologie angesiedelten und in sich verschiedenen Konzepte von Henning Luther, Hans-Günter Heimbrock und Albrecht Grözinger, die jeweils durch ihren Perspektivwechsel hin zum Subjekt geprägt sind und die bislang zu wenig in Bezug auf ihre Bedeutung für die dogmatische Theologie reflektiert worden sind. Es ist kein Zufall, dass alle drei Modelle ihren dogmatischen Ansatzpunkt in der Glaubenslehre bei Schleiermacher sehen. Während Henning Luther mit Hilfe konstruktivistischer Modelle Glaube und Subjekt verbindet, ordnet Hans-Günter Heimbrock das Subjekt konsequent in seine Lebenswelt ein und gesteht diesem durchaus eine „religionsproduzierende" Tendenz zu. Albrecht Grözinger bezieht sich seinerseits auf eine erkenntnistheoretische Perspektive und macht die Wahrnehmung zum heuristischen Ausgangspunkt theologischer Reflexion. Damit öffnen die drei Modelle jeweils auf ihre Weise das Fenster zur dogmatischen Lehrbildung, insofern sie einen Brückenschlag zwischen empirischer Wirklichkeitserfahrung und Wirklichkeitskonstruktion und theologischer Lehre schlagen. Der Begriff der Wahrnehmung wird zu einer erkenntnistheoretischen Dimension.

In der Reflexion dogmatischer Methodik im Sinne moderner Prolegomena entsteht die Frage: Wie kommen die aus der soziologischen Methodik der Wirklichkeitsbeschreibung stammenden Kriterien von „Relevanz", „empirischem Test" und „subjektiver Evidenz" nicht nur in der äußeren Form einer dogmatischen Strukturbildung oder Anordnung des Wissensstoffes, sondern auch in den Inhalten der dogmatischen Lehrstücke selber mehr zu Wort? Besonders Heimbrock und Grözinger ermöglichen mit ihren theologischen Ansätzen deutlicher, als dies in der klassischen Dogmatik bisher gesehen wird, den Wandel von einer normativ tradierten und vorgegebenen Dogmatik (Kirchliche Lehrbildung) zu einer „aktiv produzierenden" und selbstgenerativen Alltagstheologie in subjektiv erfolgender Rezeption und Sinngebung. Mit einem Arbeitsbegriff bezeichne ich dies zunächst als „undogmatische Dogmatik". Der Sache nach liegt hier eine Nähe zu dem von Rudolf Englert jüngst eingeführten Begriff einer „absichtslosen Religionspädagogik" vor, der besagt: „Soweit hier religiöse Entdeckungen gemacht werden, vollziehen sie sich als integrierte Momente eines umfassenden Begegnungsgeschehens."[55] Eine solche, aus der konkreten Lebenserfahrung heraus entstehende Theologie ist eher produktiv als rezeptiv, sie nimmt tradierte Inhalte auf und transformiert diese wiederum zu einer individualisier-

---

[54] Jörns, Klaus-Peter, Notwendige Abschiede. Auf dem Weg zu einem glaubwürdigen Christentum, Gütersloh 2004.

[55] Englert, Rudolf, Gott Raum schaffen. Umrisse einer absichtslosen Religionspädagogik, in: David, Phillipp u. a. (Hg.), Wagnis und Vertrauen. Denkimpulse zu Ehren von Horst-Martin Barnikol, Berlin 2014, 189–200, 190.

ten Theologie, die Evidenz-basiert ist. Hierbei spielen verschiedene Kriterien eine Rolle:

a) Die Kategorialität des Subjekts

Henning Luther hat mit seinem Band „Religion und Alltag. Bausteine zu einer praktischen Theologie des Subjekts“[56] den Ansatz gewählt, von den subjektiven und fragmentierten Alltagszusammenhängen menschlicher Erfahrungen auszugehen. Sein hermeneutischer Ansatz beim Subjekt sucht nach den „Anknüpfungspunkten“ religiöser Konnotationen für die Identitätskonstruktion des Subjekts.

In der Konsequenz dieses Ansatzes liegt es, dass theologische Inhalte nicht aufgrund ihrer Vorgegebenheit adaptiert werden, sondern die Anwendung theologischer Wissensbestände zu einer Neuinterpretation der bestehenden Situation führen. In der Konstruktion seiner Identität „produziert“ das Subjekt religiöse Gehalte. Dabei werden tradierte Lehrinhalte kirchlicher Überlieferung neu geschrieben. Der Glaube – so könnte man es vielleicht zum Ausdruck bringen – wird zu einem „Palimpsest“. Die Transformation theologischer Gehalte vollzieht sich unter dem Aspekt subjektiver Aneignung und Evidenz.

b) Die Kategorialität der Wahrnehmung

Albert Grözinger bestimmt die Wahrnehmung als wissenschaftstheoretischen Ausgangspunkt.[57] Für ihn wird Erkenntnis über die ästhetische Dimension der Wahrnehmung gesteuert. Die Phänomenologie wird damit bei Grözinger zum Ausgangspunkt theologischer Reflexion, die in gewisser Weise damit die Dominanz bibelhermeneutischer Erwägungen abgelöst hat. Grözinger führt damit das dogmatische Programm von Eilert Herms auf seine Weise weiter und setzt Impulse, die von der Dogmatik aufgenommen werden können.

c) Die Kategorialität der Evidenz

Die Evidenz des Alltags ist der Ausgangspunkt in der Theologie des Alltags von Wolf-Eckhart Failing und Hans-Günther Heimbrock.[58] Statt den Ausgangspunkt im „Logos“ der Theologie zu suchen, unternehmen Failing und Heimbrock den Versuch, Religion als Lebenspraxis zu verankern. Die Qualität des Alltags in spätmodernen Lebenskulturen sei – so die thematische Mitte des Ansatzes – gerade darin zu sehen, dass es zur Neugenerierung von

---

[56] Luther, Henning, Religion und Alltag. Bausteine zu einer praktischen Theologie des Subjekts, Stuttgart 1992.

[57] Vgl. Grözinger, Albrecht, Praktische Theologie als Kunst der Wahrnehmung, Gütersloh 1995.

[58] Vgl. Failing, Wolf-Eckhart / Heimbrock, Hans Günter, Gelebte Religion wahrnehmen. Lebenswelt – Alltagskultur – Religionspraxis, Stuttgart u. a. 1998. Dann auch prinzipiell Heimbrock, Rekonstruktion. Fernerhin: Heimbrock, Leben, 121–142.

Weltbildern kommt. Die „religiöse Praxis“ als hermeneutischer Ausgangspunkt führt der Theologie vor Augen, dass theologische Aussagen deutlich mehr von Menschen auf ihre lebensgestaltende Evidenz hin befragt werden. Gerade in der Theoriebildung sowohl von Alltag wie auch von Erfahrung vor dem Hintergrund der Ansätze von Wilhelm Dilthey und Henry James erlauben eine erkenntnistheoretische Bezugnahme von religiöser Erfahrung und dogmatischer Theologie, denn es sei gerade das Wesen religiöser Erfahrung – so betont Heimbrock mehrfach –, dass sie sich nicht aus dem formalen Traditionsbestand von Dogmen herleitet, sondern daraus, dass in den Erfahrungen von Menschen die Totalität von Wirklichkeit aufscheint.

In ihrem Beitrag über „Religiöse Prämissen soziologischer Klassiker“ kommt die Soziologin Eva Barlösius zu dem Schluss, dass die Funktion der Soziologie in der Theologie mehr sein muss als die „bloße Übernahme soziologischer Analysekraft“.[59] Kann also die Bedeutung der Soziologie nur darin liegen, den Analyserahmen für moderne Formen von Religiosität herzugeben, wie es mit dem Ansatz der Religionssoziologie seit Luckmann der Fall ist? In diesem Fall berührt – so die Vermutung – die Soziologie nicht wirklich das „Herz“ der dogmatischen Theologie, bleibt der Theologie „äußerlich“ und hat sie in diesem Sinne keine Evidenz, weil die Perspektive der Gesellschaftsanalyse und die Form der „individualisierten Religion“ noch zu wenig die Notwendigkeit einer dogmatischen Transformation erkennbar werden lässt. Die klassische Religionssoziologie seit Luckmann ist hier in ihrer Relevanz für die Theologie an ihr Ende gekommen, weil das Paradigma der „individualisierten Religion“ zu keinen dogmatischen Folgen einer Lehrtransformation geführt hat.

Interessant ist demgegenüber die Bewegung der Praktischen Theologie, die auf ihre Weise den unterbrochenen Diskurs zwischen Theologie und Soziologie in Bezug auf den Begriff der Wirklichkeit und seine Evidenz im Leben des Subjekts gerade mit den erkenntnistheoretischen Reflexionen von Wahrnehmung fortgeführt hat. Die Kategorien von Subjekt und Wahrnehmung besitzen dogmatische Implikationen. So verweist Albrecht Grözinger darauf, dass die Dogmatik auf die Praktische Theologie angewiesen ist und schreibt: „Eine veränderte kirchliche Wirklichkeit kann der Gestalt der Theologie […] nicht äußerlich bleiben.“[60] Mit dem Begriff der Gestalt benennt er den Aspekt einer dogmatischen Form. Für Grözinger wird die Wahrnehmung der Wirklichkeit in Aufnahme theoretischer Annahmen Schleiermachers zum axiomatischen Ausgangspunkt der theologischen Theoriebildung.

Nimmt man die Modellüberlegungen von Grözinger und von Heimbrock, die in sich den soziologischen Wirklichkeitsbegriff anwenden, in der Dogmatik Ernst, sollte der Gedanke an eine Neuformulierung dogmatischer Pro-

---

59 Barlösius, Religiöse Prämissen soziologischer Klassiker, 81.
60 Grözinger, Praktische Theologie, 52.

legomena möglich sein. Hierbei steht nicht die traditionsgeleitete Darstellung kirchlicher Lehre im Vordergrund der Dogmatik, sondern der Alltagsbezug der Glaubensgehalte. Die Methodologie der Dogmatik hat im Sinne einer transformatorischen Theologie bei der Darstellung der dogmatischen Loci auszugehen von folgenden prinzipiellen Erwägungen und diese dann in der Darstellungsform (d.h. einer Umkehrung der Prioritäten von Offenbarung und Bibelhermeneutik zu Alltagswelt und Wahrnehmung) – zu ähnlichen Überlegungen kommt auch Heimbrock[61] – umzusetzen:

- Phänomenologie der Alltagsrelevanz (Wahrnehmung des Wandels)
- Verknüpfungspunkte und Deutungskontexte (Relevanz)
- Verbindung von dogmatischer Tradition und Lebensdeutung (Evidenz und Sinn)

Die Hauptlast moderner Dogmatik dürfte in der Vermittlung von dogmatischer Tradition und dem Nachweis einer religiösen Evidenz für den Alltagsglauben der Menschen liegen. Damit ist die „Selbstevidenz" dogmatischer Begriffe wie Glaube, Gott oder Offenbarung hinterfragbarer geworden. Was „glaubwürdig" ist, entscheidet letztlich heute das Subjekt und nicht die Lehrinstanz der Kirche. Schrift, Offenbarung und Tradition sind als überlieferte Kriterien dem Deutungsschema des Subjekts nachzuordnen. Die Soziologie kann dabei – das Wort Uhlhorns von der Wahrnehmungsschule aufnehmend – über die Religionssoziologie hinaus eine Brücke für theologische Transformation bauen. Sie konfrontiert die Theologie mit einem immanent gedachten Wirklichkeitsverständnis, wodurch die Dogmatik mehr als zu früheren Zeiten genötigt wird, anders über ihre eigenen Erkenntnisgrundlagen nachzudenken.

Literatur

Barlösius, Eva, Religiöse Prämissen soziologischer Klassiker, in: Johannsen, Friedrich (Hg.), Postsäkular? Religion im Zusammenhang gesellschaftlicher Transformationsprozesse (Religion im kulturellen Kontext 1), Stuttgart 2010, 75–86.

Barth, Karl, Die christliche Dogmatik im Entwurf, hg. von Sauter, Gerhard (Karl Barth Gesamtausgabe II. Akademische Werke 14), Zürich 1982.

Barth, Ulrich / Gräb, Wilhelm (Hg.), Gott im Selbstbewußtsein der Moderne. Zum neuzeitlichen Begriff der Religion, Gütersloh 1993.

Bock, Michael, Soziologie als Grundlage des Wirklichkeitsverständnisses. Zur Entstehung des modernen Weltbildes, München 1980.

[61] Heimbrock, (Religiöse) Erfahrung, 10: „Die Wirklichkeit des christlichen Glaubens ist nämlich, bei aller Hochschätzung des ‚sola scriptura', mehr als Wirklichkeit von Texten oder Wirklichkeit in Texten. Glaubensleben muß breiter verstanden werden als Anwendung von *Lehren*, auch weiter als propositionale Gehalte des Glaubenswissens."

Böhnke, Michael, „Weg zu Gott ohne Gott"? Zur Phänomenologie der Gotteserfahrung bei Klaus Hemmerle und Paul Ricoeur, in: Bausenhart, Guido u. a. (Hg.), Phänomenologie und Theologie im Gespräch, Freiburg 2013, 451–473.

Dahrendorf, Ralf, Pfade aus Utopia. Arbeiten zur Theorie und Methode der Soziologie (Gesammelte Abhandlungen 1), München 1967.

Ebeling, Gerhard, Dogmatik des christlichen Glaubens (1-3), Tübingen ^{4}2012.

Ebeling, Gerhard, Die Klage über das Erfahrungsdefizit in der Theologie als Frage nach ihrer Sache, in: Ebeling, Gerhard (Hg.), Wort und Glaube, Bd. 3: Beiträge zur Fundamentaltheologie, Soteriologie und Ekklesiologie, Tübingen 1975, 3–28.

Englert, Rudolf u. a. (Hg.), Religionspädagogik in der Transformationskrise. Ausblicke auf die Zukunft religiöser Bildung (Jahrbuch der Religionspädagogik 30), Neukirchen-Vluyn 2014.

Englert, Rudolf, Gott Raum schaffen. Umrisse einer absichtslosen Religionspädagogik, in: David, Phillipp u. a. (Hg.), Wagnis und Vertrauen. Denkimpulse zu Ehren von Horst-Martin Barnikol, Berlin 2014, 189–200.

Failing, Wolf-Eckart/ Heimbrock, Hans-Günter, Gelebte Religion wahrnehmen. Lebenswelt – Alltagskultur – Religionspraxis, Stuttgart u. a. 1998.

Graf, Friedrich Wilhelm, Die Wiederkehr der Götter. Religion in der modernen Kultur, München 2004.

Grözinger, Albrecht, Praktische Theologie als Kunst der Wahrnehmung, Gütersloh 1995.

Heimbrock, Hans-Günter, Rekonstruktion gelebter Erfahrung als Aufgabe Empirischer Theologie, in: Petzold, Martin / Gräb-Schmidt, Elisabeth (Hg.), Theologie im Gespräch mit empirisch arbeitenden Wissenschaften, Gütersloh 2012, 118–143.

Heimbrock, Hans-Günter, Leben. Praktische Theologie als Theorie ‚gelebter Religion', in: Weyel, Birgit u. a. (Hg.), Praktische Theologie und empirische Religionsforschung, Leipzig 2013, 121–142.

Heimbrock, Hans-Günter, (Religiöse) Erfahrung und Theologie. Vortrag auf der Jahrestagung des SI, 2013, URL: https://www.si-ekd.de/download/ Vortrag_ Prof._ Heimbrock_SI_JT_13.pdf (letzter Zugriff: 1.8.2017).

Herms, Eilert, Theologie – eine Erfahrungswissenschaft (Theologische Existenz heute 199), München 1978.

Janowski, Hans-Norbert, Theologie als kritisch orientierende Wissenschaft, in: Geyer, Hans-Georg u. a. (Hg.), Theologie und Soziologie, Stuttgart u. a. 1970, 50–92.

Janowski, Hans-Norbert, Vorwort, in: Geyer, Hans-Georg u. a. (Hg.), Theologie und Soziologie, Stuttgart u. a. 1970, 7–8.

Jörns, Klaus-Peter, Notwendige Abschiede. Auf dem Weg zu einem glaubwürdigen Christentum, Gütersloh 2004.

Jüngel, Eberhard, Gott – um seiner selbst willen interessant, in: Jüngel, Eberhard, Entsprechungen: Gott – Wahrheit – Mensch. Theologische Erörterungen, München 1980, 193–197.

Kaufmann, Franz Xaver, Theologie in soziologischer Sicht, Freiburg u. a. 1973.

Kaufmann, Franz Xaver, Religion und Modernität. Sozialwissenschaftliche Perspektiven, Tübingen 1989.

Körtner, Ulrich, Verletzliche Wahrheit. Die Pluralisierung religiöser Wahrheitsansprüche und der Verlust der Deutungshoheit des Christentums, in: Englert, Rudolf u. a. (Hg.), Religionspädagogik in der Transformationskrise. Ausblick auf die Zukunft religiöser Bildung (Jahrbuch für Religionspädagogik 30), Neukirchen-Vluyn 2014, 33–42.

Krech, Volkhard, Religionssoziologie, Bielefeld 1999.

Lauster, Jörg, Religion als Lebensdeutung. Theologische Hermeneutik heute, Darmstadt 2005.

Linde, Gesche, Zeichen und Gewißheit. Semiotische Entfaltung eines theologischen Begriffs, Tübingen 2013.

Luckmann, Thomas, Die unsichtbare Religion. Mit einem Vorwort von Hubert Knoblauch (Suhrkamp-Taschenbuch Wissenschaft 947), Frankfurt 1991.
Luhmann, Niklas, Soziale Systeme. Grundriss einer allgemeinen Theorie, Frankfurt 1984.
Luther, Henning, Religion und Alltag. Bausteine zu einer praktischen Theologie des Subjekts, Stuttgart 1992.
Meyer-Blank, Michael, Theologie der Seelsorge, in: Kunz, Ralf (Hg.), Seelsorge. Grundlage – Handlungsfelder – Dimensionen, Göttingen 2016, 29–40.
Oevermann, Ulrich, Wissen – Glauben – Überzeugung. Ein Vorschlag zu einer Theorie des Wissens aus krisentheoretischer Perspektive, in: Tänzler, Dirk u. a. (Hg.), Neue Perspektiven der Wissenssoziologie (Erfahrung – Wissen – Imagination. Schriftenreihe zur Wissenssoziologie 8), Konstanz 2006, 79–118.
Pannenberg, Wolfhart, Wissenschaftstheorie und Theologie (Suhrkamp-Taschenbuch Wissenschaft 676), Göttingen 1987.
Rössler, Dietrich, Grundriss der Praktischen Theologie, Berlin / New York 1994.
Schneider-Flume, Gunda, Grundkurs Dogmatik. Nachdenken über Gottes Geschichte, Göttingen 2004.
Schwöbel, Christoph, Christlicher Glaube im Pluralismus. Studien zu einer Theologie der Kultur, Tübingen 2003.
Slenczka, Notger: Flucht aus den dogmatischen Loci, in: Zeitzeichen 8 (2013), 45–48.
Srubar, Ilja, Phänomenologie und Soziologie. Aufsätze zur pragmatischen Lebenswelttheorie, Wiesbaden 2007.
Stosch, Klaus von, Einführung in die dogmatische Theologie, Paderborn 2006.
Strasser, Hermann / Nollmann, Gerd, Ralf Dahrendorf. Grenzgänger zwischen Wissenschaft und Politik, in: Soziologie heute 3 (2010), 32–35.
Striet, Magnus, „Nicht außerhalb der Welt“. Theologie und Soziologie, München 2014.
Track, Joachim, Theologie als Phänomenologie?, in: Bausenhart, Guido u. a. (Hg.), Phänomenologie und Theologie im Gespräch, Freiburg 2013, 474–515.
Wagner, Falk, Gott – ein Wort unserer Sprache?, in: Faulhaber, Thomas / Elazzar, Ben Yoets (Hg.), Wenn Gott verloren geht. Die Zukunft des Glaubens in der säkularisierten Gesellschaft, Freiburg 1998, 222–240.
Westfälische Wilhelms-Universität Münster (Hg.), Von der Kirchensoziologie zur Christentumsforschung? Vergewisserungen und Perspektiven nach Luckmann. Mit Beiträgen von Karl Gabriel und Martin Laube in: https://www.uni-muenster.de/imperia/md/content/religion_und_moderne/preprintsdeckblaetter/crm_working_paper_5_christentumsforschung_neu.pdf. (letzter Zugriff: 16.8.2017).
Wüstenberg, Ralf K., Der Einwand des Offenbarungspositivismus – Was hat Bonhoeffer an Barth eigentlich kritisiert, in: ThLZ 120 (1996), 997–1004.

„Verleih deinem Knecht ein hörendes Herz…“[1] – Denkwege zwischen Theologie und Philosophie

Thorsten Paprotny

Martin Heidegger hat 1946 besonnen, aber nicht besinnlich, und besorgt über das technische Zeitalter nachgedacht. Der „Lärm der Apparate“, so der abtrünnige Theologe, werde für die „Stimme Gottes“ gehalten. Die Menschen werden fremd in ihrer Welt, auch entfremden sie sich voneinander. Heidegger sagt, sie verlören die Sensibilität für die Natur, für den „Zuspruch des Feldweges“, und würden „schwerhörig für seine Sprache“.[2] Diese Art Hörverlust wirkt sich auf Begegnungen aus. Mitten im Gespräch herrscht eine wortreiche Sprachlosigkeit. Wahrnehmungsschwächen und mit diesen einhergehende Sensibilitätsverluste breiten sich aus. Geredet wird in Gegenwart von anderen, doch auch miteinander? Schenken Menschen einander noch Gehör? Sie sehen einander an, aber sehen sie sich wirklich noch?

Von der „Schwerhörigkeit“, nämlich von der „Schwerhörigkeit Gott gegenüber“, hat auch Benedikt XVI. mehrfach gesprochen und damit ein Motiv benannt, das die philosophische mit der christlich geformten Kulturkritik der Neuzeit verbindet.[3] Mit bedingt scheint dies durch die Vorherrschaft bestimmter Philosophien zu sein. Auch Paul Tillich beklagt, dass in „einigen Formen des logischen Positivismus“ der Philosoph sich weigere, „irgend etwas zu ‚verstehen'“, was die technische Vernunft überschreite. Die analytische Philosophie sei existenziell „völlig irrelevant“ und entmenschliche den Menschen.[4] Die Verständnislosigkeit scheint zu wachsen. Auch das Gespräch von Philosophie und Theologie gründet auf der Voraussetzung, die es selbst nicht hervorbringen kann – einander nicht nur äußerlich Gehör zu schenken, sondern von innen her zuzuhören, mit jenem Vorschuss an Sympathie, der das Verständnis füreinander erst zu öffnen vermag. Zu Denkwegen, die eine Begegnung zwischen Theologie und Philosophie ermöglichen, stelle ich nun einige Überlegungen vor.

---

1 1 Kön 3,9.

2 Heidegger, Martin, Der Feldweg, in: Ders., Aus der Erfahrung des Denkens (Gesamtausgabe Bd. 13), Frankfurt/M. [2]2002, 87–90, 89.

3 Benedikt XVI., Predigt auf dem Islinger Feld am 10.9.2006, in: http://w2.vatican.va/content/benedict-xvi/de/homilies/2006/documents/hf_ben-xvi_hom_20060910_neue-messe-munich.html (Zugriff: 25. Mai 2017).

4 Tillich, Paul, Systematische Theologie I, Berlin / New York [8]1987, 89.

1. Salomos Bitte

Gott gewährt dem jungen König Salomo im Traum eine Bitte. Salomo begehrt weder Einlass in die Schule der Empfindsamkeit, noch möchte er eine Lehrstätte hoheitlich geformter Herzenswärme aufsuchen, wenn er sagt:

> „So hast du jetzt, Herr, mein Gott, mich anstelle meines Vaters David zum König gemacht. Doch ich bin noch sehr jung und weiß nicht, wie ich mich als König verhalten soll. [...] Verleih daher deinem Knecht ein hörendes Herz, damit er dein Volk zu regieren und das Gute vom Bösen zu unterscheiden weiß."[5]

In der biblischen Anthropologie wird nicht analytisch separiert, sondern die Person beschrieben. Wer sich einseitig rational und technisch-versiert zu orientieren weiß, ist vielleicht auch nicht ganz vernünftig, mehr noch: er gibt die Vernunft preis, ge- und missbraucht den Menschen, berührt, ja beschädigt dessen Würde. Was also soll König Salomo, was sollen wir erbitten?

Der Pädagoge mag den Wunsch hegen, sein Leben lang den Anspruch der *paideia* zu bedenken und Bildung als ganzheitlichen, die Person formenden Prozess zu verstehen. Der Philosoph erinnert, dass er Lehre und Beispiel verbinden solle, und der Theologe bittet darum, nicht nur gläubig, sondern auch glaubwürdig zu sein. Ein kluger Amtsträger mag hoffen, dass er verantwortungsbewusst handeln und im Amt als Person erkennbar bleiben möge. Mit König Salomo steht uns ein besonderer Amtsträger vor Augen, historisch gesehen mitnichten ein Friedenskönig, der zu Beginn seines Dienstes um ein „hörendes Herz" bittet.

Das hebräische Wort *leb(āb)* bezieht sich auf die ganzheitliche Hörfähigkeit. Das Herz bezeichnet das zentrale Organ, das den Körper am Leben hält. Wenn im AT ein Mangel an Herz beklagt wird, ist nicht von „Gefühlskälte", sondern von „Gedankenlosigkeit" die Rede.[6] Der Hörende öffnet sich von innen her. Salomo bittet um Führung. Er sieht von sich ab, von seinem Willen, von seinen Begierden und Leidenschaften. Er eignet sich nicht an, sondern enteignet sich und stellt sich in den Dienst, übereignet sich Gott. Salomo bittet nicht um Güter, sondern um Einsicht. Er möchte durch gerechtes Handeln der Aufgabe gerecht werden, zu der er sich bestellt weiß. Er begehrt nicht Resonanz oder pragmatische Ratschläge, sondern bietet sich an, nicht als Mächtiger, sondern als Mitarbeiter, als Werkzeug, als Knecht. Wir können vielleicht sagen: Er möchte nicht gestalten, sondern sich gestalten lassen, nicht korrigieren, sondern korrigiert und geführt werden. Darum vermag er zu führen.

Salomos Bitte beruht auf der vorausgehenden Bindung. Mit politischen Ratgebern mag er sich ausgetauscht haben, mit Philosophen ebenso. Die

---

5 1 Kön 3,7.9.

6 Wolff, Hans Walter, Anthropologie des Alten Testaments, mit zwei Anhängen neu hg. v. Janowski, Bernd, Gütersloh 2010, 76.

horizontale Kommunikation bleibt sekundär. Die Hörfähigkeit für Gott geht dem tugendhaften Handeln voraus. Letzteres bezieht sich auf moralische Qualitäten, vor allem aber auch auf Eignung und Tauglichkeit.[7]

Salomo erbittet nicht die Befestigung oder Erneuerung weltlicher Macht, sondern erneuert sich selbst vor Gott. Ihm werden später Spruchweisheiten zugeschrieben, die nahezulegen scheinen, dass auf dem Thron Davids ein Philosoph gesessen haben mag. Doch die biblische Geschichte endet alles andere als märchenhaft. Salomo büßt das „hörende Herz" ein. Er verfällt einer umfassenden Schwerhörigkeit. Der in jungen Jahren hörfähige, auch -bereite König verschließt sich mit der Zeit in sich selbst. Die Hörfähigkeit kann nicht habitualisiert werden, die inwendige Erneuerung bleibt eine Aufgabe, die erst endet, wenn eines Tages für immer leise Servus sagt.

Salomos Bitte um das „hörende Herz" jedoch schenkt die Einsicht in die Bildsamkeit des Menschen, der sich weder aus sich selbst heraus gestaltet noch sich von einer etablierten Macht gestalten oder von einer institutionell gefügten Zwangsanstalt formen lässt. Salomo hat versäumt, sein Herz, somit also seine Person hörfähig zu halten. So leidet der alte König an jener Form von Schwerhörigkeit, die gekennzeichnet ist dadurch, zugleich hören und nicht hören zu können. Auch der Evangelist Lukas berichtet in der Apostelgeschichte von Schwerhörigen.

2. Paulus unter Philosophen[8]

Die Rede des Paulus wird übereinstimmend als nicht historisch und als Beispiel für die Glaubensvermittlung verstanden. Der Neutestamentler Jens Schröter zeigt, dass die kompositorische Rede überliefere, was Paulus in einer derartigen Situation verkündet hätte: „Ihr programmatischer Charakter wird dabei nicht nur durch den Ort, sondern auch durch ihre Stellung im Zentrum der selbständigen Mission des Paulus innerhalb der Apostelgeschichte hervorgehoben."[9] Notwendig lasse sich die christliche Predigt, wie die exemplarische Areopag-Rede des Paulus zeige, nur als „Ruf zur Umkehr" begreifen, sagt Rudolf Bultmann.[10] Auch Gerhard Schneider bestätigt,

---

7 Entsprechend lautet auch die geeignete Übersetzung des griechischen Begriffs *areté*, der im Deutschen oft tendenziell moralisierend mit Tugend übertragen wird.

8 Vgl. Apg 17,16–34.

9 Schröter, Jens, Konstruktion von Geschichte und die Anfänge des Christentums. Reflexionen zur christlichen Geschichtsdeutung aus neutestamentlicher Perspektive, in: Ders. / Antje Eddelbüttel (Hg.), Konstruktion von Wirklichkeit. Beiträge aus geschichtstheoretischer, philosophischer und theologischer Perspektive, Berlin / New York 2004, 201–219, 216.

10 Bultmann, Rudolf, Anknüpfung und Widerspruch, in: Ders. (Hg.), Glauben und Verstehen. Gesammelte Aufsätze. Zweiter Band. Tübingen ^{5}1952, 117–132, 122.

dass die Areopag-Rede Verkündigung und nicht ein Lehrvortrag sei.[11] Paulus wende sich gegen heidnische Volksfrömmigkeit – nicht gegen die Philosophie –, knüpfe an hellenisch-stoische Motive an, um die „Glaubensbereitschaft" zu erwirken und die Verkündigung, somit das „Christuskerygma", vorzubereiten.[12]

2.1 „Was will denn dieser Schwätzer?"[13]

Die Diskussionen mit Paulus beginnen auf dem Marktplatz, auf der Agora. Der Apostel begegnet Epikuräern und Stoikern, die eher als konstitutiv neugierig gekennzeichnet, wie die Athener überhaupt, denn als Gottessucher bestimmt sind.[14] In der Zeit von Augustus wurde die römische Agora erbaut, die attische Agora war teilweise zerstört. Der Areopag, zuständig für Asebie, ist der Gerichtshof, der zu dieser Zeit in der Königshalle auf der neuen Agora residiert. Die Epikuräer sprachen der *hēdoné* zu, also der Freude und Lust; eine Gemeinschaft, in der bacchantischer Daseinsjubel die ernsthafte Reflexion des Stifters Epikur längst verdrängt hatte.[15]

Die verbliebenen Philosophen begegnen Paulus. Einige rätseln: „Was will denn dieser Schwätzer?" Der Reisende spricht „in der Mitte des Areopags, d. h. mitten in der Versammlung der Areopagiten".[16] Paulus steht unter dem Verdacht, die Verehrung neuer Götter einzuführen. Der Apostel legt dar, dass es sich anders verhält, rhetorisch geschickt, wie in Apg 17,22–31 berichtet. Er verfügt über wissenschaftliche Bildung, aber ein wissenschaftliches Gespräch führt er nicht. Bemerkenswert ist indessen die gegenwärtige theologische Resonanz dieser Perikope, die kurz vorgestellt werden soll.

Athen galt damals als eine zwar von der Population her deutlich geschrumpfte, aber ansehnliche und sehenswerte, künstlerisch wie wissenschaftlich bedeutsame Stadt.[17] Dies mag Michael Bünker, ehemals Honorarprofessor an der Evangelischen Fakultät der Universität Wien, hernach Bischof der Stadt, inspiriert haben, als er anlässlich der 650-Jahr-Feier der Universität Überlegungen zu Paulus auf dem Areopag vorstellte. Athen sei „zur Zeit des Paulus" ein „Zentrum der Künste und Wissenschaften" gewesen. Findet aber in Apg 17 die „paradigmatische Erzählung einer Erstbegegnung"

---

11 Schneider, Gerhard, Die Apostelgeschichte. II. Teil. Kommentar zu Kap. 9,1–28,31, Freiburg u. a. 1982, 233.

12 S. u. vgl. Schneider, Die Apostelgeschichte, 235.

13 Apg 17,18.

14 Vgl. Apg 17,21.

15 Vgl. Elliger, Winfried, Paulus in Griechenland. Philippi, Thessaloniki, Athen, Korinth, Stuttgart 1978, 130–133.

16 Schneider, Die Apostelgeschichte, 237.

17 Vgl. Pesch, Rudolf, Die Apostelgeschichte. 2. Teilband. Apg 13–28 (EKK Evangelisch-Katholischer Kommentar zum Neuen Testament), Zürich/Köln 1986, 133.

zwischen Philosophie und Theologie statt? Der „Glaube" der begegnet mitnichten der „damaligen Universitätswissenschaft".[18] Nach dem Ende der Römischen Republik, also lange vor Paulus, beherbergte die Stadt zwar noch einige Philosophen, aber seit Sullas Feldzug im Jahr 86 v. Chr. keine Akademie mehr. Die Theologie, so Bünker, warne „die Vernunft vor der ihr auch innewohnenden Unvernunft" und die Vernunft den „Glauben vor dem ihm innewohnenden Unglauben und Irrglauben".[19] Die Diskussion der Thesen Bünkers, dass die Vernunft in sich auch Unvernunft beherberge oder der christliche Glaube Aberglauben enthalte, scheint theologisch wie religionsphilosophisch nicht vordringlich zu sein, insbesondere nicht in Bezug auf Apg 17.[20]

Ein anderer Wiener Theologe, nämlich der katholische Erzbischof der Stadt, Dogmatiker, legt auch einen Deutungsansatz vor. Kardinal Schönborn stellt ein Beziehungsverhältnis zwischen Paulus und Benedikt XVI. her, anlässlich der Publikation des ersten Bandes von dessen Jesus-Trilogie. Schönborn fühlt sich an Paulus' Aufenthalt in Athen erinnert. Paulus werde nach Gesprächen auf der Agora zum Areopag geführt. Er stehe erst auf dem Marktplatz, danach vor Gericht. Schönborn schreibt sodann: „Deshalb begibt sich der Papst auf die Agora, den Platz der öffentlichen Debatte. Auf dem Areopag (vgl. Apg 17,22) der heutigen Meinungsvielfalt trägt er seine Sicht von Jesus vor."[21] Schönborns neuzeitlicher Areopag scheint zu einer Agora transformiert worden zu sein. Wer befindet über Recht auf dem „Areopag der heutigen Meinungsvielfalt" – die Mehrheit? Die gängige Meinung? Der Apostel trifft Philosophen, führt aber mitnichten ein philosophisches Gespräch. Paulus verkündet das Evangelium, Benedikt sucht einsichtige Leser und bittet um respektvollen Widerspruch.[22]

Bünker wie Schönborn arbeiten zwar text-, aber nicht kontextbezogen, jeweils von einem subjektiven Konstruktionspunkt ausgehend. Die Hörenden oder Lesenden vernehmen Theologen, die nicht mehr unter, sondern über oder neben dem Wort zu stehen scheinen, analytisch mit theologischen Be-

---

18 Bünker, Michael, Predigt anlässlich der 650-Jahr-Feier der Universität Wien. Gehalten am 12. März im Wiener Stephansdom, in: https://evang.at/wp-content/uploads/2015/07/150312_Buenker_650_Jahre_Uni_Wien.pdf (Zugriff: 3. Juni 2017).

19 Bünker, Predigt.

20 Hengel legt dar, dass die „Spannung zwischen strenger Konzentration" und „universalem Anspruch" verheerende Folgen habe, da die „auf engstem Raum zusammengedrängten, oft nicht mehr verifizierbaren Hypothesen ins Unermeßbare anzuwachsen drohen". Vgl. Hengel, Martin, Kein Steinbruch für Ideologien. Zentrale Aufgaben neutestamentlicher Exegese, in: Ders., Theologische, historische und biographische Skizzen: Kleine Schriften VII, Tübingen 2010, 292–302, 292.

21 Kardinal Schönborn, Christoph, Der Papst auf der Agora. Über einen Anspruch, den allein Gott stellen kann, in: Söding, Thomas (Hg.), Ein Weg zu Jesus. Schlüssel zu einem tieferen Verständnis des Papstbuches, Freiburg i. Br. 2007, 37–52, 39f.

22 Schönborn, Der Papst auf der Agora, 52.

griffen hantieren, vielleicht philosophieren, und das Evangelium zu beliebigen Zwecken verwenden, geleitet von einer bloß alltagstauglichen Hermeneutik.

2.2 *„Athener, nach allem, was ich sehe, seid ihr besonders fromme Menschen."*[23]

Paulus, im Verdacht stehend, neue Gottheiten zu verkünden, wie Sokrates etwa 450 Jahre vor ihm, erweist den neugierigen Athenern anscheinend eine respektvolle Referenz, so Rudolf Bultmann. Der Apostel sei durch „popularphilosophische Propaganda" beeinflusst, begegne den Philosophen auf der Agora und dem Areopag aber nicht wie heimlichen Gefährten.[24] Zugleich klärt der Apostel mit Blick auf den Fortgang, die Griechen seien fromm, aber ahnungslos, zudem polytheistisch. Er bezieht sich auf den Altar mit der Aufschrift „DEM UNBEKANNTEN GOTT", der neben den anderen Altären und Heiligtümern zu finden sei.[25] Sicherten sich die Athener gegen den möglichen Zorn fremder, unbekannter Gottheiten ab? Verehrten sie den verborgenen, namenlosen Gott? Oder handelt es sich um eine Art philosophisches Zugeständnis in Hinsicht auf nicht ausgeschlossene, auch nicht auszuschließende Möglichkeiten? Conzelmann bezeichnet die Altarinschrift als „rein literarisches Motiv", auch „zumal es die Inschrift in dieser Form nicht gegeben hat".[26] In ganz Athen scheint es, archäologischen und quellengeschichtlichen Studien zufolge, einen solchen Tempel oder Altar nicht gegeben zu haben, sehr wohl aber Altäre, die, polytheistischen Vorstellungen entsprechend, „unbekannten Göttern" geweiht waren, in Athen und anderswo, da unbekannte Götter von der kultischen Verehrung nicht aus Unwissenheit ausgeschlossen und dadurch erzürnt werden sollten. Auch, neutral gefasst, „das Göttliche" wird berücksichtigt. Die Athener wissen zwar nichts vom „biblischen Schöpfergott", aber Paulus versucht das „kündende Wort der Dichter der Offenbarungswahrheit" als „philosophische Wahrheit" schöpfungstheologisch zu integrieren: „Wir sind von seiner Art." Aber die Gottferne der Heiden steht im Gegensatz zur Nähe Gottes, der nicht gegenständlich gesucht werden kann, zu den Menschen.[27] Paulus, so Bultmann, greife die Gedanken auf, um begründet darzulegen, dass die „Heidenwelt unter dem Zorne Gottes steht".[28] Paulus knüpfe an die heidnischen Philosophien an, widerspreche aber zugleich fundamental. Die christliche Botschaft gelte es

---

23 Apg 17,21.
24 Bultmann, Anknüpfung und Widerspruch, 123.
25 Apg 17,23.
26 Conzelmann, Hans, Die Apostelgeschichte, Tübingen ^{2}1972, 106.
27 Vgl. Pesch, Die Apostelgeschichte, 136–138; Apg 17,29. – Vgl. auch Conzelmann, Die Apostelgeschichte, 107.
28 Bultmann, Anknüpfung und Widerspruch, 125.

verständlich zu machen, nicht aber als Philosophie vorzustellen. Auch die Heiden seien dem Gesetz Gottes unterworfen und könnten sich nicht als Unwissende vor dem Gericht, das jeden Areopag dieser Welt übersteigt, entschuldigen.[29] Bultmann verdeutlicht, dass Paulus den Philosophen „Gottes Widerspruch“ aufzeige, dass die Wahrnehmung säkularer Pflichten, die dem Stoiker wichtig ist, in einem Verhältnis zum endzeitlichen Gericht stünden und jeder „als verantwortlicher Mensch vor Gott als seinem Richter verantwortlich ist und daß er dann vor Gott als Gerichteter dasteht“.[30] So müsse er nicht Erkenntnisse sammeln, sondern sich bekehren. Paulus verkündet die Auferweckung Jesu, des *lógos*, der nicht Begriff oder Idee wurde, sondern menschliche Gestalt angenommen hat, nicht *sõma*, einen makellos schönen Körper, sondern *sárx*, das für hellenische Ohren schmutzige Fleisch.

Die Bekehrung werde nicht von dem verkündenden Paulus gefordert, sondern von der Offenbarung:

> „Anknüpfung und Widerspruch bestimmt also den Duktus der Rede, die auf die Hörerschaft sorgfältig abgestimmt ist, ihr aber nicht eine ‚neue Lehre‘ erschließt, die in der Erweiterung ihres aufgeklärten Wissens läge, sondern eine solche, die diesen Horizont übersteigt.“[31]

Die Athener widersetzen sich Paulus mehr, als dass sie ihm widersprächen, und verweigern sich dem Erlöser und der Erlösung. Wissen die Griechen von dem hier verkündeten Gott und der Aufforderung zur *metánoia*? Paulus befindet sich in einer Gerichts-, nicht in einer Dialogsituation. Die christliche weicht von der philosophischen Bedeutung des Begriffs ab. In der platonischen Philosophie ist die *metánoia* bedingt durch die vorausgehende Erkenntnis der Wahrheit, während christliche Bekehrung als Wendung zur Wahrheit, als Ruf in die Nachfolge verstanden wird, die keine Erkenntnislehre vermitteln kann. Für die „dualistisch denkenden“ Athener indes sei das Evangelium nur eine absurde Lehre, die nicht argumentativ entkräftet werden müsse, nicht ernsthaft genug, um den Verkünder deswegen gerichtlich zu verfolgen, so Pesch.[32] Abweichend urteilt Richard Schaeffler. Die Abweisung der Philosophen werde theologisch vielfach als ironisch verstanden: „Darüber wollen wir dich ein andermal hören.“[33] Schaeffler empfiehlt, den verwendeten Begriff nicht mit „hören“, sondern kontextbezogen mit „verhören“ zu übersetzen, als Hinweis darauf, dass die zuletzt genannten Aspekte dieses Mal nicht Gegenstand der Vernehmung seien – „ein neues Thema, das mit der Prozeß-Materie nichts mehr zu tun hatte“ –, aber dass Paulus später

---

29 Vgl. Bultmann, Anknüpfung und Widerspruch, 123.
30 Bultmann, Anknüpfung und Widerspruch, 123f.
31 Pesch, Die Apostelgeschichte, 137.
32 S. u. vgl. Pesch, Die Apostelgeschichte, 140.
33 Apg 17,33.

hierzu befragt werden könne.[34] Dazu kommt es aber nicht. Conzelmann erläutert, dass „der Szenenschluß nicht einen ‚Mißerfolg' des Paulus darstellen, sondern das Versagen des Griechentums" zeigen solle.[35]

2.3 Der „unbekannte Gott" – der „große Unbekannte"?

Auch Benedikt XVI. bezieht sich auf Apg 17, als er 2008 in Paris eine ganz eigene Deutung mit religionsphilosophischen Dimensionen entfaltet. Der Papst spricht über die Grundlagen der europäischen Kultur und die Verflochtenheit dieser mit der Dimension des christlichen Glaubens. Joseph Ratzinger hatte dieses Thema bereits bei seiner Bonner Antrittsvorlesung im Jahr 1959 aufgegriffen. Der Gesandte Gottes, so auch Paulus, suche die Diskursebene, finde Anknüpfungspunkte und bediene sich einer „für alle Welt verständlichen Sprache". Insoweit sei, so Ratzinger, das „philosophische Element" dem „Gottesbegriff der Bibel" zugewachsen, um die „missionarische Dimension" einnehmen zu können:

> „Die Aneignung der Philosophie [...] war nichts anderes als die notwendige innere Komplementärfunktion zu dem äußeren Vorgang der missionarischen Verkündigung des Evangeliums an die Völkerwelt. Wenn es der christlichen Botschaft wesentlich ist, nicht esoterische Geheimlehre für einen eng beschränkten Zirkel von Eingeweihten, sondern Botschaft Gottes an alle zu sein, dann ist ihm damit auch die Dolmetschung nach außen wesentlich, in die allgemeine Sprache der menschlichen Vernunft hinein."[36]

Paulus spricht über Philosophie, philosophiert aber nicht. Er verkündet das Evangelium und relativiert durch die endzeitliche Perspektive den Areopag, seine Mitarbeiter und deren Urteile, Kläger wie Angeklagte, und zugleich auch die Philosophie, die sich dem Glauben verschließt. 2008 trägt Benedikt XVI. sehr ähnliche Gedanken vor. Paulus spreche als Glaubenszeuge vor dem Areopag vom „unbekannten Gott". In der Rede werde, so Benedikt, das „grundlegende Schema der christlichen Verkündigung" sichtbar, nämlich die Diskussion mit den „suchenden und fragenden Menschen".[37] Benedikt beharrt, u. a. gegen Hans Conzelmann, auf dem spezifischen Charakter der

---

34 S. u. vgl. Schaeffler, Richard, Philosophische Einübung in die Theologie. Dritter Band: Philosophische Einübung in die Ekklesiologie und Christologie, Freiburg/München 2008, 239.

35 Conzelmann, Die Apostelgeschichte, 111.

36 Ratzinger, Joseph, Der Gott des Glaubens und der Gott der Philosophen. Ein Beitrag zum Problem der Theologia Naturalis, in: Ders. (Hg.), Vom Wiederauffinden der Mitte. Grundorientierungen, Freiburg i. Br. 1997, 40–59, 56f.

37 Benedikt XVI., Begegnung mit Vertretern aus der Kultur. Ansprache vom 12. September 2008, in: L'Osservatore Romano 38 (2008).

Rede.[38] Er nimmt den exegetisch umstrittenen Gedanken auf, dass diese Perikope eine Vorlage für die Missionspredigt enthalte. Paulus verkünde den „Unbekannt-Bekannten“ und stellt fest: „Das Tiefste menschlichen Denkens und Empfindens weiß irgendwie, daß es Ihn geben muß.“ Nun tritt, durch Apg 17 veranlasst, aber hiervon gänzlich losgelöst, eine religionsphilosophische Überlegung hervor. Anders als damals, so der Papst, gebe es heute nicht neue Götter- und Götzenbilder, aber Gott sei für viele Menschen der „große Unbekannte“ geworden. Benedikt benennt die „gegenwärtige Abwesenheit Gottes“, die verborgen von der Gottesfrage bedrängt sei.[39] Zwar spricht auch Walter Kasper bereits 1969 von der „Abwesenheit Gottes“; bei ihm handelt es sich aber eher um ein theologisch-kirchliches Verständigungsproblem. Das „Wort Gott“ sei zu einer „nichtssagenden Vokabel“ geworden, schreibt Kasper seinerzeit.[40] Doch Benedikt stellt die „gegenwärtige Abwesenheit Gottes“ fest. Auch in der französischen Fassung lesen wir wortwörtlich – „l'actuelle absence de Dieu“.[41] Benedikts beiläufig mitgeteilte Beobachtung oder Einsicht bleibt eine unerwartete, unkommentierte Akzentsetzung als Voraussetzung für die Rede von der „Abwesenheit oder Nichtexistenz Gottes“.[42] Die angemessene Haltung gegenüber dem Faktum der Abwesenheit wäre ein konsequent praktizierter Agnostizismus, ein strikt säkularer Humanismus. Benedikt XVI. benennt kulturelle Defizite, analog zur oft beklagten Verdunstung des christlichen Glaubens in Europa. Darüber hinaus zeigt er die innere Bewegung jener an, die an Gott glauben möchten, dies aber redlicherweise nicht können – weil Gott abwesend zu sein scheint. In der Rede von 2008 wird nicht objektive Gottlosigkeit behauptet, sondern die konkrete Erfahrung der Gottverlassenheit aufgewiesen – wie immer diese verursacht sein mag. Der Begriff Abwesenheit, in der verwendeten Form, öffnet jedoch viele Deutungsspielräume.

Nun mag die Anwesenheit von Gläubigen zwar den Glauben bezeugen, historisch wie gegenwärtig. Doch subjektive Gläubigkeit vermag schwerlich eine objektive Wirklichkeit hervorzubringen, also zu einem real existieren-

---

38 Conzelmann betont: „[Durch die Verklammerung von Szenerie und Rede; TP] gibt Lk der Rede trotz der Anlehnung an einen Typ individuell-historischen Charakter; sie soll nicht mehr einfach zeigen, wie christliche Missionspredigt überhaupt aussehen soll, sondern wie damals in jener unvergleichlichen Begegnung der einmalige Paulus mit den Repräsentanten des griechischen Geistes fertig wurde.“ S. Conzelmann, Die Apostelgeschichte, 111.

39 Benedikt XVI., Begegnung mit Vertretern aus der Kultur.

40 Kasper, Walter, Die Möglichkeiten der Gotteserfahrung heute, in: Geist und Leben 42/5 (1969), 329–349, 330.

41 Benedict XVI., Au monde de la culture. Discours de Pape Benoît XVI, in: www.vatican.va/content/benedict-xvi/fr/speeches/2008/september/documents/hf_ben-xvi_spe_20080912_parigi-cultura.html (Zugriff: 20. Mai 2017).

42 Ben-Chorin, Schalom, Was ist der Mensch. Anthropologie des Judentums, Tübingen 1986, 31.

den Gott zu führen, der ontologisch allein in einer glaubensvollen Welt real präsent wäre. Könnte umgekehrt weit verbreitete, also kollektive subjektive Ungläubigkeit – gesetzt, dass Gott existierte – dazu führen: dass Gott verschwindet? Der Papst wählt den Begriff Abwesenheit, nicht Verborgenheit; ansonsten hätte er von „le Dieu caché" sprechen müssen. Benedikt XVI. formuliert abschließend, bezogen auf Benedikt von Nursia: „Quaerere Deum – Gott suchen und sich von ihm finden lassen, das ist heute nicht weniger notwendig denn in vergangenen Zeiten."[43] Aber lässt sich ein abwesender Gott suchen? Und wie könnte sich ein suchender Mensch von diesem finden lassen?

Papst Benedikts Gedanke über Gottes Abwesenheit lässt sich zwar exegetisch in Hinsicht auf Apg 17 und das NT nicht legitimieren, gleichwohl aber theologisch wie insbesondere religionsphilosophisch kontrovers erörtern.[44] Ein Beispiel dafür liefert Paul Tillich. Er durchdenkt die Areopag-Rede vom „theologischen Zirkel" aus, der, wie Benedikt, die Bedeutung der Gottesfrage heute aufnimmt, die Sprachfähigkeit der Theologie betont, aber mitnichten von der Abwesenheit Gottes spricht. Im Gegenteil, im Predigt-Zyklus, genannt „Der Theologe", spricht er über Apg 17 und stellt fest, dass allen Menschen heute, die den „ernsthaften Wunsch" hegen und nach Gott fragen, geantwortet werden müsse:

> „Wir müssen ihnen zeigen, daß weder sie noch wir außerhalb von Gott sind, daß selbst die Atheisten in Gott stehen – in jener Kraft, aus der sie leben, jener Wahrheit, nach der sie tasten, jenem letzten Lebenssinn, an den sie glauben."[45]

Tillichs Theologie, homiletisch zugespitzt, inkludiert auch jene in den Zirkel, die nicht glauben und nicht glauben möchten. Wie verhält es sich mit den religiös Indifferenten, die von der Frage nach Gott existenziell unbehelligt sind? Er fährt fort: „Wirklicher Atheismus ist keine menschliche Möglichkeit, denn Gott ist dem Menschen näher als der Mensch sich selbst." Im Folgenden legt Tillich Stadien der Entfremdung von Gott dar. Der Zustand wäre vielleicht als eine Existenz- und Denkweise zu begreifen, dadurch charakterisiert, dass so gelebt wird, als ob Gott abwesend wäre. Tillich beharrt darauf, dass Gott immer nahe sei, aber durch „Produkte unserer Einbildungskraft". Der Mensch sei „in ständiger Flucht vor Gott" begriffen. Tillich bekräftigt den notwendigen theologischen Widerspruch. Eine Synthese „zwischen Gott und den Götzen", den Ersatz-Göttern, die Gott verdecken und ihn abwesend erscheinen ließen, sei nicht möglich. Der Theologe müsse, wie Paulus, „Instrument des göttlichen Gerichts gegenüber der Welt" sein.[46] Er behauptet die „Allgemeingültigkeit der christlichen Botschaft", ist „ergrif-

---

43 Benedikt XVI., Begegnung mit Vertretern der Kultur.

44 Vgl. Benedikt XVI., Begegnung mit Vertretern der Kultur.

45 Tillich, Der Theologe. III. Teil, in: Ders., Religiöse Reden, Berlin / New York 1987, 120–123, 121.

46 Tillich, Der Theologe, 122.

fen“ und „entfremdet“, darum Theologe, weil er den „den theologischen Zirkel als das anerkennt, was ihn unbedingt angeht“. Nicht die Grade der Glaubensintensität noch -gewissheit seien entscheidend, nur die Zugehörigkeit hänge „von seinem unbedingten Betroffensein durch die christliche Botschaft ab, sogar dann, wenn er geneigt ist, sie anzugreifen oder abzulehnen“.[47] Der Atheist bekundet durch den ernsthaft artikulierten Widerspruch, dass er sich mit der Gottesfrage auseinandersetzt und Teil des Zirkels ist – auch wenn er dieses abstreiten würde. Die Aufgabe des Apostels, des Theologen, mithin also des Gläubigen sei, das Paradox, das „wahre Paradox“ glaubhaft zu bezeugen und sich zu Christus zu bekennen.[48]

3. Religionsphilosophische Ausblicke

Benedikts Mutmaßung über „Gottes Abwesenheit“, die meiner Kenntnis nach weder aufgenommen noch diskutiert wurde, kann ein philosophisches und theologisches Gespräch heute anregen und bereichern. Der Gedanke, intellektuell rechtschaffen vorgebracht, zeigt Ratlosigkeit oder auch eine Form verzweifelter Gottlosigkeit an, vergleichbar Friedrich Nietzsches „tollem Menschen“. Religionsphilosophische Überlegungen hierzu wurden von Martin Heidegger und Gerd-Günther Grau angestellt.

Nietzsches „toller Mensch“ sucht und schreit nach Gott – „Ich suche Gott!“ –, aber „Viele von denen“, die dieses sehen, und „nicht an Gott glaubten“, spotten nur:

> „Ist er denn verloren gegangen? sagte der Eine. Hat er sich verlaufen wie ein Kind? sagte der Andere. Oder hält er sich versteckt? Fürchtet er sich vor uns? Ist er zu Schiff gegangen? ausgewandert? – so schrieen und lachten sie durcheinander.“[49]

Heidegger und Grau sehen eine geistige Verwandtschaft zu dem dänischen Religionsphilosophen Sören Kierkegaard, der unverstanden gegen die saturierte Biederkeit der Repräsentanten der dänischen Staatskirche opponiert. Heidegger nimmt den Philosophen Nietzsche als den traurigsten derer wahr, die nicht an Gott glauben. Niemand begegnet ihm mit einem „hörenden Herzen“. Der „tolle Mensch“ schert von innen her aus der Gruppe der „Herumstehenden“ aus. Er verlässt den Kreis jener, die gesellschaftlich integriert, aber existenziell unbeteiligt sind, denen jegliche Sensibilität abhanden gekommen ist. Heidegger deutet dies wie folgt:

---

47 Tillich, Systematische Theologie, 17f.

48 Tillich, Der Theologe, 123.

49 Nietzsche, Friedrich, Die fröhliche Wissenschaft, in: Ders., Kritische Studienausgabe Bd. 3, hg. v. Colli, Giorgio u. a. München ^{2}1988, 343–651, Aph. 125.

> „Dieser dergestalt ver-rückte Mensch hat darum mit der Art jener öffentlichen Herumsteher, ‚welche nicht an Gott glauben', nichts gemein. Denn diese sind nicht deshalb ungläubig, weil Gott als Gott ihnen unglaubwürdig erscheint, sondern weil sie selbst die Möglichkeit des Glaubens aufgegeben haben, insofern sie Gott nicht mehr suchen können. Die öffentlichen Herumsteher haben das Denken abgeschafft und es durch das Geschwätz ersetzt […]."

Heidegger bezeichnet diese Haltung als „überhandnehmende Selbstverblendung".[50] Der „tolle Mensch" nennt sich und die anderen die „Mörder" Gottes. Nietzsches *Alter Ego*, der verzweifelt Gottlose, beschreibt Gottes Abwesenheit:

> „Was thaten wir, als wir diese Erde von ihrer Sonne losketteten? Wohin bewegt sie sich nun? Wohin bewegen wir uns? Fort von allen Sonnen? Stürzen wir nicht fortwährend? Und rückwärts, seitwärts, vorwärts, nach allen Seiten? Giebt es noch ein Oben und ein Unten? Irren wir nicht wie durch ein unendliches Nichts?"[51]

Nietzsches „toller Mensch" sei derjenige, „der Gott sucht, indem er schreit", aber auf taube Ohren stößt: „Vielleicht hat da ein Denkender wirklich de profundis geschrieen? Und das Ohr unseres Denkens? Hört es den Schrei immer noch nicht?"[52] Die „Herumstehenden" bleiben anwesend abwesend – „auch sie schwiegen und blickten befremdet auf ihn".[53] Sie sehen und sehen doch nicht, sie hören und hören doch nicht.

Die Not des „tollen Menschen" nahm auch Gerd-Günther Grau wahr, ähnlich wie Heidegger, mit anderer Nuancierung.[54] Der „Gottes-Sehnsucht" vermöge, so Grau, der „tolle Mensch", damit auch Nietzsche, einen „letzten erschütternden Ausdruck [zu] verleihen". Seine „erfahrene Gottesverlassenheit" sei so weit von der Sehnsucht entfernt wie „von der Geborgenheit der ‚Frommen' wie von der Sicherheit der ‚Indifferenten'".[55] Grau ordnet Nietzsche, mit ihm den „tollen Menschen", der „Hiob-Situation" des Menschen zu, der zwar die „Erfahrung der Antwortlosigkeit in aller Verlorenheit" feststellt und auch beklagt, aber nichtsdestoweniger hofft, „daß es einen eindeutig versteh- und redlich befolgbaren christlichen *Glauben* gibt, mit dem der Mensch nicht allein sterben, sondern durch den er – hier wie dort – *leben* kann […]". Grau führt aus: „Nietzsche wäre, wie jeder andere Mensch, sofern und soweit er sich der Hiob-Situation […] bewußt geworden ist, der letzte, dies bzw. dies als letzte Wünschbarkeit zu leugnen."[56] Friedrich Nietz-

---

[50] Heidegger, Nietzsches Wort ‚Gott ist tot', in: Ders., Holzwege. Hg. v. v. Herrmann, Friedrich-Wilhelm, Frankfurt/M. [8]2003, 209–267, 266f.

[51] Nietzsche, Die fröhliche Wissenschaft, Aph. 125.

[52] Heidegger, Nietzsches Wort ‚Gott ist tot', 267.

[53] Nietzsche, Die fröhliche Wissenschaft, Aph. 125.

[54] Vgl. Grau, Gerd-Günther, Christlicher Glaube und intellektuelle Redlichkeit. Eine religionsphilosophische Studie über Nietzsche, Frankfurt/M. 1958, 133–135.

[55] Grau, Christlicher Glaube und intellektuelle Redlichkeit, 149.

[56] Grau, Christlicher Glaube und intellektuelle Redlichkeit, 288.

sche selbst schreibt, von Grau resümierend zitiert, an seinen Freund Franz Overbeck am 2. Juli 1885:

> „Mir besteht mein Leben jetzt in dem Wunsche, daß es mit allen Dingen anders stehn möge, als ich sie begreife; und daß mir Jemand meine ‚Wahrheiten' unglaubwürdig mache. – –"[57]

Einige Suchende, darunter nicht wenige Philosophen, teilen die von Grau bezeichnete „letzte Wünschbarkeit", sehnen sich nach einem schützenden Obdach, einem bergenden Zuhause, darauf hoffend, dass der Horizont, vor dem sie sich, vor dem wir uns bewegen, immer größer ist als der eigene. Andere mögen skeptisch bleiben, wenn Paul Tillich sie aufgrund des Ernstes der redlichen Frage oder der von ihm behaupteten Unmöglichkeit des Atheismus für zugehörig erklärt. Vorsichtiger als Tillich formuliert dies Augustinus, wenn er in „Über die Taufe" von jenen schreibt, die „in occulto intus", die auf verborgene Weise zugehörig sind oder sein könnten.[58]

Die Szene in Apg 17 endet damit, dass Paulus geht: „Einige Männer aber schlossen sich ihm an und wurden gläubig [...]."[59] Einige wenige und eine Frau namens Damaris, wahrscheinlich eine Hetäre. Aber ein Philosoph wie Nietzsche? Er hätte sich vielleicht, mit Wilhelm Busch gesagt, wegen einer „philosophischen Erkältung" entschuldigt.[60] Sofort also wäre Nietzsche nicht mitgegangen. Doch später? Manche zögern lange. Von den Worten des guten Schächers am Kreuz berichtet der Evangelist Lukas: „Jesus, denk an mich, wenn du in dein Reich kommst."[61] Dies sei, so Benedikt XVI., „ein gerade eben angedeuteter Glaube", in der Sterbestunde, und dieser Glaube reiche aus für Christi Zusage: „Heute noch wirst du mit mir im Paradies sein." [62]

Ein nur angedeuteter Glaube mag genügen. Vielleicht genügt auch noch weniger.

---

57 Nietzsche, Sämtliche Briefe. Kritische Studienausgabe Bd. 7, hg. v. Colli, Giorgio u. a., München 1986, 63.

58 Vgl. Augustinus, Aurelius, De baptismo – Über die Taufe, hg. v. Sieben, Hermann-Josef, Paderborn u. a. 2006, 297. Dort heißt es: „Denn in jenem unsäglichen Vorauswissen Gottes sind viele, die draußen zu sein scheinen, drinnen und viele, die drinnen zu sein scheinen, draußen. [...] Aus all jenen also, die sozusagen drinnen und im Verborgenen drinnen sind, besteht jener verschlossene Garten, die versiegelte Quelle, der Brunnen mit lebendigem Wasser, das Paradies mit der Frucht der Äpfel (Hld 4,12f)."

59 Apg 17,33.

60 Busch, Wilhelm, Ist mir mein Leben geträumet?, hg. v. Nöldeke, Otto, Leipzig 1935, 131.

61 Lk 23,42.

62 Benedikt XVI., Homilie vom 21. November 2010, in: L'Osservatore Romano 47 (2010).

Literatur

Augustinus, Aurelius, De baptismo – Über die Taufe, hg. v. Sieben, Hermann-Josef, Paderborn u. a. 2006.

Ben-Chorin, Schalom, Was ist der Mensch. Anthropologie des Judentums, Tübingen 1986.

Benedict XVI., Au monde de la culture. Discours de Pape Benoît XVI, in : www.vatican.va/content/benedict-xvi/fr/speeches/2008/september/documents/hf_ben-xvi_spe_20080912_parigi-cultura.html (Zugriff: 20. Mai 2017).

Benedikt XVI., Predigt auf dem Islinger Feld am 10.9.2006, in: http://w2.vatican.va/content/benedict-xvi/de/homilies/2006/documents/hf_ben-xvi_hom_20060910_neue-messe-munich.html (Zugriff: 25. Mai 2017).

Benedikt XVI., Begegnung mit Vertretern aus der Kultur. Ansprache vom 12. September 2008, in: L'Osservatore Romano 38 (2008).

Benedikt XVI., Homilie vom 21. November 2010, in: L'Osservatore Romano 47 (2010).

Bünker, Michael, Predigt anlässlich der 650-Jahr-Feier der Universität Wien. Gehalten am 12. März im Wiener Stephansdom, in: https://evang.at/wp-content/uploads/2015/07/150312_Buenker_650_Jahre_Uni_Wien.pdf (Zugriff: 3. Juni 2017).

Bultmann, Rudolf, Anknüpfung und Widerspruch, in: Ders. (Hg.): Glauben und Verstehen. Gesammelte Aufsätze. Zweiter Band, Tübingen ^{5}1952, 117–132.

Busch, Wilhelm, Ist mir mein Leben geträumet? Hg. v. Nöldeke, Otto, Leipzig 1935.

Conzelmann, Hans, Die Apostelgeschichte, Tübingen ^{2}1972.

Elliger, Winfried, Paulus in Griechenland. Philippi, Thessaloniki, Athen, Korinth, Stuttgart 1978.

Grau, Gerd-Günther, Christlicher Glaube und intellektuelle Redlichkeit. Eine religionsphilosophische Studie über Nietzsche. Frankfurt/M. 1958.

Heidegger, Martin, Der Feldweg, in: Ders., Aus der Erfahrung des Denkens (Gesamtausgabe Bd. 13), Frankfurt/M. ^{2}2002, 87–90.

Heidegger, Martin, Nietzsches Wort ‚Gott ist tot', in: Ders., Holzwege, hg. v. von Herrmann, Friedrich-Wilhelm, Frankfurt/M. ^{8}2003, 209–267.

Hengel, Martin, Kein Steinbruch für Ideologien. Zentrale Aufgaben neutestamentlicher Exegese, in: Ders., Theologische, historische und biographische Skizzen: Kleine Schriften VII, Tübingen 2010, 292–302.

Kasper, Walter, Die Möglichkeiten der Gotteserfahrung heute, in: Geist und Leben 42/5 (1969), 329–349.

Nietzsche, Friedrich, Die fröhliche Wissenschaft. Kritische Studienausgabe Bd. 3, hg. v. Colli, Giorgio u. a. München ^{2}1988, 343–651.

Nietzsche, Friedrich, Sämtliche Briefe. Kritische Studienausgabe Bd. 7, hg. v. Colli, Giorgio u. a., München 1986.

Pesch, Rudolf, Die Apostelgeschichte. 2. Teilband. Apg 13–28 (EKK Evangelisch-Katholischer Kommentar zum Neuen Testament Band V), Zürich/Köln 1986.

Ratzinger, Joseph, Der Gott des Glaubens und der Gott der Philosophen. Ein Beitrag zum Problem der Theologia Naturalis, in: Ders. (Hg.), Vom Wiederauffinden der Mitte. Grundorientierungen, Freiburg i. Br. 1997, 40–59.

Schaeffler, Richard, Philosophische Einübung in die Theologie. Dritter Band: Philosophische Einübung in die Ekklesiologie und Christologie, Freiburg/München 2008.

Schneider, Gerhard, Die Apostelgeschichte. II. Teil. Kommentar zu Kap. 9,1–28,31, Freiburg u. a. 1982.

Schönborn, Christoph Kardinal, Der Papst auf der Agora. Über einen Anspruch, den allein Gott stellen kann, in: Söding, Thomas (Hg.), Ein Weg zu Jesus. Schlüssel zu einem tieferen Verständnis des Papstbuches, Freiburg i. Br. 2007, 37–52.

Schröter, Jens, Konstruktion von Geschichte und die Anfänge des Christentums, in: Ders. / Antje Edelbüttel (Hg.), Konstruktion von Wirklichkeit. Beiträge aus geschichtstheoretischer, philosophischer und theologischer Perspektive, Berlin 2004, 201–219.

Wolff, Hans Walter, Anthropologie des Alten Testaments, mit zwei Anhängen neu hg. v. Janowski, Bernd, Gütersloh 2010.

Tillich, Paul, Der Theologe. III. Teil, in: Ders., Religiöse Reden, Berlin / New York 1987, 120–123.

Tillich, Paul, Systematische Theologie, Berlin / New York ^{8}1987.

Verzeichnis der Autorinnen und Autoren

Prof. Dr. Dr. em. Peter Antes (Jg. 1942) ist emeritierter Professor für Religionswissenschaft an der Leibniz Universität Hannover.

Dr. Annette Antoine (Jg. 1968) ist Lehrkraft für besondere Aufgaben am Deutschen Seminar der Leibniz Universität Hannover.

Prof. Dr. Alexander Dietz (Jg. 1976) ist Professor für Diakoniewissenschaft und Systematische Theologie an der Hochschule Hannover.

Dr. Kai-Ole Eberhardt (Jg. 1981) ist wissenschaftlicher Mitarbeiter an der Leibniz Universität Hannover.

Prof. Dr. Alfred O. Effenberg (Jg. 1961) ist Professor für Sportwissenschaft an der Leibniz Universität Hannover.

Prof. Dr. Monika E. Fuchs (Jg. 1973) ist Professorin für Ev. Theologie/Religionspädagogik an der Leibniz Universität Hannover.

Prof. Dr. Ralf Hoburg (Jg. 1960) ist Professor für Sozialmanagement und Grundlagen des Wohlfahrtsstaats an der Hochschule Hannover.

Prof. Dr. Marco Hofheinz (Jg. 1973) ist Professor für Systematische Theologie an der Leibniz Universität Hannover.

Apl. Prof. Dr. Carsten Jochum-Bortfeld (Jg. 1968) ist apl. Professor für Neues Testament an der Stiftung Universität Hildesheim.

Prof. Dr. Friedrich Johannsen (Jg. 1944) ist Professor im Ruhestand für Ev. Theologie und Religionspädagogik an der Leibniz Universität Hannover.

Prof. Dr. Jürgen Manemann (Jg. 1963) ist Direktor des Forschungsinstituts für Philosophie Hannover.

*Dr. Thorsten Paprotny (*Jg. 1971) war wissenschaftlicher Mitarbeiter und Lehrbeauftragter an der Leibniz Universität Hannover.

Prof. Dr. Steffi Robak (Jg. 1970) ist Professorin für Bildung im Erwachsenenalter an der Leibniz Universität Hannover.

Prof. Dr. Michael Rothmann (Jg. 1960) ist Professor für die Geschichte des Mittelalters und der beginnenden Frühen Neuzeit an der Leibniz Universität Hannover.

Dr. Axel Siegemund (Jg. 1979) ist Mitarbeiter am Zentrum für Mission und Ökumene der Nordkirche in Hamburg.